# 音楽と脳科学
音楽の脳内過程の理解をめざして

S・ケルシュ 著
佐藤正之 編訳

# Brain & Music
## Stefan Koelsch

北大路書房

# Brain and Music

by

Stefan Koelsch

Copyright © 2013 by John Wiley & Sons, Ltd
All Rights Reserved. Authorized translation from the English language edition
published by John Wiley & Sons Ltd.
Responsibility for the accuracy of the translation rests solely with
Kitaohji Shobo and is not the responsibility of John Wiley & Sons Ltd.
No part of this book may be reproduced in any form
without the written permission of the original copyright holder, John Wiley & Sons Lmited.
Japanese translation published by arrangement with
John Wiley & Sons Ltd. through The English Agency (Japan) Ltd.

# 序　文

　音楽は，ヒトの本質の一部をなす。我々が知っているどの文化も音楽を有している。このことは，有史以来ヒトは音楽を演奏し楽しんできたことを示唆している。これまでに発見された最古の楽器は，約 30,000 〜 40,000 年前のものである（ドイツ南部のウルム近郊のギーセンクレステルレのホーレ・フェルス洞窟遺跡で発見されたハゲワシの骨でできたフルート；Conard et al., 2009）。しかし，ホモ・サピエンスに属する最初のヒトが（100,000 〜 200,000 年前），ドラムやフルートといった楽器をすでに作り，集団で一緒に力を合わせて音楽を奏でていたことは，おおいにあり得る。音楽演奏は，コミュニケーションや協力，社会的結合といった社会的機能を促進し支えると信じる学者もいる（Cross & Morley, 2008; Koelsch et al., 2010a）。また，ヒトの音楽能力は言語の進化における系統発生学的な鍵となる役割を果たしたとする者もいる（Wallin et al., 2000）。しかし，ヒトの進化において音楽が果たした機能は，議論の的であるだけでなく，推論の域を出ない。にもかかわらず，ヒトの個体発生に関連して，新生児が（語と文の構文や意味を理解していないもかかわらず）音楽能力をすでに備えていることが知られている。例えば新生児は，音楽的リズムやピッチ間隔，調性音階の変化がわかる（Winkler et al., 2009b; Stefanics et al., 2007; Perani et al., 2010）。これらの能力のおかげで新生児は，声の聴覚的特徴と言語のプロソディの特徴を理解することができる（Moon et al., 1993）。このように，幼児の言語の第一段階は，プロソディの情報，すなわち会話の音楽的側面に基づいている。それ以上に，幼少時の音楽的コミュニケーション（例えば，親による歌いかけのような）は，子どもの情動や認知，社会的発達に重要な役割を果たしているように思われる（Trehub, 2003）。

　音楽を聞いたり作ることは，知覚や多様式感覚の統合（multimodal integration），注意，学習，記憶，統語，意味情報，動作，情動，社会的認知といった，非常に多くの心理的プロセスのうえに成立している。この豊富さゆえに音楽は，心理学とヒトの脳のはたらきを調べるための最適のツールとなっている。つまり，音楽心理学はもともと，様々な心理学の領域をカバーし結びつけている（例えば，知覚，注意，記憶，言語，行為，情動など）。そしてそれは，これらの様々な領域を，理論と研究の両方について一貫した統合的枠組みのなかで結合することができる。このこと

# 序　文

は音楽心理学を，心理学の基礎的な領域にしている。

　音楽の神経科学は，ヒトの脳を理解するための，音楽心理学上の1つのツールである。過去数年間，神経科学者がこのツールを使うことが増え，社会や認知，情動の神経科学の発展に寄与した。この本の目的は，以下である。すなわち，音楽の神経科学のいくつかの領域における最近の知見について読者に知らせること，この本で展開された概念や原理にのっとって，この知見を新しい音楽心理学の理論の創造に役立てることである。

　この本の第Ⅰ部は，7つの入門的な章からなっている。これらの主な内容は，この本の「初版」（私の博士論文のテーマの出版）と同一である。しかし私は，様々な領域の科学的発展に関連して各章を新たに書き直した。これらの章は，耳と聴力，いくつかの音楽理論の概念，ピッチとハーモニーの知覚，脳電位の背景にある神経生理学的メカニズム，事象関連電位（event-related brain potential: ERP）の構成要素，音楽過程の電気生理学的研究の歴史，そして神経機能画像の技術について紹介している。これらの入門的な章の目的は，様々な領域から，本の第Ⅱ部を理解するために必要な神経科学や音楽理論，音楽心理学的な概念についての不可欠な知識を提供することである（そのため，これらの領域の背景知識のない人でも第Ⅱ部を理解できる）。私はこれらの章の範囲を，各領域の膨大な内容を提供するよりも，第Ⅱ部の理解に関係するものに限定した。すでにこれらの領域になじみのある学者は，第Ⅱ部から容易に読み始めることができる。

　第Ⅱ部の最初は，音楽知覚のモデルについての章である（第8章）。このモデルは，続く章で展開されるプロセスや概念の理論的基礎となるもので，この本で紹介される音楽心理学の理論構築の基礎となるものである。続いて，音楽合成プロセスが述べられる（第9章）。この章で私は最初に，音楽合成プロセスの基礎となる様々な認知的操作を解きほぐしている。特に，次の事項を区別することを主張する。①（長期の）知識を必要としないプロセス，②長期の知識に基づく，局所的には依存するが，長期の依存はないプロセス，③階層構造を持つプロセス（長期にわたる依存を含む）。それから私は，右前部初期陰性電位（*early right anterior negativity*: ERAN）を用いて，音楽合成プロセスを調べた研究について詳細に説明した。これらの研究の結論の1つは，統語等価性仮説（*Syntactic Equivalence Hypothesis*）である。この仮説は，数学的統語と同様に音楽的統語，言語的統語，行動の統語に必要な認知機構（ならびにこれらの機構を媒介する神経群）が存在するとするもので，音響的逸脱（acoustic deviance）や意味情報プロセスのどちらにも関与していないとする。

　第10章は，音楽意味プロセスを扱う。ここで私は，音楽が意味を伝達したり，

聞き手にとって意味のあるプロセスを活性化する様々な方法をわかりやすく解説する。特に，外音楽的意味（形象的，指示的，象徴的記号性）と内音楽的意味（音楽要素間の構造的関連性から発する），音楽由来の意味（音楽に関連する身体活動，情動反応，人格に関連した応答から発する）を私は区別する。結論の1つとして，外音楽的意味は ERP の N400 波で，内音楽的意味のプロセスは N5 波で電気的に反映されている。音楽由来の意味に関しては，音楽は言語に「訳し直される」前の感覚を惹起し，これらの感覚を描写するために個人的に用いられる言葉よりも，大きな個人間の対応関係を生み出す。この意味において音楽は，言葉の使用による偏った定義なしに，感覚を定義づけられるという有利さを持っている。私はこの音楽自体が生み出す意味の性質を，先験的な音楽的意味としたい。

第 11 章は，音楽と行動の神経機構を扱う。章の最初の部分では，音楽聴取により引き起こされる運動の前のプロセスを調べた研究についてレビューする。第二の部分では，ERPs で行動を調べた研究をレビューする。これらの研究は，ピアニストがピアノ演奏する際の次の事柄について調べた。①ピアニストが演奏中に起こしたエラーに関連した ERP，②（正しい音符を弾く際に）間違いがフィードバックされるプロセスである。特にこの章の第二の部分は比較的短い。というのも，この領域で利用できる神経科学的研究はごく限られているからだ。しかし，音楽と行動についての話題は，音楽の神経科学にとって大変重要と私は考えるので，この章がなければ何か物足りないと感じる。

第 12 章は，音楽によって引き起こされる情動とその神経機構である。最初に，音楽的情動の惹起の根底となる原理について，理論的考察を加える。これらの原理は音楽に限られたことではなく，情動の心理学一般について推定されうることである。私はまた，音楽がグループで作られるときにはたらく社会的機能について，いくつか詳述する。1つの主張は，音楽は社会的機能のすべてを同時に活性化できるという点で特別とするものである。これらの機能に携わることはヒトの欲求を満たし，それゆえ強い情動を引き起こすことができる。それから，音楽的情動を調べた神経機能画像研究について，詳細にレビューする。これらの研究は，音楽により引き起こされた情動は，いわゆる大脳辺縁系／傍辺縁系といわれる脳の構造物のすべての活動を調節することができることを示している。私の意見ではこのことは，音楽により引き起こされた情動は，進化論的に適応された神経の感情機構の核心に触れるもので，音楽がヒトの基本的欲求を満たすということを反映している。私はまた，楽しみと報酬の経験は，喜び，幸せ，愛とは異なる神経機構を持つことについて論ずる。後者の情動については，それらが海馬で産生されるという仮説を私は支

持する(そして,より一般的なレベルでは,海馬は社会的愛着に関連した穏やかでポジティブな情動を生み出す)。章の最後の箇所では,音楽を作ることの有益な効果の枠組みを提示する。研究が不足しているために,その枠組みは,この領域のさらなる研究の基礎として考えられている。

最終章で私は,初めに音楽と言語の説明について結論を述べる。音楽と言語を明確に分ける形式上の特徴は存在しないことを論じ,言語や音楽のいずれかでより顕著な形式的特徴でさえ,それぞれ他の領域への移行帯を持つことについて議論する。それゆえ,「音楽」と「言語」という語の使用は,我々の日常生活用語としては適切と思えるが,科学的な使用において私は音楽と言語の連続体(music-language-continuum)という用語を提案する。

それから,これまでの章の中で展開された様々なプロセスや概念について要約し,音楽知覚の理論を作り出す。このように,時間のない読者は第13章3節だけを読むことができる。というのも,このわずかなページにこの本のエッセンスが凝縮されているからだ。最後の部分では,他の章で提案された研究課題が要約される。この要約は,私がこの本の第Ⅱ部で扱った話題で最も重要と思われる研究課題の一覧となっている。この一覧はまた,この領域に新たに取り組もうとする学生や科学者にとって,研究の出発点を示すのにも役立つだろう。

この本で展開された理論は,第8章で述べられた音楽知覚のモデルに基づいている。このモデルは,音楽知覚の7段階または次元を描写している。これらの次元の基礎となる原理は,ここでは音楽心理学(そして心理学一般)の基礎と見なされる。そのため,他の領域の(音楽知覚,統語過程,音楽的意味,行動,情動などといった)プロセスや概念は,音楽知覚の次元に対応する形で発展され概念化される。

このことは,次のような理論へと導く。すなわち,(音楽,言語,行動,情動などの)様々な領域を共通の枠組みへと統合することは,「言語」「音楽」「行動」そして「情動」を個別の領域として扱うよりも非常に多くのプロセスや類似性を含んでいる(Siebel et al., 1990 も参照)。今日の心理学と神経科学で共通に行われていること,つまり特定の領域を他の領域との関連させることなしに研究するということとは違って,この本で採用された音楽心理学的アプローチは,様々な領域を1つにし,それらを理論的・経験的に筋の通った理論へと統合することを目的とする。この点で注目すべきは,この本はヒトの心理学とヒトの脳の理解について書かれている(それは音楽の理解についてではない。音楽の脳内過程は音楽経験に新たな視点を開かせるものではあるが)。私の意見では,音楽を説明し理解するのに神経科学は不要である(子どもはみな音楽を理解でき,バッハは脳画像などない時代に彼の

序文

作品を仕上げた）。しかし私は，脳を理解するためには音楽が必要であり，音楽の脳内過程についての十分な知識なしでは，ヒトの脳についての理解は不完全なままであると信じる。

　多くの私の友人や同僚が，有意義な議論，役に立つコメント，そして沢山の修正を通して，この本に貢献してくれた。以下，アルファベット順に記す。Matthias Bertsch, Rebecca Chambers-Lepping, Ian Cross, Philipp Engel, Thomas Fritz, Thomas Gunter, Thomas Hillecke, Sebastian Jentschke, Carol Lynne Krumhansl, Moritz Lehne, Eun-Jeong Lee, Giacomo Novembre, Burkhard Maess, Clemens Maidhof, Karsten Müller, Jaak Panseop, Uli Reich, Tony Robertson, Martin Rohrmeier, Mariía Herrojo Ruiz, Daniela Sammler, Klaus Scherer, Walter Alfred Siebel, Stavros Skouras, Kurt Steinmetzger。Aleksandra Gulka は，図の再掲載の許可を得てくれた。この本が完成し全体を目にすることができ，私は大変嬉しい。願わくば，多くの読者がこの本を楽しんでくれたらと思う。

Stefan Koelsch
ドイツ，ライプチヒにて

# 目次

序文　i

# 第Ⅰ部　導入　1

## 第1章　耳と聴覚　2

1節　耳　2
2節　脳幹と視床の聴覚経路　5
3節　場所情報と時間情報　6
4節　うなり，ラフネス，協和，不協和　7
5節　音色と音素の音響的等価性　9
6節　聴覚皮質　10

## 第2章　音楽理論上の背景　16

1節　長調同士の関連性　16
2節　長調における調内の基本的な機能　18
3節　和音の転回とナポリの6度　19
4節　セカンダリードミナントとダブルドミナント　20

## 第3章　ピッチと和声の知覚　22

1節　文脈に依存したピッチの表象　22
2節　調性の関係性の表象　25
3節　調性感覚の形成と変化　27
4節　和声機能の表象　28
5節　和音の安定性の階層構造　29

6 節　音楽的期待　33
　　7 節　和音系列実験パラダイム　34

## 第4章　神経の電気的な活動から事象関連電位(ERP)と事象関連磁場(ERF)へ　39

　　1 節　脳波　41
　　　　1. 10-20 方式　42／　2. 基準電極　43
　　2 節　事象関連電位　44
　　3 節　脳磁図　46
　　　　1. 順問題と逆問題　47／　2. MEG と EEG の比較　47

## 第5章　ERP 成分　51

　　1 節　聴覚における P1, N1, P2　51
　　2 節　周波数追従反応　53
　　3 節　ミスマッチ陰性電位　54
　　　　1. 新生児における MMN　57／　2. MMN と音楽　58
　　4 節　N2b と P300　59
　　5 節　ERP と言語処理の相関　60
　　　　1. 意味処理：N400　60／　2. 統語処理：(E) LAN と P600　63／　3. 韻律情報の処理：抑揚の切れ目に生じる陽性変化　67

## 第6章　音楽の脳内処理についての事象関連電位(ERP)を用いた研究の歴史　71

　　1 節　はじめに：音楽的な刺激を用いた研究　71
　　2 節　和音を用いた研究　75
　　3 節　ミスマッチ反応（MMN）を用いた研究　77
　　4 節　音楽の意味に関する処理　77
　　5 節　フレーズの境目に関する処理　78
　　6 節　音楽と行為　79

## 第7章　機能的脳イメージング法――fMRI と PET　80

　　1 節　fMRI データの解析　82

vii

目　次

　　2 節　疎時間 fMRI　　86
　　3 節　間欠定常 fMRI　　86
　　4 節　活性化か，活動変化か　　87

## 第Ⅱ部　音楽心理学の新たな理論に向けて　　89

### 第8章　音楽知覚——生成モデル　　90

### 第9章　音楽の統語論　　100

　1 節　音楽の統語論とは　　100
　2 節　認知過程　　104
　3 節　右前部初期陰性電位　　110
　　　1. 音響学的な交絡要因の問題とそのその可能な解決策　114/　2. 課題に関連した要因の影響　122/　3. 多声音楽的な刺激　123/　4. ERAN の潜時　129/　5. メロディ　130/　6. ERAN の機能局在性　131
　4 節　神経解剖学的な相関　　133
　5 節　音響学的な不規則性と音楽の統語論に関する不規則性の処理　　135
　6 節　音楽と言語の間に見られる統語処理の相互作用　　139
　　　◇ 統語等価性仮説　146
　7 節　注意と自動性　　148
　8 節　音楽訓練の影響　　151
　9 節　発達　　152

### 第10章　音楽の意味論　　163

　1 節　音楽の意味論とは　　163
　2 節　外音楽的意味　　165
　　　1. 形象的な音楽の意味　165/　2. 指示的な音楽の意味　166/　3. 象徴的な音楽の意味　168
　3 節　外音楽的な意味と N400　　170
　4 節　内音楽的な意味　　177
　　　◇ 内音楽的な意味と N5　178
　5 節　音楽由来の意味　　184
　　　1. 身体的　184/　2. 情動的　186/　3. 個人的　188

6節　音楽の意味論　188
　　1. 神経機構 189/　2. 命題の意味論 189/　3. 伝達 vs. 表現 190/　4. 大規模な関係性から生じる意味 190/　5. さらなる理論的説明 191

# 第11章　音楽と運動　196

1節　知覚−運動連関　196
2節　演奏の事象関連電位　199

# 第12章　情動　213

1節　「音楽的情動」とは何か　214
2節　音楽への情動的反応：基本的なメカニズム　217
3節　社会的な接触から精神性まで：7つのCs　218
4節　音楽への情動的反応：基本的な原理　222
5節　音楽的期待と情動反応　226
　　◇ 緊張のアーチ　228
6節　辺縁系と傍辺縁系に関連する，音楽が喚起する情動　229
　　1. 長調−短調と楽しい−悲しい音楽 235/　2. 音楽が喚起するドーパミン作動性の神経活動 235/　3. 音楽と海馬 237/　4. 海馬傍回 241/　5. 海馬，海馬傍回，側頭極からなるネットワーク 242/　6. 島と帯状皮質前部の活動の影響 242
7節　音楽が喚起する情動の電気生理的影響　243
8節　情動の時間的経過　244
9節　音楽制作の有益な効果　245

# 第13章　結論と要約　253

1節　音楽と言語　253
2節　音楽と言語の連続性　256
3節　理論の要約　261
4節　公開質問の要約　270

文　献　280
索　引　318
あとがき　326

# 第Ⅰ部

# 導　入

第 I 部　導　入

#

# 耳と聴覚

## 1 節　耳

　人間の耳は，音を検知して識別するという重要な能力を持つ。広い範囲の周波数と強度を感受でき，きわめて高い時間分解能を備えている（詳しくは Geisler, 1998; Moore, 2008; Pickles, 2008; Plack, 2005; Cook, 2001 を参照）。耳は，外耳，中耳，内耳の3つの部分から構成されている。外耳は音波の受信器としてはたらく。音波が鼓膜に到達するまでに外耳道でフィルタがかかり，一部の音が強調されその他は減衰する。強調されるか否かは，音の周波数と到達方向によって決まる。音波，すなわち空気の疎密の変動は，鼓膜に振動を引き起こし，その振動は中耳で増幅される。中耳は3つの連結した骨，ツチ骨・キヌタ骨・アブミ骨で構成されている。これらの小さな骨は，蝸牛の卵円窓に振動が伝達されるのを助ける働きを持つ（図1.1）。卵円窓は内耳の骨壁に小さな穴が開いて，膜が露出した部分であり，空気で満たされた中耳と液体で満たされた内耳の境界となっている。

　蝸牛には液体で満たされた3つの区画があり，それぞれ鼓室階，中央階，前庭階という。鼓室階と前庭階は蝸牛孔で連結しており，中央階と鼓室階は基底膜（basilar membrane: BM）で隔てられている。基底膜上にはコルチ器が横たわっており，その中には音を電気信号に変換する聴性感覚受容器が含まれている。アブミ骨の振動は，前庭階の中の液体に圧力の変動を生み出し，前庭階，基底膜を含む中央階，そして鼓室階の振動運動を引き起こす（詳しくは Geisler, 1998; Pickles, 2008 を参照）。

　コルチ器は，内耳の感覚受容細胞である有毛細胞を内包している（図1.1下）。有毛細胞には内有毛細胞と外有毛細胞の2種類がある。それぞれの有毛細胞の先端表面には約100本の不動毛（流体の運動や圧力の変化に反応する機械受容器）の束

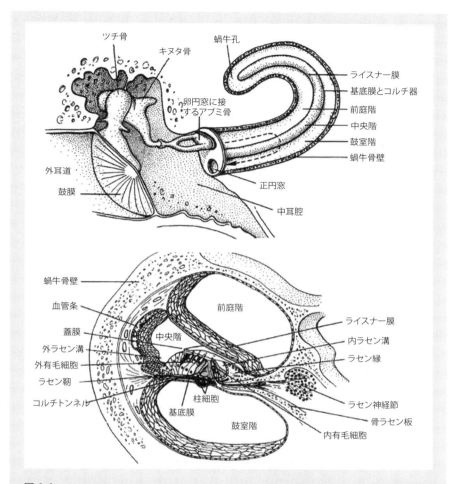

**図 1.1**
上：ヒトの耳の主要な部位。ただし，図示するため蝸牛の回転を引き延ばして描いている。下：蝸牛の解剖図（上下とも Kandel et al., 2000 より転載）。

がある。有毛細胞の上には蓋膜があり，外有毛細胞の一番長い不動毛に接している。音によって生じた蝸牛内の液体の動きは，蓋膜と基底膜の間にずれを生じさせ，有毛細胞の不動毛を傾かせる。不動毛の傾きは有毛細胞の適刺激であり，有毛細胞内に内向きの電流が生じて脱分極（傾きの方向によっては過分極）する（詳細は Steel & Kros, 2001 を参照）。

内有毛細胞はその基部でグルタミン酸を放出する（Nouvian et al., 2006）[1]。ここ

には，ラセン神経節に細胞体を持つニューロン（神経細胞）の末梢軸索枝が接合しており，このニューロンの中枢軸索枝は聴神経を構成している。有毛細胞によるグルタミン酸放出は感覚細胞を興奮させ，聴神経の軸索内に活動電位を生じさせる（「発火」するとも言う）。有毛細胞の電位の振動は神経伝達物質の周期的な放出を生み出し，聴神経を周期的に発火させることになる（詳細は Pickles, 2008; Geisler, 1998 を参照）。音刺激の時間長は，聴神経線維の活動の持続時間として符号化される。

異なる周波数に対して，蝸牛の異なる場所が選択的に反応する。またそれぞれの音は，蝸牛の長さ方向に沿った進行波（travelling wave）を生じさせる。基底膜の機械的特性は蝸牛の長さ方向に沿って異なり，蝸牛の基部では基底膜は硬くて薄いため，高い周波数の音に対してよく振動する。一方で，蝸牛先端の基底膜は厚くて柔らかいために，低い周波数に対してよく振動する。したがって，異なる周波数の音は，基底膜上の異なる位置に振幅のピークをもった進行波を生じさせる。基底膜の振動の振幅ピークは，高い周波数ほど蝸牛の基部のほうに，低い周波数ほど先端のほうに出現する（詳細は Pickles, 2008; Geisler, 1998 を参照）。

外有毛細胞は，基底膜の周波数特性に対応した場所特異的に，進行波のピークを鋭くする（例えば Fettiplace & Hackney, 2006）。興味深いことに，外有毛細胞は自身の細胞体の長さを伸ばしたり縮めたりすることで，コルチ器内の局所的なチューニングを変化させる（これによりコルチ器の機械的特性が影響を受ける；Fettiplace & Hackney, 2006）。この変化は，感覚情報の処理過程に能動的な過程が存在する例の1つである。さらに，外有毛細胞は中枢神経系から遠心性神経線維による支配を受けており，細胞体の長さの変化は，少なくとも部分的にはトップダウン過程の影響を受けるようである。トップダウン過程は脳の新皮質領域に起源があると考えられる。したがって，音響情報処理を決定づける蝸牛の動特性は，脳からの影響を強く受けるようだ。外有毛細胞の動的な活動は，鋭い周波数選択性を実現するのに必要不可欠であり，したがって，音楽と音声の知覚の両方にとって必須のものである。

基底膜のチューニングに対応して内有毛細胞が周波数特異的に興奮することにより，異なる聴神経線維内にそれぞれ活動電位が生じる。したがって，聴神経線維はそれぞれ最も感度が高くなる特定の周波数を持つ。この周波数は**特徴周波数**（*characteristic frequency*）という。ただし，単一の周波数に対して基底膜の広い範囲が応答して動き，個々の聴神経線維は複数の内有毛細胞からの神経支配を受けるために，実際にはある範囲の周波数に反応しうる。すなわち，音圧レベル（sound pressure level: SPL；説明とその医学的関連については Moore, 2008 を参照）は，①求心性の

神経線維の発火率として，また②活動電位が生じた隣り合う求心性神経線維の数（聴覚刺激の強度が増加すると発火するニューロン数が増える）として符号化される。そして脳は，活動が生じた聴神経線維それぞれの発火率で構成された時空間パターンを，音刺激の強度と周波数の情報へと変換するのである。周波数情報への変換については以降に詳細を述べる。

## 2節　脳幹と視床の聴覚経路

聴神経は脳幹の中枢神経系に投射する（第VIII脳神経）[2]。脳幹内では，有毛細胞から来た情報が，聴覚中枢経路にある左右の神経核の同側と対側の両方への連絡を通じて伝搬される（詳細はNieuwenhuys et al., 2008を参照）。例えば，腹側蝸牛神経核（ventral cochlear nucleus）を起源とする二次聴神経線維の一部は，左右両側の上オリーブ核（superior olivary nucleus）の内側核，および同側の外側核に投射する。そしてこれら上オリーブ核は下丘に投射する。また別の二次聴神経線維は対側の台形体（trapezoid body）神経核に投射する。そしてこの神経核は同側の上オリーブ核へ神経線維を送る（図1.2を参照）。同側と対側の連絡パターンは，音源定位の際に，両耳間の位相差と強度差を解釈するのに重要な役割を果たす。

下丘（inferior colliculus）は視床の内側膝状体（medial geniculate body: MGB）に連絡している。内側膝状体のニューロンは，聴放線を通じて軸索のほとんどを同側の一次聴覚皮質に送っている（詳細はNieuwenhuys et al., 2008を参照）。ただし，内側膝状体内側部（mMGB）のニューロンは，外側扁桃体にも直接投射している（LeDoux, 2000）。mMGBニューロンは下丘から上向性の入力を受けているため，少なくとも部分的には音響情報を中継するニューロンであるようだ（LeDoux et al., 1990）。内側膝状体とおそらく下丘も同様に，聴覚刺激で恐怖反応を条件づけるのに関与する。さらに，下丘は音響と辺縁系の統合や，音響と運動の統合にも貢献する（Garcia-Cairasco, 2002）。また，下丘を化学的に刺激すると防御行動を引き起こす（Brandão et al., 1998）。これらのことから，下丘と内側膝状体は単に音響情報の中継点だけではなく，危険を知らせる聴覚信号の検出に関与していると言える。

聴覚経路の説明ではほとんど取り上げられないのだが，脳幹の聴覚性ニューロンは網様体（reticular formation）のニューロンにも投射している。例えば，尾側橋網様体（caudal pontine reticular formation）内にあり網様体脊髄路を形成する巨大ニューロンは，聴覚刺激に対して短い潜時で発火することが細胞内記録とトレーサー実験によって示された。これは，腹側および背側の蝸牛神経核や，おそらく第VIII神

第Ⅰ部　導　入

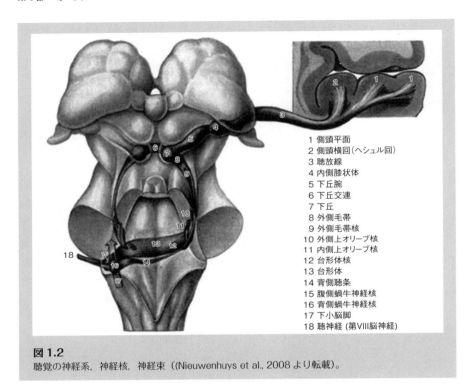

1 側頭平面
2 側頭横回（ヘシュル回）
3 聴放線
4 内側膝状体
5 下丘腕
6 下丘交連
7 下丘
8 外側毛帯
9 外側毛帯核
10 外側上オリーブ核
11 内側上オリーブ核
12 台形体核
13 台形体
14 背側聴条
15 腹側蝸牛神経核
16 背側蝸牛神経核
17 下小脳脚
18 聴神経（第Ⅷ脳神経）

**図 1.2**
聴覚の神経系，神経核，神経束（(Nieuwenhuys et al., 2008 より転載)。

経根の介在ニューロン，そして上オリーブ複合体の神経核（例えば，外側上オリーブ核や腹側オリーブ周囲領域．Koch et al., 1992）などの，複数領域からの直接的な入力によるものだと思われる。こういった網様体ニューロンは，脊髄の運動ニューロンへの投射によって，運動反射を作り出すのに関与する。脳幹の聴覚性領域から網様体への投射は，おそらく脳幹ニューロンが等拍性刺激に高い感受性を持つことも相まって，音楽に合わせて身体が動くことや，音楽によって活気づけられる効果に貢献していると考えられる[3]。

## 3節　場所情報と時間情報

　基底膜のトノトピック（訳注：反応を励起しやすい周波数が空間的に整列していること。すなわち周波数の場所表示を意味する）な興奮は[4]，聴神経，聴性脳幹，視床，そして聴覚皮質でトノトピックな構造（**トノトピー**［*tonotopy*］）として保存される。このトノトピーはトーンの周波数についての重要な情報源である。しかし，もう1つの重要な情報源は聴神経ニューロンが生み出す活動電位の時間パ

ターンである。およそ 4–5 kHz 以下の周波数では，聴覚ニューロンの活動電位間の時間間隔は，基底膜の振動周期のおよそ整数倍になっている。したがって，神経活動タイミングは基底膜の振動周波数，すなわち基底膜振動を励起するトーンやトーンの一部の周波数を表現している。脳は，場所情報（基底膜のどの部分が振動しているかという情報）と時間情報（基底膜の振動周波数についての情報）の両方を利用するのである。ただし，① 5 kHz 以上の周波数では時間情報は得られにくく，②場所情報には数パーセントの範囲で周波数の違い（例えば 5000 Hz と 5050 Hz の音）を表せるほどの緻密さはない。また，③場所情報だけではミッシングファンダメンタル（missing fundamental）現象[5]を説明することはできない（場所理論と時間理論の詳細については，例えば Moore, 2008 を参照）。

「ミッシングファンダメンタル」の知覚という現象は，**レジデューピッチ**（*residue pitch*）が生じることである。**周期ピッチ**（*periodicity pitch*），**仮想ピッチ**（*virtual pitch*），**ローピッチ**（*low pitch*）などとも呼ばれる。レジデューピッチの値は，正弦波が重畳してできる波形の周期（すなわち時間情報）に等しい。重要なのは，両耳に分離して提示した刺激についてもレジデューピッチ知覚が生じるということであり，これは蝸牛より上位の場所での音の時間的符号化がピッチ知覚に重要であることを示している。このような時間符号化は下丘（例えば Langner et al., 2002）や聴覚皮質のニューロンにおいて報告されてきている[6]。背側蝸牛神経核（DCN）のニューロンでも反復リプル雑音（iterated ripple noise）（訳注：雑音を一定時間遅延させた後に元の雑音に加算という手続きを反復することで周期性を持たせた音刺激。元は雑音であるにもかかわらず反復周期に対応したピッチが知覚される）の周期に対応した神経活動が現れるため，ピッチと振幅包絡の周期の時間的表現は，DCN の段階からすでに生じていることが示唆される（Neuert et al., 2005）。しかし，2つ以上の周波数が基底膜で分離可能（resolved）なとき，基底膜上で異なる周波数間の相互変調歪み（訳注：非線形性をもった系に複数の周波数が入力された際に生じる歪み。2つの周波数入力があると，それら整数倍の周波数の和や差の周波数成分が生じる）により結合音が生じる。なかでも $f_2-f_1$ の周波数に対応する音（差音［difference tone］）は聞こえやすい。通常，レジデューピッチの知覚には，結合音を生じる基底膜上の歪みと時間符号化の両方のメカニズムが関与するが，結合音とレジデューピッチは個別にも知覚されうる（Schouten et al., 1962）。

## 4 節　うなり，ラフネス，協和，不協和

　2つの正弦波音や近い周波数の2つの部分音が基底膜によって分離（resolved）されない場合，すなわち2つの周波数が同じ**等価矩形帯域幅**（equivalent rectangular bandwidth: ERB；詳細は Moore, 2008; Patterson & Moore, 1986 を参照）[7]を通過する

場合，その2つの周波数は基底膜によって結合（merged）されてしまう。この結果，基底膜の振動周波数はその2つの成分の平均周波数に等しくなり，そこにうなり（*beat*）が加わる（von Helmholtz, 1870 も参照）。うなりは振幅の周期的な変動であり，2つの正弦波の間の位相関係が変化して，互いに強めたり打ち消し合ったりを繰り返す現象により生じる。うなりの周波数は2つの正弦波間の周波数差に等しい。例えば，1000 Hz と 1004 Hz の2つの正弦波音を足し合わせると，1002 Hz の音に毎秒4回のうなりが生じているように聞こえる。これは音量つまみを1秒間に4回上げ下げするのと同様に聞こえる。うなりの周波数がより高い（約 20 Hz 以上）場合は，**ラフネス**（訳注：ざらつくような印象を与える音の特徴）（Plomp & Steeneken, 1968; Terhardt, 1974, 1978）として知覚され，これはいわゆる**感覚的不協和**（*sensory dissonance*）を感じる基礎となる（Terhardt, 1976, 1984; Tramo et al., 2001）。西洋では2つの正弦波音の周波数がおよそ1ERB を超えると協和していると知覚される傾向がある（Plomp & Levelt, 1965）。これは中心周波数の 11 〜 17％の間に相当する。

　Ernst Terhardt（1976, 1984）は，音楽の協和・不協和を，**感覚的協和・不協和**（*sensory consonance / dissonance*）と，**和声**（*harmony*）の2つの要素に分類した[8]。Terhardt にしたがえば，感覚的協和・不協和は，うなりやラフネスなどの不快な要素の存在度合いを表している。一方，他の研究者（Tramo et al., 2001）は，協和性とは，単にラフネスが存在しないという消極的なものではなく，積極的な現象であると主張している。その理由の1つは，聴覚系によって生み出されたレジデューピッチが協和性の知覚に貢献するということにある[9]。Tramo et al.（2001）は，協和音程の場合は，聴神経線維の神経活動の間で最も共通する発火間間隔（interspike interval: ISI）の分布が，①トーンの基本周波数と，②レジデューピッチの周波数に対応すると主張した。さらに，③その部分音のほとんどは分離可能である。一方で，不協和音程では，分布の中の最大共通 ISI は，①基本周波数にも，②倍音に関連するレジデューピッチにも対応しない。さらに，③多くの部分音は分離不可能である。

　**和声**は，Terhardt にしたがえば，任意の特定の音楽様式において，継時的あるいは同時に鳴る音の配置を支配している音楽的規則性（「親近性，適合性，基音関係」; Terhardt, 1984, p.276）の，実現や逸脱を表すものである[10]。和声が快もしくは不快と知覚される度合いは，音楽特有の（したがっておそらく文化特有の）原理に関係することから，文化的な経験によって顕著な影響を受ける。

　感覚的不協和（あるいは Tramo et al., 2001 では「和声の垂直次元」）は，協和よりも快でないものとして普遍的に知覚されるが，感覚的協和・不協和が快・不快に知覚される度合いもまた，文化の経験に顕著な影響を受ける。このことは，カメルー

ンのマファ族について行われた最近の研究によって支持される（Fritz et al., 2009）。マファの人々は，実験に参加する前はおそらく西洋音楽を聞いたことはなかった。彼らは，西洋音楽の曲を常時不協和となるよう改変したものと比較して，元の曲に対する有意な選好を示した。ただし，正規化した快評定の得点は，原曲と改変版であまり差は大きくなく，西洋の聴取者を対象とした統制群よりもかなり小さかった。すなわち，西洋とマファの聴取者は双方とも，常時不協和な音楽よりも，より協和性の高い音楽を好むが，ただしその傾向は西洋の聴取者で非常に強く表れ，マファではあまり強くなかった。これは，常時不協和な音楽よりも協和な音楽を主に好むということが，文化的要因の影響を受けるということを示している[11]。

　うなりの知覚は，片耳に異なる周波数が入力される場合に生じるだけでなく，それぞれの耳に異なる周波数が入力されると両耳間でも生じる。この両耳性うなりはおそらく，主に脳幹の聴覚性の神経過程で生じる（Kuwada et al., 1979; McAlpine et al., 2000）。これは，2つの正弦波の重なり具合によって両耳間の位相が連続的に変化することによるもので，おそらく音源定位に関係している[12]。両耳性うなりは知覚的には片耳のうなりと似たものではあるが，それほど明確ではない。さらに，片耳のうなりは可聴域のすべての周波数で生じうるのに比べ，両耳性うなりは 300 〜 600 Hz の間の周波数で最も顕著に聞こえ，より高い周波数では徐々に聞こえづらくなる（詳細は Moore, 2008 を参照）。

## 5 節　音色と音素の音響的等価性

　音楽と音声を比べると，音響学的な観点では音素（phoneme）と楽音の音色（timbre）との間には違いはない。もし音声学者が「音色」ではなく「母音音質（vowel quality）」や「母音音色（vowel color）」という語を使ったとしても，それは単に慣習の違いにすぎない[13]。この両方は，音色に対応する2つの物理量で特徴づけられる。それは，スペクトル包絡と振幅包絡である。前者は個々の倍音の相対振幅の違いを表すのに対し，後者は振幅輪郭やエネルギー輪郭などとも言い，特に音の立ち上がりと立ち下がりにおいて，ラウドネスがどのように変化するかを表すものである[14]。非周期的な音でもスペクトル包絡が異なりうるし（例えば，/ʃ/ と /s/），また /b/ と /w/ や /ʃ/ と /tʃ/ の立ち上がり形状のように，振幅包絡に基づく音色の違いは音声でも重要な役割を持つ。

第Ⅰ部　導　入

## 6節　聴覚皮質

　一次聴覚皮質（*primary auditory cortex*: PAC）は，上側頭回（superior temporal gyrus: STG）の一部であるヘシュル横回（横側頭回）にある。一次聴覚皮質はブロードマン領野の41野に相当しており，多くの研究者が3つの下位領域に分けられると考えている。この下位領域はそれぞれ一次聴覚野（AI），吻側野（R），吻側側頭野（RT）としたり（例えば Kaas & Hackett, 2000; Petkov et al., 2006；図1.3も参照），Te1.0，Te1.1，Te1.2 と表したりする（Morosan et al., 2001, 2005）。これらの一次聴覚皮質は聴覚コア領域（core area）と呼ばれ，聴覚連合皮質を構成するベルト領域（belt area）とパラベルト領域（parabelt area）に囲まれている（Kaas & Hackett, 2000; Petkov et al., 2006）[15, 16]。

　図1.3は Kaas & Hackett（2000）で導入された命名法にしたがい，聴覚連合皮質の領域名とそれらの投射関係を示している[17]。なお，Nieuwenhuys et al.（2008）では図1.3に示されたのとは異なり，パラベルト領域は側頭弁蓋，すなわち STG の

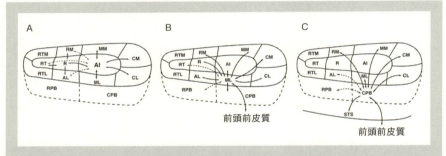

**図1.3**
聴覚の神経系，神経核，神経束（Nieuwenhuys et al., 2008 より転載）。聴覚皮質の細区分とそれらの連絡関係。(A) 聴覚のコア領域は，一次聴覚野（AI），吻側野（R），吻側側頭野（RT）で構成されている。AIは他の2つのコア領域とともに，コア領域とベルト領域にある近傍部位と密な相互連絡を持つ（矢印）。より遠方の領域との連絡はあまり密でない（破線矢印）。コア領域はパラベルト領域やより離れた皮質とも少ないながら連絡を持つ。(B) ベルト領域の中外側野（ML）と他の聴覚皮質との連絡を示す。MLは他のベルト領域と同様に，コア，ベルト，パラベルト領域の近傍と密な連絡を持つ（矢印）。近傍でない領域とはより弱い連絡を持つ傾向にある（破線矢印）。ベルト領域も，前頭前皮質の機能的に異なる領域と，トポグラフィックに構成された連絡を持つ。(C) ベルト領域の外側に隣り合うのは，吻側パラベルト野（RPB）と尾側パラベルト野（CPB）である。両方のパラベルト野は，ベルト領域の近傍と密な連絡を持つ（矢印）。それ以外の領域とは密でない連絡を持つ傾向がある（破線矢印）。パラベルト領域はコア領域との連絡はほとんどないが，上側頭回（STS）の多感覚野や，前頭前皮質の機能的に異なる領域との連絡を持つ。
〈その他の略称〉CL：尾外側野，CM：尾内側野，ML：中外側野，RM：吻内側野，AL：吻外側野，RTL：外側吻側側頭野，RTM：内側吻側側頭野。Kaas & Hackett（2000）より転載。

外側表面だけでなく内側表面も含むとされている（p.613）。また，後方パラベルト領域の正確な境界線（左半球であればWernicke野のあたり）はわかっていないが，「一般に側頭平面と上側頭回の後方部分，および角回と縁上回の最も下の部分を含むと推測される」と述べられている（p.613–614）。

コア領域のすべてとベルト領域のほとんどはトノトピー構造を示す。AIでは特に顕著である。Rのトノトピー構造はAIよりも弱いが，RTよりも強い。ベルト領域の多くはRやRTと同程度のトノトピー構造を示すようだ。Petkov et al.（2006）は，マカクザルにおいて，RTMとCLではトノトピー構造が弱く，RTLとRMでは明確なトノトピーは見られないと報告している。

一次聴覚野は次のようにいくつかの聴覚処理に関与していると考えられている。

▶音響特徴量（周波数，強度，音色特徴量など）の解析　脳幹と比較すると，聴覚皮質はこれらの解析を非常に高い解像度で行うことができる。ただしおそらく音源定位は除く。Tramo et al.（2002）によると，両側のPACの損傷を負うと，①音の検出閾値は通常で，トーンがあるかどうかはわかるが，②2つのトーンが同じピッチであるかどうかを判断する閾値が上昇していた。

▶聴覚の感覚記憶　エコイックメモリー（echoic memory）とも呼ばれる，聴覚情報を数秒以内の短い期間貯蔵しておく短期的なバッファ。

▶音間の関係性の抽出　Tramo et al.（2002）によると，PAC損傷患者はピッチの方向を判断する閾値が顕著に上昇していた。すなわち彼らは，2つのトーンが異なることはわかるものの，1つ目のトーンに比べて2つ目のトーンが高いか低いかを答えるのが非常に困難であった（右側のPAC損傷で同様の結果を得られた例については，Johnsrude et al., 200; Zatorre, 2001を参照）。

▶音脈分凝　音脈分凝（*stream segregation*）についてはFishman et al., 2001を参照。

▶変化の自動的な検出　聴覚の感覚記憶によって，音響入力信号が持つ規則性の変化を検出することが可能になる。この検出過程は，ミスマッチ陰性電位（mismatch negativity: MMN；第5章を参照）に反映されると考えられる。いくつかの研究では，MMNの生成にPACが関与することが示されている（MMNの生成箇所がPAC内にあることを示したMEG研究についてはMaess et al., 2007を参照）。

▶多感覚統合　多感覚統合（*multimodal integration*）は Hackett & Kass（2004）を参照。ここでは特に，聴覚と視覚の統合を指す。

▶音響特徴量から聴覚的知覚量への変換　周波数や強度といった音響特徴量を，音高やピッチクロマ，ラウドネスのような聴覚の知覚量へ変換することを指す[18]。右側 PAC を損傷した患者は，レジデューピッチを知覚する能力が欠損しているようだ（Zatorre, 1988）。このことは，聴覚皮質の両側損傷により，周波数自体の変化の検出は阻害されないが，ミッシングファンダメンタルのピッチ変化の弁別が阻害されるという動物研究の結果と一致する（Whitfield, 1980）。さらに，PAC の前方外側領域のニューロンは，ミッシングファンダメンタルの基本周波数に対応した応答を示す（Bendor & Wang, 2005；マーモセットで得られた結果）。また，PAC の応答特性が，複合音のミッシングファンダメンタルが知覚されるかどうかに依存することを示す MEG データもある（Patel & Balaban, 2001；ヒトで得られた結果）。この研究（Patel & Balaban, 2001）では，聴性定常反応（auditory steady-state response: aSSR）の位相変化がピッチ知覚と関連することが示された[19]。

上述したとおり，結合音は基底膜の非線形機構によって蝸牛内ですでに出現しており，複合音の周期性は聴性脳幹ニューロンの発火パターンとして符号化される[20]。レジデューピッチの知覚には少なくとも次の3つの異なるレベルのメカニズムが貢献している。すなわち，①基底膜，②脳幹（ニューロンの発火パターンの周期性を表すような時間符号化），③聴覚皮質におけるメカニズムである[21]。しかし，Zatorre（2001）と Whitfield（1980）の研究は，聴覚皮質は基底膜や脳幹よりも音響特徴量を聴覚的な知覚量へ変換するのにより顕著な役割を果たすことを示唆している。

また，AI のニューロンは正弦波音（純音）と複合音の両方に反応し，雑音刺激にも反応するが，AI の外側の領域では純音への反応が減少し，複合音や雑音への反応がより強く選択的になる。したがって，正確な音響特徴の分析や音の弁別，パターンの組織化，音響特徴量から知覚への変換が，コア領域とベルト領域の間の緊密なやりとりによって実現されるのだと考えられる。加えて，聴覚連合皮質は様々な機能を持ち合わせており，その多くは神経科学的手法によって系統的に研究され始めている。例えば，聴覚の情景分析と音脈分凝（De Sanctis et al., 2008; Gutschalk et al., 2007; Snyder & Alain, 2007），聴覚記憶（Näätänen et al., 2010; Schonwiesner et al., 2007），音素知覚（Obleser & Eisner, 2009），声知覚（Belin et al., 2004），話者同定（von Kriegstein et al., 2007），聴覚－運動変換（Warren et al., 2005; Raschecker & Scott, 2009），文法処理（Friederici, 2009），あるいは語彙表象の貯蔵と活性化（Lau et al., 2008）などである。

　左右の PAC および近傍の聴覚連合皮質の機能的な違いについて見てみると，左側聴覚皮質は右よりも時間情報の高い分解能を持ち，右側は左よりも高い周波数解像度を持つということが，いくつかの研究で示されている（Zatorre et al., 2002; Hyde et al., 2008）。さらに，ピッチ知覚について，Warren et al.（2003）は，音高とピッチクロマ（第 3 章 1 節を参照）の変化は PAC を賦活させるが，ピッチクロマの変化は音高に比べて PAC 前方のベルト領域をより強く賦活させることを報告した。一方で，音高の変化は，PAC 後方のベルト領域（側頭平面を含む部分）をより強く賦活させた。

　旋律内のピッチの知覚については，旋律の輪郭の分析と，部分的には聴覚ゲシュタルトの形成[22]には，右の上側頭回（前方よりも後方の STG）が関与しているが，より詳細な音程情報の処理には，両側の上側頭皮質の前方および後方領域が貢献しているようだ（Peretz & Zatorre, 2005; Liegeois-Chauvel et al., 1998; Patterson et al., 2002）。側頭平面は特に音程と音系列の処理に関与すると示唆されてきた（Patterson et al., 2002; Zatorre et al., 1994; Koelsch et al., 2009）。このことは，この脳領域が聴覚の情景分析と音脈分凝に重要であるという考えと一致する。ピッチ知覚の主観的測定の導入については第 3 章で述べる。

【注】

1. 内有毛細胞への求心性シナプスの後シナプス受容体は AMPA 型受容体であることが知られており，過剰なグルタミン酸を回収する近傍の支持細胞でグルタミン酸輸送体が見つかっている。
2. これは簡単におぼえられる。ear も eight も e で始まるから。
3. Zatorre & Eerola（2010）による最近の研究は，音楽により身体運動が誘発される現象が幼児でも見られることを示唆している。
4. 高い周波数は蝸牛の基部のほうに，低い周波数は蝸牛の先端のほうに振幅ピークが生じることを思い出してほしい。
5. 例えば，200，300，400，500 Hz の成分からなる複合音にはどんなピッチが知覚されるだろうか。答えは，200 Hz ではなく 100 Hz なのである。すべての部分音は「失われた基本周波数（missing fundamental）」である 100 Hz の整数倍であるからである。したがって，400，500，600，700 Hz から構成された複合音のピッチも 100 Hz に対応する。もしトーンが十分な倍音を含んでおり，基本周波数がフィルタにより遮断されているとしても，ピッ

チ知覚は変化しないのである（ただし，音色は変化する）。
6. MacAlpine et al.（2002）は，下丘の段階で周期情報を表現している神経活動は蝸牛における相互変調歪みの結果生じているのかもしれないことを示しているため，注意が必要である。
7. **臨界帯域**という語（Zwicker, 1961; Zwicker & Terhardt, 1980）や，**聴覚フィルタ**という語を使う研究者もいる（歴史的経緯については Moore, 2008 を参照）。
8. Tramo et al.（2001）では，代わりに和声の**垂直次元**と**水平次元**という語が用いられた。彼らは協和・不協和という語は，和声の垂直次元についてのみ使用した。
9. 協和性とはラフネスが生じないことであるとする臨界帯域に基づく説明は，3 全音（増 4 度）の音程の純音は，2 つのピッチは基底膜上で明らかに分離されるのにもかかわらず，完全 4 度や 5 度よりも協和性が低く，不協和に聞こえるということを説明できない（詳細は Tramo et al., 2001 を参照）。
10. Tramo et al.（2001）では代わりに和声の水平次元という語が使用された。
11. 興味深いことに，協和・不協和の選好における文化的影響には二通りある。不協和性の高い音楽を頻繁に聞くと，より不協和性の高い音楽を好むようになる。これは例えば，カプサイシン（トウガラシに含まれる，辛い味がするアルカロイド）の快・不快を思い起こさせる。カプサイシンは砂糖よりは快くはないという認識は普遍的であるものの（Rozin & Schiller, 1980），個人によっては刺激的なスパイスを好むような強い文化特異的な選好を発達させる。実際世界中の成人は，苦いものや口内の粘膜を刺激するような，生得的には受け入れられない物質を日常的に摂取している（例えば，コーヒー，ビール，蒸留酒，タバコ，トウガラシなど；Rozin & Schiller, 1980）。
12. 一部の企業の宣伝とは違い，両耳性うなりそれ自体が，ヘロインやマリファナなどの薬物と同様の脳状態を引き起こすことはまったくない。また，リラックスや不安の抑制などに効果があるという科学的な証拠もない。
13. 2 つの音が同じピッチ，ラウドネス，時間長，音源位置であると知覚されても「なおその間に違いがあるように聞こえるとき，その違いが音色である」（Moore, 2008）。例えば，クラリネット，サックス，ピアノが順に，中央の C 音を同じ場所，同じラウドネス，同じ長さで演奏するのを想像してみよう。すると，これらの楽器はそれぞれ特有の音質を持っているのがわかる。この差が音色もしくは単に音質と呼ばれるものである。音声にも音色違いの例をたくさん見い出すことができる。例えば，2 つの母音が，同じラウドネス，同じピッチで発声されたとき，それらは互いに音色が違うのである。
14. 例えば，撥弦楽器と擦弦楽器の音の違いに見られる，急あるいは緩やかな立ち上がりと立ち下がり。付加的な特徴量としてジッター（基本周波数の微小変動）やシマー（声帯パルス振幅の微小変動）のような微小時間の変動も含む。これらも「音素」と「音色」の両方の特徴量となる。
15. ブロードマンの命名法に従えば，聴覚のコア領域は BA41，外側ベルト領域は BA42，内側ベルト領域は BA52，パラベルト領域は BA22 にそれぞれ対応するようだ（Hackett & Kass, 2004）。ただし，BA22 の一部はベルト領域も含んでいる。
16. Galaburda & Sanides（1980）は，ヒトの傍顆粒皮質の尾背側（PaA c/d）領域は，後側頭平面（シ

第 1 章　耳と聴覚

ルビウス裂の尾内側終端）から，島後部を囲み，背側の頭頂弁蓋の内側面まで拡大していると報告した。したがって，Galaburda & Sanides（1980）にしたがえば，聴覚皮質は頭頂弁蓋にもありうる。

17. 他の研究者（例えば Morosan et al., 2001, 2005）はこれらの領域を Te2.1，Te2.2，Te3，Te4 と命名している。
18. 例えば，200 Hz，300 Hz，400 Hz の周波数をもつ音は，100 Hz のピッチ知覚に変換される。
19. aSSR は，音刺激の連続的な振幅変調（AM）の結果として，連続的に生じる周期振動性の脳波信号である。例えば，Patel & Balaban（2001）の研究では，41.5 Hz で振幅変調された複合音が使われた。aSSR はおそらく PAC に信号源を持つと考えられる（例えば Ross et al., 2000）。
20. Bendor & Wang（2005）と Patel & Balaban（2001）の研究で見られたミッシングファンダメンタル知覚に関連した PAC の反応は，おそらく部分的には，下丘ニューロンの発火パターンとして符号化されたミッシングファンダメンタルの周期情報を反映している。
21. しかし，結合音とレジデューピッチは分離できるということには注意が必要である（Schouten et al., 1962）。
22. 聴覚ゲシュタルトの形成は，類似性，近接性，連続性の原理などの，いわゆるゲシュタルト原理に従う。例えば，次のように考えられている。
    ① 和音の中の 1 つひとつの音が，まとめて単一の聴覚ゲシュタルト（＝和音）として知覚されるのは，それらが同時に鳴るからである（連続性の原理）。
    ② 旋律が高域で，和音が低域で演奏された場合，たとえそれらの立ち上がりが同時であっても，旋律の音系列は 1 つのゲシュタルトとして，和音は別のゲシュタルトとして知覚される（近接性の原理）。
    ③ もし同じ旋律が低域でチェロによって演奏され，和音は低域でピアノで演奏されたとすると，やはり旋律と和音はそれぞれ個別のゲシュタルトとして知覚される（類似性の原理）。
    ④ もし上行あるいは下行する 2 つの旋律が 2 台のチェロで演奏され，それらの旋律が交差した場合，片方の旋律は V 字型に上昇して，他方は V 字型に下降して知覚されるだろう（連続性の原理）。

第 I 部　導　入

# 第2章

# 音楽理論上の背景

## 1 節　長調同士の関連性

　音楽理論において，2 つの音の間隔を**音程**と呼ぶ。2 つの音の基本周波数の関係が 1:2 であるとき，その音程をオクターブと呼ぶ（例えば $c'$ と $c''$：図 2.1）。オクターブを構成している 2 つの音の高いほうの音は，低いほうの音よりも 2 倍高く知覚される。

　平均律では，オクターブを 12 の等間隔の**半音**に分ける[1]。オクターブを 12 半音に分けることで，一連の 12 の異なった音が生じる。これらの音は**半音階**を構成し，西洋調性音楽の基本要素をなす（図 2.2）。

　半音離れている 2 つの音の音程を短 2 度と呼ぶ。半音 2 つでは長 2 度（つまり全音），半音 3 つで短 3 度，4 つで長 3 度となっていく（図 2.3）。オクターブの範囲の中で，1，2 もしくは 3 半音を組み合わせることにより，いくつかの音階が構成される。音階は通常 7 つの音（五音音階は 5 音）からなる。前世紀の間に，西洋調性音楽では次

図 2.1
$c'$（下）と $c''$（上）によって構成されたオクターブ音程。

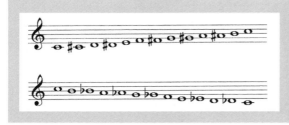

図 2.2
上行（上段）と下行（下段）の半音階。オクターブ（$c'$-$c''$）は 12 半音で分けられている。平均律では，例えば $c^\sharp$ は $d^\flat$ と同じ音である。このようにオクターブは 12 の異なった音を持つ（$c''$ は $c'$ のオクターブであり，含めない）。

**図 2.3**
音程の例。左から,短 2 度,長 2 度,短 3 度,長 3 度,完全 4 度,完全 5 度。

の 4 種類の音階が最も重要になった。すなわち,1 つの長音階と 3 つの短音階(和声的短音階・旋律的短音階・自然的短音階。自然的短音階は VI 度と VII 度を半音上昇させない短音階のこと)である[2]。長音階は,2 つのテトラコード(訳注:両端が完全 4 度をなす連続する 4 音を意味する。古代ギリシャではテトラコードの分割,テトラコードの積み重ねが音楽理論の基礎となり,現在では音階や旋法を理論化するのにテトラコードの概念が用いられる)からなり,それぞれのテトラコードは $1-1-\frac{1}{2}$ の間隔(全音 − 全音 − 半音)からなる。2 つのテトラコードの間は,全音で隔てられる(図 2.4)。長音階が 7 音(例えばハ長調では $C-d-e-f-g-a-b-c$)で構成されていること,オクターブが 12 半音に分けられることから,長音階には属さない 5 音が半音階上に存在する[3]。

調は,属している音を決定する。例えば,ハ長調はハの長音階上の音によってのみ決定づけられる(これ以外の音はハ長調に属さない)。2 つの異なる長調は,共通した音を持つこともあるが,まったく同じ音だけで構成されることはない。重要なことは,それぞれの長調の主調が,主調に関係する**音以外**は同じ音で構成される,2 つの隣接する長調を持つことである。例えば,ハ長調は 6 つの音をト長調と共有する($c-d-e-g-a-b$)。ハ長調にあるがト長調で欠けている(7 つ目の)音は $f$ であり,ト長調にあるがハ長調で欠けている音は $f^\#$ である($f$ から 1 半音分高い)。他にハ長調と 6 つの音を共有する長調はヘ長調である[4]。

ト長調とヘ長調は,ハ長調と(他の長調よりも多く)6 つの音を共有しているので,音楽理論の観点からは,ハ長調に最も近い関係にある長調である。ハ長調では,ト長調は属調,ヘ長調は下属調と呼ばれる。逆に,ハ長調はト長調の下属調でありヘ長調の属調である。ヘ長調では,$c$ は音階上で $f$ よりも 5 度上にある。$f$ と $c$ の音程は(完全)**5 度**と呼ばれる。同様に,ハ長調の音階上の 5 番目の音は $g$ であり,$c$ と $g$ の音程も 5 度である[5]。

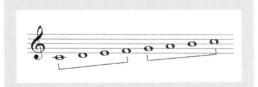

**図 2.4**
ハ長調の音階を構成する 2 つのテトラコードの例。2 つのテトラコードは全音によって分けられる。

主調に最も近い関係にある調もまた,それぞれ最も近い関係にある調を持つ。例えば,ト長調も(下属調であるハ長調に加えて)属調

をもっており，それはニ長調である。ニ長調とト長調は，ニ長調に属さずト長調に属する $c$ によって区別することができる。$d$ はト長調の音階上の5番目の音であり，$d$ と $g$ の音程は（再び）5度をなすことは注意すべきである。この例では，すべての長調には，最も関係の近い2つの長調（6音が共通する），2番目に近い2つの調（5音が共通），3番目に近い2つの調などが存在することを示している。特に，主調の音階上の1番目の音（例えばハ長調の $c$）は，

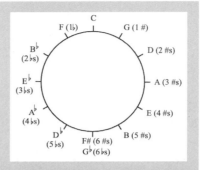

図 2.5
5度圏（長調のみ）。

属調と下属調（最も近い関係の調）の1番目の音から5度離れており，2番目に近い調からは5度の2倍離れている。長調の5度関係は，**5度圏**（*circle of fifth*）を用いてうまく記述することができる（図 2.5）[6]。

## 2節　長調における調内の基本的な機能

音階上の音は，「度」でも表現される。音階の主音，例えばハ長調の $c$ は，1度音と呼ばれ，2番目の音（ハ長調では $d$）は2度音と呼ばれる。**調内和音**は，調内の各度を根音として構成された三和音である（説明は図 2.6 を参照）。長音階の 1，4，5 度音に構成された三和音は長三和音であり，2，3，6 度音に構成された三和音は短三和音である。7度音上の三和音は減三和音である。1度音上の三和音は，主和音と呼ばれる。主和音は，①主和音の根音は，調の根音でもある，②主和音は調の5度音（根音の第三倍音）を含む，そして③主和音は3度音を含んでおり，これにより調性（長調か短調か）が決定される，といった点からその調の代表であると言える。4度上の三和音を**下属和音**，5度上の三和音を**属和音**と呼ぶ。6度音上の短

**図 2.6**
ハ長調の音階で構成された和音。度はローマ数字によって表記される（和音の機能は左から，主和音，上主和音，中和音，下属和音，属和音，下中和音，導音）。

三和音は**下中和音**，2度音上は**上主和音**，3度音上は**中和音**である。主和音，下属和音，属和音，中和音などは，**和音機能**と呼ばれる（図2.6）。和音機能は，それらが構成されている度のローマ数字（図2.6）や文字（例えば長調の主和音はT，長調の下属和音はS）で表記される。

**図 2.7**
ハ長調における属七の和音（左）と付加6度をともなった下属音（右）。

短7度をともなった5度音上の三和音は，**属七の和音**と呼ばれる（ハ長調では $g-b-d-f$。$g-f$の音程は短7度である；図2.7）。この7度は属和音を**特徴づける不協和音程**であり，通常は後続和音（主和音）の3度に上から向かう導音としてはたらく。下属音を特徴づける不協和音程は**付加6度**であり，これは長三和音（通常は下属音）に長6度を加えたものである（図2.7）。Jean Philippe Rameau（1722）によると，3つの和音，つまり主和音，属七の和音，付加6度をともなう下属和音は，調の和声的中心（Centre harmonique）を構成する。

## 3節　和音の転回とナポリの6度

基本形の和音（最低音が根音の位置；図2.8参照）は，例えば，根音を最高音に，3度音を最低音にくるように変更することで，**六の和音**（訳注：第1転回形ともいう）に転回することができる。この手続きを繰り返すことで，最低音に5度音を持つ**四六の和音**（訳注：第2転回形ともいう）が得られる（図2.8）。

**図 2.8**
根音上のハ長調の三和音（左），六の和音（中央），四六の和音（右）。

5度の代わりに短6度をともなった短調の下属和音は，**ナポリの6度**と呼ばれている。例えば，ハ短調では下属音の短6度は $d^b$ である。したがって，下属和音の5度を短6度と置き換えると，この和音は $f-a^b-d^b$ で構成される。このナポリの6度和音は，短調の下属和音の下中和音（訳注：すなわち下属和音からみて6度上の和音）を六の和音に転回したと解釈することもできる。すなわち，例えば，ハ短調では，下属和音は $f-a^b-c$ であり，短調の下属和音の下中和音は，$d^b-f-a^b$ である。これを転回した六の和音は $f-a^b-d^b$ となる（図2.9）。

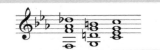

図2.9
ハ短調におけるナポリの6度(左)、属音(中央)、主音（右）が続く。

## 4節　セカンダリードミナントとダブルドミナント

　前述したように，それぞれの調内の和音は，調のなかで和音機能を持っている。また一方で，和音は他の調においても一時的に機能を持っていると言えるかもしれない。ある和音が主和音の機能を持つ例として，一時的な主和音がその属七の和音に先行される場合があげられる。つまり，ある調内の和音がその属七の和音に先行されることで，その調内の和音は一時的に主和音として機能する。このように，後続する和音の機能を変化させる属七の和音は，**セカンダリードミナント**と呼ばれる。属音の属和音であるセカンダリードミナントは，**ダブルドミナント**と表示もされる。長調では，ダブルドミナントは**半音階的上主和音**とも呼ばれる。

　例えば，ハ長調の属和音 $(g-b-d)$ は，ト長調の属七の和音 $(d-f^{\#}-a-c)$ に先行されることがある。$f^{\#}$ の音は，ハ長調ではなく，ト長調に属する。さらに7度 $(d-c)$ は，属和音の特徴的不協和音である。この場合，元々ハ長調の属和音の機能を持つト長調の三和音 $(g-b-d)$ は，主和音として機能する（一時的であるが）。この機能変化は，ト長調の属七の和音，$d-f^{\#}-a-c$ によって導かれる（図2.10）。

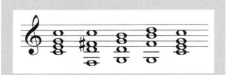

図2.10
セカンダリードミナントの例（ハ長調）。左から，主和音，属和音のセカンダリードミナント，属和音，属七の和音，主和音。

【注】

1. 例えば，$f^{\#}$ と $g^{\flat}$ を区別するような，平均律ではない音階システムは複雑であり，ここでは扱わない。詳細な説明は，Eggebrecht（1967），Apel（1970），Eggebrecht（1972），Dahlhaus & Eggebrecht（1979），Dahlhaus（1980）を見よ。
2. フォークと同様に，特にジャズでは，ドリア，フリギア，リディアのような「古い」音階がたびたび使用される。いくつかのフォーク音楽の様式では，**ハンガリー音階**（4度音の上がった和声的短音階。例えば，$a-b-c-d^{\#}-e-f-g^{\#}-a$）や**ジプシー音階**（2度と6度

の半音下がった長調。例えば，$c - d^\flat - e - f - g - a^\flat - b - c$。**ダブルハーモニック，アラビア，ビザンチン音階**も）も使われる。
3. 例えば，ハ長調には，$c^\sharp$（または $d^\flat$），$d^\sharp$（または $e^\flat$），$f^\sharp$（または $g^\flat$），$g^\sharp$（または $a^\flat$），$a^\sharp$（または $b^\flat$）は含まれない。
4. その 6 つの音は $c - d - e - f - g - a$ である。ハ長調で欠けた（7 番目の）音は $b$ である（ヘ長調では $b^\flat$）。
5. 特に，調の間の関係は 5 度だけでなく，テトラコードでも記述可能である。つまり，ヘ長調の 2 番目のテトラコードはハ長調の最初のテトラコードであり，ハ長調の 2 番目のテトラコードはト長調の最初のものである。
6. 5 度圏ではないものは他の記述を見よ（Schönberg, 1969）。

# 第3章

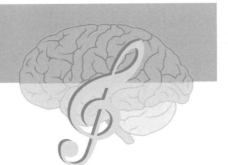

# ピッチと和声の知覚

## 1節　文脈に依存したピッチの表象

　ピッチ知覚は音楽知覚の基礎である。ピッチは形態学的構造，あるいは「ゲシュタルト」を作り出すことができる媒体であり，構造の構成要素となりうる（Attneave & Olson, 1971; Shepard, 1999 など）。例えば，旋律や和声などのピッチのパターンは，ピッチ全体を上下させたとしてもなお同じパターンとして認識される。異なるピッチ間の心理的な関係性は，それらの物理的な周波数の差ではなく，比に対応する（詳細は Krumhansl, 1979 などを参照）[1]。

　重要なことに，2つのピッチの知覚上の距離は，それらの物理的な周波数以外にも様々な要因から影響を受け，決定される。例えばオクターブ離れた2つの正弦波音は，周波数は物理的に異なるにもかかわらず，「どういうわけか同一のもの」として知覚される。一方で，半音離れた2つのピッチは，周波数が物理的には近いにもかかわらず，大きく違って知覚される。つまり，ピッチ知覚は単純な線形の現象ではなく，線形な尺度では適切に表現できない性質を持つ。図 3.1 の左は，ピッチをらせん（*helix*）上に並べて，垂直線上にオクターブが現れるよう配置した構造を示している。ピッチらせんの垂直方向の位置は**ピッチハイト**（*pitch height*）を表しており，らせんで定義される周囲を回転する1オクターブ内の位置は**ピッチクロマ**（*pitch chroma*）を表す。図 3.1 の中央と右のパネルには，オクターブに加えて，完全5度の音楽的重要性についても考慮に入れた表現を示している。これらの図では，ピッチハイト，ピッチクロマ，オクターブと5度の関係性が，らせん状の円筒の表面にある二重らせんのすじとして表現されている（Shepard, 1982a; Deutsch, 1982 も参照）。

第 3 章 ピッチと和声の知覚

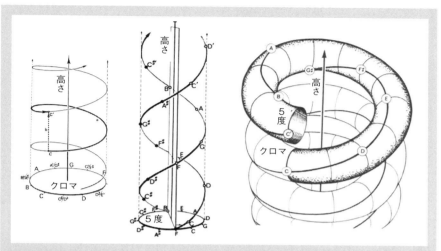

**図 3.1**
左：オクターブ離れた音同士の類似性が高いことを考慮に入れてピッチをらせん状に表現した図。ピッチハイト（pitch height）は垂直次元に表され、ピッチクロマ（pitch chroma）を表す円は水平面に投影されている。中央：5 度の関係性を円筒の周囲を回転する二重らせんとして表現した図。オクターブ関係を持つ音は垂直軸上で同じ位置に置かれている（垂直の点線）。5 度の距離を持つ音は隣同士に配置している（例えば、G と A は最も D に近いところに置かれている）。右：ピッチハイト、ピッチクロマ、完全 5 度、オクターブの関係を五次元で表現した図。Shepard（1982b）より転載。

　これらの図形的表現は、音楽的ではない文脈におけるピッチ知覚を表していることに注意が必要である。Carol L. Krumhansl（1979, 1990）の一連の研究では、音楽的な文脈（すなわち調の存在）によってピッチの心理表象が変化することが示された。その 1 つ（Krumhansl, 1979）では、音楽的な訓練を受けた人を対象とし、試行ごとに主和音あるいは長音階を呈示して調を確立させてから、2 つのトーンを呈示する実験が行われた。実験参加者の課題は、先行して呈示される音楽文脈の調性の中で、引き続いて呈示されるトーンのうち、1 つ目が 2 つ目のトーンとどれくらい似ていたかを判断して答えることであった。すべてのトーンペアの類似度で構成された類似度行列から、主和音に含まれるトーン同士は、全音階上の他のトーンよりも類似性が高く、全音階上のトーン同士は全音階に含まれないトーンよりも類似性が高いことが明らかになった[2]。

　すべてのデータは非計量型の多次元尺度構成法（multidimensional scaling: MDS）によって分析された。MDS による最適解は円錐形状の三次元構造となった（図 3.2）。この円錐の半径はその高さと等しく、主和音の構成音はその他の全音階音に比べて

# 第 I 部　導　入

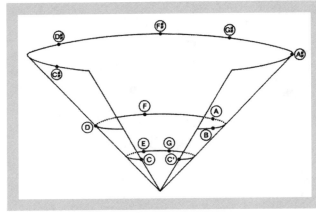

**図 3.2**
平均類似度行列についての多次元尺度構成法で得られた分析結果を 3 次元で表現した図（Krumhansl, 1979 より転載）。

半分の，全音階に含まれない音に比べて 4 分の 1 の半径上に存在する。この結果は，**音楽文脈**がある場合は，主和音の構成音は他の全音階上の音に比べて，また全音階上の音は全音階に含まれない音に比べて互いにより類似して，あるいは近接して知覚されることを示している。興味深いことに，Krumhansl（1979）はその音楽的意味について「明示的な音楽文脈があると，聴取者は個々の音の複雑な相互関係パターンを知覚する」，そして「トーンは他のトーンとの関係性を通じてその意味を獲得する」と述べている（p.358, p.370；内音楽的意味（訳注：トーンの音楽的意味が音楽内部で規定されること）については第 10 章で扱う）。

　トーン間の関係性は，確立した調内においてトーンが持つ機能と関係がある。主和音の構成音同士の関係性は最も緊密であり，したがって構造的に最も安定している。その次に全音階上の他の音，そして全音階に含まれない音の順で距離が離れる。この知見は，調性的文脈が存在すると，トーンは心理的に調性階層（tonal hierarchy）内に表象されるということを示している。

　Krumhansl の実験（1979）で得られたもう 1 つの興味深い知見は，類似度得点は 2 つのトーンの呈示順にも影響を受けること，すなわちトーンペアの得点に非対称性が見つかったことである。全音階のトーンの後に主和音のトーンが呈示された場合，逆順で呈示された場合よりもより類似していると知覚された[3]。これらの非対称性は，時間とともに円錐構造の頂点，すなわち主和音に向かって近づくようにして，トーンを知覚する傾向があると説明できる。この説明は音楽の動的な側面を上手く表現しており，調外の音を音楽文脈に統合する神経過程を議論する際に重要になるであろう（第 9 章，第 10 章を参照）。

## 2節　調性の関係性の表象

　上に述べたとおり，Krumhansl（1979）の実験では，特定の調文脈内におけるトーンの知覚が調べられた。複数のトーンが同時に鳴ったものが和音であることから推測されるとおり，トーンの知覚上の安定性は，和音の調性的安定性の知覚と密接に関連していた（Krumhansl & Kessler, 1982）。Gottfried Weber（1817）はすべての長調と短調について，調の関係性の模式図を初めて作成した（研究史は Purwins et al., 2007 を参照）。これは，3度を水平面に，5度を垂直面に表すことで，平行調と同主調を連結したものであった。図3.3 上側にWeberの主音チャートから一部を帯状に切り出したものを示した。Purwins et al.（2007）は，この帯を同じ調を重ねるようにして丸めることで，調関係を円環の形状に変換できることを指摘した。例えば，ト短調は変ロ長調の平行調であり，ト長調の同主調である。図3.3 中央のように帯を巻くとこれらの調は重なり合う。帯の冗長な箇所を重ねると，一本の管に単純化することができ（図3.3 下を参照），さらに管の両端にある異名同音を水平方向に結合すると3次元の円環として表現することができる。

　この円環は長調・短調の調空間を大まかに表現しており，その形状は Krumhansl & Kessler（1982）で得られた調間の関係性と和音の和声機能の知覚に関する行動データと一致している。この研究の最初の実験では，音楽的に訓練された実験参加者に，プローブ音と先行する音楽的要素がいかに一致しているかを「音楽的な印象に基づいて」評価させた（同様の研究は Krumhansl & Schepard, 1979 も参照）[4]。音楽的要素を呈示すると調の表象が励起されると考えられる。実験の結果，長調と短

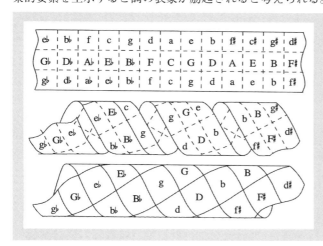

**図3.3**
調の関係性を表した環状モデル。Gottfried Weberの主音チャートから得られた。詳細は本文を参照。Purwins et al.（2007）より転載。

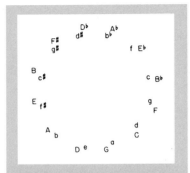

**図 3.4**
調の相関行列について行った MDS 分析の 4 次元解のうち、第 1、第 2 次元を示した (Krumhansl & Kessler, 1982 より転載)。

調について半音階の各音の一致の程度を示す特性が得られた[5]。さらに、すべての調の心的距離を調べるために、得られた長調あるいは短調の特性値を異なる 2 つの主音に合うようシフトさせ、互いの特性値の相関を計算することで調間の距離（訳注：先行文脈のカデンツと和音と全音階の結果を統合するために、まず、主音によらない長調と短調の 2 つの特性を一致度評定の平均値として得た。次に、これらを異なる主音にシフトさせてできた 2 つの調について、互いの類似性を調べて距離を算出した）が計算された[6]。そして、すべての長調−長調、長調−短調、短調−短調のペアについて調の特性間で得られた相関行列について、MDS を用いた分析が行われた。その結果得られた 4 次元のうち次元 1 と次元 2 は、興味深いことに、音楽理論において長調・短調いずれかの調間距離を示す 5 度圏と一致するような調配置となった（図 3.4）[7]。

しかし、Krumhansl & Kessler（1982）では、すべての調を円環上に並べるという別の解も示された。この円環を平面に展開すると図 3.5 のようになり、調間の距離パターンが非常に理解しやすくなる。5 度間隔のすべての調は「再び同じところに戻ってくるまでに円環の周囲を 3 周回転するような経路をたどる。長調はその 1 つの経路をたどり、短調はこれと並行する経路をたどる。どの長調もその両隣の一方には平行短調、もう一方には同主短調が並ぶように整列している」（Krumhansl & Kessler, 1982, p.345）。調の並列については Weber の主音チャートと同様である（図 3.3）。

5 度圏と比較して、この円環には調関係の心的表象についての実験で得られた測定値を表現しているという優れた点がある。特に、5 度圏は長調・短調それぞれの直近の関係性しか表現できていない[8]のに対し、実験データの解析結果からすべての調関係の表現が得られたことは興味深い。一方で図 3.5 に示される表現は、それぞれの調の位置とその間の距離の空間的な地図である。この空間的地図は、異なる主音それぞれに個々の和音をどう関連づけるか、和音系列の聴取によっていかに調感覚が形成され変化するかなどの問題に取り組む際に非常に重要なものとなる（第 9 章、第 10 章を参照）。

Krumhansl & Kessler（1982）の研究によって得られたものと類似した調の性質は、①音響的類似性（レジデューピッチを含む）と聴覚の感覚記憶情報を考慮に入れた計算モデル（Huron & Parncutt, 1993; Leman, 2000）や、②自己組織化ニューラルネッ

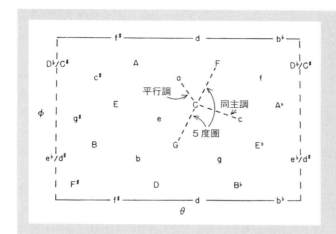

**図 3.5**
調の相関行列の MDS 分析によって得られた環状表現を平らに引き伸ばした図（Krumhansl & Kessler, 1982 より）。長方形の各辺は反対側の辺と同一である。ここには例としてハ長調の同主調と平行調の関係性を表している。

トを使った計算モデル（ピッチクラス，和音，調に対応する層を持つ；Tillman et al., 2000）によっても得られる[9]。すなわち，プローブ音の評価は聴覚感覚記憶にある文脈系列の表象と音響的類似性に大きく影響を受けるのである（この話題は第9章の音楽の統語論的処理のための異なる認知操作を議論するときに触れる）。Krumhansl & Cuddy（2010）は，長・短の調性的階層の表象の確立は，「普遍的な知覚素因（general perceptual predisposition）」（p.62）に基づくものの，調性は子どものころに発達し確立するという主張（Lamont & Cross, 1994 を参照）もあることから，文化的適応によっても整形されると述べている[10]。したがって，Krumhansl & Kessler（1982）で得られた評価得点はおそらく，①音響的類似性と聴覚感覚記憶内の音表象の両方，および②長調・短調の関係性，和音の関係性，トーンの関係性についての認知的な経験によって整形された表象に基づいている。すなわち，少なくとも音楽体系が学習される限り，文化的経験は調性的階層（調の間隔，調間の距離表象，和音と調の関係性）の表象を確立させる必要条件ではなく，そのような表象を変形させる十分条件なのである。

## 3節　調性感覚の形成と変化

個々の和音がその調の主和音であると解釈される傾向があると考えることは，他の和音を主和音としてその和音の機能が解釈されると考えるよりも，和音の機能の検討がシンプルになる。Schenker（1956）は「曲の開始だけでなく途中でも，個々の和音は自分自身が主和音たる価値があると否応なく主張する」と述べた（p.256；

Krumhansl & Kessler, 1982 も参照)。この**主和音化**(*tonicization*)の傾向は,自身の属和音(dominant),特に属七和音の後に出現する場合や,「調の曖昧性・不安定性が高まる箇所」(Krumhansl & Kessler, 1982)では強まる。

　Krumhansl & Kessler (1982) はまた,和音系列を聞いている間に,いかにして調の感覚が形成され変化するのかについても調べた。実験では,調感覚の形成を調査するために,調内和音で構成された和音系列が用いられた。和音の進行によって調が確立し保持される条件と,途中で別の調に変わるような和音系列を用いる条件があった。調の変更は**転調**(*modulation*)と呼ばれる(転調系列を刺激に用いた行動研究としては他に Berent & Perfetti, 1993 がある)[11]。

　重要なことに,調内和音系列の呈示によって,実験参加者はプローブ音を,最後に聞いた和音よりも,確立された調における安定性をより強く知覚するようになった。さらに,調感覚は和音の相対的な機能的近接性にのみ基づいた感覚よりも強くなる傾向があった。すなわち,カデンツの終止に向かって調感覚はより強くなり,その強くなった調感覚により,調内での和音自身の安定性がより増加したのである。調感覚が強くなるのは,聴衆かカデンツの中に音楽理論固有の音楽文脈を心的表象として形成することを反映している。また,転調系列に対しては,聴取者の調感覚が,初めの調の領域から2つ目の調の領域へとシフトすることがわかった(データとモデル化は,Janata, 2007; Toiviainen & Krumhansl, 2003 を参照)。ただし,初めの調の残効が系列全体に通じて影響していた[12]。

## 4節　和声機能の表象

　和音の心理的な関係性を,異なる主音に対する機能性に基づいて調べるために,Krumhansl & Kessler (1982) は得られたデータから,長・短・減・属七それぞれの和音の特性を計算した[13]。長・短和音の特性と調の特性を同じ参照音にシフトさせたとき,つまり,和音がその調の主和音となった場合は,互いの特性は強く相関した。例えば,ハ長三和音 (訳注:ハ音を根音とする長三和音。c–e–g で構成される) の特性とハ長調の特性は強く相関していた。個々の和音と24種類すべての調との間の心的距離を決定するために,それらの相関を MDS 法で分析した(詳細は Krumhansl & Kessler, 1982, p.350 を参照)[14]。ハ長三和音とイ短三和音 (訳注:イ音を根音とする短三和音。a–c–e で構成される) についての結果を図3.6に示す。この結果から,調性システムの中での和音の心的位置は,異なる調においてその和音が持つ機能の折衷となっていることが示された。興味深いことに,イ短三和音がイ長調に向かう傾向が強いように見える。これは「短調のすべてのパッセージは長

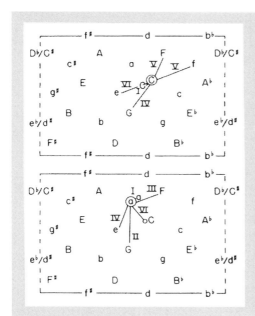

**図 3.6**
ハ長調とイ短調の和音の環状表現上の配置 (Krumhansl & Kessler, 1982 より)。興味深いことに，ハ長三和音はハ長調に近いだけでなく，ハ長調の中で属音の働きをするヘ長調にも（ヘ短調にも）少し寄った場所に位置している。ハ長三和音とト長調の距離がより大きいことは，下属和音（ト長調における）の和声的機能が属和音よりも少し弱いことを反映している。同様に，Am 和音の位置は，ヘ短調での中和音 (mediant)，ハ長調での下中和音 (submediant)，ト長調での上主和音 (supertonic)，ホ短調での下属和音としての役割を反映している。

調に解決しようとする」(Schenker, 1956) という一般的な傾向，あるいは不協和から協和へと向かう，より基本的な一般的傾向を反映していると考えられる。

## 5 節　和音の安定性の階層構造

　Bharucha & Krumhansl (1983) では，和声情報の体制化の心的表象が調べられた（同様の研究については Krumhansl et al., 1982a, 1982b を参照）。実験では，正式な音楽訓練を受けた聴取者とそうでない聴取者に類似度を評価させた。実験参加者には，①ハ長調のⅣ－Ⅴ－Ⅰカデンツ（ハ長調文脈）か，②嬰ヘ長調のⅣ－Ⅴ－Ⅰカデンツ（嬰ヘ長調文脈）の後に，あるいは③先行する文脈なしで，2 つの試験和音が呈示された。そして，先に聞いたカデンツの文脈において，試験和音の 2 つ目が 1 つ目の和音に対してどの程度つながって聞こえるかを評定させた[15]。彼らはこの実験データを MDS で分析した結果から，和音の関係性の知覚を支配している和声の安定性の階層を表す 6 つの原理にまとめた。これらの原理には，調性の文脈に関連するものとしないものがある。

　まず，同じ調の和音同士は，調性文脈の有無によらず，異なる調の和音よりも互いに近接した関係を持つことがわかった（図 3.7 を参照）。この文脈に依存しない

効果は，**調内メンバーシップ**（*Key Membership*）と名づけられた原理を反映している。この原理は「同じ調の和音同士は，同じ調ではない和音よりも緊密である」というものである（Bharucha & Krumhansl, 1983, p.70）。

Bharucha & Krumhansl（1983）では，和声原理を形式的に記述するために，2つの連続する和音 $C_1$, $C_2$ の心的距離を $d(C_1, C_2)$ とし，7つの調内和音セットを $K$ とおいて，和音 $C$ が $K$ に属することを $C \in K$ と書くこととした（$C \notin K$ は和音 $C$ が $K$ には含まれないことを示す）。主和音，属音，下属音の3つのセットは**和声核**（*harmonic core*）と呼ばれ $S$ で示された。また，先行する文脈刺激によって調 $K$ が呈示されたときの，和音間の心的距離を $d_K$ とした[16]。すると，調内メンバーシップの原理は次のように形式化される。

$d(C_1, C_2) < d(C_3, C_4)$,
ただし $C_1, C_2 \in K$ であり，$C_3, C_4 \in K'$ となるような $K'$ は存在しないものとする。

また，I，V，IV和音がそれぞれの調の中心的位置を占めることもわかった。すなわち，和声核の和音は互いに集まっており，その周りに同じ調の他の4つの和音が配置される。このパターンもまた和声文脈には依存しない。したがって和声核の和音は，調性的文脈によらず，同じ調の他の和音よりも互いに強く関連して知覚される（ただしこれは和声核が長和音の場合であって，短和音や減和音ではそうではない）[17]。この効果は，**調内距離**（*Intrakey Distance*）と呼ばれる原理を反映していると考えられた。この原理は次のように形式化できる。

$d(C_1, C_2) < d(C_3, C_4)$,
ただし，$C_1, C_2 \in S$，$C_3, C_4 \notin S$，$C_1, C_2, C_3, C_4 \in K$，$C_3 \neq C_4$ とする。

さらに，文脈なし条件では，和音を，それが属する2つの調に対応して，2つのセットに分けることができた。ここで文脈を与えると，例えばハ長調の文脈条件では，文脈なし条件に比べて，ハ長調内の和音はより緊密に関係していると感じられ，嬰ヘ長調内の和音はより離れているように知覚された。一方で，嬰ヘ長調文脈では，嬰ヘ長調内の和音はより密集して感じられ，ハ長調内の和音はより分離していると知覚された。したがって，2つの和音はそれらが文脈の調に属する場合はより緊密に，文脈が無い場合には中庸に，そして文脈の調に属さない場合はより離れた関係に知覚されるのである。この効果は，Krumhansl et al.(1982a)でも研究されたように，

第 3 章　ピッチと和声の知覚

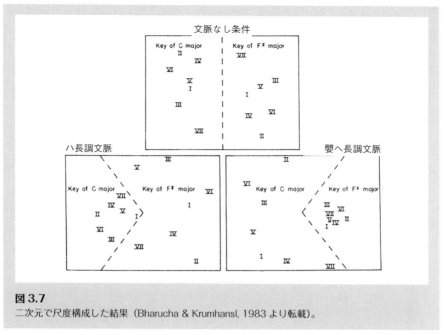

**図 3.7**
二次元で尺度構成した結果（Bharucha & Krumhansl, 1983 より転載）。

**文脈性距離**（Contextual Distance）の原理として次のように形式化された。

$$d_K(C_1, C_2) < d(C_1, C_2) < d_{K'}(C_1, C_2),$$
ただし，$C_1, C_2 \in K$，$C_1, C_2 \notin K'$ とする。

興味深いことに，同じ調の2つの和音は，初めの和音が和声核ではなく2つ目の和音が和声核であるときに，その逆順よりも緊密であると知覚される[18]。この非対称効果は Bharucha & Krumhansl（1983）によって，**調内非対称性**（Intrakey Asymmetry）の原理と名づけられ[19]，次のように形式化された。

$$d(C_1, C_2) < d(C_2, C_1),$$
ただし，$C_1 \notin S$，$C_2 \in S$，$C_2 \in K$ とする。

両方の試験和音が異なる調のものである場合は，文脈なし条件で最も評点が高くなった。また重要なこととして，文脈の調に属している和音で終わる和音ペアは，そうでない和音で終わる場合よりも，高い評点が与えられた。すなわち，1つ目の

31

和音が文脈の調外で2つ目が調内である場合，その逆順よりも近接した関係であると判断される。この非対称効果は，調性文脈なしでは得点にほぼ差がなく，調性文脈を与えることで異なる調に属する和音間の知覚距離が増加することから，文脈依存的であると言える。この効果を記述する原理は，**文脈性非対称性**（*Contextual Asymmetry*）と名づけられ（Krumhansl et al., 1982a も参照），形式的には次のように書くことができる。

$d_K(C_1, C_2) < d_K(C_2, C_1)$,
ただし，$C_1 \notin K$ かつ，$C_2 \in K$ とする。

もう一方の研究（Bharucha & Krumhansl, 1983）では，和音が文脈の調に属する場合は，文脈の調に属しない場合や文脈がない条件よりも，その和音自身が認識されやすいことが示された[20]。この効果は，第6の原理として**文脈帰属性**（*Contextual Identity*）と呼ばれ（Bharucha & Krumhansl, 1983; Krumhansl et al., 1982a も参照），次のように形式化された。

$d_K(C_1, C_1) < d(C_1, C_1)$，また，$d_K(C_1, C_1) < d_{K'}(C_1, C_1)$
ただし，$C_1 \in K$，かつ，$C_1 \notin K'$ とする。

以上のように，Bharucha & Krumhansl（1983）が提唱した和音間の知覚距離を支配する6つの原理は，和声関係の内的表象がとても規則正しく構造化されていることを示している。この原理のいくつかは調性文脈の確立なしに成り立つが，他のいくつかは調性文脈によって関係性が変化することを記述している。Krumhansl（1979）や Krumhansl & Kessler（1982）の研究に似たものとして，Bharucha & Krumhansl（1983）は，和音の知覚は単一のトーンの知覚のように「それらが埋め込まれている調性文脈の影響の対象」（p.82）であることを示している。

Bharucha & Krumhansl（1983）の研究は，主に調性文脈を与えると調内和音の表象はより安定的になるが，調外の和音はより不安定になるということを示したものとして重要である。なおこの安定性は，和音系列パラダイムを用いた音楽の文法処理研究において，妥当な評価指標として利用されている（第9章も参照）。一般に，西洋の調性音楽では「より安定的な音はより頻繁に，目立つ箇所で，強拍をともなって現れる」（Bharucha & Krumhansl, 1983）。Bharucha & Krumhansl（1983）にしたがえば，和声的に安定した和音は系列全体の中で認知的な参照点（訳注：認知処理の基準とする箇所）として

の機能を持つ。音楽の構造の知覚は，音楽文脈の表象を構築し，音楽理解を可能とする必要条件であるが，この知覚は，上述の6つの原理を反映する和声安定性の階層構造という面で，聴取者が個々の音楽的事象を体制化する能力に大きく依存するのである。

## 6節　音楽的期待

　調性安定性の階層構造内に基づく音楽的関係性を知覚することで，聴取者は緊張と弛緩を感じ取る。例えば，主音から離れて不安定な和音あるいは調に動くことで緊張が知覚され，安定的な主音に戻ることで弛緩が感じられる。同様に，不協和音や音楽文脈に対して和声的に関連のない単一のトーンは，緊張を生じさせあるいは増強する。時間的進行の中で生じる期待の間の相互作用と，期待通りになったりならなかったりする度合いは，調性音楽の鑑賞の本質的な面であると広く考えられている（例えば Meyer, 1956; Schönberg, 1969; Bharucha, 1984; Jones, 1981, 1982; Bharucha & Stoeckig, 1986, 1987; Huron, 2006）[21]。Fred Lerdahl（2001b）は彼の**調性ピッチ空間理論**（*Tonal Pitch Space Theory*）において，系列的な和声的緊張，特に，音楽系列の進行の中での緊張の上昇と下降を定量化するアルゴリズムを提案した。このモデルは，聴取者が知覚した緊張-解決パターンと，そのモデルとを比較するためにも利用されてきた（Bigand et al., 1996; Lerdahl & Krumhansl, 2007）。

　調性音楽を聴く際の音楽的期待は，聴取者の脳内での，和声安定性の階層性の表象に強く依存して生成される。Bharucha & Stoeckig（1986）の研究によると，和声文脈は，その文脈に関連のない和音よりも，その文脈に関連する和音の処理を引き起こす[22]。音楽的訓練の有無にかかわらず，実験参加者は，調性的に関連する和音にはそうでない和音よりも速く正確に反応した。この結果は，個々の和音がその後に関連ある和音が続くという期待を生成することを反映している。Bharucha & Stoeckig（1987）は，和音に対する和声的期待が，少なくとも部分的には，感覚というよりむしろ認知のレベルにおいて，調性関係を表象するネットワーク内に活動が伝搬していくようにして生成されるという仮説を支持する証拠を見つけた（同様の結果が，和音系列を呈示した実験で得られている；Bigand & Pineau, 1997; Bigand et al., 1999 を参照）。ある音楽的事象が生じる程度が高いか低いかを予測する脳の能力は，音楽文法の心理学的実体を反映しているのである。

第I部　導入

## 7節　和音系列実験パラダイム

　和音系列パラダイムを使った様々な行動実験によって，和音の機能に関する処理過程が調べられてきた（総説は Tillmann, 2009; Bigand & Poulin-Charronnat, 2006 を参照）。このような実験では，典型的には先行文脈（例えば和音系列）に引き続いて標的和音が呈示される。この標的は主和音であったり下属音であったりする。これは，主和音は下属音よりも和声的に安定的に知覚されるだろうという考えに基づいている。

　例えば Bigand et al. (2003) はピアノで演奏された8つの和音からなる系列を使った。標的となる最後の和音は，主和音か，より不安定な下属音であった（図3.8）。ただし，最後の2つの和音を個別にみた場合，これらの2つの和音の連なりは典型的なカデンツ（V−I）を局所的に形成している。さらに，先行する調性文脈は最後の2つの和音の和声機能を変化させて，V−IとなったりI−IVとなったりするようになっていた（図3.8の「末尾が主和音」と「末尾が下属和音」）。例えば，ハ長調の先行文脈では，図3.8の上のパネルで示すような終止はV−I終止を表し，下のパネルで示されるような終止はI−IV終止となる。一方，先行文脈がト長調であれば，図3.8の上のパネルで示される終止はI−IV終止となる。あるいはヘ長調であれば，下のパネルに示される終止はV−I終止となる。この実験計画は，条件間の行動学的な効果が，図3.8の上と下で示された終止型の間にある，単なる音響的な差である可能性を排除できるようになっていた[23]。

　加えて，図3.8は和声的プライミングで生じた感覚処理と認知処理をひも解くための1つの可能性を示している。音楽プライミング実験では，知識駆動の過程（**認知プライミング** [*cognitive priming*]）は，感覚駆動の過程（**感覚プライミング** [*sensory priming*]）に勝ると考えられている。前者は，長−短の調性体系の規則性についての聴取者の知識が活性化した結果であり，後者は先行刺激と標的の音響的な重複や類似性を反映した結果である（第9章を参照）。図3.8に示された系列では，先行文脈内での下属和音の出現が操作されていた。一方の先行文脈では，主和音も下属和音も出現しないが，もう一方では下属和音が1〜2回出現した（文脈内で安定的な主和音は一度も出現しないが）。この操作によって，I−IVとV−I終止に対する行動反応の差が，単に先行する文脈内ですでに標的和音が出現しているという要因（すなわち感覚プライミング）によるものか，あるいは文法上の非規則性（認知プライミング）によるものかを検証することができる。

　行動反応における標的和音の処理を反映した効果を調べるために，図3.8に示す

第 3 章　ピッチと和声の知覚

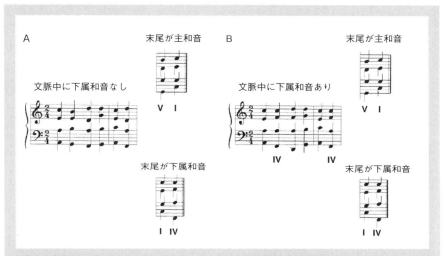

**図 3.8**
Bigand et al. (2003) の研究などで用いられる和音系列パラダイムの図示。このパラダイムは 2 種類のプライミング文脈を用いる。片方は下属和音がなく (A)、もう一方は下属和音が出現する (B)。プライミング文脈の直後に 2 つの和音が呈示される。それらは、属和音―主和音で終わるか (上のパネルの 'V – I')、主和音―下属和音で終わる (下のパネルの 'I – IV')。Poulin-Charronnat et al. (2006) より転載。

ような実験パラダイムでは一般的に、最後の和音が音響的に他の和音とまったく異なるという条件を加える (例えば、より不協和であったり、大きかったり、異なる音色を持っていたりするなど。総説は Tillmann, 2009; Bigand & Poulin-Charronnat, 2006 を参照)。実験参加者は、標準刺激である和音 (例えば協和和音) に対してはあるボタンを、逸脱刺激である和音 (例えば不協和) に対しては別のボタンを、できるだけ早く押すように教示された。主和音と下属和音を別々のボタンを押して回答するようにしなかった理由の 1 つは、主和音と下属和音についての明示的な概念知識を持たないような非音楽家からも同じくデータを得られるようにするためであった。

　実験結果から、一般に、実験参加者は安定的でない下属和音よりも安定的な主和音に対してより速い反応を示し、そして間違いが少ないことが明らかとなった (図 3.9)。調性プライミングパラダイムによって音楽家と非音楽家の間の差を調べた行動学的研究は、実験参加者群の間には少ししか (Bigand et al., 2003) あるいはまったく (Poulin-Charronnat et al., 2005; Bigand et al., 2001) 差を見つけることができなかった。これらの研究は、西洋の調性体系の構造的規則性についての知識は、普段から

35

## 第 I 部　導　入

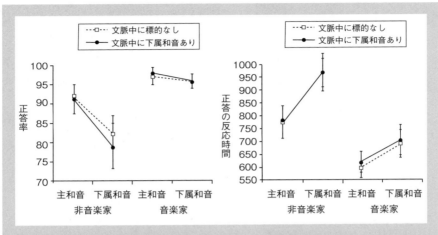

**図 3.9**
図 3.8 で示したパラダイムを使った Bigand et al.（2003）の実験で観測された，主和音と下属和音に対する正答率（左）と，正答の反応時間（右）．文脈中の各和音の呈示時間は 660 ms で，最後の和音は 2000 ms であった．実験参加者は，より安定的な主和音に対して，下属和音よりも早く，より正しく反応した．これらの効果は，先行文脈に下属和音が出現したか否かには依存しない．誤差棒は標準誤差．Bigand et al.（2003）より転載．

調性音楽にさらされるなどの受動的な学習過程によって，潜在的に獲得されるという仮説を裏づけている（総説は Tillmann et al., 2000 を参照）．

【注】

1. Fechner（1873）も参照．対数的な表現以外も特殊な実験パラダイムを使って提案されてきた．例えば Stevens et al.（1937）; Ellis（1965）．総説としては Shepard（1982a, 1999）．
2. すなわち，ハ長調での，主和音の構成音からなる 2 つの音（c–e, c–g, e–g）は最も高い類似度得点を得たが，全音階に含まれる残りの音のペア（d–f, a–b など）は類似度がより低くなり，少なくとも一方に調外の音を含むペア（$c^{\#}$–$f^{\#}$, c–$f^{\#}$ など）は弱い類似度得点しか得られなかった．
3. また，調外の音の後に調内の音が出現する場合や，調外の音の後に主和音の構成音が出現する場合も同様である．ハ長調の文脈では，$b''$–$c'''$ の音ペアは，その逆順（$c'''$–$b''$）で呈示されるよりも類似性が高いと判断された．また，$c^{\#}$–d は d–$c^{\#}$ よりも類似性が高く，$f^{\#}$–g は g–$f^{\#}$ よりも類似性が高い．
4. 「音楽的要素」は長調あるいは短調の上昇音階，あるいは長・短・減・属七の和音，もしくは 3 つの和音からなるカデンツであった．
5. 音楽理論と Krumhansl（1979）の実験の両方から予想されたとおり，主音は最も高い得点を得た．主和音の構成音はその他の調内音よりも高い得点を，さらに調内音は調外音より

6. 例えば，ハ長調とイ短調の場合（互いに平行調）はこの特性の相関は高くなり，ハ長調と嬰ヘ長調の場合（5度圏では遠い関係）は相関がとても低くなる。
7. 音楽理論では，短調はその平行調である長調について5度圏の中に配置される。調相関行列から得られた位置関係は異なっており，Krumhansl & Kessler（1982）は「長調は，自身の平行短調および同主短調との緊密な結びつきの折衷を反映している」（p.344）ことを示唆した。
8. 例えばハ長調は，音楽理論と同様に心理学的には，同主短調（ハ短調）よりもその平行短調（イ短調）とより近い関係をもつ。
9. 総説はKrumhansl & Cuddy（2010）を参照。
10. さらに，聴覚モデルだけでは調性的階層の妥当な説明ができていない。
11. 自己組織化マップ（SOM）を使って調感覚の形成と変化をモデル化する取り組みについては，Toiviainen & Krumhansl（2003）を参照。調性空間のモデリングについての異なる研究の総説はJanata（2007）を参照。
12. 調性空間の変化軌跡のfMRI研究についてはJanata et al.（2002a）を，変調を刺激として使ったfMRI研究についてはKoelsch et al.（2002a）を，変調の認知過程に関連する電気生理学的研究についてはKoelsch et al.（2003b）を参照。
13. プローブ音の類似度得点を参照和音へとシフトさせ，先行刺激が長和音・短和音・減和音・属七和音である各条件ごとに平均した。
14. 4つの和音タイプがあり，それぞれは半音階上の各音に調整されうるので，この手続きは4 × 12 = 48和音に適用された。
15. この評定はBharucha & Krumhansl（1983）により類似度得点として得られた。
16. 後のKrumhansl（1990）では，原理の形式化において，和声核の関係性を「安定性」という概念に一般化した。これはまた単一のトーンにも適用された（Bharucha & Krumhansl, 1983の表6.1）。
17. このことから，和声核に属する和音同士の構成音のピッチは，和声核以外の和音よりも，共通の倍音系列によく一致する。これにより和声核内の和音同士が，他の和音同士よりも，高い類似性があるように知覚される。
18. しかし，上述のとおり，和声核の和音は常に長和音であり，核以外の和音は短和音であることを覚えておくことは重要である。なぜならば，短－長の進行は長－短の進行よりも好まれる傾向があり，またそして弱い協和性から高い協和性への進行が好まれるので，このことがこの効果に影響するであろう。
19. この非対称性は，和音が文脈の調に属していない時には減少する。
20. 各試行では2つの和音系列が呈示される。この2つの系列が同じものである場合と，片方に異なる和音が含まれている場合がある（この異なる和音は調内のものも調外のものもあった）。さらに，系列内の標的和音以外の和音すべてが調内にあって，音楽文脈が系列の最後に向かって形成される条件と（調性条件），異なる調からランダムに取り出した和音で構成されている条件とがあった。音楽的に訓練された実験参加者は，試行ごとに2つの系列が同じか異なるかの判断を行った。そして標的和音間の知覚的関連度を反映したも

# 第 I 部 導 入

のとして認識間違いが測定された。
21. 調性音楽では，音響的事象に対する期待は，和声的特徴だけでなくいくつかの文法的特徴によっても決定される（旋律，拍節，リズム，和声，強度，オーケストレーション，テクスチャなど）。このことは第 9 章で考察するが，音響的期待と音楽的期待を区別することの重要性につながる。
22. プライミング実験での実験課題は，先行和音に引き続き呈示される和音が，和声的に近い関係か，遠い関係かについての判断をすばやく行うことである。
23. ただし，このような系列の V–I での終止は通常の終わり方ではないことに注意が必要である。というのは，通常の終止では重い拍に主和音がくる必要があるからである。一方で，最後の下属和音がこのようなカデンツ内での位置にくることは通常の和音機能であり，系列の終端にくるのは通常ではない。このことは，このような和音によって引き起こされる ERP 効果の要因となりうる。このことは第 9 章で議論する。

# 第4章

# 神経の電気的な活動から
# 事象関連電位(ERP)と事象関連磁場(ERF)へ

　人間の大脳皮質は知覚・認知・感情に関わっている。そしてこれらには注意や行動，意志や意識，推論，意思決定，学習と記憶などが含まれている。大脳皮質は脳幹の働きを調節しているので，潜在的には脳に由来するすべての心理・生理現象に関与していると言える。大脳皮質には複数の種類のニューロンが存在するが，それらは形態と神経伝達物質の種類などに基づいて錐体細胞と非錐体細胞の2種類に分けられる。錐体細胞は皮質のニューロンの80〜85％を占めており，興奮性の神経伝達物質として主にグルタミン酸を，抑制性の神経伝達物質として$\gamma$-アミノ酪酸（gamma-aminobutyric acid: GABA）を用いると考えられている。一般に皮質の錐体細胞は皮質表面に対して垂直に向いており，互いに平行に並んでいる。

　あるニューロンが興奮性のニューロンによって活性化されると，そのニューロンは興奮性の後シナプス性活動電位（excitatory postsynaptic potential: EPSP）を生じる。前シナプスの活動によって，後シナプスの細胞膜とその周辺に陽イオンの流入と陰イオンの流出が起こり，膜電位の局所的な脱分極をもたらす。したがって，そのニューロンの外部は他の場所よりもマイナスに[1]，内部はよりプラスに帯電していることになる[2]。これらの電位勾配によって，細胞外の陽イオンはその場所に集まるように，また細胞内の陽イオンはそこから離れるように（よりマイナスの電位を持つ場所へと）移動する。これによって細胞内外の領域で細胞膜に沿って電流が発生する（図4.1；詳細については Niedermeyer & Da Silva, 2005 を見よ）。逆に抑制性の活動電位（inhibitory postsynaptic potential: IPSP）の場合には，電流の極性が反対向きになって，これらの過程が生じる[3]。

　重要なのは，EPSP と IPSP のどちらもミリ秒単位の幅で生じるということである（EPSP は 10〜30 ms 程度で，IPSP は 70〜150 ms 程度で消失する）。したがって，

第I部 導　入

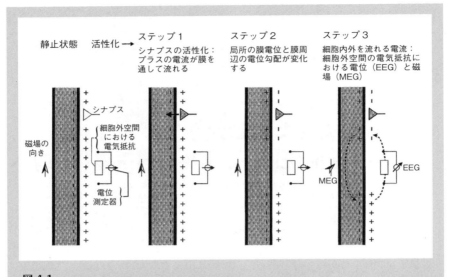

**図 4.1**
中枢神経系の細胞外領域において，EEG で測定される電場（そしてそれに対応する磁場）が生じる仕組み。詳細は本文を参照のこと。Niedermeyer & Da Silva（2005）より転載。

ある錐体細胞の集団におけるニューロン群[4]が EPSP（または IPSP）を生じる際には，（ニューロンが同じ方向を向いている場合には）活動電位は事実上加算される。この電位は細胞外の数センチ離れた場所からでも測定でき[5]，頭皮上に置いた電極で脳活動にともなう電位変化を測定する方法を脳波（electro-encephalogram: EEG）測定法と呼ぶ[6]。また，脳表の軟膜上に配置した電極によってこの電位を測定する方法を皮質脳波（electrocorticography: ECoG）測定法と呼ぶ。こうした電位差を頭蓋内で測定するその他の方法として，小さな電極を直接脳組織に挿入するものがあり，深部脳波（depth EEG）測定法と呼ばれる[7]。

　もし EPSP がニューロンの劣端部（より皮質表面の近く）で生じると，細胞体から劣端部に細胞外電流が発生し，表皮上の電極ではマイナスの電位が生じる。反対に，ニューロン劣端部で IPSP が生じると頭表ではプラスの電位が生じる。もし EPSP がニューロンの基底部（脳の深部）で生じると，細胞体から基底部へ細胞外電流が発生し，表皮上の電極ではプラスの電位が生じる。反対に，IPSP が基底部で生じると頭表ではマイナスの電位が生じる（訳注：原文では 'IPSPs ... produce a negative potential ... when generated near the apical end of the neuron' となっているが，前の文章で 'IPSPs ... produce a positive potential ... near the apical end of the neuron' とあり，こちらが正しい。したがって，この 'apical end' は 'basal end' の間違いであると思われる）。したがって，脳の浅い部位でのEPSP により生じる電流（およびそれにともなう頭表での電位）は脳の深部で生じ

る IPSP の電流と似たものになる（その逆もまた同様。詳しくは Niedermeyer & Da Silva, 2005 を参照）。しかし，測定される波形に対して EPSP と IPSP が同じように寄与するのかという点についてはまだわかっていない。注意すべきは，実際のところ活動電位（ニューロンによって生じる最も大きな電位変化）は表皮上で測定される EEG の波形に対してほとんど寄与しないと考えられていることである。これは，活動電位の潜時は短く，EPSP や IPSP が示すもっとゆっくりした電位変化のように効果的に加算されることができないからである[8]。

末梢の感覚システムから感覚系の経路を通って伝達される感覚情報も，測定できる程度の電気的活動を引き起こす。しかしそれは（新）皮質由来の活動よりもかなり小さい。聴覚について言えば，脳幹にある様々な神経核の活動に由来する（そして聴覚情報の伝達に関連した）聴性脳幹反応（auditory brainstem responses: ABRs）も EEG，そして事象関連電位（event-related potential: ERP）に寄与している（第 5 章 2 節も参照すること。聴覚における脳幹反応についての詳しい解説は Rowe, 1981; Picton et al., 1994; Näätänen, 1992 を参照）。

しかし，神経活動の中には脳波計で捉えられないものも多い。個々の神経活動は十分に同期していない可能性があり，またいくつかの脳組織（例えば視床や扁桃体）にあるニューロンは，たとえ細胞集団としてまとまっていても，同じような幾何学的配置にはなっていない。ゆえに，これらの活動は遠い場所に置かれた電極ではほとんど測定できない（詳細については Niedermeyer & Da Silva, 2005; Nunez, 1981; Rugg & Coles, 1995 を参照）。

## 1 節　脳波

EEG（electro-encephalography: EEG）を測定するには，神経活動が生じている場所の上に配置する電極と，そこから少し離れた場所に基準電極（reference）として配置する無関連な電極の 2 本が少なくとも必要である。脳組織，髄膜，頭蓋骨，脳脊髄液や皮膚などの電気抵抗によって減少するものの，脳由来の多くの電位が頭の外側からでも測定できる。臨床利用と科学的研究の両方で，複数の電極が頭皮上の異なる場所に置かれるのが通常である（そして 1 つの基準電極とつながっている）。EEG は主に非侵襲的な手法として用いられる（頭蓋内電極による測定は臨床で用いられている）。電極は国際 10–20 方式（次節参照）のように決まった形式で配置されることが多い。脳波計で測定できる周波数は数百ヘルツ（Hz）だが，通常こうした高い周波数帯の活動は比較的小さく，多くの研究で注目される周波数帯は 1

Hz 〜 45 Hz の間にある。頭皮上で測定される波形の大きさは，通常約 1 〜 100μV の範囲を取る[9]。

機能的磁気共鳴画像法（functional magnetic resonance imaging: fMRI）や陽電子放出断層撮影法（positron emission topography: PET）などの脳機能測定装置と比べて EEG の大きな利点は，高い時間分解能を持った脳活動を反映するという点である。例えば 1000 Hz のサンプリングレートで測定を行うと，脳活動の変化を 1 ミリ秒単位で調べることができる。さらに，脳波計は MEG や fMRI，PET などに比べてはるかに安価であり，データを比較的簡単に得ることができる。

## 1. 10–20 方式

EEG を頭皮上で測定するための電極位置は，拡張型の国際 10–20 方式（図 4.2；Sharbrough, 1991）で通常記述される[10]。この方式では，特定の脳部位への近さ（F：前頭部，C：中央部，P：頭頂部，O：後頭部，T：側頭部）と平面上の位置（奇数：左側，偶数：右側，正中線上では z をつける）に基づいて記述され，主な電極の位置は前方と後方を結ぶ軸（鼻根点から頭頂を経由して外後頭隆起点を結ぶ軸）における相対的な距離と冠状断面（左耳の後ろの点から頭頂を経由して右耳の後ろの点を結ぶ断面）に基づいて決定される。それぞれの軸において，隣接する主な電極同士の距離は軸の長さの 10% であり，その他の電極はこれらの電極からの相対的な距離によって位置が決定される。

図 4.2 はこの拡張型 10–20 方式に基づいた電極配置を示している。外側の円は鼻

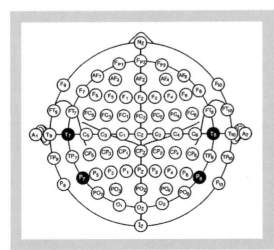

**図 4.2**
拡張型 10–20 方式における電極の配置。A1 と A2 は耳朶に置く電極を示す。M1 と M2（この図には描かれていない）は，T9 と T10 のそばで耳の後ろにある乳様突起上に置かれる。Sharbrough（1991）より転載。

根点と外後頭隆起点を結ぶラインを，内側の円は電極が側頭部に並ぶラインを示している。鼻根点から外後頭隆起点を通って頭部の前方と後方を結ぶ軸をたどり，軸の長さの10％のところにFpz，そこからさらに10％後方にAFz…という形で電極が置かれる。また，左右の耳の後ろにある乳様突起上[11]に電極を置くことも一般的である。これらの電極はM1（左側）とM2（右側）と呼ばれ，基準電極としてよく用いられる（A1とA2は左右の耳朶につける電極のことを指す）。注意すべきなのは，拡張型10–20方式で示される電極の位置は，すべて使わなければいけない訳ではないということである。つまり，実験の目的によって使う電極の数は異なることもある（例えば，どの電気的な効果を調べたいのか，あるいは発生源推定をしたいのかなどによる）。さらに，電極は目的に応じてどこにでも置くことができる。例えば鼻咽頭あるいは蝶形骨あたりに電極を置くことで，海馬といった内側側頭葉での活動の検出精度を高めることができる。

## 2．基準電極

聴覚野の上部で生じる神経活動の発生源を分析するのに，鼻先に基準電極（reference）をつけたり平均電位基準[12]を使ったりすることがよく行われる。こうした基準を用いる1つの理由として，聴覚野の細胞集団が上側頭皮質，つまり上側頭回の上部に存在することがあげられる。これらの細胞集団にある錐体細胞の軸索は上側頭平面に対して垂直に伸びている。つまり，大まかに言えばこれらの細胞は頭の中心を通る水平面上にあり，神経活動が生じたときの電流の極性は1つが上向き（つまり頭の上方向）でもう1つが下向きになる。これらプラスとマイナスの電位の最大値を左右の大脳半球で測定するためには，基準電極を電流の発生源，つまりシルビウス溝を通る前後軸の平面上に置くのが理想的である。こうすることで例えばFzでマイナスの電位，耳朶の電極でプラスというようにきれいな電位反転が観察できる。こうした電位反転は，その発生源がシルビウス溝を通る平面上の前後軸の上あるいは近くにあることを示す。したがって，聴覚野にあってこの平面に対して垂直方向に位置する発生源は，こうした電位反転を示すだろう。重要なのは，シルビウス溝の上下に置いた電極で電位反転が見られたからといって，その発生源が必ず聴覚野もしくは側頭葉にあるというのは論理的に間違っていることである。例えば，同じくシルビウス溝の上にある頭頂部および下前頭部や，シルビウス溝を通る前後方向の線上に電流の発生源がある場合にも，同様の電位反転が見られるだろう。

第Ⅰ部　導　入

## 2節　事象関連電位

　頭頂部の電極（Cz）で得られた3秒間分の自発的な EEG の波形（実験刺激なしで記録したもの）を図4.3に載せた。刺激がない状態にもかかわらず，約−20〜20 μV の範囲ではっきりした電位変化が見られる。この活動は「ノイズ」と呼ばれ，その一部は，①生体の脳で永続的にあるいはときどき生じている無数の活動，②顔や顎，首などにある筋肉が引き起こす筋電位，③ケーブルなどから生じる機械的なノイズ，といったものから生じている。したがって，刺激提示の間に記録される EEG の波形には刺激の処理に関連した脳活動のほかに，刺激提示に関係がない脳活動，筋肉の活動，そして機械的なノイズが含まれている。ここでは，刺激提示と時間的に相関した脳活動のことをシグナルと呼ぶことにする。

　1回の試行（一度の刺激提示）で生じるシグナルは自発的な EEG 波形よりも小さいのが普通であり，ノイズと区別することができない（図4.4の上段左を参照）。しかし，同じ（あるいは類似した）刺激が繰り返し提示されると，それぞれの試行で生じる波形に含まれるシグナルは系統的に刺激提示と相関を示すようになる一方で，ノイズはそうならない。ゆえに，すべての試行で得られた波形を平均することで（信号対雑音比［signal-to-noise ratio: S/N 比］が増加して）シグナルとノイズを分離することが可能になる。つまり，すべての試行において対応する電位のサンプリング点のそれぞれに対して，電位の算術平均や標準偏差などが計算できるということである。これにより刺激と相関がないノイズは平均化されて消え，刺激と相関するシグナルが見えてくる。このシグナルを事象関連電位（event-related potential: ERP）と呼ぶ。

　図4.4には，試行回数が増えるにしたがって（垂直線で示された）刺激提示のタイミングよりも前の脳活動がゼロに近づく様子が描かれており，刺激提示と関連しない脳活動が ERP のデータから平均化されて消えていく様子を示している。さらにこの図は，試行回数が増えて加算平均回数が増えるにしたがって，ERP の平均

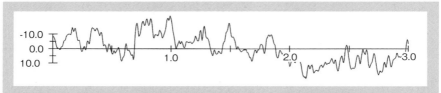

**図4.3**
Cz において3秒間測定した自発的な EEG の波形。

第4章　神経の電気的な活動から事象関連電位（ERP）と事象関連磁場（ERF）へ

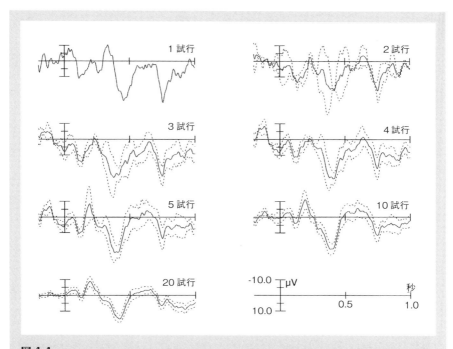

**図 4.4**
単一試行での ERP の波形（図の上段左）と，2～20 試行での ERP を平均した波形（実線）。刺激前 250 ms の区間をベースラインとした。標準誤差（SEM）を点線で示し，Y 軸の位置は刺激提示を開始した時間を示す。試行数が増えるごとに標準誤差が小さくなることに注意せよ。また，試行数が増えるごとに刺激前の区間（ベースライン）の電位が X 軸（0 μV）に近づいていることにも注意せよ。

値における標準誤差が減少していく様子も表している。

　通常 ERP は，その極性（プラスかマイナスか）や（振幅の最大値における）潜時，頭表上の分布，そして機能的な重要性によって特徴づけられるが[13]，これに関して考慮すべき重要な点が3つある。1つ目として，ある ERP 成分の潜時は，それに関連した認知活動が起こった時間を示しているのではないということである。認知活動がもっと前に生じており，ERP は，①他の領域に広がった情報，または②前のあるいは実行中の処理の抑制ループを反映している可能性もある。2つ目は，電位の極性の向きが基準とする電極に依存していることである。そして3つ目は，ある成分の電位は特定の電極下で最大になることが多いが，それは必ずしもこの成分の発生源がこの電極下にあることを意味しない。つまり，もし発生源が頭表上の平面に対して垂直に向いていなければ，生じた電位の最大値は発生源の真上から離れ

た頭表に現れるだろう。たとえある発生源が垂直に向いていたとしても，ERP が単一の発生源ではなく脳内で別々の位置にある複数の発生源によって生じたという可能性もある。これはおそらく，50 ms より長い潜時で生じるほとんどの ERP 成分（全部ではないにせよ）にあり得る。また，発生源同士の距離が伸びれば潜時も伸び（Näätänen & Picton, 1987; Scherg & Picton, 1991 を参照），すべての発生源からの波形は頭表で重なる。つまり，それぞれの電極はすべての発生源からの活動を受け取るのである（それは大小を問わず，そして発生源からの距離に依存する）[14]。さらに，頭表上での電位の分布は，発生源の方向によって決まる（例えば頭表上の平面に対して並行か垂直かなど）。

## 3 節　脳磁図

脳研究における主な課題の 1 つは，局所の脳部位における機能的な重要性を調べることである。これは知覚，認知，感情などの処理過程における神経活動の発生源の位置を特定することで達成できる。脳波の測定は頭全体が持つ伝導体としての性質に強く影響を受ける。なぜなら，脳電位によって生じる電流が頭表に到達するためには，脳組織と頭蓋骨を通過しなければいけないからである。頭蓋骨は伝導率が低いので電位はひどく減少し，またその空間的な分布も曖昧になる（例えば Elbert, 1998; Knösche, 1997 を参照）。しかし，脳における電気活動は磁場を生じ（電線を通る電流によって生じる磁場と同じである），したがって ERP は磁場によって生じる同等の事象関連磁場（event-related magnetic fields: ERFs；これに関する議論は Näätänen, 1992; Hämäläinen et al., 1993 を参照）を持つと考えられている [15, 16]。磁場の測定には，超電導のケーブルを利用した超電導量子干渉装置（superconducting quantum interference devices: SQUIDs）が用いられる（SQUIDs は超電導状態を保持するために液体ヘリウムで冷却される）。原理的には，頭の内部で生じた（ある特定の向きと大きさを持つ）磁場が SQUIDs を介して電位を生じることで測定される。そして電流の大きさは，検出コイルに生じる磁界の強さに比例して変化する（詳しい解説については Vrba & Robinson, 2001 を参照）。

神経活動の発生源は通常，等価電流双極子（equivalent current dipole: ECD）と呼ばれる短い電流の線分によって表されることが多い [17]。脳磁図（magnetoencephalography: MEG）で得られたデータから（例えば ECD を求めることで）脳の電気的な活動の焦点を決定するためには，数百個に及ぶ SQUIDs で多くの場所から磁場が測定される必要がある。すべてのセンサーで得られたデータは補完するこ

第４章　神経の電気的な活動から事象関連電位（ERP）と事象関連磁場（ERF）へ

とができるので，ある特定の実験条件下での特定の時間における磁場の大きさと極性について空間的な分布を表すマップを描くことができる。これにより，磁場が最大になる場所を特定できる。例えば双極性の磁場パターンが与えられれば，電気的な活動を定位することが可能である[18]。MEG を用いる１つの大きな利点は，磁場が大きく影響を受けるのは発生源周辺の脳組織が持つ伝導率であるという点である（EEG による発生源の推定は，発生源と電極との間の容積導体モデルの正確さに依存する）。したがって EEG のデータで発生源推定を適切に行うためには，MEG のデータで発生源推定を行う場合に比べ，より複雑な容積導体モデルが要求される。

## 1．順問題と逆問題

　容積導体モデルとセンサーの配列が与えられれば，マクスウェルの方程式を用いてある特定の発生源で生じた磁場あるいは電場の推定が可能になる。この推定は順問題の解決と呼ばれる。反対に，頭の外側から測定された電場あるいは磁場を用いて，脳活動の元となる皮質の電流源を再構成することは，生体電磁場に関する逆問題と呼ばれる。重要なのは，一般的に逆問題は解が１つとは限らないことである。発生源の配置が異なる（例えば個々の発生源が異なる数の双極子からなる）場合でも頭皮上では同じ電場あるいは磁場の分布を示すことがあるため，この逆問題の解は信頼できる順問題の解に依存している。そしてこの順問題の解は適切な容積導体モデルの設定と妥当な発生源配置の仮定（特に発生源の数が重要である。詳細については Elbert, 1998; Vrba & Robinson, 2001; Mattout et al., 2006 を参照）に依存している。しかし，「妥当な発生源の配置」は主観的な問題であり，発生源解析を行う際に生じるバイアスの潜在的な原因となっている（しかし Mattout et al., 2006 も参照のこと）。

## 2．MEG と EEG の比較

　先に述べたように，MEG のデータを使えば EEG のデータよりも正確な脳活動の発生源推定を行うことができる。加えて，装置の種類によるが，EEG よりも使う電極の数が少ないので（例えば眼球運動を測定するための electro-oculogram: EOG），MEG のほうが早く測定が行える。しかし，MEG と比べて EEG の利点もいくつかある。

　（1）MEG 装置の種類によるが，頭の周囲に設置される SQUIDs はその中の検出コイルを通って流れる磁場だけを記録するはずである（3 次元ベクトルを用い

る装置であれば，コイルに対して垂直方向に広がる磁場成分の測定に対応している）。したがって電流双極子が頭蓋表面に対して垂直に向いているような場合には，3次元ベクトルを用いる装置を使わない限り，磁場の極性と強さの分布を示す図は磁場の局所最大値を表示しないことがある（例えば境界要素モデル［boundary element model］や有限要素モデル［finite element model］など，不均質な球面を用いてより現実的な形に近づけた容積導体モデルでも同様に）。これは，活動の発生源が脳の深部にある場合にMEGでは測定することがほぼ不可能であることにも関係している。なぜなら，発生源が深部にあるほど（つまり伝導体モデルの中心に向かうほど）頭表に対して垂直に向くことになるからである（Hämäläinen et al., 1993; Näätänen, 1992; Elbert, 1998 を参照）。

(2) EEGによる測定では，複数の発生源が同時に活性化するような場合には，実験条件によって異なるERPが見られることが多い。しかし，磁場を測定する場合にはお互いが干渉し合って簡単に消えてしまう（そして頭の外からは磁場を測定できなくなる）。よって，MEGを用いる場合には，初期の認知過程（刺激提示後約250 ms以内）が最も調べやすい。生理学的には，神経活動の焦点は刺激後の時間とともに増えていくため，長い潜時（例えば300 ms以上）の神経活動を捉えてMEGで発生源推定を行うのは難しくなってくる[19]。しかし，S/N比が非常に高い場合にはこうした神経活動でも発生源を推定することは可能かもしれない。

(3) MEGはEEGよりも高価である。

(4) EEGのデータは被験者間の全平均を計算することが簡単にできる（頭の表面に電極をつけるため，電極の配置は個人ごとに調整できる。しかも，頭皮上に生じる電位は磁場と比べてかなり不明瞭である）。多くの場合，ERPを全平均することで実験条件による重要な違いが見えてくる。反対に，被験者ごとに得られたERFを単純に平均するのは適切ではない。被験者ごとに頭の大きさやセンサーに対する頭の位置は異なり，また電位の分布は頭皮上に広がるのに対して磁場の分布は限局しており，したがって被験者間で磁場の分布が重なるようなことはほとんどない。

(5) したがって，MEGを使って被験者ごとに信頼できる結果を得るためには，より多くの試行数が必要になる。これは反復効果や不快なほど長い実験セッションをもたらす可能性がある。双極子による発生源推定を行う際に，2つの双極子を用いる場合にはS/N比が10を超えることが理想である（そして2つ

第 4 章　神経の電気的な活動から事象関連電位（ERP）と事象関連磁場（ERF）へ

以上の双極子を用いる場合にはそれ以上の比が必要である）。経験則として，MEG で双極子による発生源推定を行う場合に 1 人の被験者が行う試行数は，EEG の実験で複数の被験者から得られる試行数の合計と同じにすべきである。発生源の推定を行うためには，S/N 比はそこまで高い必要はない（したがって，1 人の被験者に対して試行数は少なくても済む）。なぜなら，発生源の解像度は被験者間で平均することができるからである。

【注】
1. ニューロンにおける陽イオンの流入と陰イオンの流出による。
2. 陰イオンの量は少なく，陽イオンの量は多いため。
3. EPSP（膜電位の低下または脱分極）の加算によって，1 つあるいは複数の活動電位が生じる一方で，IPSP（膜電位の上昇）の加算によって活動電位は抑制される。
4. こうしたニューロンの集団を細胞集団（セルアセンブリ）と呼ぶこともある。
5. 電位を生じるニューロン集団が十分に大きいとすれば，おそらく少なくとも数万個のニューロンが含まれている。
6. EEG という用語は，1929 年に Hans Berger によって（Jena にある Friedrich Schiller 大学で）人間の脳活動を電気的に測定するために導入された（歴史的な解説については La Vaque, 1999 を参照）。
7. 動物の細胞 1 つから活動電位を細胞外記録する方法を，単一電極記録（single-unit recording）と呼ぶ。
8. グリア細胞も局所の電位に関与している。詳細は Niedermeyer & Da Silva（2005）を参照。
9. $\mu$V はマイクロボルトと読み，1 ボルトの 1000 分の 1 である。
10. 拡張型の国際 10–20 方式は，Jasper（1958）により提唱された 10–20 方式をわずかに修正して拡張し，多くの電極位置を特定できるようにしたものである。この修正には電極の位置についてのより一貫したラベルづけも含まれる。拡張型 10–20 方式での T7/T8，P7/P8 の位置は，最初の 10–20 方式における T3/T4，T5/T6 をそれぞれ表す（図 4.2 の黒丸の場所を参照）。
11. 左右の耳の後ろにある側頭骨の乳様突起部の事。
12. 個々の EEG チャンネルに対して全 EEG チャンネルの平均値を基準とする。
13. いくつかの ERP 成分については第 5 章を参照。
14. 数学的な記述については Scherg & Picton（1991）を参照。
15. EEG と MEG が同じ神経活動を測定しているのかについては，まだ議論がある（議論については Näätänen, 1992, p.89–90 を参照）。
16. これらの神経活動にともなう磁場は非常に弱い。大まかに言えば，事象誘発磁場の単位は約 100 フェムトテスラ（fT），つまり $100 \times 10^{-15}$ テスラである。これは地磁気の 10 億分の 1 の大きさである（地磁気の強さは 70 マイクロテスラ，すなわち $70 \times 10^{-6}$ テスラ）。
17. 磁場の発生源を定位するのにはビオ・サバールの法則が用いられる（例えば Bleaney & Bleaney, 1976）。この法則は，ある与えられた点での測定において，磁場に対して空間上の

第Ⅰ部　導　入

　　それぞれの点での電流密度が貢献する度合いを特定する。ビオ・サバールの法則によれば，ある電流双極子によって作られる磁場は電流の方向を延長した線上にある円に対して接線方向に生じる。したがって，磁場の向きは双極子に垂直な平面に対して平行となる。磁場の向きは右手の法則によって求めることができる。
18. 活動の発生源は磁場の極大値を示す2つの点の間に位置しており，2点間の距離によって発生源の深さが決まる。
19. 例えば，我々はERAN（early right anterior negativity：通常は刺激後200 ms 以内にピークが見られる）の発生源を推定できたが（Maess et al., 2001），N5（通常は刺激後500 ms 以降にピークが見られる）ではできなかった。これはおそらく，N5 をもたらす発生源の数が多いためである。

# 第5章

# ERP 成分

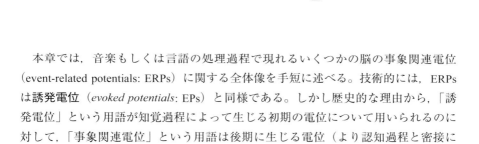

　本章では，音楽もしくは言語の処理過程で現れるいくつかの脳の事象関連電位（event-related potentials: ERPs）に関する全体像を手短に述べる。技術的には，ERPs は**誘発電位**（*evoked potentials*: EPs）と同様である。しかし歴史的な理由から，「誘発電位」という用語が知覚過程によって生じる初期の電位について用いられるのに対して，「事象関連電位」という用語は後期に生じる電位（より認知過程と密接に結びついている）に関して用いられる。

## 1節　聴覚における P1, N1, P2

　一般的に，ERP 成分は外因性のものと内因性のものに分けられる（Donchin et al., 1978）。外因性の成分に関して言えば，これが生じるためには外部刺激の呈示が必要条件であり，また十分条件であると考えられる。その一方，内因性の成分が生じるためには，外部刺激の呈示は必要条件ではないが，時に十分条件となる。外因性と内因性の成分の概念と関連して，外因性成分の潜時と振幅は主に外部刺激の特徴によって決定され，内因性成分の潜時と振幅は主に注意，意図，決断といった内因性の要因によって決定されるという考えがある。しかし，内因性の要因は外部刺激の特徴（およびここで言う外因性成分の潜時と振幅）の処理にかなり影響を与えるとともに，その逆も考えられるため，ERP の外因性成分と内因性成分を区別するのは，望ましいことではない。

　聴覚刺激によって生じる最も早い ERP 反応は，聴性脳幹反応（auditory brainstem responses）であり，刺激呈示後数ミリ秒以内に生じる（Näätänen, 1990, 1992 の総説を参照）。そうした反応は自動的に生じ，注意に関する要因の影響を受けない

第Ⅰ部 導入

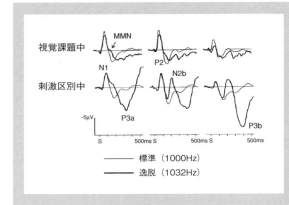

**図 5.1**
視覚課題を行っている最中（上）および標準刺激と逸脱刺激を区別しようとする最中（下）における標準および逸脱刺激の聴覚 ERP。ERP は Fz（左），Cz（中央），Pz（右）から記録された。Näätänen (1990) より転載。

ようである（Woldorff et al., 1987）。この脳幹反応の後には，おそらく一次聴覚野（primary auditory cortex）において生じている，いわゆる中潜時反応（middle latency response）が生じる[1]。この潜時反応は，刺激呈示後 9 〜 50 ms 程度で生じる（Picton, 1980; Celesia & Puletti, 1971）。この反応に関する電位で最も大きいのは，刺激後 50 ms 付近でピークを示す P1 である。ERP 波形における注意の効果は中潜時反応においてすでに見られるが（Woldorff et al., 1987），それにもかかわらず P1 は外因性成分であると考えられている。聴覚 P1 の後には N1（刺激呈示後 100 ms 付近で生じる陰性電位）および通常 P2（200 ms 付近で生じる陽性電位；図 5.1 を参照）が生じる[2,3]。それらの後期成分は，初期の反応および中潜時反応と比べてかなり大きな振幅を持ち，注意に関する要因によって強い影響を受ける。

N1 は刺激の始まりと終わりの両方で生じるとともに，連続して呈示される聴覚刺激における周波数や強度の変化によっても生じる（Näätänen & Picton, 1987; Näätänen, 1992 のレビューを参照）。つまり，N1 は感覚受容体に作用するエネルギーが比較的急に変化することで生じる（Clynes, 1969）。したがって，N1 は一時的な変化の検出にある程度関わっている。Pantev et al.（2001）の研究は，N1 が経験による影響を受けることを示している。この研究において，トランペット奏者は，バイオリンの音よりもトランペットの音に対してより大きな N1 を示した。一方で，バイオリン奏者は（トランペットと比べて）バイオリンの音に対してより大きな N1 を示した。

P2 の機能的意義は，依然として曖昧である（いくつかの研究は，中立な語と比べて情動語に対して P2 がより大きくなるという，情動語と関連した P2 の効果を報告している；Kanske & Kotz, 2007 のレビューを参照）。N1 と P2 は両方とも

52

聴覚皮質で生じるようであるが，恐らくこれらは異なる発生源から生み出される（Näätänen, 1992; Näätänen & Picton, 1987; Scherg, 1990）。

## 2節　周波数追従反応

周波数追従反応（frequency-following response: FFR）は，聴覚に入力される音響信号の周期性と似た律動脳波（oscillatory potential；しばしば律動周波数の緩やかな変化をともなう）である。FFRは，聴覚脳幹（外側毛帯の寄与が議論されているが，恐らく下丘に位置する；Smith et al., 1975; Hoormann et al., 1992）におけるニューロンの集団によって生成される神経電位と音響信号の同期した活動を反映すると考えられる。聴覚神経と脳幹のレベルにおける周波数の時間的な符号化は，単一ニューロンの放電パターンや，ニューロン集団の同期した活動によって表されていると考えられている。（聴覚神経におけるニューロンの位相固定に関連した）神経放電のパターンは，それを誘発する音の時間的な構造によって影響を受ける。したがって，もし音の周期性が変化すれば，聴覚脳幹にあるニューロンの放電パターンもそれに応じて変化する。それらは比較的離れた位置にある頭皮電極（耳朶や乳様突起を基準電極としたときのCzなど；Skoe & Krarus, 2010の総説を参照）においても，周期性追従もしくは「周波数追従」反応として測定できる。

例えば，メロディックな発話音の最中に現れる律動の時間的な構造において，周期性は基本周波数（fundamental frequency: F0）に対応する。この周期性は，F0（とその倍音の一部）の周期に同期して起こる神経における活動電位の間隔を反映する。誘発刺激の律動の時間的な構造は，FFRにおいてきわめて正確に再現される（あまりに正確なので，時にはスピーカーを通してFFRを再生することで元の音を認識することが可能である）。そしてFFRの正確さは，2つの集団間で統計的に比較することができる（例えば音楽家と非音楽家；Hall, 1979; Galbraith et al., 2000; Kraus & Nicol, 2005; Johnson et al., 2005）。

Wong et al.（2007）は，F0の上昇と下降のパターンのみが異なる標準中国語で発話された3つの音声をFFRで測定した。参加者はアマチュア音楽家と非音楽家で，音楽家のほうが非音楽家よりも（FFRに反映された）音素のピッチの上昇と下降のパターンの符号化が正確であった。これらの発見は，聴覚に関与する脳幹が発話情報（母音）のピッチにおける上昇と下降のパターンの処理に関与するという考えを補強するとともに，FFRと音響情報の特徴の相互関係が，音楽経験によって影響を受けることを示した。同様の訓練効果は，ピッチが下降してから上昇を示す音節に

よって生じる FFR でも見られた（Song et al., 2008）。この研究では，14 日間（各日において 30 分のセッションを 8 回）の訓練期間の後で，英語を母国語とする成人参加者（非音楽家）で訓練の効果が観察された。Song et al.（2008）の結果は，（大人において）言語学習の効果が FFR に反映されることを示している[4]。

FFR を測定するための典型的な実験セッションにおいて，（例えば音素のような）単一刺激が数千回繰り返して呈示されることには注意が必要だ。この場合，そうした繰り返しのために聴覚皮質が（下丘へトップダウンに投射する神経連絡によって）FFR の形成に関与するということは大いに有り得る。すなわち，FFR の正確さに対する音楽（もしくは言語）訓練の効果は，恐らく聴覚皮質と脳幹の両方における可塑的変化のためであるようだ。聴覚皮質や脳幹がどのくらい FFR の正確さに寄与しているかは不明なままである。しかし，スペクトル情報の高い分解能を持っているという聴覚皮質の重要性から（第 1 章を参照），FFR の正確さに対する聴覚皮質の寄与は考慮に値すると言える。

## 3 節　ミスマッチ陰性電位

ミスマッチ陰性電位（mismatch negativity: MMN）は，**標準刺激が繰り返される聴覚環境における逸脱刺激によって生じる**（Näätänen et al., 2005, 2007, 2010 の総説を参照）。MMN を検討するための実験で使用される一般的な刺激は，頻繁に呈示されるいわゆる標準刺激と低頻度で呈示される逸脱刺激からなる（図 5.2 を参照）。したがって，そのような実験手法は，（逸脱刺激が「オドボール」となる）**聴覚オドボールパラダイム**とも呼ばれる。MMN の生成は，聴覚の感覚記憶（すなわちエコイックメモリー）の操作と密接に関連している。人間の脳は，聴覚環境の物理的な特徴を常に神経における記憶表象に符号化している。そしてこの表象は，聴覚の感覚記憶で数秒間保持される（そうした情報を保持した記憶痕跡は徐々に消えていくと考えられている。p.119 にある第 9 章の図 9.7 を参照）。聴覚皮質は，聴覚の感覚記憶に蓄えられた情報に基づいて，聴覚入力に固有な規則性の変化を自動的に検出する。したがって MMN は，「間接的であるものの，脳内で実際に処理される感覚情報の生理的な測定指標となるようだ」（Näätänen, 1992；図 5.1 も参照）。

MMN の潜時は一般的に 90 〜 150 ms であり，それゆえ，（標準刺激と逸脱刺激の両方によって生じる）N1 および P2 と時間的に重複している。MMN は前部 - 中央における右半球優位な頭皮上分布をしばしば示し，基準電極として鼻あるいは全電極の平均値を用いる場合には，乳様突起での極性が反転する。図 5.2 の上部パネ

**図 5.2**
物理的な（周波数）のMMN（上）と，抽象的なMMN（下）を喚起する刺激の例。頻繁に呈示される刺激は一般的に「標準刺激」と呼ばれ，稀に呈示される刺激は「逸脱刺激」（矢印で示されている）と呼ばれる。三小節ごとに起こる全音符は，出現する確率が標準刺激である二分音符より低いにもかかわらずMMNを喚起しない。これは（4つの二分音符の後に全音符が呈示される）三小節の流れがパターンとして知覚されるためである（テンポが遅すぎない場合に限る；詳細についてはSussman, 2007を参照）。周波数の逸脱（すなわち，上のパネルに示した逸脱）はMMNを喚起するだけでなく，不応期効果（詳細は本文を参照）のためにより大きなN1も喚起する。出典はKoelsch et al.（2001）。

ルに示された周波数の逸脱刺激は，MMN反応を生じるだけでなく，標準刺激より（わずかに）大きなN1反応をも喚起することに注意すべきである。これは標準音によって刺激される神経の不応期効果（refractoriness effects）のためである。つまり，標準音が頻繁に呈示されると，標準音の周波数に対応する神経に不応期が生じるようになる。その一方で，逸脱刺激が呈示されると逸脱刺激に対応する（不応期の程度が低い）「新しい」神経が活動し，結果として標準刺激よりも逸脱刺激によってより大きなN1が生じる。Thomas JacobsenとErich Schröger（Jacobsen et al., 2003）は，「真の」MMN反応，すなわち，不応期効果のために生じるN1の寄与がない状態のMMN反応を調べるのに適した実験手法を発展させた（Schröger, 2007の総説を参照）。

初期の段階においてMMNは，周波数（例えばSams et al., 1985），強度（例えばNäätänen et al., 1987），音源位置（Paavilainen et al., 1989），持続時間（Näätänen et al., 1989），音韻的な特徴（Näätänen et al., 1997），音色（Tervaniemi et al., 1997b）といったような物理的な特徴が変化する刺激を用いて検討された。1990年代初頭のSaarinen et al.（1992）の研究は，MMNを連想させる脳反応が，抽象的な聴覚特徴の変化によっても喚起されることを示した。この研究で用いた標準刺激は，広い範

囲で異なる周波数レベルを持つ音のペアで常に音が高くなる組み合わせである一方，逸脱刺激は音が低くなる組み合わせであった（図5.2の下段を参照）。「抽象的な特徴によるMMN（abstract feature MMN; afMMN）」の概念を導入することによって，Saarinenらは連続する聴覚環境内での物理的な逸脱への反応（physical MMN）というMMNについての以前の概念を，一般的なミスマッチによって生じる陰性の事象関連電位という概念に変えた。ここでいうミスマッチとは，物理的なものである必要はないということである（抽象的な特徴によるMMNを報告した他の研究についてはPaavilainen et al., 1998, 2001, 2003, 2007; Korzyukov et al., 2003; Schörger et al., 2007を参照）。

　物理的な特徴によるMMNと抽象的な特徴によるMMNのどちらも，進行中の規則性の形成，つまり聴覚環境から時々刻々と抽出される規則性の表象に基づいていることを理解するのは重要である。進行中の規則性の形成を，MMNの生成に影響を与えるであろう長期間の経験や表象と混同してはならない。例えば，音楽家はピッチの情報をより高い精度で符号化できる（ほとんどの非音楽家にとっては区別できないような周波数のずれによって物理的な特徴によるMMNを生じる；Koelsch et al., 1999）。また，使用している言語において典型的な音素は容易に検出できる（この音素についての長期的な表象を持つ人では，表象を持たない人と比べて物理的な特徴によるMMNがより大きく生じる；Näätänen et al., 1997; Winker et al., 1999; Ylinen et al., 2006）。この点において長期間の経験は，（MMNによって反映されるような）物理的な逸脱刺激の処理に対してはっきりとした効果を持つ。しかし，それらすべての研究において（Koelsch et al., 1999; Näätänen et al., 1997; Winkler et al., 1999; Ylinen et al., 2006），MMNの生成は，聴覚環境から抽出される進行形の規則性の表象に依存していた。例えば，Näätänen et al.（1997）による古典的な研究において，標準刺激は音素/e/であったが，逸脱刺激の1つは音素/ð/であり，エストニア人にとっては典型的な音素であったがフィンランド人にとってはそうではなかった。この逸脱刺激は，フィンランド人よりもエストニア人で大きな物理的な特徴によるMMNを生じ，エストニア人が音素/ð/の長期的な表象を持つ（そしてそのために，エストニア人はこの音素の検出により敏感であった）ことを反映していた。しかし，この実験条件の規則性（「/e/が標準，/ð/が逸脱」）は，音素の長期的な表象とは無関係であり，この規則性はエストニア人の参加者によって実験の最中に形成された（そして，「/ð/が標準，/e/が逸脱」という反対の形にも簡単に変化し得た）。すなわち，そのような実験条件において規則性を形成した統計的な確率性はわずかな時間で学習され，そのような規則性の表象は長期記憶の形では保存されないので

ある。このことは，音楽もしくは言語の統語規則と比較したときに重要な違いであると言える。音楽や言語の統語規則は，長期記憶に蓄えられているのである（そして，しばしば階層的な統語的構成に影響する離れた要素間での関係性を示す）。この問題に関しては，第9章で詳細に扱う。

　物理的な特徴による MMN は，一次聴覚野の内部もしくは付近に位置した神経基盤から最も強い影響を受ける。加えて，前頭葉領域から弱いものの付加的な影響を受ける（Alho et al., 1996; Alain et al., 1998; Giard et al., 1990; Opitz et al., 2002; Liebenthal et al., 2003; Molholm et al., 2005; Rinne et al., 2005; Schonwiesner et al., 2007）。総説については Deouell（2007）を参照。同様に，抽象的な特徴による MMN の主要な神経基盤は側頭葉のようである（Korzyukov et al., 2003）。

　MMN の生成過程は，注意の向けられない逸脱刺激によってすらも影響され得る（詳細な議論については，Sussman, 2007 を参照）。したがって，MMN は聴覚的な特徴の解読および主に自動的に（もしくは「前-注意的」，すなわち注意から独立して）はたらくミスマッチ検出過程を反映するようだ。しかし，いくつかの研究では MMN の振幅が注意に関する要因によって減少することが示されているのに気をつけるべきである（Sussman, 2007 にレビューされている）。そうした影響は逸脱の検出過程よりもむしろ，標準刺激の表象を形成する際の注意の働きによるものであるかもしれない（Sussman, 2007）。すなわち，逸脱検出のメカニズム自体は，注意の影響をほとんど受けない可能性がある（Grimm & Schroger, 2005; Sussman et al., 2004; Gomes et al., 2000）。

## 1. 新生児における MMN

　MMN と似た反応は，胎児においても記録することができる（Draganova et al., 2005; Huotilainen et al., 2005）。複数の研究が，物理的な逸脱（Alho et al., 1990; Cheour et al., 2002a, 2002b; Kushnerenko et al., 2007; Winkler et al., 2003; Stefanics et al., 2007; Háden et al., 2009; Winkler et al., 2009b）と抽象的な逸脱（Ruusuvirta et al., 2003, 2004; Carral et al., 2005）の両方で新生児における MMN に似た識別反応（陰性ではなく陽性電位の場合もある；Ruusuvirta et al., 2003, 2004; Winkler et al., 2003; Maurer et al., 2003; Stefanics et al., 2007）を示している。Cheour et al.（2000）は，いくつかの実験において幼児の示すそのような ERP の振幅が，学齢期の子どもで一般的に報告される MMN よりもほんのわずかに小さいだけであることを報告している（ただし幼児と学齢期の子どもで見られる違いについては，Maurer et al., 2003; Kushnerenko et al., 2007; Freiederici, 2005 を参照）。ピッチ知覚に関して，Háden et al.（2009）は，新生児がすでに異なる音色におけるピッチを一般化できることを示している。さらに，複雑な倍音（Ceponiene et al., 2002）や環境音（Sambeth et al., 2006），雑音（Kushnerenko et al., 2007）に対してさえ新生児における信頼性の高いピッチ知覚が示されてきた。しかし，新生児は，正弦音におけるピッチの高さの変化に対して大人よりも感受性が低い（Novitski et al., 2007）。

## 2．MMN と音楽

上述したように，MMN の生成は聴覚の感覚記憶の操作に基づいており，この操作は音楽知覚にとって必須である。したがって，実質的にはすべての MMN 研究が本質的に音楽処理に関連しており，音楽処理の理解にとって重要である。様々な MMN の研究が，特にこの問題に対して貢献してきた。例えば，①音楽と音声の刺激に対する聴覚感覚記憶の異なる反応特性の検討や（Tervaniemi et al., 1999, 2000），②メロディやリズムパターンを用いた聴覚ゲシュタルト（Gestalt）形成の検討（Sussman, 2007; 'Gestalt' という用語の説明については p.92 の二段落目を参照），および③聴覚感覚記憶の操作の過程に対する長期間もしくは短期間の音楽訓練の効果の検討（Tervaniemi & Huotilainen, 2003; Tervaniemi, 2009 においてレビューされている）などによってである。特に，3 つ目の研究は実質的に神経可塑性の理解に貢献し[5]，それゆえに学習の神経基盤の理解に貢献してきた。これらの研究の詳細なレビューは，この章で扱う範囲を超えている（Tervaniemi & Huotilainen, 2003; Tervaniemi, 2009 の総説を参照）。ここでは，MMN の研究において和音のピッチ区別（Koelsch et al., 1999）[6]，時間知覚の正確さ（Rammsayer & Altenmüller, 2006），特徴統合の際の時間窓の長さ（Rüsseler et al., 2001），音源定位の変化（Tervaniemi et al., 2006a），空間的に周辺にある音の検出（Rüsseler et al., 2001）に対する長期間の音楽訓練の効果が示されてきたことを述べれば十分である。さらに，MEG を使用した Menning et al.（2000）の MMN 研究は，音のピッチ弁別に対する 3 週間の音楽訓練の効果を示した。

聴覚に逸脱刺激が呈示される実験は，長期間の音楽訓練の効果と同様にメロディやリズムの体制化の過程（そのような体制化は聴覚ゲシュタルト情報に対して不可欠である；Sussman, 2007 を参照）を調べるためにも用いられてきた。これらの研究は，メロディパターンの処理（Tervaniemi et al., 1997a, 2001; Fujioka et al., 2004; von Zuijen et al., 2004；パターンは 4 つか 5 つの音から構成されていた），音パターン内の要素数の符号化（von Zuijen et al., 2005），そして 2 つの声部で構成されるパターンの処理における音楽訓練の効果（Fujioka et al., 2005）を示した。

最後に，いくつかの MMN 研究は，音楽と音声の処理における違いを検討した。それらの研究は，音素の逸脱よりも和音の逸脱に対するより大きな右半球の反応（Tervaniemi et al., 2000, 1999）および音素による MMN の神経基盤と和音による MMN の神経基盤が違うことを報告している（Tervaniemi et al., 1999）。同様の結果は，音素と比較してより複雑な音の処理においても示されている（Tervaniemi et al., 2006, 2009；後者の研究では，和音と音素の処理における音楽訓練の効果も報告されている）。

## 4 節　N2b と P300

逸脱刺激が呈示される実験を能動的に行う場合，すなわち参加者が一連の標準刺激の最中に時折呈示される標的刺激について検出を行うような場合，MMN の後に N2b が生じる（例外として Näätänen et al., 1982 を参照）[7]。基準電極として鼻もしくは全電極の平均値が使用されるとき，N2b は典型的に中心部の頭皮電極で最大になり，乳様突起電極での極性反転は見られない（Näätänen & Gaillard, 1983; Näätänen, 1990；図 5.1 を参照）。一般的に N2b は約 300 ms で最大値に達するとともに，その後，主に前頭葉に分布を示す陽性の ERP 成分が見られる（例外については Knight, 1990 を参照）。この成分は P3a と呼ばれる（Squires et al., 1975; Ritter & Ruchkin, 1992; Näätänen, 1992）。

逸脱刺激が課題と無関係にもかかわらず参加者の注意を引くような場合に，N2b が先行しなくても P3a が生じる場合がある。P3a の振幅は，（課題との関連性，すなわち刺激を検出しなければならないか否かよりも：Näätänen, 1992）刺激の物理的な逸脱と関連する。逸脱刺激が複雑な環境音（一般的には「新規」な音と呼ばれる）である場合，付加的な認知要素が P3a の発生に関与するかもしれない。したがって，P3a が観察される時間帯に新規な音によって生じる前頭葉に偏った ERP 分布は，しばしば「新規 P3（Novelty P3）」と呼ばれる（Courchesne et al., 1975; Cycowicz & Friedman, 1998; Spencer et al., 1999; Opitz et al., 1999a, 1999b）。P3a と新規 P3 のどちらもが，音に注意を向ける条件と音を無視する条件の両方で観察することができる。

一般的に N2b と P3a の後には，P3a と比べてわずかに潜時が長く，頭頂部での振幅が最大になるような陽性の ERP 成分である P3b（しばしば単に 'P300' や 'P3' と呼ばれる：図 5.1 も参照）が続く。P3b は，意識的な認識と標的刺激の検出の最中における意思決定の過程を反映する（Donchin et al., 1978）[8]。

## 5節　ERP と言語処理の相関

　以下では，言語に関連するいくつかの ERP，特に意味（内容）や統語（構造）情報の処理に関して述べられる。以下で述べられる多くの研究において，視覚的に呈示される単語刺激によって言語知覚が検討されていることに注意すべきである（すなわち，そうした実験で聴覚刺激を用いるのはわずかである）。

### 1．意味処理：N400

　N400 は意味情報の処理に関わる神経生理的な指標であり，特に概念的・意味的処理，語彙アクセント，後からの語彙−意味統合と関わる ERP である（Friederici & Wartenburger, 2010; Lau et al., 2008）。N400（もしくは単に N4）は，陰性の極性を持つとともにわずかに右半球優位である。一般的に，視覚刺激によって生じるときには中心−側頭部に配置された電極で最大となり，聴覚刺激で生じるときには中心−前頭部において最大となる。N400 は，単語刺激呈示後 250 ms 程度経ってから現れ，400 ms 付近で最大振幅に到達する（N400 という用語は，実験方法によって異なる可能性があるピーク潜時よりもむしろ，この ERP 要素の機能的意味を指し示すのに用いられることに注意すべきである）。単語によって喚起される N400 は，意味的な関連性の操作に対して感度が高く，先行する文脈と意味的に一致する単語は，不一致な単語と比べて N400 が小さくなる（Kellenbach et al., 2000）。すなわち，単語が意味文脈に先行されるとき，N400 の振幅は単語と先行する意味文脈の間の意味的な適合の程度と負の関係にある（例として，図 5.3 および図 10.1 の上段を参照）。

　Kutas & Hillyard（1980）の古典的な研究では，参加者は約 7 単語で構成された文章を読むことを求められ，それぞれの単語は 1 秒ごとに個々に呈示された。文章の最後の単語は，意味的に正しいものが多かったが，稀に意味的に一致しない（しかし統語的には正確な）ものと意味的に正確だが文字のサイズが大きいものがあった。意味的に不一致な最後の単語は，刺激呈示後約 400 ms 付近で最大となる陰性の電位を生じ，両半球の後頭部に広く分布していた（これが N400 である：図 5.3 を参照）。対照的に，大きなサイズで呈示された単語（「物理的逸脱」）によって P3b が生じた（約 560 ms 付近で最大値を示した）。これらの成分のどちらもが，先行する文章と意味的にも物理的にも一致する最後の単語では見られなかった。

　N400 の振幅は，呈示された単語に先行する文脈によって構築された意味的な期待に対して感度が高い。Kutas et al.（1984）は，意味的に不一致な単語が期待され

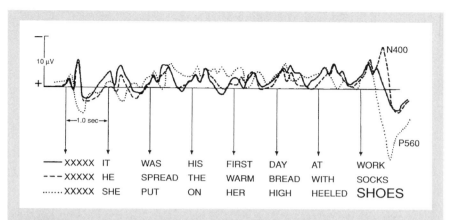

**図 5.3**
意味的に正しい単語（実線），意味的に不一致な単語（破線），もしくは物理的に不一致な単語（点線）で終わる文章のERP。意味的に不一致な単語はN400を喚起する。Kutas & Hillyard (1980) より再掲。

た終わり方と関連している場合，関連していない場合よりも N400 が小さいことを示した。The pizza was too hot to ...（このピザは熱すぎて…には難しい）の後に意味的に一致した単語である eat（食べる）が呈示されても N400 が示されなかった一方で，単語 drink（飲む）が呈示された場合に生じた N400 は，意味的にまったく関連性のない単語である cry（泣く）よりも小さかった（Kellenbach et al., 2000 も参照）。

　Fischler et al.（1983）は，N400 が文章の内容よりも，脳内辞書に入力されている語彙間の関連性の強さに対して敏感であることを示唆した。参加者は，一連の単純な内容の記述を検証することを求められた（例えば，リスは車ではない，リスは鳥ではない）。内容の正否は N400 に影響を与えなかったが，2 つの内容語間の関係性は影響を与えた[9]。しかし，N400 は簡単に理解できる間違った文章によっても喚起される。Fischler et al.（1985）による実験では，参加者は**マタイは法律家である**
(訳注：マタイは新約聖書の福音書における登場人物である。キリストの十二使徒であり，キリストの弟子になる前は収税人であったと考えられている) といったような一連の文章を練習セッションにおいて覚えなければならなかった。マタイは歯科医であるといったような間違った文章が，練習セッションの 1 日後に呈示されたにもかかわらず N400 が生じた。これらの発見は，否定形が頻繁に用いられるような条件下（ゆえに簡単に理解できる）における意味的に誤った否定でも，N400 が生じるという報告によって確認された（Nieuwland & Kuperberg, 2008）。

第Ⅰ部　導　入

　N400 は，自動的（automatic）というよりもむしろ制御的（controlled）に処理されているようだ。Chwilla et al.（1995）は意味プライミングを用いた実験で，（課題要求の変化によって評価される）異なったレベルの処理が N400 のプライミング効果に影響すると示した。この効果は，物理的な文字の形態について問う課題でなく語が正しいか否かを決定する課題においてのみ見られた。こうした結果は，課題を行うことによって単語の意味的側面が刺激イベントの一時的な手がかりになるときに限って，N400 のプライミング効果が生じることを示している[10]。

　N400 は意味的に不一致な情報によって喚起されるのみでなく（例えば 'He spread the warm bread with socks'［彼は暖かいパンに靴下を塗った］というような文章の最後の単語），意味的に正しいものの，他の（意味的に正しい）単語よりも意味的な処理資源を必要とするような単語によっても生じる。Van Petten & Kutas（1990）は，オープンクラス（open class）の単語（訳注：例えば名詞，動詞など独立した意味を割り当てられ，また容易に新たに作ることができる単語のこと）によって生じた N400 の大きさが，比較的単純な英語の文章において，単語の順序位置と逆相関すると示した（図 5.4）。すなわち，文章内の正しい単語もまた N400 を生じ，その大きさは文章の最初に呈示される場合に最も大きく，文章の最後に呈示される場合が最も小さいということである。この N400 の減少は，通常，文理解の間に構築される意味的な文脈を反映すると解釈される。また文章の最初の単語が，（すでに意味的な文脈が構築され，使える単語の種類が限られる）文末の単語よりも多くの意味的な処理資源を必要とすることの結果としても解釈される。

　過去数年において，N400 を用いた研究の範囲が広がってきている。例えば，子どもにおける意味処理の発達（Friederici, 2005; Friedrich & Friederici, 2006）[11]，会

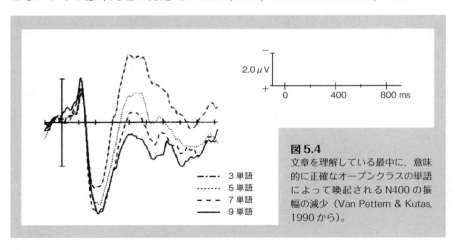

**図 5.4**
文章を理解している最中に，意味的に正確なオープンクラスの単語によって喚起される N400 の振幅の減少（Van Pettern & Kutas, 1990 から）。

話知識と会話文脈の交互作用（Hald et al., 2007），言葉と身振りの交互作用（Holle & Gunter, 2007; Holle et al., 2008; Obermeier et al., 2011），社会的文脈と言語理解の交互作用（Van Berkum et al., 2008），意味と感情的な韻律の交互作用（Wambacq & Jerger, 2004; Hayashi et al., 2001; Schirmer & Kotz, 2006）といった検討が行われている。

　注意すべきこととして，（Holcomb & Neville, 1990 で当初に信じられていたのに反して）N400 は単語によって生じるのみでなく，N400 と似た効果がプライミング研究においてすらも発見されている。それらの効果は，関連性の有無を分けた写真のペア（Barrett & Rugg, 1990; Holcomb & McPherson, 1994; McPherson & Holcomb, 1999; Hamm et al., 2002; Willems et al., 2008），環境音（Van Pettern & Rheinfelder, 1995; Cummings et al., 2006; Orgs et al., 2006, 2007），顔（Debruille et al., 1996; Jemel et al., 1999; Bentin & Deouell, 2000; Beohm & Paller, 2006），身振り（Gunter & Bach, 2004），行動（Bach et al., 2009），香り（Grigor et al., 1999）で生じた。さらに，物体の形を検索する最中にも生じている（これは，ここでの効果に概念的な意味統合過程が含まれることを反映する；Mecklinger, 1998 を参照）。本書では，N400 が音楽の情報に対する反応として生じることに特に関心を向けている。それは例えば，音楽の短い抜粋（Koelsch et al., 2004a; Daltrozzo & Schön, 2009b; Frey et al., 2009; Goerlich et al., 2011），和音（Steinbeis & Koelsch, 2008a, 2011），音色（Grieser-Painter & Koelsch, 2011; Schön, 2010）といった情報である。さらに，和音進行を用いた研究は，N400 といくらか似た ERP 成分である N500（あるいは N5）を同定している。N500 は少なくとも部分的には，音楽の意味処理と関連しているようだ。第 10 章では，N400 と N5 をともなう音楽の意味処理を検討した研究の詳細なレビューを提供する。

## 2．統語処理：(E) LAN と P600

　一般的に，文章理解には内容構造の分析，すなわち文章における単語の相対的な順序の分析や，それらの単語が担っている文法的な役割の分析が必要であると考えられている。統語処理は，電気的には初期の（左前部）陰性電位もしくは後頭皮質に分布する後期陽性電位（P600）に反映される。

　▶初期陰性電位　文章の処理についての文献において述べられる左前部陰性電位に関して，潜時が約 300〜500 ms の**左前部陰性電位**（left anterior negativity: LAN）と 100〜300 ms の**左前部初期陰性電位**（early left anterior negativity: ELAN）を区別することが提唱されてきた（Friederici, 2004 の総説を参照）。

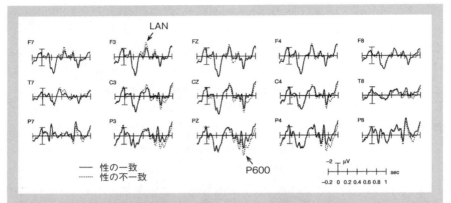

**図 5.5**
形態統語的な逸脱（定冠詞と名詞の性の不一致，破線）によって喚起される ERP と統語的に正確な単語（実線）によって喚起される ERP の比較．正確な文章の例は，Sie bereist das Land…（She travels the$_{neuter}$ land$_{neuter}$…「彼女は島を旅行した」）であり，不一致な文章の例は，Sie bereist den Land…（She travels the$_{masculine}$ land$_{neuter}$…「彼女は島を旅行した」）である．形態統語的な逸脱によって，LAN とその後の P600 が喚起される．Gunter et al. (2000) より再掲．

【訳注】正確な文章例での Land は中性名詞であり，中性名詞につく定冠詞 das がついているのでこの文章は正しい．また，不一致な文章例での Land は中性名詞であるにもかかわらず，男性名詞につく定冠詞 den がついているのでこの文章は間違っている．

　LAN は，一般的には，時制の形態統語的（morpho-syntactic）な逸脱，下位範疇化（subcategorization）の情報，数の一致[12]，偽単語の組み合わせにおける一致の誤りによって喚起されるとともに，動詞項構造（verb-argument structure）の情報といったような統語に関わる処理と関連して喚起される（Coulson et al., 1998; Friederici et al., 1993; Gunter et al., 1997; Osterhout & Mobley, 1995; Osterhout & Holcomb, 1993; Rösler et al., 1993; Münte et al., 1997; Kutas & Hillyard, 1983; Gunter et al., 2000）．LAN は一般的には中心−前頭部もしくは前頭部で最大となり，左半球優位を示す．そしてその後，一般的に後期陽性電位，いわゆる P600 が見られる（図 5.5 を参照）[13]．

　言語処理の間，LAN に反映される初期の統語処理や N400 に反映される意味処理が，おおよそ平行して遂行される．Gunter et al.（1997）での 2 × 2 のデザインの実験において，LAN と N400 の両方が同じ時間帯（260 ms）で有意になるが，交互作用しないことが発見された（Friederici & Weissenborn, 2007 を参照）[14]．

　連続する音声呈示の間に喚起される ELAN は，Friederici et al.（1993）によって最初に報告された．この実験において，単語カテゴリーの逸脱（例えば *Der*

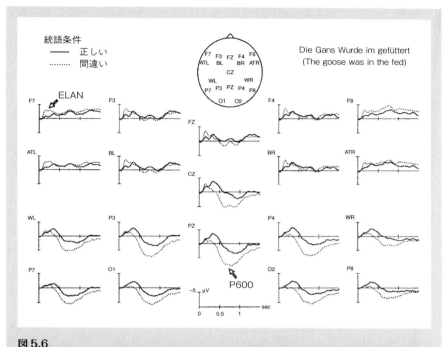

**図 5.6**
統語的に不一致な単語（フレーズ構造の逸脱，破線）によって喚起される ERP と，統語的に正しい単語（実線）によって喚起される ERP の比較。ELAN は 180 ms 付近で F7 の電極（左上）に最も明確に認められた。刺激として用いた文章の例は本文を参照。Hahne（1999）より再掲。

*Freund wurde im besucht / The friend was in the visited*）は ELAN を喚起し，180 ms 付近で最大値を示した。そしてその後に第二の陰性電位が 300 〜 500 ms の間で見られた（図 5.6）。これまで，ELAN はフレーズ構造からの逸脱や，クローズドクラス（closed class）に含まれる単語（訳注：例えば助詞や冠詞など，独立した意味を持たずまた新たに作ることが難しい単語のこと）で観察されてきた[15]。

　ELAN は，注意の影響をほとんど受けない。近年の研究（Maidhof & Koelsch, 2011）において，この問題は音楽と文章を刺激に用いた選択的注意の実験により検討された。ある条件では，参加者は音楽に対して注意を向け，同時に呈示された文章を無視することを要求された[16]。この条件において，フレーズ構造からの逸脱は，参加者が文章を無視した場合ですら ELAN を喚起した。ELAN の振幅は，音楽を無視して文章に注意を向けた条件と比べて，ほんのわずかに小さいのみであった（統計的に有意ではなかった）。これらの結果は，ELAN に反映される統

語処理が，少なくとも部分的には自動的にはたらくことを示している。このような考察は，ELAN を喚起するために聴覚の逸脱課題を用いた研究と一致する（それらの研究において，統語の不規則性によって喚起される初期陰性電位は，**統語MMN**（syntactic MMN）と呼ばれている；Pulvermüller & Shtyrov, 2006; Pulvermüller et al., 2008; Hasting et al., 2007; Hasting & Kotz, 2008）。

注目すべきことに，後半の2つの研究（Hasting et al., 2007; Hasting & Kotz, 2008）は単語のペアを用いた聴覚の逸脱課題により，形態統語的な逸脱も ELAN の観察される時間帯において陰性電位を喚起することを示した。このことは，特定の統語処理を反映する初期の ERP が生じるタイミングが，（言語的な要因だけでない）方法論的な要因によって大きく影響されることを示唆している。

ELAN と LAN の両方が，右前部初期陰性電位（early right anterior negativity: ERAN）や右前部側頭葉陰性電位（right anterior-temporal negativity: RATN）といった音楽の統語処理に関する ERP と非常に似た性質を持っている。このことは，言語と音楽の統語処理に関わる神経回路が重複していることの1つの証拠である。この問題は第9章において詳細に扱う。

▶ **P600** P600 は比較的遅い陽性電位であり，意味のある文章に構造的に統合することが難しい単語によって喚起される。この電位の振幅は，頭頂部の電極で最大になる。潜時に関しては様々であると考えられるものの，典型的には重要な単語の呈示後 500 〜 1000 ms の間で最大になる（図 5.5 & 5.6 を参照）。P600 は様々な統語の例外により喚起されることが示されてきた。それらは，ややこしい文章（訳注：garden-path sentence。構造の曖昧さのために文章の最初では読者に誤った解釈をもたらすが，文章の後半で構造の曖昧さが無くなり正しい意味にたどり着く文。袋小路文とも訳されるが，本稿では読みやすさを重視してこのように意訳した）やその他の統語的に好まれない構造（Friederici et al., 1996; Hagoort et al., 1993; Mecklinger et al., 1995; Osterhout & Holcomb, 1992, 1993; Osterhout et al., 1994），一致からの逸脱（Coulson et al., 1998; Friederici et al., 1993; Gunter et al., 1997; Hagoort et al., 1993; Osterhout & Mobley, 1995），フレーズ構造からのあからさまな逸脱（Friederici et al., 1993; Neville et al., 1991; Osterhout & Holcomb, 1992, 1993），下接（subjacency）条件からの逸脱（Neville et al., 1991; McKinnon & Osterhout, 1996）（訳注：チョムスキー（Chomsky, A. M.）の生成文法における下接の条件（subjacency condition）から逸脱すること。文章の後半にある語句に後続する接続詞がその語句を修飾しないことを指す。例えば，'Who do the police believe that John shot ?' という文章において，that が Who を修飾するために police を修飾しないことを指す。詳細は McKinnon & Osterhout, 1996 を参照）などである。ここ数年の間に，意味情報（ある名詞が行為の主体となる可能性）と統語情報（文中での名詞の位置）の不一致のために解釈が困難である文章においても P600 が喚起されることが，複数の研究によって示されている（Bornkessel-Schlesewsky & Schlesewsky, 2008; Friederici & Wartenburger, 2010 の

総説を参照）。さらに近年，韻律的な構造を持つ文章における誤った強勢パターン（stress pattern）により P600 が喚起されると示されている（Schmidt-Kassow & Kotz, 2009）[17]。

　P600 成分は注意を要する再分析と修復の過程を反映し，前述した初期陰性電位（ELAN）に反映される（かなり自動的な）構文解析よりも後に生じると考えられている（Kaan et al., 2000; Friederici & Wartenburger, 2010）。P600 は P3b の一種であると考えることができ（Osterhout & Holcomb, 1995），そう考えた場合，純粋な**統語陽性シフト**（syntactic positive shift: SPS; Hasgoort et al., 1993）を反映するという P600 の仮説にいくらかの疑問が生じる。P600 が P3 に属するという仮説を支持する証拠は，Gunter et al.（1997）の研究によって提供された。この研究において，P600 は逸脱が生じる確率の影響を受けた（25% vs.75%）。この発見は，P600 が P3b に似ているという証拠として捉えられる（ただし，Osterhout, 1999 も参照）[18]。P600 は皮肉な文章の意味理解に関わることも報告されており，それゆえに，実践的な解釈過程をも反映することが示唆されている（Regel et al., 2011）。加えて，Van Herten et al.（2005）は，P600 が意味的な例外（例えば「ネズミから逃げるネコ」）によっても喚起されると報告した。この結果は，P600 が純粋に統語的な成分ではなく，連続して知覚される情報が妥当かどうかをチェックするのに関連したモニタリングの成分を反映することを示唆する。

　したがって，Patel（1998）の実験で示されたように，P600 が言語の処理に対して特有なわけではないというのが妥当であるようだ。第 6 章でより詳細に述べられるように，この実験では，言語と音楽どちらの構造的な不一致も陽性電位を喚起することを報告している。音楽処理（600 ms）のほうが言語処理（900 ms）に比べて最大値に達するまでの潜時が短かったものの，両者に統計的な違いは見られなかった。著者らによればこの発見は，P600 に反映される神経処理過程が言語に特有なものではなく，規則性を持つ連続した刺激における構造的な関係の処理に含まれるより一般的な認知操作の指標であることを示唆している[19]。Mireille Besson は，音楽刺激を用いた実験における P600 に似た陽性電位について述べるとともに，これらを**後期陽性成分**（latent positive component: LPC）という用語で紹介した（例えば Besson & Faita, 1995; Regnault et al., 2001; Magne et al., 2006；第 6 章も参照）。

## 3．韻律情報の処理：抑揚の切れ目に生じる陽性変化

　話し言葉を理解する最中に，聴取者は意味および統語情報を用いるのみでなく，

超文節音韻情報（suprasegmental phonologic information）をも用いる。この超文節音韻情報とは韻律の一部であり，F0の上昇と下降のパターン（すなわち，音声のメロディ），拍子パターンや強調パターンと呼ばれるリズムに関する情報（さらには，情動情報や話し手の同定についての情報，話し手の性についての情報といった韻律特徴；Heim & Alter, 2006; Frederici & Wartenburger, 2010の総説を参照）などの重要な情報を含む。韻律情報は，いわゆる抑揚のフレーズ境界（intonational phrase boundaries: IPh）を目立たせるのに重要である。機能的にはIPhは統語的な境界であり（例えば主節と従属節の間の境界），したがって，特に話し言葉の構文分析に関連する。音響的にはIPhは①ピッチ（F0）の上昇パターンと②休止，③休止に先行する文章の最後から1つ前の音節の長さが伸びることによって実現される。

IPhの処理は，IPhの後に生じる陽性変化との相関が示されてきており，そうした変化は**抑揚の切れ目に生じる陽性変化**（closure positive shift: CPS; Steinhauer et al., 1999；図5.7を参照）と呼ばれている。IPhから②休止の部分をなくし，①F0の変化と③最後から1つ前の音節の長さを伸ばすことだけでフレーズの境界を表した

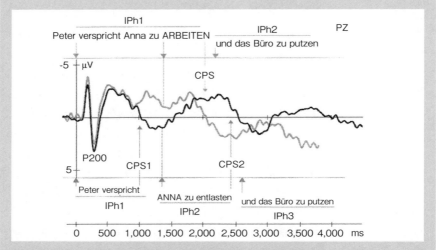

**図5.7**
文章中の抑揚のフレーズ境界（IPh）における抑揚の切れ目に生じた陽性変化（CPS）。上段の文章（Peter verspricht Anna zu arbeiten [IPh1] und das Büro zu putzen [IPh2]「PeterはAnnaに働くことを約束し，事務所を掃除した」）によるCPSは灰色線に示されている。下段の文章（Peter verspricht [IPh1] Anna zu entlasten [IPh2] und das Büro zu putzen [IPh3]「Peterは約束した，Annaを手伝うことを，そして事務所を掃除することを」）によるCPSは黒線に示されている。Steinhauer et al. (1999) より再掲。

場合でも CPS は生じる。また CPS はハミングの文章（すなわち，分節情報の欠如した文章；Pannekamp et al., 2005）によってすら喚起される。これは，純粋な韻律的処理が CPS を喚起することを示している（Li & Yang, 2009 も参照）。CPS が音楽のフレーズ境界の処理によって喚起されることもまた注目に値する（Knösche et al., 2005; Neuhaus et al., 2006; Nan et al., 2006）。この問題は，第 6 章においてより詳細に扱う[20]。

【注】

1. これらの反応は，外因性成分として分類される。
2. Näätänen & Picton（1987），Näätänen（1990）の総説を参照。
3. N1，そして時には P2 も外因性成分として分類される。N1 に似た反応が，聴覚刺激の呈示なしでも生じることに注意すべきである（例えば，Janata, 2001）。
4. スピーチならびに音楽の視聴覚統合における音楽訓練の効果を検討した FFR による研究は Musacchia et al.（2007）を参照；3〜12 歳の子どもにおけるスピーチに対する聴性脳幹反応の発達研究は Johnson et al.（2008）を参照。
5. すなわち，経験による神経の構造と機能の変化に対する貢献である。
6. ただし，優れた注意によるピッチ弁別の正確さは，常に MMN に反映されるわけではないことに注意すべきである (Tervaniemi et al., 2005: この研究は複雑な音を刺激として用いた）。
7. N2b は MMN が先行していなくても生じることがある。
8. ただし，P3 は必ずしも意識的な処理を反映するわけではない（Donchin & Coles, 1998）。文脈を更新する際の処理の指標として P3 を解釈することに関しては Donchin & Coles（1988）を参照。
9. 恐らくリスという単語が，車という単語よりも鳥という単語を自動的に準備させるためである。
10. 制御的な処理としての N400 という仮説は，Gunter & Friederici（1999）の研究によって支持された。Chwilla et al.（1995）の研究と同様に，N400 は文法判断課題で見られたが，物理的な判断を行う課題のもとでは明らかに小さくなった。Gunter & Friederici（1999）が行った研究の興味深い発見は，N400 が（いくらか驚くべきことに）統語的な逸脱（動詞屈折と語彙カテゴリーの間違い）によって喚起されたことである。それにもかかわらず，著者らは意味的な予測によって N400 が生じたと主張した（Gunter & Friederici, 1999）。
11. 例えば，N400 は 14 か月の幼児では観察されるが，12 か月の幼児では観察されないことが示されている（Friederici, 2005）。
12. 例えば，'He kisses a girls'（[彼は女性達にキスをした]：数の不一致），もしくは 'Er trinkt den kühlen Bier'（He drinks the$_{masc}$ cool$_{masc}$ beer$_{neuter}$[彼は冷たいビールを飲んだ]：性の不一致）。【訳注】ドイツ語の Bier は中性名詞であるが，den は男性名詞に用いられる定冠詞であり（それゆえに kühlen も男性名詞に対して用いられており），この文章は最後の単語とそれまでの文章の性が一致していない。

第Ⅰ部　導　入

13. 処理にワーキングメモリを必要とする文章におけるLANの観察に関してKluender & Kutas（1993）。
14. しかし，統語と意味の交互作用が，P600の時間帯において発見されている。
15. 視覚的に呈示した単語を用いてこの効果を報告した最初の実験は，Neville et al.（1991）によって発表された。この実験において，フレーズ構造からの逸脱は，ELAN（約125 ms）を喚起するとともに，350〜500 msの間に左側頭−頭頂陰性電位を喚起した。ELANは，単語カテゴリーのエラーによって喚起された（例えば，Max's of proof the thoerem）。
16. 音楽と文章の両方が音で呈示された。
17. この研究では，'Vera hätte Christoph gestern morgen duzen können (Vera could have addressed Christoph informally yesterday morning)' といったような強弱格パターンを持つ正しい文章と，'Vera hätte Christoph gestern morgen *duZEN* können (Vera could have *address* Christoph informally yesterday morning)' といった音が強調されつつ，アクセントの間違っている文章が比較された（この実験において行われたさらなる条件については，Schmidt-Kassow& Kotz, 2009を参照）。こうした二重の逸脱によって初期の陰性電位（おそらくMMNとLAN）が見られた。

   【訳注】斜体で書かれた単語が間違いを含む単語。Schmidt-Kassow & Kotz（2009）では，'duZEN' におけるアクセントの間違いのみが逸脱をもたらすとされているが，本書の原著者によれば 'duZEN' は音の強調とアクセントの間違いの二重の逸脱であると考えられるとのこと。

18. しかし，依然としてP600の研究は，言語処理についての価値ある情報を提供することが可能であると言える（cf. Osterhout & Holcomb, 1995）。
19. P3bも予期された標的と比べて予期されない標的に対してより大きな振幅を示し（Pritchard, 1981; Ritter & Ruchkin, 1992），それゆえP600が遅くに生じたP3bの場合もあるかもしれないことに注意が必要である。
20. fMRIを用いたMeyer（2004）による研究結果は，文章の韻律的な側面の処理が，（右）ローランド溝弁蓋の運動前野，側頭平面に位置する（右）聴覚皮質，両側の島前部（もしくは深い前頭弁蓋）と線条体に含まれることを示唆する。この研究で用いられた文章は，Steinhauer et al.（1999）の研究で用いられたものであるが，フィルター処理によって音韻情報がはぎとられてハミング文章のように聞こえるようになっていた。非常に似た活動パターンが，文章の主節における音声のピッチの上昇および下降パターンの処理に対しても観察された（Meyer et al., 2002）。すなわち，音楽知覚についての機能的神経画像の研究で観察されたような右半球に重みづけられた活動が（詳細は第9章で述べられる），音声のピッチ処理に対しても（新皮質に）観察された。

# 第6章

# 音楽の脳内処理についての事象関連電位(ERP)を用いた研究の歴史

## 1節　はじめに：音楽的な刺激を用いた研究

　音楽の脳内処理について調べた初期の研究では，よく知られた楽曲（例えばハッピーバースディなど）のメロディとそこから一音だけをずらして音楽の文法的に間違った音に変えたメロディ（例えばCをDやD<sup>#</sup>に変える）を用いて，音の逸脱がERPに与える影響が調べられた。1986年に，Mireille BessonとFrançoise Macarは言語刺激を用いた意味の不一致以外でN400が生じるかを調べた研究を報告した（Besson & Macar, 1986）。彼女らの実験では，文章，複数の幾何学図形によるパターン，音階と楽曲の最初数小節が被験者に提示され，音階や楽曲を用いた試行の25％では最後の音が「間違った音」（p.111）だった。N400は言語を刺激とした場合（文章と意味が一致しない単語）だけに見られ，N400が言語における意味の不一致に対応するという仮説を支持するものであった。ここでは，楽曲と音階における終止形の不一致が意味的な期待を壊すものというよりむしろ構造を壊すものであったことに注意しなければならない。したがって，これらは必ずしもN400の発生が期待される刺激ではなかった。聴覚的な刺激と幾何学図形のパターンからはP3bも生じたが，これはほとんど予想できなかった不一致刺激がもたらす意外性によるものであった。

　注目すべきことに，Besson & Macar（1986）ではメロディの終止形の不一致による明瞭な「N1の時間的・強度的な増大」（p.111）がすでに見られている。これについては，彼らの別の論文（Besson & Macar, 1987）でも同じデータが得られている。この論文では「150〜200 msを頂点とする陰性の電位が何人かの平均波形に見られた」と報告されている。我々の現在の知識に照らすと，この初期の陰性電位は音

楽的な期待が外れたときの処理を反映した右前部初期陰性電位（early right anterior negativity: ERAN）の成分として解釈できる（ERAN の詳細については第9章で述べる）。元の論文では，この陰性電位は短く「複雑な情報に基づく逸脱検出」（Besson & Macar, 1986, p.114）という言葉で議論されている。

　Verleger（1990）の研究では，フレーズの途中で終わる刺激（通常使われる音もしくは逸脱した音）とフレーズが最後まで続く刺激（正しい終止形もしくは逸脱した音）を用いて実験を行った。すると Besson & Macar（1987）と同様に，逸脱音による N400 はどの条件でも見られなかった。しかし P3 は観察され，①逸脱音と②終止形に対して P3 がそれぞれ独立に関連しており，前者は覚醒状態を反映し，後者は最後の音に対する被験者の期待を反映していることが示唆された。Besson & Macar（1987）の研究と同じく，逸脱音によって前頭部を中心とした初期の陰性電位が見られたが（著者らは N150 と表した），それ以上の議論はされなかった。

　Paller et al.（1992）は，被験者が終止音の予想にかける時間を延長して同様の実験を行った。この実験でも Besson & Macar（1986）や Verleger（1990）と同様に，（最後に提示された）逸脱音による N400 は見られなかったものの P3 は見られた。(N400 が P3 に重なっている可能性を調べるため) P3 を最も小さくさせた条件でも，N400 は見られなかった。また Besson & Macar（1986）や Verleger（1990）と同じく，前頭部を中心とした初期の陰性電位が逸脱音によって見られ（彼らは N120 と表した），注意による影響として議論された。

　Besson & Faïta（1995）の有名な研究では，有名なメロディとあまり知られていないメロディが，正しい終止形あるいは音やリズムが間違った終止形（メロディが含まれる調性にある音，その調性に存在しない音，リズムが異なる音）で音楽経験者と非経験者に提示された。被験者たちは，ある実験では間違った終止形を見つけるように教示され，また別の実験では「セッション終了後に出される質問に答えるためにメロディを注意深く聴くように教示された」（Besson & Faïta, 1995, p.1288）。間違った終止形はこれら両方の課題に関連しているため，P3b の出現が期待された（P3b は間違いの検出にともなう意思決定を反映すると考えられている）。間違った終止形によって，頭頂部を中心とする陽性の電位が刺激後 300 ms 付近に見られ，この電位は著者たちによって後期陽性成分（late positive components: LPCs）と名づけられた。また，著者らは間違った終止形（音階上の音と音階上にない音）に対する陰性電位を刺激後 200 ～ 600 ms の範囲で見つけたが，これは左右半球あるいは前後方向による違いが見られなかった。ただし，この陰性電位は知られていないメロディにおける間違った終止形で最大だったことから，機能的な重要性を特定するこ

とはできなかった。

　間違った終止形を見つける課題を行った実験では，音楽家のほうが非音楽家よりもLPCsが大きく，潜時も短かった。これはおそらく，音楽家のほうが提示されたメロディについてよく知っていたためであろう（したがって，音楽家のほうが間違いを見つけるのは簡単だった）。両方の実験において，有名なメロディのほうが知られていないメロディよりも大きなLPCsを示した（これは，有名なメロディにおける間違いのほうが見つけやすいためだろう）。また，メロディが含まれる調性には存在しない音による間違いのほうが，その調性に含まれる音による間違いよりも大きなLPCsを示した（図6.1）。知られていないメロディが含まれる調性上の音による間違った終止形はLPCsを示さなかったが（これはおそらく検出するのが困難であったため），調性上にない音による間違いはLPCsを示した（この間違いは被験者が調性に関する知識を用いることで検出が可能であった）。これらの結果からは，LPCsが少なくとも部分的には，純粋な音楽の処理というよりむしろ音楽における構造からの逸脱を検出する過程（主に記憶に基づく期待によって検出が可能に

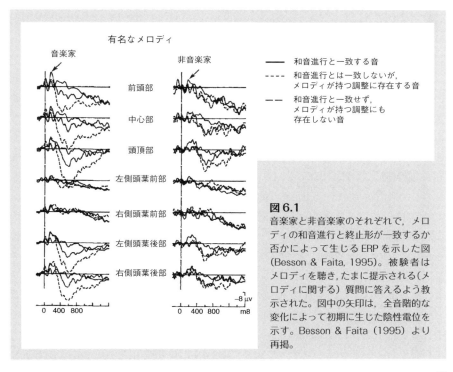

**図6.1**
音楽家と非音楽家のそれぞれで，メロディの和音進行と終止形が一致するか否かによって生じるERPを示した図 (Besson & Faita, 1995)。被験者はメロディを聴き，たまに提示される（メロディに関する）質問に答えるよう教示された。図中の矢印は，全音階的な変化によって初期に生じた陰性電位を示す。Besson & Faita (1995) より再掲。

なる）と関係があることを示している。最初の実験（間違った終止を検出する課題）でのLPCsが有意に大きかったという結果は，この仮説を支持している。

ここまで言及してきたすべての研究（Besson & Macar, 1986; Verleger, 1990; Paller et al., 1992; Besson & Faita, 1995）と，その後に行われたメロディ処理におけるERPの研究（Besson et al., 1998; Miranda & Ullman, 2007; Peretz et al., 2009）において，刺激のメロディの次元（必ずしも予想していなかった音ではない）が課題に関係していることに注意してほしい（Paller et al., 1992の実験2を除く）。結果として，これらすべての研究（Paller et al., 1992の実験2を除く）において，予想しなかった音がP300やLPCといったERPの成分をもたらしている。これは，有名なメロディに関わるどのような課題を行う場合でも，予想しない音がP300やLPC成分をもたらすことを示唆している。それを支持するように，Brattico et al.（2006）では受動的な聴取条件（無音の映画を見せて音に注意を向けさせない）と能動的な聴取条件（音の正誤を判断させる）の直接比較を行ったところ，能動的な聴取条件ではP300とLPC成分（刺激後500〜700 msの範囲で最大値を示した）が見られたが，受動的な聴取条件では見られなかった。同様に，音色の識別課題を行った（したがって刺激のメロディに関する次元に注意を向けていない）被験者からは，メロディの中にある逸脱音に対してそうした陽性のERPは見られなかった（Koelsch& Jentschke, 2010）。

これまで言及してきたメロディに関する研究（Besson & Macar, 1986; Verleger, 1990; Paller et al., 1992; Besson & Faita, 1995; Besson et al., 1998; Miranda & Ullman, 2007; Brattico et al., 2006; Peretz et al., 2009）とKoelsch & Jentschke（2010）による研究では，予想しない音によって前頭葉を中心とした陰性のERPも顕著に見られた。この電位はN1が最大値を示す潜時周辺（100 ms付近）で生じ，刺激後120〜180 msで最大値に達する（図6.1の矢印も参照のこと）。このときの潜時は，Verleger（1990）で刺激後約150 ms, Paller et al.（1992）では約120 ms, Koelsch & Jentschke（2010）では約125 msであり，Brattico et al.（2006）での（調性の違う音を用いた）受動的な聴取条件では約180 msであった（その他の研究では最大値に達する潜時は報告されていない）。このERPはERAN(特にその初期成分,詳しくは第9章3節の5.を参照)に似ている。しかし，刺激のメロディに関する次元が課題に関係しているような実験では，このERPが後続のN2b成分とおそらく重なっていることは重要である（Besson & Macar, 1986; Verleger, 1990; Paller et al., 1992; Besson & Faita, 1995; Besson et al., 1998; Miranda & Ullman, 2007; Brattico et al., 2006; Peretz et al., 2009）[1]。N2bが重なることなくメロディによってERANだけが生じた例は，これまで3つ

の研究で報告されている（Miranda & Ullman, 2007; Brattico et al., 2006; Koelsch & Jentschke, 2010）。これらの研究では，あまり知られていないメロディにおける調性の違う音に対して ERAN が見られた。音楽家を対象とした Besson & Faita（1995, p.1284）でも，知られていないメロディにおける調性の異なる音によって似たような ERP が生じている。

Schön & Besson（2005）では，知られていないメロディの楽譜を視覚的に提示した際に，予想しない音符の出現による ERAN が見られた。最後に Herholz et al.（2008）では，有名なメロディに含まれる 6 つの音を被験者に想像させた（音を提示しなかった）後で，そのメロディからは予想されない音を提示したところ，それに対して似たような ERP が見られた。

## 2節　和音を用いた研究

Petr Janata は 1995 年に，和音を刺激として用いた事象関連電位の研究を初めて報告した。この研究（Janata, 1995）では，3 つの和音からなる和音列の後に主和音（最も期待される和音），それほど一般的ではない下中和音（全音階の第 VI 度音：ハ長調での A minor），あるいは元の調性における三全音(IV#)に基づいた A major (この和音は和声的にわずかに関連するだけであり，したがって長調－短調の調性音楽に慣れた聴取者からは期待されない音として知覚される）のいずれかが同じ確率で提示された。被験者は音楽家で，和音列が「最もあり得る解決の仕方」で終わっているかどうかを評価した（Janata, 1995）。

一般的に，和音列の最後の和音に対する期待からの逸脱の度合いは，2 つの側頭葉領域における 2 種類の陽性の ERP の大きさによって反映される。つまり，310 ms で最大値を示す P3a は注意の過程を反映し，450 ms で最大値を示す P3b は意思決定の過程を反映するといったように。

P600 の言語特異性を調べるために，Patel et al.（1998）は言語と音楽における「統語的な間違い」によって生じる ERP を比較した。そこでは，和声的な間違いを音楽における統語的な間違いとして扱った。和声的なメロディの中でターゲットとなる和音は，メロディの調性に合うように，あるいはメロディの調性とは異なる（5度圏において近い調性か遠い調性）ように変更された。音楽的・言語的な構造の不一致によって，刺激後 600 ms 付近を最大値とする陽性の ERP が生じた。この ERP は頭の後部で大きく，音楽と言語による有意な違いは見られなかったが，構造の不一致の度合いによって大きさが異なっていた。したがってこれらの結果は，ある規

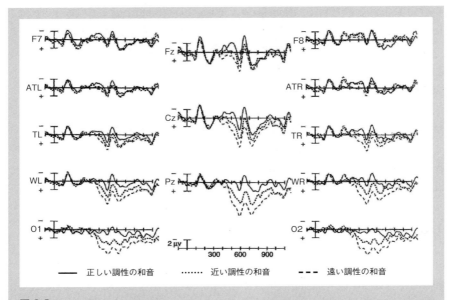

**図 6.2**
Patel et al. (1998) において，3種類のターゲット和音それぞれにより生じた ERP。ターゲット和音の 500 ms 後に次の和音が提示される。Patel et al. (1998) より再掲。

則性を持つひと続きの刺激列を知覚する際に行う，知識に基づいた一般的な構造的統合を P600 が反映していることを示している。

さらに刺激後 350 ms 付近では，右半球の前部を頂点として音楽に特異的な陰性の ERP が見られた。この右前部側頭葉陰性電位（right anterior-temporal negativity: RATN）は，ターゲットとなる和音がメロディとは異なる調性に含まれるときに生じ（図 6.2），音楽における統語法則の適用とワーキングメモリの過程を反映したものと解釈された。

2000 年には，和音列を用いた実験によって ERAN と N5 について述べた最初の論文が発表された（Koelsch et al., 2000；詳細な報告については第 9 章を参照）。そして，これらの ERP 成分を利用して数多くの研究が行われた。例えば，子どもにおける音楽処理の発達（Koelsch et al., 2003a; Jentschke et al., 2008; Jentschke & Koelsch, 2009）や注意の影響（Koelsch et al., 2002; Loui et al., 2005; Maidhof & Kolesch, 2011），また短期あるいは長期的な音楽経験の影響（Koelsch et al., 2002c; Koelsch & Jentschke, 2008）や音楽における統語処理と音響的な逸脱刺激の処理との違い（Koelsch et al., 2001, 2005b; Leino et al., 2007; Koelsch et al., 2007a）のほか，人工的

に作られた統語規則の学習（Carrión & Bly, 2008），音楽の統語処理における感情的な反応（Steinbeis et al., 2006; Koelsch et al., 2008b），音楽知覚における美学的な側面（Müller et al., 2010），メロディにおける音楽の統語処理（Miranda & Ullman, 2007; Koelsch & Jentschke, 2010）），楽譜を読んでいるときの音楽の統語処理（Schon & Besson, 2005），性別による違い（Koelsch et al., 2003a），麻酔下における音楽の処理（Heinke et al., 2004; Koelsch et al., 2006b），人工内耳装着者における音楽処理（Koelsch et al., 2004b），転調に関する処理（Koelsch et al., 2003b），音楽の統語処理に関連した律動脳波（Herrojo-Ruiz et al., 2009b）などである。

## 3節　ミスマッチ反応（MMN）を用いた研究

同じく 2000 年頃には，ミスマッチ反応（mismatch negativity: MMN）を用いて和音やメロディに対する前注意的なピッチ識別，あるいはメロディパターンについての記憶痕跡の形成や音の欠落知覚などについての音楽経験の影響を調べた研究が報告された（Koelsch et al., 1999; Menning et al., 2000; Tervaniemi et al., 2001; Rüsseler et al., 2001）。さらに，和音と音素に対する MMN の左右半球差について，脳磁図（magnetoencephalography: MEG）や陽電子放出断層撮影法（positron emission topography: PET）を用いて調べられた（Tervaniemi et al., 1999; Tervaniemi et al., 2000）[2]。

## 4節　音楽の意味に関する処理

ERP を用いて音楽における意味の処理を調べた研究が 2004 年に発表された（Koelsch et al., 2004）。言語刺激を用いた意味プライミングの課題を利用して，メロディの一部分をプライミング刺激として提示することでターゲットとなる単語の意味に対する期待を誘発させた。すると，メロディ（10 秒程度の長さ）と意味的な関連性があるターゲット単語に比べて，意味的な関連性のないターゲット単語は N400 をもたらした。その後の研究によって，プライミング刺激として用いた単語と関連性のあるメロディからも N400 が生じた（Daltrozzo & Schön, 2009b; Goerlich et al., 2011）。その他の研究では，和音の感情的な性質（Steinbeis & Koelsch, 2008a, 2011）や形象的・指示的な記号の性質を持つ音色など（Grieser-Painter & Koelsch, 2011; Schön et al., 2010）も単語の意味処理を変化させ得ることが示されている（これらの研究では，単語によって生じた N400 は先行する音や和音の処理との意味的な関連性によって変化が見られた）。また，Grieser-Painter & Koelsch（2011）や

Schön et al.（2010）では，先行する単語の処理と意味的に無関連な音や和音によってN400が生じることが示された（これについての詳しい説明は第10章で述べる）。

さらにMiranda & Ullman（2007）では，よく知られたメロディにおいて，メロディが含まれる正しい調性上の逸脱音によってN400が見られた。また最近行われたGordon et al.（2010）の研究では，単語の音程を変えることでその単語の意味処理が影響を受けることが示された。この研究では，プライミング刺激として3つの音節からなる名詞が歌われた（それぞれの音節は異なる音程で歌われた）。プライミング刺激の後には，①同じメロディで歌われた同じ名詞，②同じメロディで歌われた異なる名詞，③違うメロディで歌われた同じ名詞，④違うメロディで歌われた異なる名詞，の4種類のターゲットのどれかが提示され，同じメロディで歌われた異なる名詞によって（予測通りに）N400が観察された。重要なことは，同じ名詞が異なるメロディで歌われた場合にもN400が生じたということである（N400とともにLPCsも見られた）。そして，単語の意味の違いによって生じたN400とメロディの違いによって生じたN400の間には相互作用が見られた[3]。これらの結果は驚くべきものである。なぜなら，単語が発話されるときのメロディの処理と単語の意味処理が相互作用していることと，さらに発話によって伝えられる情報についてメロディが重要であることを示しているからである（Fernald, 1989やPapoušek, 1996も見よ）。

## 5節　フレーズの境目に関する処理

2005年に行われたKnösche et al.（2005）の研究では，音楽的なフレーズの境目の処理によって，境目における陽性への電位移動（closure positive shift: CPS）が見られた。この（フレーズの境目によって生じた）CPSは，おそらく少しだけ潜時が異なることを除けば，言語処理におけるイントネーション上の境目の処理によって生じるCPSを強く思い出させる（第5章5節の3. も見よ）。Knösche et al.（2005）では音楽家しか対象としなかったが，後に行われた研究では非音楽家でも（音楽家と比べるとかなり小さな値であったが）CPSが観察された（Neuhaus et al., 2006）。後者の研究では，フレーズの境目にある音と同様に長い休止（これによってフレーズの境目がより明確になる）によっても大きなCPSが見られた。これらの研究（Knösche et al., 2005; Neuhaus et al., 2006）ではEEGとともにMEGも用いられたが，どちらの測定でもCPSが見られた。3つ目の研究では，中国人とドイツ人を対象として中国の音楽と西洋音楽における文化的な分類課題を行った（Nan et al., 2006；

第 6 章　音楽の脳内処理についての事象関連電位（ERP）を用いた研究の歴史

どちらの被験者群も西洋音楽をよく知っていたが，中国音楽については中国人の群だけが知っていた）。どちらの被験者群も両方の種類の音楽に対して CPS を生じ，文化の違いによる有意差は見られなかった。

## 6 節　音楽と行為

　ここ数年の間に，ピアノを弾いている最中のピアニストから脳波を測定することで，ERP を用いて音楽における行為の過程を調べた研究が 5 つ報告された（Katahira et al., 2008; Maidhof et al., 2009; Herrojo-Ruiz et al., 2009a; Maidhof et al., 2010; Herrojo-Ruiz et al., 2010）。これらの研究では，ピアニストが実際に弾き間違えた音や，弾き間違えたようにフィードバックされた音を用いて，これらのエラーによって生じる陰性電位（error-related negativity）を調べた（これらの研究は第 11 章に詳しく述べている）。そして面白いことにこの陰性電位が，実際に間違った行為が完了する前，つまり演奏者が間違った音を実際に聴く前に生じていた。こうした研究は，行為の過程を調べるために反応ボタンを用いて行う実験（この分野では典型的な方法）よりもはるかに複雑であり，また生態学的に妥当な方法であるという可能性を秘めている。さらに，こうした研究は行為と感情の相互作用を調べる貴重な機会を開いてくれる。

　現在では，音楽への同調やリズムとの同期，音楽聴取や演奏中の相手との同期などに関わる神経メカニズムに強い関心が持たれている。相手との同期や集団での音楽演奏などの神経生理学的な関連性を調べることは，行為のモニタリングやエラー処理といった認知過程と同様，感情の処理における社会的な要因の影響を調べる研究に重要な貢献をもたらすことができる。さらに，こうした研究は共同行為や共有された意図，演奏者間の非言語コミュニケーションなどと神経活動の関連性を明らかにすることにも貢献できる。

【注】
1. N2b 成分は電極分布の中央部分で最大値が見られ，P300 よりも先に生じることが多い。p.59 を見よ。
2. 詳しい情報についてはミスマッチ反応と音楽について書かれた第 5 章 3 節の 2. を見よ。
3. この相互作用は，単語とメロディのどちらも異なる条件において得られた N400 が，単語とメロディそれぞれで生じる N400 を単純に足したものとは異なっていたことで示される。

第 I 部　導入

# 第7章

# 機能的脳イメージング法
## ――fMRI と PET

　機能的磁気共鳴画像法（functional magnetic resonance imaging: fMRI）では，磁気共鳴（MR）画像の時系列を記録する。画像の各画素の強度値は，脳内にある水素原子の周囲の化学的環境（特に水や脂質）を反映する。水素原子を強力な磁場の中に置き，適切な電磁波パルスを照射すると励起状態になる。励起後に原子核から放射される電磁波を計測して画像化することで断層画像を得ることができる。この MR 画像には主に脳の形状が映し出されるが，わずかながら脳細胞の活動にともなう血流変化の影響も受ける（最大でもおよそ 2% 程度）。ニューロンが活動すれば，酸素消費を含む代謝率が局所的に上昇する。代謝が変化すると，血管の直径が変化して，活動したニューロンの近傍で酸素を含んだ血液の過流入が生じ，局所的に脳血流量が上昇する。通常，この血流動態の反応ピークは数秒の遅れをともなう。新しい血液は，酸素化ヘモグロビン（酸素を運搬するヘモグロビン）を脱酸素ヘモグロビン（酸素を消費したヘモグロビン）よりも高い割合で含む。重要なことに，酸素化ヘモグロビンと脱酸素ヘモグロビンは異なる磁気特性を持っており，前者は反磁性であり局所磁場への影響は小さいが，後者は常磁性で磁場に影響を与え，画像内の対応する箇所の信号を減弱させる。この血液酸素化レベル依存（blood-oxygen-level dependent: BOLD）画像は，fMRI 実験で共通して測定されるものであり，脳の神経活動を間接的に測定することを可能にする（より詳細な説明については，例えば Faro & Mohamed, 2006 を参照）。

　fMRI は，後述する PET のように放射能を持つ物質を使用したり，CT（computed tomography）のように電離放射線を使用したりすることはない。したがって，安全基準を正しく守って使う限りは，無害で安全な計測方法であると見なされている。ただし高磁場であるため，強磁性の金属インプラントやペースメーカーを体内に埋

め込んでいる場合はMRI計測を避けなければならない。また，スキャナの磁場は強磁性の物体をロケットのように引きつけるため，特に計測中に強磁性の金属を計測室に持ち込んではならない。

　計測時は傾斜磁場コイルを使い付加的な磁場を発生させることで，画像化のための空間情報を得る。計測中はこの傾斜磁場が高速で切り替えられるため，大きな電流が必要となり，メインの磁場との相互作用が生じる。その結果，コイルの微小な振動が周囲の空気に伝搬し，非常に大きな騒音が発生する。騒音の音圧は130 dBにも達し，内耳の有毛細胞を損傷しうる。したがって，fMRI実験では耳の防護を正しく行うことが義務となっている。スキャナが発する大きな騒音と，耳の防護器具の着用は，fMRIで聴覚刺激実験を行うことを難しいものにしている。後述する疎時間測定法（sparse temporal scanning）や間欠定常撮像法（interleaved silent steady state imaging；本章3節参照）を使うことでこのような問題を克服することができる。

　もう1つの機能イメージング技術は陽電子放出断層撮影法（positron emission tomography: PET）である[1]。上述した神経細胞の賦活と相関する局所脳血流（regional cerebral blood flow）は，陽電子を放出しながら崩壊する放射性のトレーサー（例えば$O^{15}$）を用いて測定することができる。このようなトレーサーを体内に注入した後，放射性が上昇する脳内箇所は，活動の増加と関連づけることができるわけである。放射性同位体が陽電子を放出すると，陽電子は電子（陽電子の反物質）と衝突して消滅し，互いに逆方向に放射する$\gamma$線光子対が発生する。これらの2つの光子は計測器で検出され，同時に（数ナノ秒以内で）検出器に到達したときだけ記録される。多くの$\gamma$光子はほぼ180°の方向に互いに放出されるため，同時に検出に到達した$\gamma$光子対の放出源を定位することができる。$O^{15}$は半減期が短い（約2分）ためトレーサーは実験セッションを開始する直前に注入しなければならない（詳細は例えばPhelps, 2006を参照）。

　PETは，放射性物質を使用するうえに，fMRIよりも空間解像度も低い。しかし，PETにはfMRIに比べて重要な利点がある。まず，PETは静かである。また，トレーサーを使って，体内にある非放射性の物質の代謝経路を部分的に追跡したり，特定の受容体タンパクを含む組織に特異的に結合させたりすることができる。したがって，PETは，実験刺激の反応にともなう特定の化合物（例えばドーパミン）の生化学反応経路やその分布を追跡するのに使うことができる。

# 第 I 部　導　入

## 1 節　fMRI データの解析

　fMRI データは様々な方法で解析される。一般に用いられる統計的解析では，BOLD 反応の時間軌跡と説明変数との相関をとる。例えば，異なる課題や呈示刺激の知覚（和声規則に合った和音とそうでない和音を聞くなど）を表す説明変数，あるいは異なる被験者群（音楽家と非音楽家など）に関連した説明変数などである。図 7.1 は，3 つの音楽を聞く試行の際の，聴覚皮質内（図 7.2 中の交線で示した箇所）のボクセル（voxel）（訳注：3 次元画像データの画素）の強度値の時間変化を示している。音楽を聞く試行の後にそれぞれ一定時間の静止区間がある（ただし連続的な撮像によるスキャナの騒音は常に生じている）。BOLD 反応は比較的緩やかで（刺激オンセットから反応のピークに達するまでに 6 〜 8 秒かかっている），ボクセルの平均値に対して信号の変化はあまり大きくない。ここに示されたように BOLD 反応は微弱なものであり，例えば心拍や呼吸によって生ずるノイズに比べて小さい信号なのである。

　図 7.2b は，実験参加者が音楽を聞いている際に得られたスキャンの画像を示し

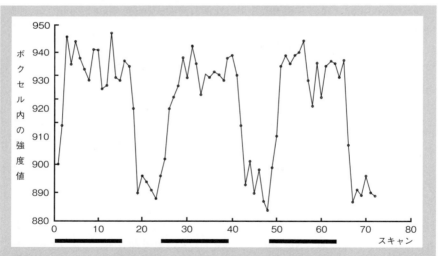

**図 7.1**
聴覚皮質に位置するボクセル内の強度値の時間軌跡。音楽を聴取する 3 つの試行のデータ（図の下にある 3 つの黒い水平棒は音楽が提示されている区間を表している）。x 軸はスキャンの番号を表現しており（繰り返し時間は 2 秒であり，すなわち，2 秒ごとに全脳の機能的画像が撮像された），それぞれの音楽聴取試行は 30 秒であった（15 スキャンに相当する）。BOLD 反応は比較的遅く，刺激オンセットから最大反応に到達するまでに 6 〜 8 秒かかる（そしてベースラインに戻るのにもより長い時間がかかる）。また，信号の変動は平均ボクセル値に比べて小さい（およそ 0.5% 以下である；y 軸を見よ）。

第 7 章　機能的脳イメージング法

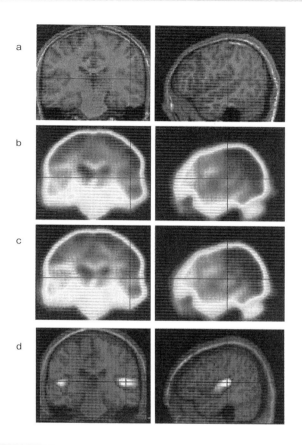

### 図 7.2
(a) 1 人の実験参加者の解剖画像（T1‐強調画像。左の画像は冠状断，右の画像は矢状断）。(b)，(c) はともに同じ参加者の機能画像（T2‐強調画像）であるが，(b) は実験参加者が聴覚刺激を聞いている時に撮像された 1 スキャンを，(c) は聴覚刺激が提示されていないときの 1 スキャンをそれぞれ示している。このような単一のスキャンからは 2 つの実験条件の間の機能的な違いについての情報は得られず，実験的な刺激によって生じた信号以外にノイズを含んでいる。これはちょうど，図 4.3 に示した自発 EEG のようなものである。このような画像から信頼できる信号を得るために，1 つの実験セッションの中で，それぞれの実験条件に対応する画像が何度も計測される（ERP 実験でエポックをいくつも設定したように；第 4 章を参照）。複数の画像の統計的な比較によって，(d) に示されるような統計的パラメトリックマップ（SPM）が得られる。これは，両側の聴覚皮質において，2 つの条件間で統計的に有意な BOLD 信号の差があることを示している。

ている（図7.1中，黒い横棒で示されたスキャンのうちの1つ）。また，図7.2cは音楽が提示されていないときのスキャン画像を示している（交線は図7.1に示したBOLD信号の時間軌跡が得られたボクセルの位置を示している）。図7.1に見られる時間軌跡にはボクセル値の変化がはっきりと見てとれるが，機能画像として見た場合にはこの差はとてもわかりづらい。脳反応と実験条件の種類（この例では音楽提示と無音）との間の相関を検出するための1つの方法は，試行を繰り返し行い測定されたBOLD信号全体について，2つの実験条件間の差の統計的検定を行うことである。図7.2dは，音楽条件と無音条件の間のコントラスト画像（contrast：統計的検定に使われる対比画像）を示している。統計処理の結果として得られるコントラスト画像の統計的パラメトリックマップ（statistical parametric map: SPM）は，条件間のBOLD反応の差が有意かどうかを示す。信用できる差が検出されれば，それは2つの条件間で異なる（認知あるいは情動の）処理過程が生じた（この例では無音区間に比べて音楽聴取に対する反応として聴覚皮質の活動が生じた）からだと推測される。BOLD信号は神経活動と強く相関するものの，SPMは神経活動を（fMRIの論文でよく赤色の明るさなどで示されるが）直接的に示すものではない。つまり，それぞれのボクセルについて得られた血中酸素濃度の変化に関連する測定値を，ここでは2つの実験条件間で比較しているように，SPMは統計的な比較を示しているにすぎないのである。

　空間的に離れた神経活動の相関を調べるためには，結合性（connectivity）の解析を行う。この相関アプローチは**機能結合解析**（*functional connectivity analysis*）という。ある領域（「シード領域（seed-region）」と呼ばれることが多い）のBOLD信号の時間軌跡と，脳の他のすべてのボクセルのBOLD信号の時間軌跡との相関を計算する。これによって，BOLD反応の同期性を調べることができる。この同期性を示す脳領域は相互に機能的に結合していると推測される。機能結合解析は脳の機能ネットワークを調べるために発展してきた。ただし，機能的結合からは解剖学的な結合に関する情報は得られず，あくまでBOLD信号の時間軌跡の同期性を示しているということには注意が必要である。fMRIで機能的結合を調べるもう1つの方法は，心理生理相互作用解析（psycho-physiological interaction analysis: PPI）である。PPIでは，機能的結合が実験条件間で統計的に比較される（Friston et al., 1997）。これは，脳領域間のBOLD信号の同期性が実験条件によって異なるかどうかを調べるのによい方法である。

　**有効結合解析**（*effective connectivity analysis*）は機能結合解析とは異なり，神経システム間に方向性を持つ影響関係があるかを調べるためのものである。この方法に

は，動的因果モデリング（dynamic causal modelling: DCM），グレンジャー因果マッピング（Granger causality mapping: GCM），構造方程式モデリング（structural equation modelling: SEM）などがあるが，本書では詳しく述べない（詳細は Friston et al., 2003; Goebel et al., 2003; McIntosh & Gonzalez-Lima, 1994; Lohmann et al., 2011 を参照）。

さらに別の BOLD 信号の解析方法として，パターン識別解がある。これは fMRI データから心理的状態を読み出そうとする方法を適用したものである。この解析のためには，心理変数と BOLD 反応のパターンのペアを学習するパターン認識アルゴリズムが利用される（詳しくは，Haynes & Rees, 2005 を参照）。

最後に，fMRI データの解析で最近発展してきているのは，固有ベクトル中心性マッピング（eigenvector centrality mapping: ECM）である。ECM は仮定やパラメータに依存しない方法であり，固有ベクトル中心性（ネットワーク内のノードの中心性を表す指標）を利用する。固有ベクトル中心性とは，ネットワークの中のあるボクセルが他の多くのノードとの間に高い相関を持っていてそのボクセル自体が中心であるような場合に，大きな値となるようになっている（Google の検索ページの順位づけアルゴリズムは固有ベクトル中心性の変形であり，このアルゴリズムは，あるウェブページが他の多くのウェブページからのリンクをうけている場合，そのページに高い順位を与えるようになっている）。ECM は，fMRI の時系列データ間の線形相関か周波数コヒーレンスに基づいて，ボクセルごとに内因的な神経構造に関する情報を調べるものである（したがって異なる周波数帯域ごとに結合性パターンを示すこともできる）。ECM は大脳全体に対しても，複数の関心領域に対しても適用することができる。処理の「ハブ」となるボクセルを同定した後は，それらの箇所を機能的結合や PPI 解析に使用することができる。ECM は LIPSIA というソフトウェアパッケージ[2]に実装されている。

ECM を適用するには，相関解析をするために実験試行を非常に長くすることが好ましい（2〜3分）。しかし 30 秒程度でもよい結果が得られる。そして皮質下領域よりは新皮質のほうがおそらく検出しやすい。しかし，長い試行に興味がある場合や（ムードや情動の研究ではよくあるように），2〜3分の長さで刺激を持続的に提示できる場合には，ECM は実験参加者ごとに1つの条件の試行が一度だけでも十分に機能するという利点がある。また，異なる実験セッションで測定された異なる状態間の比較（空腹と満足，訓練の前後，治療の前後など）や，被験者間の比較にも向いている。

## 2節 疎時間 fMRI

　MRI スキャナは大きな騒音を発するため，聴覚の fMRI 実験には困難がともなう。fMRI 実験において音楽刺激をより聞き取りやすくする方法の1つは，疎時間計測法（sparse temporal sampling design）を用いることである（Gaab et al., 2003, 2007; Hall et al., 1999）。これは，fMRI 画像を連続的に取得するのではなく，画像取得の間に数秒間の静止時間を設けて，そこで聴覚刺激を提示できるようにする方法である。この静止時間は実験計画によって（例えば刺激の長さによって）4〜14秒程度の範囲で変化させることができる。聴覚皮質内の賦活が計測対象であるならば，疎時間計測法は不可欠である（例えば Gaab et al., 2007）。情動の fMRI 実験であっても，連続撮像の騒音によるストレスの影響があるかもしれない。3テスラ以上の MRI 装置を使用した実験では，騒音の影響がより顕著になる。したがって，例えば高い信号対雑音比と実験参加者の感じるストレスを最小化することが空間解像度よりも重要である場合には，（3テスラ装置よりは静かな）1.5テスラの装置を選択するほうがよい。

## 3節 間欠定常 fMRI

　もう1つの選択肢は，間欠定常（interleaved silent steady state: ISSS）撮像法である（Schwarzbauer et al., 2006；ISSS を実現する計測シーケンスは特殊であり，実験に使用する MRI 装置で利用可能な場合に限る）。ISSS は疎時間計測の特殊な場合であり，静止区間の後に（1回ではなく）数回の撮像を連続して行う。画像は通常よりも急速に取得される。また，比較的静かなスライス選択パルスの照射を継続することによって磁化を定常状態に保つことで，静止区間の間に生じる MR 信号の変化を回避している。これにより，刺激提示後の fMRI 画像をよりよい信号対雑音比で取得できる。ただし，磁化状態を定常に保つ手続きによって騒音が生じる（撮像自体の騒音に比べれば十分に静かである）。また，ISSS では刺激の時間長が数秒を越えないほうがよい。その条件を満たす場合にはこの撮像手法は非常に有効なものである。この手法が数十秒の刺激ブロックをともなうようなブロックデザイン実験に適用できるかどうかは研究の余地がある。

## 4節　活性化か，活動変化か

　fMRI や PET を使った研究ではよく，信号値の増加を「活性化（activation；賦活とも）」といい，信号の減少は「不活性化」という。「活性化」という語は意味的には，抑制過程（inhibitory process）よりは興奮過程（excitatory process）に関連づけられるし，多感覚の連合野（unimodal cortex）であれば BOLD 信号が主に興奮性の後シナプス活動に相関するというのはもっともらしい。しかし，多感覚の連合野（heteromodal cortex）や複雑な受容体構造を持つ辺縁系／傍辺縁系（扁桃体や海馬など）では，BOLD 信号の増加は必ずしも興奮性後シナプス活動を反映しているわけではなく，抑制性のシナプス過程の結果であることもありうる（Buxton, 2002; Lauritzen, 2008; Shibasaki, 2008）。したがって，脳の「活性化」と単純に表現してしまうことには気をつける必要がある。より適切な表現は「活動変化（activity change）」であろう。

　機能的脳イメージングデータの解釈については，これを区別することは重要である。例えば，恐怖を引き起こす刺激に対する反応として，扁桃体（あるいは海馬や側頭極，海馬傍回などの領域）の特定の神経核で生じる活動変化は異なる3つの事柄を反映している。第一に，単純にポジティブな情動に関連した過程の抑制（あるいは低調化［down-regulation］）を反映するだろう。ネガティブな情動の出現は通常，ポジティブな情動の減少も意味する。実際に，ネガティブな情動ではなくポジティブな情動の減少のみが BOLD や rCBF 信号に反映される。第二に，この信号変化は，実は恐怖の神経ネットワークの賦活を反映しているのかもしれない。そして第三に，空間解像度に限界があるために，信号が興奮と抑制活動の両方を反映しているかもしれない。しかし，通常 PET と fMRI で用いられる計測手法では，得られたデータからこの3つの可能性のいずれを反映しているのかを決めることはほとんどできない。

【注】
1. fMRI は機能的脳画像技術として現在広く使用されているが，実際には PET は fMRI よりも先に神経科学で使用されていた。
2. LIPSIA は次の URL からダウンロードできる（http://neuro.debian.net/pkgs/lipsia.html）。

第Ⅱ部

# 音楽心理学の新たな理論に向けて

# 第8章

# 音楽知覚
## ――生成モデル

　この章では，音楽知覚の神経－認知モデルを紹介する（図8.1）。このモデルは，Koelsch & Siebel（2005）によって提唱され，この後の章において音楽知覚と生成のいくつかの側面を展開するための基盤を提供する。したがって，この章のいくつかのセクションでは，第9章以降でより詳細に述べられるトピックを短く紹介する。このモデルは，音楽知覚の領域における神経科学研究の異なる領域を，共通の理論的な枠組みにより総合的に扱う。このモデルは，音楽認知の異なる段階または次元について，それらの（電気生理学的指標に反映されるような）時系列過程や脳内で処理される場所についての研究成果を取り入れながら説明する。それらの段階は，音楽処理に非常に役立つものとして考えられるだけでなく，少なくとも部分的には，（話し）言葉の処理にも役立つ[1,2]。実際，この本の後半に示されるように，本章のモデルは，話し言葉の処理に対して広く適用することができる。

　▶**聴覚特徴抽出**　音楽知覚は，音響情報の解読で始まる。第1章で述べたように，音響情報の解読は聴性脳幹と視床，それに聴覚皮質（ブロードマンの41野［BA41］，42野［BA42］，52野［BA52］に対応する主に聴覚の中心および周辺領域）に関与している。聴覚皮質の1つの役割として，音響特徴（周期性や強度など）を知覚（音の高さ，ピッチクロマ，音の大きさなど；図8.1における**特徴抽出**[*feature extraction*]ⅠとⅡを参照）に変換するということが強調される。第5章では，どのようにして聴性脳幹反応（auditory brainstem responses: ABRs）と周波数追従反応（frequency-following responses: FFRs）が脳幹における聴覚特徴抽出の処理を反映する神経活動の測定に用いられるのかについて述べている。また，大脳皮質のレベルにおいて，中潜時成分（P1を含む）およびN1（P2もまた可

第 8 章　音楽知覚

能性がある）が，特徴抽出と関連する神経活動を部分的に反映することについて述べている。

▶エコイックメモリーとゲシュタルト形成　聴覚特徴が抽出される間，音響情報が，聴覚感覚記憶（もしくは「エコイックメモリー」）に入力され，聴覚ゲシュタルトが形成される（例えば，いくつかの知覚要素が，経時的に統合されたものから成る表象）。エコイックメモリーとゲシュタルト形成の過程は，主に聴覚皮質において行われているようだ。この聴覚皮質は，ヘシェル回と側頭平面を含む上側頭回（superior temporal gyrus: STG）の中央および後部領域にある。第 5 章 3 節に示したように，聴覚感覚記憶の働きは，少なくとも部分的にはミスマッチ陰性電位（mismatch negativity: MMN）に反映されているようだ。MMN は，主に

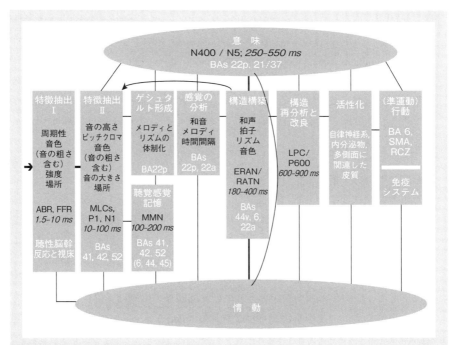

**図 8.1**
音楽知覚の認知神経モデル。ABR：聴性脳幹反応，BA：ブロードマン領域，ERAN：右前部初期陰性電位，FFR：周波数追従反応，LPC：後期陽性成分，MLC：中潜時成分，MMN：ミスマッチ陰性電位，RATN：右前部側頭葉陰性電位，RCZ：吻側帯状区間，SMA：補足運動野。斜体は，頭皮上で記録された誘発電位のピーク潜時を示す。

聴覚皮質からの影響を受けるとともに，前頭部領域（恐らくブロードマンの6野［BA6］，44野［BA44］，45野［BA45］）からも付加的な影響を受ける。

聴覚のゲシュタルト形成は，知覚の分割過程およびメロディ，ハーモニー，拍，リズム，音色や空間の群化（grouping）の過程を含む。これらの過程は，聴覚情景分析（auditory scene analysis）や聴覚音脈分凝（auditory stream segregation）の概念のもとで要約されている（Bregmn, 1994）。音響情報の群化は，（知覚の分割や聴覚の群化のために用いられる聴覚手がかりについての）類似性，近接性，連続性といったようなゲシュタルト法則に従う（Darwin, 1997, 2008 を参照）。日常生活において，そのようなはたらきは音楽処理にとって重要であるのみでなく，例えば，会話中の話者の声を周辺にある他の音源と分離することにとっても重要である。すなわち，それらの働きは，特定の音響情報を認識すること，ひいては音響環境の認知表象を確立することを機能とするために重要なのである。聴覚音脈分凝，聴覚情景分析および聴覚群化の神経メカニズムに関する知見は，未だ比較的少ない（Griffiths & Warren, 2002, 2004; Carlyon, 2004; Nelken, 2004; Scott, 2005; Shinn-Cunningham, 2008; Winkler et al., 2009a のレビューを参照）。ただし，側頭平面（ブロードマンの22野［BA 22p］，つまり聴覚連合野の一部）は特に音程と音配列の処理に関連するため（Patterson et al., 2002; Zatorre et al., 1994），聴覚情景分析や音脈分凝にとってきわめて重要な組織のようである（Griffiths & Warren, 2002）。

▶微細な間隔の分析　聴覚のゲシュタルト形成と密接に結びついているのは，恐らくより微細な間隔の分析（minute interval analysis）の段階である。そうした段階は，①（例えばある和音が長調か短調か，あるいは和音が基本形と転回形のどちらで演奏されたかなどを決定するための）メロディや和音におけるピッチ関係のより詳細な処理を含み[3]，②時間間隔のより詳細な処理を含む可能性がある。ただしメロディと時間間隔は，独立に処理されているようである。それは脳障害によってピッチ関係の識別が阻害されても時間関係の処理は正確に保たれていたという事例や，その逆の事例から示唆される（Peretz & Zatorre, 2005; Di Pietro et al., 2004）。

そのような処理に応じて，微細な音程関係の同定が聴覚皮質領域に関与する一方で，（一定間隔の拍のなかの）微細な時間間隔の同定は大脳基底核や小脳も関与するようだ。第1章で述べたように，（聴覚ゲシュタルト形成の一部である）メロディにおける音の高さの上昇と下降のパターンの分析は，特に右半球の

STG（ブロードマン 22 野［BA 22p］）の後方が担う一方で，より詳細な音程情報の処理は，両側の側頭皮質上部における前部と後部の領域（BA 22p & BA 22a）が関わっていると示唆されている（Peretz & Zatorre, 2005; Liegeois-Chauvel et al., 1998; Patterson et al., 2002）。それに対して，時間間隔の処理は，大脳基底核や小脳と極平面（planum polare），補足運動野，前運動野が関与しているようだ（Grahn & Brett, 2007）。

▶知性が役割を果たす時：統語構造の構築　すべての種類の音楽は，近い音同士の要素間の関係性についての構造を持っている。しかし，調性音楽や他の種類の音楽において（例えば音階や和音といったような）単一の音楽要素が，（文脈に捕われない文法である）フレーズの構造レベルにおける離れた要素間で関連性を持った階層構造にも配置される。そのような階層的に形成された統語構造は，音楽に含まれる意味を伝達するのに特に大きな力を示し，そのような構造の処理が情動を喚起する。第 9 章は，調性音楽がいくつかの統語特徴（メロディ，拍子，リズム，和声，音の強さ，楽器用法，テクスチュア）を持つことを強調しつつ，音楽文法の理論的基礎について概要を述べる。ただし，現在までの神経科学研究は主にメロディや和音機能の処理（すなわち，和声の処理）に集中してきた。

第 9 章で詳細を述べるように，音楽の統語に反した出来事によってもたらされる統語構造からの逸脱は，右前部初期陰性電位（early right anterior negativity: ERAN）や右前部側頭葉陰性電位（right anterior-temporal negativity: RATN）といった比較的初期の前頭もしくは前頭－側頭の陰性成分に反映される。ERAN は，主に下弁蓋部（ブロードマンの 44 野［BA 44v］）[4] から影響を受けるとともに，腹外側部運動前野（ブロードマンの 6 野［BA 6］）や前部 STG（極平面およびブロードマンの 22 野［BA 22a］）から付加的な影響を受ける。

ERAN が音楽の統語処理を反映するという仮定を支持する最大の証拠は，ERAN が（言語の意味的な間違いによってではなく）同時に行われる言語の統語的間違いの処理によって影響を受けることを示すデータである。このことは，音楽と言語の統語機能に関する処理（および音楽と言語の統語的な処理を司る神経細胞集団）が認知操作において重複することを示す。すなわち，それらの発見は音楽と言語の統語的な処理が，少なくとも部分的には同じ認知資源と神経基盤に基づいていることを示す。音楽と言語の統語処理を超えて，この重複は恐らく，階層的に構成された行動や数学公式の処理（もしくは，より一般的なレベルにおける離れた要素間の関連性を含む階層的な構造の処理）をも含む。重要なことに，

フレーズ構造の文法を処理する能力は，(例えば人が音楽と言語を使っていることが示すように) すべての人間が持っている。一方で，人間以外の霊長類は，そのような文法を習得することができないようだ (Fitch & Hauser, 2004)。したがって，人間のみがフレーズ構造レベルで音楽の統語情報を処理することができるという可能性が非常に高い。

▶統語構造の再分析と改良　構造の再分析と改良が必要になった時，統語処理の後期段階が生じるだろう。一連の要素を統語処理する間，一般的に我々は最もありそうな方法で要素を構造化しようとする (例えば主題役割の割り当て [thematic role assignment]，最少配置 [minimal attachment]，後段閉鎖 [late closure] などに基づいて)[5]。しかし，そのようにして確立された階層モデルを修正しなければならないと認識することもあるかもしれない。すなわち，階層モデルにおける分岐の主辞性 (headedness) や分岐した先の要素への重みづけなどを修正する必要があるかもしれない。言語におけるそうした例は「ガーデン・パス」効果 (garden-path effect)[6] であり，音楽での例は，最初に提示された調が，本来の調ではないような場合である[7]。

それらの処理は，電気的には P600/LPC 電位に反映される (第5章と第6章を参照)。第6章で示されたように，Patel et al. (1998) による研究では，音楽と言語の両方において統語的な再分析や改良を必要とする構造的な事象によって喚起される ERP を比較した。言語刺激としてややこしい文章 (garden-path sentences)[8] や文法的でない文が用いられ，音楽刺激として連続した和音系列における調から外れた和音 (近い調もしくは遠い調) が用いられた。音楽と言語の両方における構造的な不一致が P600 成分を喚起し，この成分は一定の規則を持った系列を知覚する際に行われる，知識に基づいた構造への統合処理を反映していると考えられた。

音楽により生じる P600/LPC の神経基盤については明らかにされていない。言語を知覚する際に (P600 に反映される) 再分析や改良の処理は，大脳基底核 (Kotz et al., 2009) に加えて後部側頭皮質の上部と中央部に関連するようだ (Bahlmann et al., 2007; Opitz & Kotz, 2011; Wassenaar & Hagoort, 2007)。さらに，恐らくワーキングメモリの必要性が増加するという理由で，P600 は下頭頂小葉 (Bahlmann et al., 2007) や前頭葉とも関連するようだ (Bahlmann et al., 2007; Opitz & Kotz, 2011; Wassenaar & Hagoort, 2007)。

第 8 章　音楽知覚

▶活性化：自律神経系と内分泌系に対する音楽の効果　音楽聴取，そして恐らく音楽演奏でさえもが，個人を活性化させる効果を持つ．活性化は，「音楽的」もしくは「非音楽的」な情報の意識的な認知統合とともに，自律神経系の活動（つまり，交感神経と副交感神経活動の制御）をともなう（意識のない人ではほとんど活性化されない）．例えば，第 10 章では質的な意味を持つ（音楽的でない）生理的な効果が，音楽によってどうやって喚起されるのかについて述べる．そのような意味情報の解釈は意識的な気づきを必要とし，したがって，ブロードマンの 7 野（BA 7）の領域にある頭頂皮質といったような多感覚連合野と恐らく関連している．その意識的な気づきに対する役割のため（Block, 2005），ブロードマンの 7 野（BA 7）はおそらく音楽知覚の意識的な気づきとも関連する．

自律神経系の活動における音楽知覚の効果は，主に皮膚電気活動，心拍数，心拍変動，また同様にして音楽による身震い（musical frissons；すなわち，鳥肌もしくは首，腕，背筋のぞくぞく感を含み，しばしば経験される強烈な快の経験）によって測定されてきた（Khalfa et al., 2002; Blood & Zatorre, 2001; Panksepp & Bernatzky, 2002; Sloboda, 1991; Grewe et al., 2007a, 2007b; Lundqvist et al., 2009; Orini et al., 2010）．

自律神経活動は，常に内分泌活動と協調してはたらくため，音楽知覚（および音楽演奏）は，ホルモン活動にもまた効果を示す．今までのところ，ホルモン活動への音楽の効果を追究した研究のほとんどは，コルチゾールの濃度を測定してきた．それらの研究は，音楽聴取（VanderArk & Ely, 1992; Gerra et al., 1998; Evers & Suhr, 2000），歌（Beck et al., 2000; Kreutz et al., 2004），踊り（West et al., 2004; Quiroga Murcia et al., 2009），音楽療法（Burns, 2001; McKinnet et al., 1997）の後に，（恐らく活性化した状態と関連する）コルチゾール濃度の増加を示した．一方で，音楽聴取は，心配（worry）のレベルが高い人のコルチゾール濃度を減少させる（例えば，大腸内視鏡検査や胃カメラ検査，外科手術といった治療が差し迫っているために高まった心配について：Escher et al., 1993; Miluk-Kolasa et al., 1994; Schneider et al., 2001; Uedo et al., 2004; Nilsson et al., 2005; Leardi et al., 2007; Nilsson, 2009; Koelsche et al., 2011）．しかし，コルチゾールに対する音楽の効果を検討した研究のうち，ランダム化された統制試行もしくは統制条件が設定されているものはわずかしかないことに注意が必要である（批判的なレビューは，Koelsch & Stegemann, in press を参照）．

▶免疫系における音楽の効果　（自律）神経系および内分泌系の活動は，免疫系

95

に効果を及ぼす。免疫系における音楽処理の効果は，主に（唾液中の）免疫グロブリン A（immunoglobulin A: IgA）濃度の変動を測定することによって評価されてきた（Hucklebridge et al., 2000; Beck et al., 2000; McCraty et al., 1996; Kreutz et al., 2004; Ouiroga Murcia et al., 2009）[9]。それらの研究のすべてにおいて，IgA 濃度は増加し，そして，免疫系における音楽の効果は，ポジティブ気分の増加と関連していた（音楽により喚起された情動については，第 12 章で詳細を述べる）。

▶**音楽知覚によって喚起される運動準備の過程**　知覚の後期段階の神経活動は，行動の初期段階に関連する神経活動と重複する（行動計画に関連する運動準備機能のように；Rizzolatti & Craighero, 2004; Janata et al., 2002b）。例えば，音楽知覚は音楽家の行動計画を妨げる可能性がある（Drost et al., 2005a, 2005b）。また，①ピアニストがピアノ曲を聴いた時（Haueisen & Knösche, 2001），②非音楽家が歌を聴いた時（Callan et al., 2006），③非音楽家が 1 週間練習したピアノ曲を聴いた時（Lahav et al., 2007）に，前運動野の活動が観察された。音楽を聴く際の知覚と行動をつなぐ神経機構の詳細については，第 11 章で述べる。

音楽に合わせてタッピングやダンスをしたくなる，あるいは歌いたくなるといったように，身体を動かしたくなることはとてもよくある経験である（Panksepp & Bernatzky, 2002）。そのような運動の誘導は社会的関連性を持つ。例えばダンスをして他人と同期した動きを取ることが，社会活動を円滑に行うことに繋がるからである（音楽に付随する社会的機能については第 12 章で述べる）。音楽知覚によって喚起される行動は，（例えば，喜びで興奮している間に身体を動かすエネルギーを放出するため）脳幹にある網様体の賦活をともなう。網様体の賦活は聴覚に関わる脳幹（および聴覚皮質；Levitt & Moore, 1979）に投射して神経連絡されるため，網様体の神経活動が（新たに）入力される聴覚情報の処理にも影響するという可能性は十分にある。

▶**音楽における意味処理**　音楽は意味を持った情報を伝達するとともに，コミュニケーションの重要な手段である。第 10 章では意味情報について述べ，音楽によって伝達される意味情報が，外音楽的（extra-musical），内音楽的（intra-musical），音楽由来（musicogenic）な意味という 3 つの基本的に異なる部類に分割されることを議論する。多くの研究は，外音楽的な意味処理が ERP の N400 に反映されることを示している（Steinbeis & Koelsch, 2008a; Daltrozzo & Schön, 2009b; Steinbeis & Koelsch, 2011; Grieser-Painter & Koelsch, 2011; Goerlich et al., 2011）。これらの研

究において，N400 反応は先行した（プライミングされた）単語と意味的に無関連な音楽情報によって喚起された。内音楽的な意味の処理は，部分的に N5 に反映されるようだ。例えば Steinbeis & Koelsch（2008b）の研究は，（間違った和音によって喚起される）N5 が，同時に処理される単語の意味によって影響されると示した。これらの結果は，音楽の意味情報の処理が（少なくとも）2 つの異なった脳の電気活動に反映されると示唆する。つまり，N400 は外音楽的な意味の処理を反映し，N5 は内音楽的な意味の処理を反映するということである。

N400 に関しては，それに反映されるような外音楽的な意味の処理が，後部上側頭領域（ブロードマンの 22 野［BA 22p］）や後部中側頭領域（ブロードマンの 21 野と 37 野［BA 21/37］）に神経基盤を持つということが 2 つの研究（Koelsch et al., 2004a; Steinbeis & Koelsch, 2008a）によって示唆されている。N5 の神経基盤は，依然としてわかっていない。N5 は N400 との相互作用が見られるため（第 9 章の詳細を参照），N5 の神経基盤は少なくとも部分的には N400 の神経基盤と重なっているようである。しかし，N5 の頭皮上分布は N400 よりかなり前側にある。したがって，N5 が前側領域からの付加的な影響を受けているということは大いにあり得ることである。そのような付加的な影響は，ブローカ領域，下前頭溝，背外側前頭前皮質，前運動皮質に由来する可能性がある（まだ特定されていないが，このことは，ワーキングメモリ，意味の選択や統合といった働きのためという可能性がある）。

▶**理論的基礎** この章で述べた音楽知覚におけるいくつかの段階は表 8.1 に要約されている。次章以降では，音楽の統語論，音楽意味論，音楽と行動といった事柄と，音楽による情動の処理に関する神経生理学的な機構を扱う。さらなる理論的考察が，この表に 1 段ずつ付け加わって行くだろう。したがって，表 8.1 は音楽心理学の新しい体系的な理論を構築する基礎を提供することになるだろう。表 8.1 と次章以降におけるこの表の拡張に関して，この理論は，もしある行における現象 A が現象 B に対する必要条件であるなら（¬A → ¬B もしくは B → A という意味で），この現象の左に記載される（すなわち，A は B の左に記載される）。しかし，現象 A が現象 B の左側にあるということは，必ずしも現象 A が現象 B の必要条件であることを意味しない（また必ずしも A が B に対する十分条件であることを意味するわけでもない）。

例えば，**音響特徴の抽出**は**音楽知覚**の他の処理にとって必要条件であり，したがって，この列における最も左に記載される。**ゲシュタルト形成**は統語的な構造

## 表8.1
音楽知覚に含まれる基本的な処理の体系的な概観。

| 音楽知覚 | 特徴抽出 | ゲシュタルト形成 | ピッチ間隔の分析 | 構造構築 | 構造再分析 | 活性化 | 運動準備,免疫系 |
|---|---|---|---|---|---|---|---|
| | | | | | | | |

構築に必要なので,構造構築の左に記載される。統語的な**構造構築**は(調性音楽において)長調と短調の,もしくは和音が持つ複数の転回形の区別を必要とする(したがって,微細な**ピッチ間隔の分析**は構造構築の左に記載される)。統語的な**再分析**および改良の処理が構造構築の処理の後に続く。(自律神経系および内分泌やホルモン系の活動を含んだ)**活性化**が**運動準備**の左に記載されていることは,それが運動準備の処理に対する必要条件であることを意味しない(例えば,単一の音が運動準備の表象を活性化させることもあり得る)。いくつかの処理がそれらの左に位置する項目にフィードバックされることもまた重要である。例えば,**音響特徴の抽出**の右に位置する音楽知覚のすべての処理は,音響特徴の抽出処理にフィードバックを送るとともに調整を行う。

以下の章において,さらなる行がこの表に付け加えられるだろう。これ以降,列の左端にある項目を領域(domain)と呼び,それぞれの領域の右側に置かれる項目を次元(dimensions)と呼ぶ。例えば,表8.1は音楽知覚の領域をまとめており,音楽知覚の次元は聴覚の特徴抽出やゲシュタルト形成などである。

【注】

1. 音楽と言語に特有なモジュールを仮定したモデルについては,Peretz & Coltheart(2003)を参照。
2. 以前の論文において,私はモジュールという用語を用いていた。この用語を使うことで,記述された処理過程が音楽処理のみに役立つと私が表現したかったかのように読者に誤解されることが時折あった。しかし,こうしたことを意図したわけでは決してない。**モジュール性**という用語についての議論は,例えばFodor et al.(1991)を参照。
3. このことを示すために,バッハ(J. S. Bach)のコラールのような調性音楽を聞いているとき,ある和音が長調もしくは短調,基本形もしくは転回形で演奏されたかどうかを判断してみよう。そのような課題は驚くほど難しく,クラシック音楽をよく聴く人でさえ,出現する和音が長調か短調かを即座に判断することは非常に困難である。
4. Amunts et al.(2010)によって提供されたブローカ野(Broca's area)の解剖学的ラベリングによる。
5. 詳細は,Sturt et al.(1999)を見よ。

6. 'When Fred eats food gets thrown'（Fred が食べるとき，食べ物が投げられる），'Mary gave the child the dog bit a bandaid'（Mary は犬に噛まれた子どもにバンドエイドをあげた），'They painted the wall with cracks'（彼らはヒビに覆われた壁を塗る）といったようなややこしい文を考えよう。そうした文章は統語的には正しいが，しかし読者は，文章が進むにつれて辻褄が合わなくなるような統語構造を文章の最初に形成する傾向がある。文章の正しい意味を確立するために，もしくは正しい階層構造を確立するために，読者は文章を再分析して構造モデルを改良しなければならない。
7. 例えば，ベートーベン（Beethoven）の交響曲第1番ハ長調の始まりを考えると，最初はヘ長調で始まり，次にト長調に移動した後で，本来の調性であるハ長調に到達する。
8. 例えば 'Some of the senators endorsed promoted an old idea of justice'（上院議員の何人かは，正義に関する古い意見の奨励を支持した）という文章では，'endorsed' という単語が本動詞（main verb）なのか縮約関係詞節（reduced relative clauses）なのか曖昧になっている。
9. 免疫グロブリンは抗体である。抗体は，バクテリアやウイルスといったような異質な事物を同定し，中性化することができる。免疫グロブリンは，ホルモンの免疫系，特にいわゆるB細胞（リンパ球の一種），すなわち，白血球細胞の一種（あるいは「白血球」）によって生み出される。

第Ⅱ部　音楽心理学の新たな理論に向けて

# 第9章

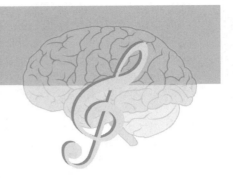

# 音楽の統語論

## 1節　音楽の統語論とは

　この章では，長調・短調といった調性を持つ音楽，特に和音機能の統語処理に対する神経生理学的な相関現象を扱う。調性音楽の統語処理には，メロディ・拍子・リズム・和声・音量・楽器の用法・音楽様式の一部（テクスチュア）などの構造的な側面が含まれているが，音楽における統語処理の神経基盤を調べる研究ではこれまで主に和声の処理に注目してきた。和声の統語処理に関する理論的な説明には，Jean-Philippe Rameau（1722）や，それを拡張した Gottfried Weber（1817），Moritz Hauptmann（1873），Hugo Riemann（1871/1971），Siegfried Karg-Elert（1931）などがある。これらの著作は主にカデンツがどのように作られ，それがどのように楽曲に組み込まれているかということよりも，和音機能の由来やカデンツの構造について述べている[1]。

　Heinrich Schenker は，楽章全体をカデンツの拡大したものとして扱い，また楽曲全体の構造に内在する法則性を系統立てて分析した最初の研究者である（例えば Schenker, 1956 を見よ）[2]。Schenker の分析には**基本構造**（*Ursatz*）についての彼の考えが含まれており，その中ではソナタ形式に含まれる大きな主音－属音－主音の構造のような階層構造を暗黙のうちに仮定している。さらに，彼の分析は再帰性を暗に含んでおり（彼自身はこの用語を用いなかったが）[3]，ある種の和音機能は基本構造を壊すことなく取り除けるとしている[4,5]。Schenker の考えは，Lerdahl & Jackendoff（1999）による**調性音楽の生成理論**（*generative theory of tonal music: GTTM*）によって形式化された（ただし GTTM は多くの面で Schenker の理論と異なる）。GTTM は分析的なモデルであって，生成的なモデルではないことに注意し

てほしい[6]。Lerdahl の **Tonal Pitch Space 理論**（TPS; Lerdahl, 2001b）では，この手法についてのアルゴリズムを提供しようと試みた。しかしこのアルゴリズムは，主観的に修正せず用いるには不正確であり，また不明瞭であることが多い。にもかかわらず，TPS 理論（それと GTTM）による最大の発展は，Schenker の再帰を木構造として記述したことにある（これについて，GTTM は time-span reduction と prolongation という用語を用いた）[7]。こうした木構造は，言語文法における木構造の記述と対応している（しかし Lerdahl & Jackendoff の GTTM では，おそらく音韻の特徴に関するもの以外で音楽の構造と言語の文法はほぼ関連がないと暗に仮定していることに注意せよ）。また TPS 理論は，木構造から緊張と解決（tension-resolution）のパターンをモデル化するとても興味深い手法も提供している（例えば Lerdahl & Krumhansl, 2007 など）。さらにこの理論は，調性音楽だけでなく他の種類の階層的に編成された音楽にも（それに合った修正をすることで）適用される理論的な枠組みを提供することも目的としている。

　木構造を用いた生成的な規則によって和声構造をモデル化しようという試みについて，より最近のものでは Martin Rohrmeier (2007) による**生成文法モデル**（*generative syntax model: GSM*）がある（Rohrmeier, 2011 も見よ）。GTTM（そして TPS）とは逆に，GSM はリズムやメロディを（まだ）扱わず，また今のところ調性音楽に特化している（それに対して GTTM は階層構造を持つ他の種類の音楽に対しても比較的簡単に適用できる）。また，GSM ではフレーズ・和声機能・音階・表層の 4 つの構造的なレベルを区別している（図 9.1 も見よ）。それぞれのレベルはフレーズ構造における統語の生成規則によって記述され，最も高次の（フレーズの）レベルから（派生の過程の中で）下位のレベルへと情報が広まっていく。これによって，和声機能と音階の両方のレベルにおける音列の再帰的な派生が生じる可能性が生まれる（例えば，ある属音の属音に対する属音など）。ある木構造における実際の調性は，頂点から下位の枝へと広がっていく。この木構造は，①楽曲の形式，②フレーズ構造，③フレーズや和音の一部分における機能的な側面，④調性領域の関係性，⑤相対的な安定性の度合い（これは枝と枝の間にある従属関係のルールによって決まる），といったものを反映する。

　GSM は以下に述べる 3 つの法則を結びつけている。

（1）もし，①音や和音といった音楽的な要素が常に他の要素と関連しており，②それぞれの要素あるいは要素の集団が先行する要素や後に続く要素と機能的な関連性を持つとするならば，こうしたつながりを最も単純に視覚化でき

第Ⅱ部　音楽心理学の新たな理論に向けて

るのは木構造である。これは，離れているが機能的に関連する要素間の関係を木構造によって表現できることを意味する。例えば，複数の和音を並べた音列において最初と最後の和音が主和音である場合，これらの主和音は隣接していないが，最後の主和音は最初の主和音を受ける（そして拡張する）。これは，最初と最後の和音がそれぞれ木の幹と末端を作るような形の木構造で表すことができる。さらに，和音同士のつながりは枝の広がり方で表現でき

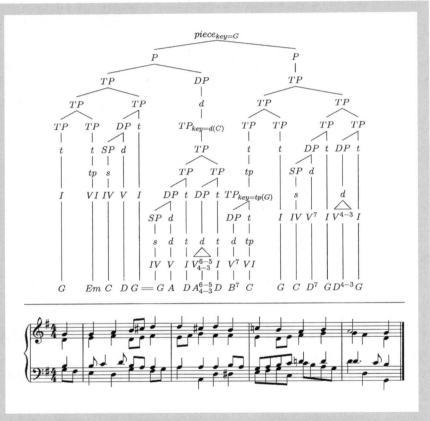

**図9.1**
バッハのコラール 'Ermuntre Dich, mein schwacher Geist'（勇めよわが霊，望みに燃え立て）から最初の4小節の木構造分析。'=' はピボットコードとして扱われる $G$ の和音の例。'△' は派生音の消失を表す省略記号。アルファベットの大文字（$P$, $TP$, $DP$, $SP$）はフレーズ構造のレベルを示し，小文字（$t$, $s$, $d$, $tp$, $sp$, $dp$, $tcp$）は和音機能の構造レベルを示す。また音階のレベルはローマ数字で，表層構造は和音の種類を表すアルファベットで示す。TP：主和音の調性でのフレーズ，DP：属和音の調性でのフレーズ，下属音の調性でのフレーズ。図は Rohrmeier (2011) より再掲。

る（「拡張する」和音は調性領域を拡張することができ，「進行する」和音は調性の進行を決定する）。もちろんこれは，隣接する和音同士が構造的な関係性を直接持つ必要がないことも意味する（例えば最初の主和音の次にくるのが，3番目の和音のダブルドミナント［secondary dominant：第二属調］ということもあり得る。この和音は3番目の和音とはつながりを持つが，先行する主和音との間に直接の関係はない）。先行する和音や後に続く和音と機能的なつながりを持たない和音は存在しない。先の例では，もしダブルドミナントの後に主和音が続かなければ，その和音列は（長調－短調の調性規則に関して）統語的に正しくないと言える。GSMが和声の古典理論と比べて優れている点は，和音が調性によってではなく，音列中の機能的な位置によって決まるということである。

(2) 木構造を用いることで，音列中のどの要素なら欠落しても音楽的に正しく聴こえるかがわかる。例えばダブルドミナントの和音や，あるいは最初と最後の主和音以外はすべて取り除くことができるが，それでもまだ音列は（面白さは減るが）正しく聴こえる。重要な例として，2つの主和音の間に属和音が含まれているような（そして主和音と属和音の間にもいくつかの和音が存在する）小さなフレーズについて考えてみよう。このフレーズについての木構造からは，1つ高次のレベルにおいて主和音と属和音以外のすべてを取り除けることがわかる。これは，構文木（構文解析によって作られる木構造）のそれぞれの枝が下位の枝を支配する，いわゆる主辞性（headedness）のためである。つまり，木構造は要素への重みづけを行うことで客観的に導き出せるような深層構造を生み出す（これは和声の古典理論と比べた場合のもう1つの利点である）[8]。

(3) 和音の機能は，木構造の中のどこにあるかによって決まる（特に，GSMの規則はその和音の木構造における位置を特定する）。例えば属和音の前にくる和音は，属和音の前に下位の枝として置かれる。また，属和音には安定するものと不安定なものがあり，それらは構文木においてどれだけ深い場所に置かれるかによって区別される。同様に，半終止は属和音がフレーズの安定した局所的な終末点に置かれた状態であり，このフレーズは（深層構造に関して）ドミナントを解決するような主和音で終わるフレーズによって受け継がれる必要がある。

これまでのところ，我々が音楽を木構造に基づいて知覚しているかを調べた神経

生理学的な研究は存在しない。同様に，このテーマにおける行動学的な研究も非常に少ない（ただし Cook, 1987; Bigand et al., 1996; Lerdahl & Krumhansl, 2007 などを見よ）。つまり，音楽（長調 − 短調の調性音楽）聴取者の中で木構造が心理学的な実体を持つかどうかは，未だに解明されていない。この章の後半に書かれているように，音楽の統語処理に関する神経生理学的な基盤についてこれまで行われてきた研究は，主に和音についての古典理論（規則性に従った和音列の中でどの和音が配置されているか）を踏まえている[9]。こうした神経生理学的な基盤を本章 3 節でより詳しく述べる前に，音楽の統語処理に含まれる認知過程について示す。

## 2 節　認知過程

　音楽の統語処理はいくつかの（下位の）処理過程から構成される。第 8 章で述べた音楽認知の基礎となる処理過程に基づいて，これらの過程を列挙していく（図 9.1 にまとめを載せた）。ここでは調性音楽に関してまとめられているが，その際に用いる理屈は他の種類の音楽にも当てはまると仮定される。しかし，すべての処理過程が他の種類の音楽にも含まれるとは限らないことに注意しなければならない。例えば，マファ族が持つ音楽（第 10 章 2 節 2. と Fritz et al., 2009 を見よ）は階層的な文法構造を持たないので，彼らの音楽に対して階層的構造の処理に関する認知操作は当てはまらないようである。また，ここであげた処理過程の順番は，実際の音楽の統語処理で行われる順序とは無関係であることに注意してほしい（つまり，同時に生じる処理もあるかもしれない）。

　調性音楽における統語法は，メロディ，拍子，リズム，和声，そして音色（音の大きさ，楽器の使い方，テクスチュアを含む）といった構造的な特性から構成される。今までのところ，これらの中では主に和声の処理過程に関する研究が行われており，他の特性について行われた研究は少ない[10]。よって，ここでは和声の統語処理について特に強調して取り上げる（しかし将来的には，他の特性についても詳しく述べることができるようになるかもしれない）。

　▶**要素の抽出**　個々の音や和音（あるいは言語における単語）といった要素は，連続する聴覚的な情報の流れの中から抽出される。ホモフォニーやポリフォニーでは，現時点でのメロディや和音に関する表象が（和音がメロディに色づけをする形で）形成される。時間的な構造については，**拍**（*tactus*）が抽出される[11]。拍は聴覚的な特徴ではないので，ここでは**統語的な要素の抽出**（*syntactic ele-*

ment extraction）という用語を使うことにする（**聴覚特徴の抽出**［*auditory feature extraction*］という用語の代わりである。表 9.1 も見よ）。

▶**予備知識を必要としない構造化**　構造の表象は，長期的に保持している知識を必ずしも必要とせず，時々刻々と形成される。例えば，'.....-...-......-....-.' と並んだ音列を考える場合に，予備知識がない状態では，ドット（.）で表されている音が高確率で提示される標準的な刺激として表象が形成され，ハイフン（-）で表されている音は低確率で提示される逸脱刺激として表象が形成される。ある調性で演奏される音楽を聴くとき，我々はその調性の音についての表象を形成し，**聴覚の感覚記憶**（*auditory sensory memory*）に蓄えられた情報に基づいて調から外れた音を検出する（これにより，ある音が同一の調に属するか否かを決めることが可能になる）。つまり，調性に合った音は標準刺激となり，調から外れた音（例えばハ長調におけるピアノの黒鍵の音）はすべて逸脱刺激（auditory oddball）となる。こうした聴覚における（音響的な）逸脱音はミスマッチ反応（MMN）を生じる（第 5 章を見よ）。こうした規則性を，（長期記憶の情報を利用せずに）感覚記憶から得られる情報だけを考慮して表すことができるモデルは，on-line minimal fragment model と呼ばれる[12]。

こうしたモデルを構築するための過程は**群化**（*grouping*）を含む。例えば，'-...-...-...-...-...' という音列では，**ゲシュタルト法則**（*Gestalt principles*）[13] に基づいて '-...' あるいは '...-' という 4 つの要素が 1 つのグループにまとまる。ある楽曲のメロディ構造において，この群化はメロディの輪郭を作るために必要であ

**表 9.1**
音楽認知に関わる統語処理の概観（下段）。統語的な**要素の抽出**は，聴覚の**特徴抽出**に関わることに注意せよ。**予備知識を必要としない構造化**は聴覚記憶と群化に基づいており，したがって**ゲシュタルト形成**に関係している。**音楽的な期待**を形成するために複雑な統計的確率についての（長期的な）知識を確立することは，長調と短調の間で和音が推移する確率を決定し，和音の形（基本形や六の和音，四六の和音など）がどのように和音の確率遷移に影響を与えるかを認識するための詳細な**音程分析**と関連している。（同時に行われる）統語的な特徴の操作を**統合した表象から生じる心地よさやリラックスは，音楽によってもたらされる**活性化**と関係がある。最後に，**大規模な構造化**は，音楽認知や音楽の生成（ほかの過程に比べて長い時間がかかる事に注意せよ）がもたらす自律神経系や内分泌系の変化の結果である**免疫系**の活動とシステム的な性質が類似している。

| 音楽知覚 | 特徴抽出 | ゲシュタルト形成 | ピッチ間隔の分析 | 構造構築 | 構造再分析 | 活性化 | 運動前野，免疫系 |
|---|---|---|---|---|---|---|---|
| 統語処理 | 要素抽出 | 予備知識を必要としない構造化 | 音楽的な期待の形成 | 構造構築 | 構造再分析 | 統語的統合 | 大規模な構造化 |

る。時間的な構造について言えば，群化によって楽曲のリズムパターンや**拍子**（*metre*）が抽出される[14]。

さらに，文脈的な同一性や文脈間の距離，および不均一性についての（ゲシュタルト）法則（第3章を見よ）に基づいて音や和音同士の関係が形成され，調性的な秩序や**安定性についての階層**（*hierarchy of stability*）が構築される（Bharucha & Krumhansl, 1983; Krumhansl, 1990）。この安定性についての階層にしたがって，和音の配列が調性構造を構築する。例えば，調性における安定性についての階層では，主和音が最も「安定」した和音である。その下に属和音（dominant），下属和音（subdominant）と続く一方で，安定性の低い和音として上主和音（supertonic）がある[15]。

安定性についての階層構造をもたらすゲシュタルト法則は，①聴覚の感覚記憶における音の表象と音響的な類似性[16]，そして②調性や和声，音における長調－短調の関係についての表象などに基づいている。先に述べたように，聴覚の感覚記憶の操作によって標準的なピッチについての表象が形成され，そこから逸脱したピッチが検出される（音響的な類似性の度合いによって変わる逸脱刺激の検出；第1章を見よ）。Leman（2000）は，Krumhansl & Kessler（1982a）によって示された調の特性（key-profile）と，聴覚の感覚記憶モデル（これは周期的なピッチパターンによるエコー効果に基づくモデルである。同様の説明については Huron & Parncutt, 1993 を見よ）によって表されるものが非常によく似ていることを示した。さらに Leman（2000）は「西洋音楽によく親しんでいる聴取者が長期記憶にある調性的な階層構造を抽出するという主張について，cue 刺激と target 刺激を用いて行うような実験は何の証拠も示さない」（p.508）と述べているが，これは妥当な話である。なぜなら，そうした調の特性は（和音ではなく）ある調の中で個々の音が示す機能の階層性についての表象を示すが，そうした音の階層性は和音の階層性の基礎，つまりこれまで述べられてきたような文脈的な法則として用いられるからである[17]。これを確かめるように，Bharucha & Krumhansl（1983）は最初の実験で「音楽理論を知っているかどうかにかかわらず聴取者の反応に一定の違いは見られなかった」（p.84）と報告している。だがその一方で，文化による変容がそうした階層性の構築を担っている可能性がある（これは，幼児期に見られる階層性構築の発達によって推測される。Krumhansl & Cuddy（2010）によるレビューを見よ）。したがって，音や和音についての長期記憶は調性的な階層を構築するための**必要条件**ではなく，その形成過程を変化させるための**十分条件**である（つまり，そうした階層性の構築は文化的な経験によって行われる）。

和声の階層における調性の中心は，ある調性の根音に対応している（そしてその調性を最もよく表すものとして認識される；Krumhansl & Kessler, 1982 を見よ）。和声に関して言えば，調性の中心は主和音の根音でもあり，したがって調性の階層もしくは和音についての基準点となる。調性の中心についての表象を構築する処理は通常何度も繰り返され（Krumhansl & Kessler, 1982），また調性が変わるたびに行われる[18]。聴取者（少なくとも調性音楽に慣れている人）は，最初に聴いた音列の和音（あるいは音）を主和音（つまり調性の中心；Krumhansl & Kessler, 1982）として解釈する傾向がある。最初の和音が主和音でない場合には，聴取者は後に続く音や和音を知覚している間に調性の中心についての解釈を変えなければいけない（Krumhansl & Kessler, 1982）[19]。

▶音楽的な期待の形成　前述の 'on-line minimal fragment models' は，法則や規則性についての長期記憶に縛られず時々刻々と形成される。反対に，音楽の統語処理は長期記憶に蓄えられた規則性の表象（例えば，和音のような音楽要素が推移する確率など）も含んでいる。こうした表象は n-gram, Markov, chunking, PARSER モデルといった**断片化モデル**（*fragment models*）として表すことができる（Servan-Schreiber & Andderson, 1990; Perruchet & Vinter, 1998 などを見よ）[20]。

例えば調性音楽に関して，Rohrmeier（2005）はバッハのコラールに含まれる全音階的な和音進行の頻度を統計的に分析したところ，下属和音の後に上主和音が続くパターンのほうがその逆のパターンよりも5倍多く見られた（集めたコーパス中の和音が持つ遷移確率についてのマルコフ連鎖の表は，Rohrmeier & Cross, 2008 で報告されている）。こうした和音の遷移確率が持つ統計的な性質については，聴取体験をしているうちに無意識に学習され（Tillmann, 2005; Jonaitis & Saffran, 2009 も見よ），長期記憶に貯蔵される。ある調性での和音の遷移確率に見られるであろう数学的な法則については，現在研究が進められている（特定のピッチを惹きつけることについての音程サイクルに基づいたモデルについては，Woolhouse & Cross, 2006 を見よ）。そして，こうした法則の多くは物理的な（あるいは音響学的な）特徴よりも抽象的な特徴に基づいているように見える（Woolhouse & Cross, 2006）。

音楽認知のモデル（第8章と図9.1）に関して言えば，調性音楽の複雑な統計的確率に関する知識を組み立てることは，長調と短調の和音間の推移についての確率を決定し，ある和音の形（基本形や六の和音，四六の和音など）がその確率遷移にどのような影響を与えるのかを知るための詳細な**音程分析**が行われること

を含んでいる。例えば、四六の和音は多くの場合に属音としての性質を持つ[21]。また、基本形ではない属音は終止形への到達を示すことはなく、六の和音として提示された主和音は和音列の最後にくることはないなど（これと同じことが、最高音が第3音になっている主和音の基本形にも言える。より詳しい例については、Caplin, 2004 を見よ）の分析が行われる。こうした点で、**和音は語彙素**（*lexeme*：単語や語幹のような語彙の最少単位）[22] と対応しており、また転回形は語形変化と対応している。

　**予備知識を必要としない構造化**によって作られた韻律と調性の空間上では、後に続く構造的な要素についての**音楽的な期待は潜在的な知識**に基づいて形成される。こうした音楽的期待は、**予備知識を必要としない**構造化に基づいた期待とは違うことに注意すべきである。なぜなら、後者の場合には音響的な類似性や規則性、そしてゲシュタルト法則によって期待が形成され、長期記憶に置かれた統計的確率についての情報は必要ないからである。重要なのは、先にあげた 'fragment models' に基づく情報処理では、（離れた要素間の関連性ではなく）**局所的な依存関係**だけを表すことができるということである。次の段落では、離れた要素間の関連性の処理について述べる。

▶**構造の形成**　調性音楽（と他の多くの種類の音楽）は階層的に作られており、フレーズ構造のレベルにおける離れた要素間の関連性を含む構造を形成している。こうした**階層構造は反復性**（*recursion*）を含むとされ、木構造を用いると簡単に図示することができる（例えば図9.1を見よ）。こうした構造の表象を作るには、（聴覚の）**ワーキングメモリ**が必要となる[23]。

　音楽的に期待されない文法要素（変則的な和音など）、つまり**音楽的な期待の形成**に基づく予測を裏切るような要素は、構造の形成を妨害する。

▶**構造の再分析と修正**　我々が要素の集合において統語的な処理を行う場合、要素を最もあり得る形に構造化する傾向がある（主題役割の割り当て［thematic role assignment］、最少配置［minimal attachment］、後段閉鎖［late closure］など）[24]。しかし人によっては、一度形成された階層モデルが変更される必要があることにも気がつくかもしれない。つまり、木構造における枝の主要な部分や要素の枝の配置などが変更される必要があるかもしれない。言語解釈について例をあげると、ややこしい文章では、始まりの部分で示唆される階層構造が文章の後半では間違いに変わる（Townsend & Bever, 2001 では、'The cotton clothing is made of grows in Mississippi' という例文を紹介している)。階層構造を形成している間は，新しい要素がどの枝になるか，新しい要素が木構造の左右どちら側の枝につくか，どの新しい要素に対して文節点（node）の機能的な配分をすればいいのかなど，常に曖昧さがつきまとうことに気をつけるべきである。しかし，ある枝が一度妥当な確からしさを持って同定されたら，それは木構造の枝として示される（個々の要素としてではなく）。だが，もしこの枝（少なくともこの枝の1つの文節点）が全体の構造に合わなくなれば（例えば最初に仮定した依存関係が適切でなくなったなどの理由で），フレーズや文章の構造は再分析と修正が必要になる。

▶統語的な統合　本節の最初で述べたように，いくつかの統語的特徴によって音列の構造（調性音楽であればメロディや和声，拍子など）が構成される。したがって，構造についての一貫した表象を形成し，それを理解するためには，これらの特徴を**統合**することが必要となる。図9.2には，拍子と和音における相互作用を示した。図の左側でⅠ–Ⅵ–Ⅳ–Ⅴ$^7$として示される4つの和音の後には，高い確率で主和音が続く。これらの和音は4拍子の1拍目から四分音符で書かれていることに注意してほしい。小節の2拍目から始まる場合（図9.2の中央）や5拍子の場合，同じ和音の配列は間違っているように聞こえる。したがって，聴取者が和音進行を正しいと感じるかどうかは，和音の並び方だけでなく，和声，拍子，リズムなどの情報が統合された表象によっても決まるのである。

多くの聴取者にとって，メロディ，拍子，リズム，和声，大きさ，楽器の用法，テクスチュアなどが操作されることで心地良さが生まれることに注意する必要が

**図9.2**
和音と拍子の相互作用。一番上の和音列は通常の終止形。中央の和音列は上のものと同じだが，裏拍に主和音が置かれているため，和音列は誤りであるように聞こえる。最後から1つ前の和音がもう一度提示された場合（一番下の和音列），和音列の和声構造は変わらないので主和音は表拍に置かれ，再び和音列は（一番上の和音列ほどの強い終止感はないが）正しく聴こえる。

ある。カデンツが期待からの逸脱や不協和を解決するような形で終わる場合（詳細は第 10 章と第 12 章を見よ），すべての統語的特徴の操作についての統合された表象は，特に心地よく安らぐものとして知覚される。このことは，統語的な統合の処理と音楽聴取や演奏によってもたらされる活性化を関連づける（表 9.1 も見よ）。

▶大きな範囲での構造化　本章ではこれまでにフレーズ構造（例えば終止形で終わるフレーズ）の処理について扱った。しかし，音楽作品は大抵の場合多くのフレーズから構成され，大きな範囲での構造が存在する。例えば，歌における A メロ（verse）とサビ（chorus），メヌエットの A–B–A 形式，ソナタ形式の構成などである。こうした構成を持つよく知られた形式の曲を聴く場合には，（多くの場合，典型的な形や変化が助けとなって）これらの構造が知覚できる。そしてこの構造を知覚することは，楽曲の中で大きな範囲での構造の表象を形作る基礎となる。この大きな構造は，比較的長い時間幅（数分から数時間）をともなう。音楽認知のモデル（表 9.1）では，こうした長い時間幅の構造間の関係性における系統的な性質は，音楽認知や音楽制作中に生じる自律神経系や内分泌系，免疫系の活動の性質に対応している[25]。

## 3 節　右前部初期陰性電位

本節では，音楽の統語処理に対して神経生理学的に相関する右前部初期陰性電位（early right anterior negativity: ERAN）について述べる（LPC/P600 やフレーズの境目に生じる陽性への電位変化［closure positive shift: CPS］などについては第 5 章と第 6 章を見よ）。最初に行われた研究（Koelsch et al., 2000）では，5 つの和音による和音列を用いた（例として図 9.3 を見よ）。この研究で興味の対象とした和音列は，①統語的に正しい和音列，②統語的に間違った和音が 3 番目にある和音列，③統語的に間違った和音が 5 番目にある和音列，の 3 種類である（図 9.3a を見よ）。図 9.3a の例で間違いとされる和音は，**ナポリの 6 度**と呼ばれるものである（ナポリの 6 度についての説明は第 2 章 3 節を見よ）。歴史的には，ナポリの 6 度は短調においてのみ用いられる。このナポリの 6 度は，単独で聴くと協和しているが，先行する和声的文脈との関連性は低いことに注意してほしい。さらに，この和音は先行する和声の文脈が示す調から外れた音を含んでいる。よって，ナポリの 6 度が（図 9.3a の右側のように）和音列の最後に提示されると，期待された和音とはとても異

なる和音として聴こえる。しかし，この和音が和音列の3番目として提示されると，それほど期待から外れたようには聞こえない。これは，ナポリの6度が下属音（subdominant）と似ているためである（下属音がこの場所で提示されるのは和声進

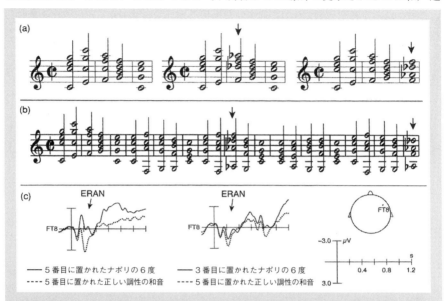

### 図9.3
(a) 調性が正しい和音だけで作られた和音列の例（左のパネル）。ナポリの6度は3番目（中央のパネル）と5番目（右のパネル）に置かれている。刺激は全部で172個の異なる和音列からなる。1番目から4番目までの和音の提示時間は600 msで，最後の和音だけ1200 msであった。
(b) 実験では，刺激は連続して提示された。全試行の10％においてピアノ以外の音色（例えばハープシコードやチェレスタ，マリンバなど）で演奏された和音が含まれた。被験者はときどき異なる楽器が使われることだけあらかじめ教えられ，ナポリの6度とその性質についての情報は与えられなかった。被験者の課題は和声を無視し，異なる音色によって提示された和音の数を数えることであった。刺激は35個を1つのブロックとして同じ調性で提示され，新しいブロックでは前と違う調性で和音が提示された。ブロックが終わるごとに被験者は異なる音色で提示された和音の数を尋ねられ，反応ボタンを押すことで回答した。
(c) 正しい調性の和音（点線）とナポリの6度（実線）についてのERPの全体平均値[訳注]。正しい調性の和音と比較すると，ナポリの6度によってERANが生じていることがわかる。ナポリの6度が最後に提示された（統語的に大きく間違っている）場合には，3番目に提示された（最後に提示される場合よりも間違いの程度が低い）場合よりも大きなERANが生じていることに注意せよ。ナポリの6度による音響的な不一致の程度は位置が3番目でも最後でも同じなので，ここでのERANの大きさの違いは「真」のERANの大きさを計算するために好都合である。Koelsch (2009)より再掲。

【訳注】上記(c)の説明について，原文では'Grand-averaged ERPs of in-key chords (solid line) and Neapolitan sixth chords (dotted line)'と書かれているが，図を見ると和音と線の組み合わせが反対になっている。

行として正しい)。しかし，ナポリの6度は元の調性から外れた音を含んでいるので，下属音よりは外れた和音のように聴こえる（音響学的な変則性や相違点については次項を見よ）。

　図9.3にある和音列のGSMに基づいた階層的構成を，図9.4に示した。3番目に置かれたナポリの6度は期待とは異なる調性変化をもたらす（ナポリの6度は短調にしか見られないため）。しかしこの和音は下属音としての性質を持つため，それでもなお和音進行の中に組み込むことができる。さらに，5番目に置かれたナポリの6度は木構造からの分離をもたらす。つまり，最後から2番目の和音への主要な枝は（必然的に）木構造の右上に伸びている。GSMによると，ナポリの6度をこの構造に組み込む唯一の方法は，右上の方向にも伸びる別の枝を仮定することである（図9.4）。それによって両方の枝は間接的に（遠くて厄介ではあるが）つながることができる。この点において，図9.3aにある和音列の5番目に置かれたナポリの6度は木構造の分かれ目（breach）を表すことになる。

　Koelsch et al. (2000) の実験では，和音列は連続で（楽曲を連想させるように；図9.3b）提示された。和音列のうち半分（50%）は正しい和音進行を示す和音列で，25%では統語的に間違った和音が3番目に置かれ，残り25%では5番目に間違った和音が置かれた。和音列は2分程度の長さで提示され，1つの実験ブロックではすべての音列が同じ調性で提示された（調性はブロックごとに変えた）。これは重要なことである。なぜなら，これにより3番目と5番目の間違った和音は（音の外れ方が同じであるため）音響学的な逸脱という点では同等である一方，機能和声上の規則という点では異なっているからである。

　統語的に間違った和音は，陰性の電位を持つ初期の事象関連電位（event related potential: ERP）を引き起こした。振幅の最大値は（右半球優位をともなって）前頭葉に見られ，その潜時は約150〜180 msであった（図9.3c）。つまり観察されたERPはミスマッチ反応（MMN）と非常によく似ていた（MMNについての説明は第5章を見よ）。しかし，Thomas Gunterと私がこのERPを見つけた際，これを「音楽の統語処理に関連したMMN」ではなく，右前部初期陰性電位（early right anterior negativity: ERAN; Koelsch et al., 2000）と名づけた。この用語を用いた理由の1つは，観察されたERPと言語知覚において統語的な間違いによって生じる誘発電位，つまり左前部初期陰性電位（early left anterior negativity: ELAN; 第5章5節の2.を見よ）がよく似ていたからである。つまり，和声的な間違いによって生じるERPをERANと名づけることで，この電位が音楽の統語処理に関連していることを強調したのである[26]。

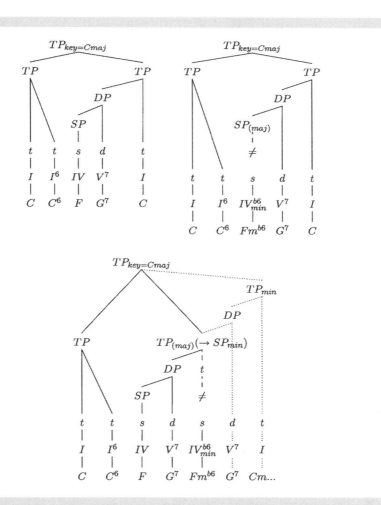

**図 9.4**
図 9.3 に示した和音列の（GSM に基づいた）木構造。上段左：正しい和音列。上段右：ナポリの6度が3番目に置かれた和音列。この木構造の調性は，頂点から枝へ広がり，期待される長調の文脈とナポリの6度によって形成される短調の文脈とのミスマッチ（'≠' で表される）を生じる。maj：長調，min：短調。下：ナポリの6度が最後に置かれた音列。破線：期待される構造（'≠' の位置で主和音が期待されるが，ナポリの6度が提示される），点線：ナポリの6度を統合する解決案。TP（→ SP）は，例えば期待された主和音のフレーズが下属和音のフレーズとして再構成された場合に，ナポリの6度がまだ統合され得ることを示す（音列が C minor で終わっていることに注意せよ。これはさらに C major での解決を必要とする）。ナポリの6度が3番目にくる場合と同じく，この木構造における調性は頂点から枝へと広がり，期待された長調の文脈とナポリの6度が要求する短調の文脈とのさらなるミスマッチを生じる。

この研究（Koelsch et al., 2000）で観察されたERANはおそらく，①**音楽的構造の形成が妨害されたこと**，②**音楽的な期待の形成に基づいた局所的な期待から逸脱したこと**，③音響学的な面で逸脱したこと（この点に関しては，次項で詳細を述べる），によるものだろう。つまりこの研究において，初期の陰性電位が生じたのは局所的な依存関係や（階層的に体系づけられた）離れた要素間の関連性，そして音響学的な逸脱などのためであるようだ。観察されたERANはこれらによって生じた電位の集合体のように見える。

ERANの後には陰性電位が続いて見られた。この電位は前頭葉の両側に約500〜550 msの潜時で最大値を示し，N5と名づけられた（N5については第10章で詳細を述べる）。

## 1．音響学的な交絡要因の問題とその可能な解決策

ERANのようなERPを解釈する際には，統語的に間違った和音は先行する和音から音響学的にも逸脱していることに気づくことが重要である。多くの場合，この和音には新しいピッチが加わり，先行する和音との音響学的な類似性は統語的に正しい和音よりも低い。例えば図9.3aにあげた和音について，正しい和音はすべて1つの調性に属する（それぞれの実験ブロック内では，提示されたほとんどの音は1つの調に属することになる。例えば，キーボードの白鍵で演奏されるすべての音がハ長調に属する）。反対に，ナポリの6度は先行して示された和声的な文脈には存在しない音を含んでいる（図9.3bでナポリの6度に含まれているフラットの音を見よ）。こうした音は周波数の逸脱を表しており（第5章3節と図5.2も見よ），物理的な特徴によるMMNを生じる可能性がある。したがって，ナポリの6度によって生じたERANには，この物理的な特徴によるMMNの一部が含まれているだろう。加えて，ナポリの6度に含まれるピッチは（統語的に正しい主音と比べて）先行する和音のピッチとの音響学的な類似性が低い。つまり，先行和音の記憶とナポリの6度との間で生じる感覚的な不一致は，先行和音と最後に提示される主和音よりも大きい。言い換えると，ナポリの6度によって生じた脳の電位変化は，音楽的な期待からの逸脱や統語構造の形成を妨害したことによるもの（ERANとして反映されたもの）だけでなく，ピッチの逸脱の処理（MMNとして反映されたもの）や音響学的な違い（感覚的な不一致であり，N1とおそらくP1として反映されたもの）によって生じた陰性電位も含んでいるだろう。特に，ここでのMMNとERANの時間的な重なりは問題である。

この問題を回避するためには，和音列中の5番目の位置で生じたERANと3番

目の位置で生じた ERAN を比較することが重要である。つまり先に述べたように，3番目に置かれたナポリの6度は，物理的な特徴によるミスマッチの度合いを評価するための統制条件として用いることができる。図9.3c では，5番目（音列の最後）に置かれたナポリの6度のほうが3番目に置かれたものよりもかなり大きな ERAN を生じたことが示されている。これは，5番目の位置で生じた電位変化が単純なMMN ではないことを表している。なぜなら，MMN は音列中の位置によって大きさの違いを示さないからである。

MMN の大きさが3番目でも5番目でも位置による違いを示さないことは，研究によって確かめられている（Koelsch et al., 2001）。この研究では，①統語的に正しい和音と間違った和音（図9.3で示したものと同じ），②周波数の逸脱刺激（物理的な特徴による MMN を引き起こすもの），そして③抽象的な特徴の逸脱によるMMN を引き起こす刺激，による ERP を比較した（②と③の具体例は第5章の図5.2に載せた）。すべての音列は同じタイミングで提示され，3番目と5番目の位置に逸脱刺激が提示される確率は同じであった。実験の結果，物理的あるいは抽象的な特徴によって生じた MMN には逸脱刺激の位置による違いが見られなかったが，ERAN は3番目よりも5番目に置かれた逸脱刺激のほうが大きかった。これは，図9.3に示された（5番目の位置に置かれたナポリの6度によって生じた）ERAN で見られている MMN の影響の大きさは，3番目の位置に置かれたナポリの6度によって生じた電位変化よりも小さい，ということを示している。言い換えると，ナポリの6度が置かれた位置によって見られた ERAN の大きさの違いは，音楽の統語処理を反映している（そして単純にナポリの6度における音響学的な逸脱によるものではない）。これはまた，5番目の位置にあるナポリの6度で生じた ERAN が音楽の統語処理を強く反映していることを示す。

これらの結果を確かめるように，Leino et al.（2007）では調から外れた和音による ERAN の大きさが和音列内での位置によって異なる一方で，MMN の大きさは変わらないことが示された。この研究の優れた点は，和音列が7つの和音から成っており，そしてナポリの6度は5番目に置かれるほうが3番目に置かれるよりも和声的に正しくなるように作られていた（図9.3a の和音列とは対照的である）。実験の結果，（統語的に最も大きく間違っている）7番目の位置に置かれたナポリの6度が最も大きな ERAN を示し，そして3番目，5番目の順で ERAN は小さくなった。

重要なのは，ナポリの6度が3番目あるいは7番目に提示された時のどちらの場合でも，その前には属七の和音（dominant-seventh）があったということである。したがって，音列の7番目に置かれたナポリの6度による ERAN のほうが3番目

に提示された場合のERANよりも大きかったという結果は，和音の局所的な推移の確率によって単純に説明することができない。これは，ERANの発生に階層的な処理が関わっていることを示唆している。なぜなら，和音列の階層的な構造では，ナポリの6度は7番目に置かれたほうが3番目に置かれるよりも統語的に大きく間違っているからだ。

▶さらなる解決　先に述べたように，和声に含まれる統語的な規則性・非規則性と音響的な類似性・非類似性は，しばしば混同される。実際，調の階層性と調性音楽における統語的な規則の一部は（第3章と本章2節で述べたように）音響的な類似性に基づいている。これは，音楽の統語処理の研究において考慮しなければならない困難さを示している（特に，**予備知識を必要としない構造化**や，**音楽的な期待の形成**，**統語的な構造の形成**などの神経基盤の違いに関して）。いくつかのERP研究では，音楽の統語処理に関連した認知メカニズムをその感覚メカニズムと区別することや，音響学的な正しさと統語的な正しさが混同されないような和音列の作成を目標としてきた。

　図9.5Aに示した音列は，正しい和音（主和音，下属和音，上主和音，属和音，主和音）から作られている。つまり最初の4つの和音は，最後に主和音が来れば和声理論的に最も正しくなるように配置されている。図9.5Bの音列に含まれる最初の4つの和音は，和声理論的に正しい音列（図9.5Aに示した音列）と同じだが，最後の和音はダブルドミナント（double dominant: DD）[27]である。同様に，図9.5Cの音列における最初の4つの和音もAやBと同じだが，最後の和音は上主和音（supertonic: ST）[28]である。

　図9.6は，RohrmeierのGSM（本章1節を見よ）に基づくこれらの音列の階層的な構成を示している。最後に置かれたダブルドミナントや上主和音は（最後の位置にくる和音として最もふさわしい）主和音の代わりに属和音の後に続くので，期待された木構造を満たすことができない。さらに，この木構造は修正されない（なぜなら被験者は，音列が下属和音や上主和音で終わるということを，実験を行っているうちに学習してしまうからである）。

　重要なのは，最後に置かれたダブルドミナントと主和音のどちらも，最初の4つの和音には含まれていないピッチを持っているということである。主和音には新しいピッチが2つあり（根音と一番上の音，図9.5Aに矢印で示された$F^\#$とDを見よ），ダブルドミナントには新しいピッチが1つある（一番上の音，図9.5Bの矢印を見よ）。しかし主和音は，ダブルドミナントとは反対に新たなピッチの

クラスをもたらさない（主和音の新しいピッチは，すでに最初の和音の中に1オクターブ上か下の形として含まれている）。したがって，ダブルドミナントと比べると，最後に置かれた主和音が持つ新しいピッチは最初の和音が持つピッチと知覚的に似ている。しかし，この主和音の新しいピッチは最初の和音でオクターブ上か下の形として一度提示されただけなので，これらの音は2番目，3番目，さらに4番目の和音が提示されることによって上書きされたという可能性もある。したがって，主和音とダブルドミナントにおいて，新しいピッチが聴覚的な

**図 9.5**
ダブルドミナント（DDs）と上主和音（STs）を調性に合わない和音として用いた音楽刺激の例。上段：二長調の和音列で，主和音で終わるもの（A：調性的に正しい），ダブルドミナントで終わるもの（B：調性的に誤り），上主和音で終わるもの（C：調性的に誤り）。矢印は先行する和音に含まれない音を示す。12種類の長調すべてで作られた和音列は，先行する和音列とは異なる調性になるような順番で疑似ランダムに提示された。調性的に正しい和音列と誤った和音列の提示頻度は同じで（$p = 0.5$），正しい和音列は時間間隔を空けることなく繰り返された（D）。一方で誤った和音列については，和音列の最後の和音によって生じた ERP の後期成分が次の和音の ERP と重ならないように，終わるたびに時間間隔が空けられた（E と F）。この間隔は評定や他の課題（Müller et al., 2010）の時間としても使われた。Kolesch et al.（2007a）より再掲。

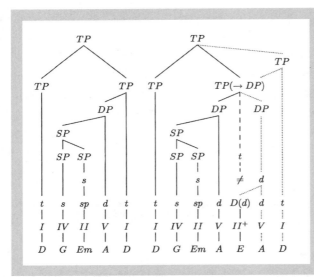

図9.6
図9.5に示された主和音（左）あるいはダブルドミナント（右）で終わる音列についての（GSMによる）木構造。
破線：期待された構造（≠：主和音が期待された位置でダブルドミナントが提示されることを表す）。点線：ダブルドミナントを統合するための可能な解決案。TP（→DP）は，例えば期待された主和音が属音のフレーズとして再構築されるなどによって，ダブルドミナントの統合が可能なことを示す。

記憶にもたらす周波数の逸脱の程度はそれほど違わないだろう（感覚的な不協和について起こりうる大きな違いについてはこの後で述べる）。

　この仮定を調べるために，IPEM toolbox（Leman, 2000）を用いて，最初の4つの和音から形成された聴覚的な記憶の痕跡に含まれる情報と，最後の和音との音響的な一致度のモデル化を行った。このモデルは記憶におけるピッチのイメージを計算する。つまり，第5章の3節でMMNについて述べたように，音響的な情報は劣化していくが，ある程度の時間は感覚記憶の中に保持される。IPEM toolbox を用いることで，感覚記憶に貯えられた最初の4つの和音のピッチに対するイメージと最後の和音のピッチに対するイメージとの相関関係をモデル化することができる。図9.7Aは図9.5の音列に対するモデル化の結果を示しており，最初の4つの和音から形成されたピッチイメージに対してダブルドミナントのピッチイメージのほうが主和音よりも高い相関を示した。

　和音列を作るときに考慮しなければならないその他の重要な点は，検討の対象とする和音（倍音も含む）とその前に提示される和音（倍音も含む）との間にあるピッチの共通性である。Richard Parncutt（1988）は，提示される音の間にある関係性が感覚的な不協和（sensory dissonance）をもたらすと主張した。つまり，例えば連続して提示される2つの和音がまったく異なるピッチクラスから作られる（つまりピッチの共通性が低い）場合のほうが，同じピッチクラスから作られる（つまりピッチの共通性が高い）場合よりも感覚的な不協和度が高くなる。音

第 9 章 音楽の統語論

楽の統語処理に関する ERP 研究では，統語的に間違った和音によって見られる陰性電位が，単純に最後 2 つの和音間で知覚される感覚的な不協和度が高いから

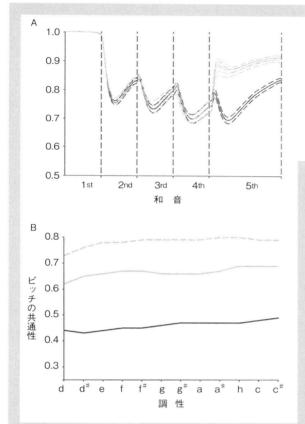

**図 9.7**
**A**：局所的な文脈（現在の和音のピッチイメージ）と全体的な文脈（前もって聴いた和音によって作られた記憶表象）の相関。このデータは，統語的に正しい終止（主和音：黒線）よりも間違った終止（上主和音 [STs]：灰色の実線，ダブルドミナント [DDs]：灰色の破線）のほうが，先行する和音列によって形成された文脈に一致することを示している。3 種類それぞれの和音列において，12 種類の長調すべてで相関が計算された（それぞれの和音列として描かれた線分は相関の平均値を表す。点線は標準誤差を示す）。このモデル化は IPEM ツールボックス（Leman et al., 2005）の文脈性モジュールを用いて行われた。局所における文脈統合の区間は 0.1 秒とし，全体的な文脈の統合区間は 1.5 秒とした。横軸は時間を（最初の 4 つの和音はそれぞれ 600 ms で，最後の和音が 1200 ms），縦軸は相関の値を示す。これらの値は半減値であり，特に 1.5 秒の区間を用いているので，最後の和音とその前の和音との相関を調べる場合，先行する 4 つの和音すべての情報が影響を与えることに注意せよ。**B**：異なる終止和音（主和音，ダブルドミナント，上主和音）とその 1 つ前の和音（属和音）とを用いて計算されたピッチの共通性。これらの値は Parncutt（1989）の方法を用いて 12 種類の長調すべてにおいて別々に計算され，見やすくするために線でつなげた。グラフからは，ダブルドミナントあるいは上主和音とその 1 つ前に提示される属和音との間のピッチ共通性が，主和音と属和音の間のピッチ共通性よりも高いことが示されている。ピッチ共通性の値は，ピッチ共通性における転調の影響を示すためと 3 つの異なる種類の和音においてピッチ共通性が重なっていないことを示すために，12 種類の調性すべてで計算された。Koelsch et al.（2007a）より再掲。

生じたのではないことを確認することが重要である。

　例えば，図 9.5A と 9.5B の両方の音列において，最後 2 つの和音はピッチクラスを共有している（図 9.5A では A 音，そして図 9.5B では E 音）。しかし最後から 2 番目の和音は，最後の和音が主和音のとき（図 9.5A）には 1 つの音（A 音）しか共有しない一方，最後の和音がダブルドミナントのとき（図 9.5B）には 2 つの音（オクターブ離れた 2 つの E 音）を共有している。さらに，最後 2 つの和音の間にある（根音の 9 度上の音を含んだ）長 2 度と短 2 度の数を数えてみると，最後が主和音の場合には長 2 度が 6 つ（例えば E と F$^\#$）と短 2 度が 2 つ（例えば C$^\#$ と D）あった一方，最後がダブルドミナントの場合には長 2 度が 2 つと短 2 度が 1 つだけであった。このことからは，主和音よりもダブルドミナントのほうが先行する和音とピッチの共通性が高く，感覚的な不協和度が低いと言える。この仮説は Parncutt（1989）によるモデルを用いても確かめられ，図 9.7B にその結果を示した [29]。

　したがって，①最後の和音とその 1 つ前の和音におけるピッチの共通性と，②聴覚的な記憶に貯えられた先行する和音の情報と最後の和音との音響的な一致度，の両方を踏まえると，ダブルドミナントが提示された場合に生じる初期の陰性 ERP は（主和音が提示されたときの ERP と比べて），単純に感覚的な不協和度の高さや記憶との不一致度が高いために生じるものではないと仮定することができる。実際，先に述べたモデルでも，統語的に間違いであるダブルドミナントのほうが，正しい和音よりも先行する和音と音響学的に似ていることが示されている。

　この音響学的なバランスを保持するためには，音列ごとに調性を変えることが重要である。つまり，図 9.5 にあるような音列を使うときには，個々の音列を先行する音列とは異なる調で提示すべきである（そうしなければ，例えばハ長調において C major の和音が提示される確率は D major の和音よりも高くなるだろう）。さらに，どちらの音列の形も同じ確率でランダムに提示されなければならない（得られた ERP が実験での刺激提示確率の影響であることを避けるため）。最後に，音列の最後に置かれる主和音とダブルドミナントのどちらも先行する和音から声部が動く方向は同じであること，音程の重なり度合いは主和音もダブルドミナントも同じであることにも注意が必要である。この音程の重なり度合いは重要である。なぜなら，物理的には同一である和音が一方の音列では統語的に正しく，もう一方の音列では間違っているからである（例えば，図 9.5A の主和音はハ長調の音列ではダブルドミナントとなり，図 9.5B のダブルドミナントはホ長調の音

列では主和音となる)。したがって,ダブルドミナントによるどんな影響についても,和音自体の音響的な特性によるものではないと言える。

　図9.8(左右のグラフ)は,ダブルドミナントによってきれいなERANが生じたことを示している。これは,物理的な違いがなくても音楽の統語処理を反映した電気的な変化が生じることを表している。つまり,この研究(Koelsch et al., 2007a)で見られたERANはおそらく,①**音楽的構造の形成**の妨害や,②**音楽的な期待の形成**に基づく期待からの局所的な逸脱,によるものであり,音響学的な逸脱によるものではない。つまり,局所的な依存関係と(階層的に構成された)より離れた要素間の関連性の処理によって初期の陰性電位が生じ,ERANはこれらの電位の複合体であると思われる。これまでのところ,音楽的**期待の形成**と階層的な**構造の形成**に対する神経生理学的な相関は区別されていない。これらの処理の両方が初期の前部陰性電位をもたらすように思われるが,こうした関連性を特定することも(そしてERANの下位要素を特定することも)将来取り組ま

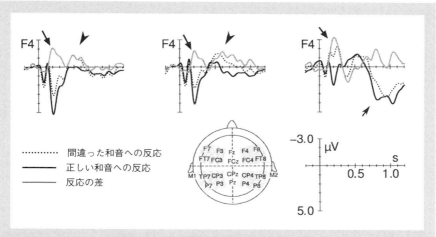

**図9.8**
24人の被験者(16人の非音楽家と8人のアマチュア音楽家)から得られたダブルドミナント(上段左)と上主和音(上段中央)によるERPの全体平均。和音は課題と無関係であった(被験者は音色の逸脱を検出するように教示されたが,間違った和音の存在や実験の本当の目的については知らされなかった)。上段右は和音が課題に関連している時のダブルドミナントによって生じたERP(被験者は間違った和音の存在について教えられ,正しい和音と間違った和音で異なる反応ボタンを押すように教示された)であり,データは20人の非音楽家から測定された。長い矢印と矢尻はERANとN5を,短い矢印はP3をそれぞれ表す。和音が課題に関連している場合にはP3が見られ,N5が隠れていることに注意せよ(波形の差を取るとN5はまだ観察できる)。Koelsch et al. (2007a) より改変。

なければならないだろう[30]。図9.8にはERANの後にN5が生じたことも示されている（N5は両側の前頭部で最大値が見られた）。

　先に述べたように，ダブルドミナントと先行する和音（図9.5B）とのピッチ共通性が高いために，（主和音の場合と比べて）新しいピッチクラスを導入することは簡単ではない。さらに，（以前の研究で用いたナポリの6度と同様に）ダブルドミナントはそれまでの和音で作られた調性に当てはまらない。図9.5Cはダブルドミナントの代わりに上主和音で終わる和音列を示しているが，統語的に正しい主和音と同様に，上主和音は新しいピッチクラスを導入しない。そしてまた上主和音はダブルドミナントと同様に，先行する和音とのピッチの共通性が主和音よりも高く，また先行する和音によって作られたピッチイメージとの関連性も主和音より高い（なぜなら，音列の最後の上主和音は音列の3番目に提示された和音の上主音を繰り返すので，ダブルドミナントよりも音響学的に前の音列と似ているのである；図9.7も参照）。しかし上主和音は短調であるため，ここでは新たなピッチクラスが導入されるのを避けることは難しい。そして，先行する4つの和音には短調が1つしかないので（3番目の上主和音だけ），長調の和音が生じる確率が70％に対して短調の和音は30％となる（訳注：4つの和音のうち1つが短調であれば，その確率は長調：短調が75％：25％となるはずである。最後の和音も含めた5つの和音とすればその確率は変わるが，長調：短調が70％：30％になる理由が不明である）。これでERANを説明することはできないが（3番目に提示された上主和音からはERANが生じないため；Koelsch & Jentschke, 2008を見よ），こうした確率の違いがERANに影響を与える可能性は除外できない。図9.8（中央のグラフ）は，上主和音によってきれいにERANが生じたことを示している（その後にN5が生じている）。これは，調性に合う和音でもERANが生じること，そしてERANが生じるためにはその和音に調性に合わない音が含まれている必要がないことを表している（上主和音を用いたさらに詳しい実験については，例えばKoelsch et al., 2007a; Koelsch & Jentschke, 2008を見よ）。これらの発見は，物理的な違いがなくても音楽の統語処理を反映する神経活動が測定できる，という考えを実証するものである。

## 2．課題に関連した要因の影響

　実験中に被験者が行う課題は，ERPに強い影響を与える。図9.8の左上に示した電位は，和音と課題が無関係であった時のものである。和音がときどきピアノ以外の音色（マリンバ，オルガン，ギターなど）で提示され，被験者はこの音色の逸脱を検出するように要求されて和音列を聴いた（被験者は，統語的に間違った和音が提示されることや実験の本当の目的を知らされなかった）。そして先に述べたよう

に，間違った和音（ダブルドミナント）によってERANとN5が生じた（図9.8の差分波形に最もよく現れている）。

図9.8の右上には，和音と課題との間に関連性があった場合に見られたERPを示した。ここでは，被験者は和音の規則性について知らされ，最後の和音が提示された後に素早く2つの反応ボタンのうちのどちらかを押すよう教示された。片方のボタンは統語的に正しい和音のときに，もう片方のボタンは間違った和音のときに押すようになっていた。この条件ではERANとN2bが重なって見られたため（第5章4節も見よ），音楽の統語処理による電位変化と，N2bが部分的に反映している検出と意志決定の過程に関連した電位変化の区別が困難であった（ERANとN2bは電位の頭表分布が異なるので，因子分析を使えば可能かもしれない）[31]。

さらに，課題に関連した場合のダブルドミナントは大きなP3を生じた（ダブルドミナントが提示される確率は50%なので，生じたP3はP3aよりはむしろP3bである。P3については第5章4節を見よ）。P3bの最大値は頭頂葉に見られたが，はっきりと前頭葉まで広がっていた（図9.8の上側左右を比較して見よ）。おそらくそのために，この実験では差分波形でのみ観察されたN5との重複，そして相互作用をもたらした。

先に述べた音色の検出課題は，音楽の統語処理に関連した電位と検出や意思決定の過程を反映した電位との重なりを避けるために多くの研究で用いられている（つまり，N5とP3の時と同じように，ERANとN2bの重なりを避けるため）。同時に，音色検出課題の成績は，被験者が音楽刺激をきちんと聴いていたかどうかを実験者に教えてくれる。

## 3. 多声音楽的な刺激

先に述べたように，図9.5Bに示したホモフォニックな和音列では，ダブルドミナントによって新たなピッチクラスが導入された（最後の和音における最高音のG#）。つまりダブルドミナントは，それまでの和声的な文脈を含む1オクターブ上下の間には存在しない音を新たに導入した。したがって，ダブルドミナントによって生じたERPの一部は（主和音の場合と比べて），先行する和声的文脈で生じる音とは知覚的にそれほど類似していない新たなピッチクラスの導入によるものかもしれない。図9.9は，この問題に取り組むために作られたポリフォニー的（polyphonic）な音列である。この音列では，ダブルドミナントに含まれるすべてのピッチクラスは先行する和声的文脈に存在している（さらに補助音［auxiliary note］や経過音［passing note］などによって，ホモフォニー的な音列よりも自然で面白くなってい

る)。さらに,図 9.5 に示したような主和音から始まる和音列とは反対に,ポリフォニー的な和音列は属和音から始まる。これは,音列の最後に提示される主和音が最初に提示される主和音の単なる繰り返しとして聴こえる可能性を避けるためである。つまり,図 9.9 に示したポリフォニー的な和音列では,ダブルドミナントに含まれるすべてのピッチクラスはあらかじめ提示されており(つまり,ダブルドミナントを構成するすべての音が,先行する和音において 1 もしくは 2 オクターブ上か下で提示されている),主和音よりもダブルドミナントのほうが先行する和音の構成音を多く含んでいる。さらに,ダブルドミナントのほうがその 1 つ前の和音と同じピッチを共有しており,最後とその 1 つ前の和音の間にある感覚的な不協和の度合い(ピッチの共通性が主な要素である)は,主和音よりも小さい。よって,和音列の最後に提示されるダブルドミナントは,先行する音響的な文脈に対して主和音よりも似ている。また音響学的なモデル化によって,最後に提示されるダブルドミナントのピッチイメージと先行する和音によるピッチイメージは主和音よりも高い

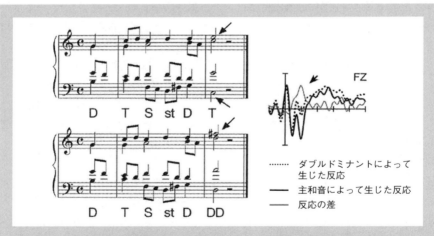

**図 9.9**
左側:ポリフォニーの音列。図 9.5 の A と B に示したホモフォニーの音列と同様に,和音列は主和音(T)またはダブルドミナント(DD)で終わる。矢印は先行する和音に含まれていない種類の音を示す。和音列が属音から始まることに注意せよ(反対に,前の図で示した刺激は主和音から始まっている)。ゆえに,ダブルドミナントによる影響は最初の和音のテンプレートと最後の和音を照らし合わせたためのものではない。和音列ごとに調性は異なり,また和音列の最後に提示される和音が統語的に正しいか間違いかは同じ確率($p = 0.5$)でランダムに決められた。右側:12 人の音楽家と 12 人の非音楽家が音色の逸脱を検出する課題を行っている最中(つまり和音と課題は関係がなく,被験者は和音の正誤に関する情報が与えられなかった)の,最後の主和音あるいはダブルドミナントによって生じた ERP。この電位は両側の乳様突起の平均値を基準とした。Koelsch(2005)より改変。

類似性を示すという仮説が裏づけられた（データは Koelsch & Sammler, 2008 に示した）。また，音程の重なり具合も主和音と下属和音で同じであったことにも注目してほしい。実験では，音列は試行ごとに調性を変えて提示されたので，ある音列では統語的に正しい和音が別の音列では間違った和音となった（例えば，図 9.5 の上の図における最後の主和音は，変ロ長調の和音列ではダブルドミナントになる。また，図 9.5 の下の図におけるダブルドミナントはニ長調での主和音になる）。したがって，ダブルドミナントによって生じたすべての影響は，和音自体の音響的な特性によるものではない。

　図 9.9 の右側のグラフで示されている ERP は，ポリフォニー的な和音列におけるダブルドミナントによって ERAN が生じたことを示している。そしてこの ERAN は，新しいピッチクラスの導入（すなわち新しい音名の音）や音の繰り返しの影響によって生じたものではなく，音楽の統語処理によって生じたものではない。ダブルドミナントにおける新しいピッチクラスは先行する和音では 1 回しか提示されていなかった一方で，主音の最高音のピッチクラスが 2 回提示されていたことは事実だが，これによって ERAN を説明できるとは思えない。なぜなら，新たなピッチクラスを持たない間違った和音でも ERAN が生じたからである（前述の上主和音による ERP を見よ）。ERAN の大きさは，図 9.5 で示したようなホモフォニー的な和音列でのほうがポリフォニー的な和音列よりも大きかった。これは，①ホモフォニー的な和音列でのダブルドミナントに含まれる新しい音（調性から外れた音）は，ポリフォニー的な和音列でのダブルドミナントよりもわずかに予想するのが難しかったこと，②和音列の長さの違い（ホモフォニー的な和音列は 5 つの和音から作成されたが，ポリフォニー的な和音列は 6 つの和音で作成された）が音楽の統語処理とワーキングメモリの相互作用をもたらしたこと，③ポリフォニー的な和音列は主和音以外から始まっていたので，調性の中心を見つけるのが難しかったこと，の 3 つで説明がつくかもしれない。これらについては将来明らかになるだろう。この後でより詳しく扱うが，ERAN は音楽経験者のほうが非経験者よりも大きい傾向が見られた。

　▶**本物の音楽刺激**　ERAN と N5 は，本物の楽曲に含まれている統語的に間違った和音でも生じる（例えば，わざとそのように作られた楽曲など）。図 9.10 はこうした研究の 1 つで用いられた刺激を示したものである（Koelsch et al., 2008）。元の楽曲から統語的に間違った部分を含む一部（図 9.10 右下中央の図を見よ）を取り出し，これを元に 2 つの刺激を作成した。1 つは元の楽曲（統語的に少

し間違っている)の和音を正しい和音(図9.10右下の上の図)に変更し，もう1つでは元の楽曲よりも大きく間違っているような和音(図9.10右下の下の図)に変更した。音列の長さは約10〜12秒で，プロのピアニストによって演奏されたものがMIDIで録音され，音楽的な表現がついた実験刺激として提示された(反対に，この章でこれまで述べてきた研究ではコンピュータで刺激が制御され，音楽的な表現は含まれていなかった)。実験における重要な和音はMIDIファイル上で編集されており，テンポや音の大きさに関する表現のばらつきは3つの刺激で同じであった。さらに，音楽的表現が含まれている3種類の刺激それぞれから，音楽的表現を含まない刺激も作成した(音楽的表現の有無によるERPの違いを比較するため)。

この研究(Koelsch et al., 2008b)で観察されたERPを図9.11に示した(音楽的表現の有無と統語論的な正しさとの間に相互作用は見られなかったので，表現の有無による2種類のデータは1つにまとめられた)。期待される正しい和音に対して，少し間違った和音(作曲者が作った和音)と大きく間違った和音の両方で

**図9.10**
3種類の後続部分があるベートーベンのピアノソナタ第6番ヘ長調Op.120-2の開始部分。右下の真ん中に位置する譜面が，ベートーベンが作曲した通りの後続部分で，楽曲の先行する部分からは期待されない和音が含まれる(ハ長調への転調が導かれる)。その上下の譜面は，楽曲の先行する部分から期待される後続部分とまったく期待されない後続部分。Koelsch et al. (2008b)より再掲。

ERANとN5が生じた。これらの反応は，先行研究において人工的に作られた（音楽的な表現を含まない）短い刺激によって生じたものと似たような潜時と頭表分布を示した。これは，作曲者がわざと作った期待から外れた和音によってERAN（それとN5）が生じることを示している。したがって，本章で前述したように，ERANとN5が反映している処理は実験での人為的操作の結果だけでなく，本物の音楽を聴いているときにも生じるものである。

3つの異なる種類の和音（統語的に正しい，少し間違っている，大きく間違っている）は異なる感情的な反応も引き起こす。これは情動評価（統語的に正しい終止は最も心地よく，興奮度は低くて驚きが最も少ない一方で，大きく間違った終止は最も気持ち悪く，興奮度は高くて驚きが大きい）や皮膚電気反応（大きく間違った和音で最も大きく，正しい和音で最も小さい）によって示されている。さらに，音楽的表現のない刺激と比べて，表現のある刺激ではより心地よく，より興奮し，より驚きを持って被験者に知覚された。これと対応するように，音楽的表現のある和音は表現のない和音と比べて，より大きな皮膚電気反応を示した（この理由の1つはおそらく，音楽的表現のある和音は多くの場合にアクセント

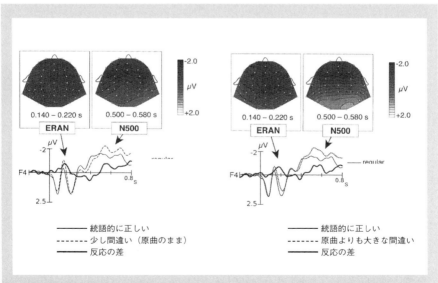

**図9.11**
図9.10の和音列によって生じたERP。20人の非音楽家で測定された。左の図は統語的に正しい和音と少し間違った和音（ベートーベンが作曲したもの）によって生じたERPを示す。右の図は正しい和音と大きく間違った和音によって生じたERP。Koelsch et al. (2008b) より改変。

による強弱をともなって提示されたためと思われる）。にもかかわらず，音楽的表現の有無で ERAN に違いは見られなかった。これは，音楽の統語処理の神経メカニズムが，①統語的な正誤に対する感情的な影響や，②音楽表現の有無による感情的な影響，とは無関係であることを示唆しており，ERAN が感情よりも認知的な過程を反映していることを表す。ただし，統語的に間違った和音は意外性の知覚をもたらし，感情的な情報の処理に影響を与えることに注意してほしい（間違った和音への情動評価や皮膚電気反応のほうが正しい和音への反応よりも高いという実験結果によって示されている）。

Steinbeis et al.（2006）による同様の研究では，J. S. バッハのコラールが刺激として用いられた。（バッハによって作曲され，統語的に少し間違っている和音を含む）原曲と，その間違った和音を正しいものに変えた音列と，さらに大きく間違った和音に変えた音列の計 3 種類の刺激が作成され，音楽的表現をつけずに提示された。Koelsch et al.（2008b）と同様に，この実験では統語的に間違った（期待から外れた）和音は ERAN と N5，そして正しい和音と比べて大きな皮膚電気反応を生じた。このほかに，先に述べた研究と比べて ERAN の潜時は比較的遅く（約 230 ms），頭表での分布はより頭頂部から側頭葉に広がっていた。

その他の 3 つの研究でも，自然な音楽刺激が用いられた。これらの研究では，統語的に間違った刺激は実験者によって作成された（つまり作曲者によって作られたものではない）。Besson & Faita（1995）ではコンピュータで演奏されたオペラのメロディが，そして Besson et al.（1998）では音楽的な表現をつけて歌われたオペラのメロディが用いられた。第 6 章で述べたように，実験者が作成した間違った音は ERAN のような初期の陰性電位（と P3 のような**後期陽性成分**［*late positive component*］）を生じた。さらに Koelsch & Mulder（2002）では，統語的に正しい和音を含む楽曲の一部を加工して間違った和音を持つ音列を作ったが，ここでも間違った和音によって ERAN と N5 が生じた。Steinbeis et al.（2006）と同様に，ERAN は潜時が遅く（約 250 ms）と，頭頂部から側頭葉にかけての分布を示した。ERAN が示すこうした遅い潜時と頭表分布については，本章 3 節の 4. で議論する。

▶**その他の実験**　Regnault et al.（2001）と Poulin-Charronnat et al.（2006）は，図 3.8（第 3 章）の音列を用いて ERP を調べる実験を行った。第 3 章で述べたように，これらの音列は音楽の統語的な正しさと心理音響学的な要素の混同を避けるように作られていた。しかし，これらは最後の主和音が弱拍（light beat）にある（統

語的な統合を妨害してしまう）という問題があった。したがって，最後の主和音はそれ自体すでに間違っており，下属和音に対する最適な統制条件ではなかった。

Regnault et al.（2001）では和音と課題が関連しており，P3 が報告された。また Poulin-Charronnat et al.（2006）では，被験者が音のない映像を見ている間に和音が提示され，最後に提示される和音が主和音よりも下属和音のときに N5 の増加が認められた。どちらの実験でも下属和音に対する ERAN は見られなかったが，これはおそらくすでに主和音が統語的に間違っていた一方，（和音進行を解決するための正しい和音ではない）下属和音がカデンツの中では正しい和音であったために ERAN を生じなかったものと思われる。つまり，主和音も下属和音も両方が同じ程度の ERAN を生じたのだろう。

面白いことに，Poulin-Charronnat et al.（2006）では和音列の最後に提示された下属和音によって N5 の増加が見られた。これは，この和音が（音楽における）意味処理を引き起こしたことを示唆している（音楽の意味処理の指標としての N5 については，第 10 章で詳しく述べる）。この点に関して言えば，Bigand et al.（2003）[32] の和音列を用いた研究で見られた行動レベルでの安定した効果は，おそらく音楽の統語処理だけでなく意味処理も反映している。

## 4. ERAN の潜時

ERAN が最大値を迎えるまでの潜時は，例外となる 4 つの研究を除いて多くの場合 170 ms から 220 ms の間である。例外として，Kolelsch & Mulder（2002）では約 250 ms，Steinbeis et al.（2006）では（非音楽経験者を対象として）約 230 ms，James et al.（2008）では音楽家を対象として 230 ms，Patel et al.（1998）では ERAN に似た反応（右前部側頭葉陰性電位（right anterior temporal negativity: RATN））が 350 ms で最大値を示した。これらの実験に共通しているのは，同じ刺激が繰り返されない，つまり統語的に間違った和音が提示される場所は予想できないということである。また，これらの実験で用いた刺激はリズムが複雑であったことも，ERAN に影響を与えた（ERAN の潜時を伸ばした）と考えられる。しかし，和声構造の処理に対するリズム構造の影響については，研究すべきものとして残っている。これらの研究すべて（Patel et al., 1998; Koelsch & Mulder, 2002; Steinbeis et al., 2006; James et al, 2008）において，ERAN の頭表分布が前頭部よりも頭頂部から側頭葉に広がっていることも面白い。しかし，同じ刺激を繰り返さず間違った和音が期待できないようにした条件を用いた研究（Koelsch et al., 2008）では，ERAN のピーク潜時は 158 ms と 180 ms であり，その頭表分布は前頭葉に広がっていた。したがって，

ERAN の潜時と頭表分布の具体的な影響についてはまだよくわかっていない。次項では，メロディと和音列において ERAN が生じる場合を区別することで，さらに議論は複雑になる。

## 5. メロディ

ERAN は和音によってのみ生じるものではない。第 6 章でレビューしたように，メロディの中に挿入された予想できない音の処理を調べた研究でも，その音の提示後約 100 ms あたりから前頭葉を中心とした陰性の ERP が生じ，120 ms から 180 ms にピークを示す形で報告されている（Besson & Macar, 1986; Verleger, 1990; Paller et al., 1992; Besson & Faita, 1995; Besson et al., 1998; Miranda & Ullman, 2007; Brattico et al., 2006; Peretz et al., 2009; Koelsch & Jentschke, 2010）。この ERP は ERAN と比べて小さく潜時も速いが，和音によって生じる ERAN に似ている。

Koelsch & Jentschke（2010）の研究では，和音列とメロディ内での統語的に間違った音の処理を直接比較した。この研究では図 9.5 に示した和音列（全 12 長調がランダムな順番で提示された）と，それぞれの和音の最高音だけを取り出してメロディとして用いた。統語的に間違ったメロディの最後の音と和音列の最後の和音のどちらも，提示後約 100 ms から 150 ms の間（ピーク潜時は約 125 ms なので，以下の文章では N125 と表す）で初期の影響が見られた。この N125 に加え，間違った和音（ただしメロディは間違っていない）では 160 ms から 210 ms 周辺での影響も見られた（ピーク潜時は約 180 ms で，以下の文章では N180 と表す）。また，N125 は頭表での分布が前頭部方面に広がる一方，N180 の分布はもっと全体に広がっていた。これらの結果は，メロディの情報（これはメロディだけに含まれているのではなく，和音の最高音にも含まれている）が，和音に関連した和声情報とは一部異なる神経メカニズムでより早く処理されることを示唆している[33]。メロディの中で統語的に間違った音に対する N125 は，先に述べた既知の曲についての ERP 研究の結果と一致する。Miranda & Ullman（2007）と Brattico et al.（2006）の研究では，N1 と同じ時間帯に生じ，N1 よりは長いピーク潜時を示す類似した反応が報告されている。これらの研究で潜時が遅くなったのは，統語的に間違った音がメロディの途中（フレーズの最後に比べて音への期待がまだそれほど明確ではない位置）で提示されたためと思われる。

N180 が統語的に間違った和音によって生じるという仮定は，それがメロディでも生じるという可能性を除外するものではない。Miranda & Ullman（2007）は，Koelsch & Jentschke（2010）で使われたメロディよりも明確に調性や和声的な文脈

を形成するメロディを用いて，その中にある統語的に間違った音も N180 を生じることを示した（Braticco et al., 2006 や Peretz et al., 2009 も参照）。これはおそらく，メロディの持つ調性から外れた音が和声に関連した処理を自動的に引き起こすためだろう。調性と和声の文脈を形成することやリズムと周波数の複雑さが，どの程度 N125 や N180 に影響を与えるのかはまだ不明なままである。

　N125 と N180 が異なる認知過程を反映するという考えは，和音の統語的な正誤によって生じる律動脳波の周波数帯がこれらの時間帯で異なるという結果によって支持される。Herrojo-Ruiz et al.（2009）は図 9.5A と 9.5C に示したものと同じ和音列を用いて，主和音と上主和音の間でのデルタ帯域（< 4 Hz）の律動脳波を比較し，右前部から右頭頂部において和音提示後約 100 ms から 150 ms の間（N125 のピーク潜時の周辺）で律動の大きさに違いが見られることを報告した。またシータ帯域（4 〜 7 Hz）でも，約 100 ms から 160 ms の間で前頭部左右での位相同期の大きさに同様の違いが見られた[34]。反対に 175 ms から 250 ms の間（N180 のピーク潜時の周辺）では，統語的に間違った和音に対してアルファ帯域（8 〜 10 Hz）における脳全体での位相同期の低下が見られた（この効果は FC4 の電極でピークが見られ，おそらく遠距離でのアルファ波位相同期の影響を受けた右側前頭部－中心部と左側側頭－頭頂部の間の位相同期のずれを反映している）[35]。

　メロディと和声の情報によって生じた潜時や頭表分布，律動脳波での違いは，これらの情報が ERAN に対して異なる影響を与えていることを示唆する。メロディ情報の処理が ERAN に対して（N125 に反映されるように）早い段階から影響を与える一方で，和声情報の処理の影響は（N180 に反映されるように）より遅い段階で見られる[36]。この解釈は，和音の安定性についての階層が音の安定性についての階層よりも複雑であることと一致し（第 3 章を見よ），また小児期にはメロディの処理過程のほうが和声の処理過程よりも早く発達するという仮説とも一致する（Trainor & Trehub, 1994 と本章 9 節を見よ）。メロディの情報は和音の機能和声的な情報よりも具体的である点にも注意してほしい。なぜなら，（1 人でも）メロディは歌えるが和音は歌えないからである。

## 6. ERAN の機能局在性

　いくつかの研究によって ERAN が右半球への有意な局在性を示すことが報告されているが（Koelsch et al., 2000, 2007a; Koelsch & Sammler, 2008; Koelsch & Jentschke, 2008; Müller et al., 2010），和音列やメロディを用いた別の研究では右半球への局在性は見られない（Steinbeis et al., 2006; Loui et al., 2005; Leino et al., 2007; Miranda

& Ullman, 2007）。この理由の1つとして，右半球への局在性を示した研究では被験者の数が比較的多い（20人あるいはそれ以上；Koelsch et al., 2007a; Koelsch & Sammler, 2008; Koelsch & Jentschke, 2008; Müller et al., 2010）ことがあげられる。一方で ERAN の局在性が示されなかった研究のほとんどでは，被験者の数が20人以下（例えば Loui et al., 2005 では18人，Leino et al., 2007 では10人など）であった。この違いは重要である。なぜなら，ERAN の局在性は女性よりも男性に多く見られるからである（女性は左右両半球で ERAN が見られることが多い；Koelsch et al., 2003）。したがって，ERAN の局在性について統計的な有意差を示すには比較的多くの被験者が必要となる。その他の要因としては，統語的に間違った和音の顕著性，注意の要因，そして ERP の信号対雑音比などが含まれるだろう。

　初期の研究のいくつかにおいて，私は ERAN を**音楽の統語的な MMN** とも呼んだ（Koelsch et al., 2002b, 2003a, 2003b, 2003c）。これは MMN と似ているからだけではなく，ERAN が有意な局在性を示さない場合に，'early right anterior negativity' という用語に当てはまらないからである（これは男性よりも女性で多いようである。Koelsch et al., 2002b）。こうした場合，いくつかの研究では**初期陰性電位**（*early negativity*; Steinbeis et al., 2006）や**初期前方陰性電位**（*early anterior negativity*; Loui et al., 2005）と呼んだが[37]，その他の研究では右半球への局在性が見られなくても ERAN と呼んだ。これには2つの理由がある。まずは，①機能的イメージングの研究では，ERAN の発生に関わると考えられる部位の活動に一貫した右半球優位性が見られる（本章4節を見よ）ことである。つまり，電気生理学的なデータでは頭表での分布が局在性を示さなくても，ERAN 発生の元になる脳活動は右半球のほうが大きいという可能性はある。そして，② ERAN という用語は頭表での分布だけでなく，その成分の機能的な重要性に基づいてつけられた用語でもある（Koelsch et al., 2007a; Mass et al., 2001; Miranda & Ullman, 2007; Maidhof & Koelsch, 2011）。実は，似たような葛藤はほとんどの内因性の ERP 成分で見られる。例えば，P300 は300 ms 付近では最大にならない（例えば McCarthy & Donchin, 1981）。また，先行する文脈から次に現れる単語が明確に予測できる文章では，その予測から逸脱した単語によって N400 が生じるが，この反応の多くは P2 が生じる潜時周辺から生じ始める（Gunter et al., 2000; Van Den Brink et al., 2001）。また，幼児では MMN の極性が陽性を示すこともある（例えば Winkler et al., 2003; Friederici et al., 2002a）。したがって，音楽の統語的な誤りによって生じ，前頭部から頭頂部－側頭葉にかけての分布を示す（比較的初期の）ERP について，ERAN という名称は妥当である。

## 4節　神経解剖学的な相関

　音楽の統語処理は，①下前頭回弁蓋部（inferior pars opercularis；ブロードマンの44野（BA44）または Amunts et al.（2010）によるブローカ野の解剖学的分類における BA44v），そして②腹外側前運動野（ventrolateral premotor cortex）や③前部上側頭回（anterior superior temporal gyrus: planum polare のこと；Koelsch, 2006）を含む領域が関わっているようである。脳磁図（magnetoencephalography: MEG）を用いて図 9.3a と 9.3b のような和音列を提示したときの反応を調べた研究（Maess et al., 2001）では，電流双極子を用いた推定により ERAN の発生源が両側の BA44 と示された。この実験の結果（双極子は右半球のほうが左半球より大きかったが，有意差は見られなかった）は，EEG を用いた ERAN の発生源分析によって支持された（Villarreal et al., 2011）。この研究では，①発生源の推定[38]と② Multiple Sparse Prior（MSP）アルゴリズムを用いた活動部位の分布[39]の 2 つの分析が行われ，主要な発生源は BA44 とその周辺に示された[40]。これらの研究結果は和音列（Koelsch et al., 2002a, 2005b; Tillmann et al., 2006）やポリフォニー（Janata et al., 2002b），メロディ（Janata et al., 2002a）を課題として用いたイメージング研究によって確認された。これらの実験では，MEG と EEG の実験で報告された位置に近い下前頭葉の外側（inferior fronto-lateral cortex）での活動が示された（図 9.12）[41]。特に，fMRI を用いた Koelsch et al.（2005b）の研究では，ERAN の発生源が BA44 であるという仮説が支持された。また詳細は後で述べるが，音楽家のほうが音楽非経験者よりも大きな ERAN を示し（Koelsch et al., 2002），大人と子どもの両方で BA44 の活動と音楽訓練との間に関連性が認められた（Koelsch et al., 2005b）。左半球の下前頭葉に障害を持つ患者（障害部位は左半球の弁蓋部［pars opercularis］を中心に見られた）では，健常者と異なる ERAN の頭表分布を示した（Sammler et al., 2011）。これは弁蓋部が ERAN の発生に関与しているという仮説を支持している。さらに，てんかん患者に対する頭蓋内電極記録からは，ERAN の発生源が下前頭葉の外側と上側頭回にあることが示された（Sammler, 2008；上側頭回での発生源の位置は患者によって前方，中央，後方と異なっていた）。

　ERAN に対する前頭葉の関与は，物理的な特徴による MMN に対する聴覚野とその周辺の神経活動の関与とは異なることに注意してほしい（直接比較については Villarreal et al., 2011 を見よ）[42]。また，抽象的な特徴による MMN の発生源も側頭葉に見られることから（Korzyukov et al., 2003），物理的・抽象的な特徴による MMN は側頭葉の関与を受け，ERAN は前頭葉の関与を受けるようである。これは，

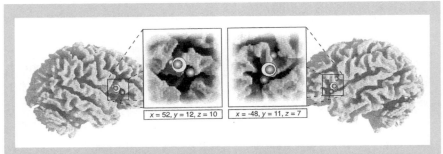

**図9.12**
和音列課題 (Koelsch et al., 2005b; Maess et al., 2001; Tillmann et al., 2003; Koelsch et al., 2002a) とメロディ (Janata et al., 2002a) を用いた音楽の統語処理の機能的イメージング研究において報告された活動部位の中心（小球で表す）。2つの大きな球体は，活動中心の座標の平均値を示す（上述の4つの研究で得られた左右大脳半球それぞれでの標準の定位空間上の座標を平均したもの）。Koelsch & Siebel (2005) より改変。

① ERAN が物理的・抽象的な特徴による MMN とは区別されること，② ERAN が統語処理を反映していること（単なる音響的な比較の過程を反映しているのではない。この問題は本章5節で詳しく議論する）を示している。この考えを支持するように，プロポフォール麻酔下における ERAN と MMN を調べた EEG 実験では，物理的な特徴による MMN の大きさは麻酔によって減少したものの，深い麻酔下 (Modified Observer's Assessment of Alertness and Sedation Scale［MOAAS］でレベル2〜3，平均二波長指数［Bispectral Index: BIS］= 68)[43] でも有意な MMN が見られた。一方で，ERAN はこの深度の麻酔によって消失した (Koelsch et al., 2006b)。これは音楽の統語処理における前頭葉の関与を強調するものである。なぜならプロポフォール麻酔の効果は，単一感覚の処理を司る感覚野よりも多感覚的な処理を司る前頭葉のほうがより早く強く見られるからである (Heinke et al., 2004; Heinke & Koelsch, 2005)。

BA44 の活動（特に左半球はブローカ野と呼ばれる）が言語を知覚する際のフレーズ構造の統語処理（例えば Friederici et al., 2006）や決まった形で行われるいくつかの連続した行為についての階層的な処理（例えば Koechlin & Jubault, 2006; Fazio et al., 2009)，そしておそらく階層的に構築された数式などの処理 (Friedrich & Friederici, 2009) にも必要であるように見える点に注意してほしい。したがって，音楽と言語の統語処理を司る神経基盤は大きく重なっていると思われる。この考えは，音楽と言語の統語処理の相互作用を示した研究によって支持されている (Koelsch et al., 2005b; Steinbeis & Koelsch, 2008b; Slevc et al., 2009；詳細は本章6節を見よ)。

より抽象的なレベルで言うと，ブローカ野は音楽，言語，決まった形で行われる一連の行為，そして数学などの階層的に組織された配列の処理全般に関与しているようである。この点については以前にも議論されており，本章6節において**統語等価性仮説**（*syntactic equivalence hypothesis*）として主張することになる[44]。しかし，音楽と言語の統語処理での相互作用を調べる研究だけは，少なくとも一部は同じ認知的操作（そしてこれらの操作の元になる神経集団）が異なる領域の統語処理に含まれるという仮説を検証するという立場を取っている（詳細は本章6節を見よ）[45]。

## 5節　音響学的な不規則性と音楽の統語論に関する不規則性の処理

音楽の統語処理（ERANに反映されるようなもの）と音響的な不一致の処理（物理的・抽象的な特徴によるMMNに反映されるようなもの）に関わる神経メカニズムには大きな違いがある。これらのMMNの発生は次々と形成される規則性，つまり音響的な環境から即時的に抽出される規則性の表象に基づいている。反対に，ERANに反映される音楽の統語処理は，すでに長期記憶の中に存在する統語的な規則性の表象に基づいている（統語処理によってそうした表象を修正することはできるが）。つまり，統語的な規則性を作る統計的確率は即時的に学習されるものではなく，そうした規則性の表象は（本章2節で述べたように）長期記憶の中に貯えられている[46]。

MMNについては，即時的に行われる規則性の形成とMMNに影響を与えるかもしれない長期的な経験や表象とを混同しないことが重要である。例えば，音楽の専門家はピッチ情報を高精度に解読することが可能である（ほとんどの非専門家には識別できないような周波数の逸脱によってもMMNが生じる；Koelsch et al., 1999）。他にも，母国語の音素の識別は容易である（ある音素に対する長期的な経験を持つ被験者では，そうした表象を持たない被験者よりもその音素の逸脱による大きなMMNが生じる；Näätänen et al., 1997; Winkler et al., 1999; Ylinen et al., 2006）。これらのことから，長期的な経験は（MMNによって反映される）物理的な逸脱の処理に明らかな影響を与えると言える。

しかし，先に述べたすべてのMMN実験（Koelsch et al., 1999; Näätänen et al., 1997; Winkler et al., 1999; Ylinen et al., 2006）で，MMNは音響的な環境から即時的に抽出された規則性の表象に影響を受けた。例えば，Näätänen et al.（1997）では高頻度で提示される標準刺激として（フィンランド語でも用いられる）音素の/e/が，低頻度で提示される逸脱刺激の1つとしてフィンランド語には存在しない音素であ

るエストニア語の /ð/ が用いられた。この逸脱刺激に対して，フィンランド人の被験者よりもエストニア人の被験者で大きな（物理的特徴による）MMN が生じた。これはエストニア人が /ð/ という音素に対して長期的な経験によって形成された表象を持っていることを反映している（したがってエストニア人はより敏感にこの音素を識別する）。しかし，この実験条件における規則性（/e/ が標準刺激で /ð/ が逸脱刺激）は長期間の経験によって形成された音素自体の表象とは関係がなく，エストニア人の被験者たちは実験をしている内にこの規則性を形成した（そして /e/ を逸脱刺激に，/ð/ を標準刺激に変更することは簡単であった）。つまり，こうした実験条件における規則性を形成するための統計的確率はあっという間に学習され，そうした規則性の表象は長期記憶に貯えられない。

物理的・抽象的な特徴による MMN について，Erich Schröger（2007）は MMN が生じるために必要な4つの過程をあげた。これらは ERAN が生じる過程にも関連している（図9.13 も見よ）。

(1) MMN と ERAN が生じるためには，音の特徴抽出と音源の分離，聴覚的な対象の表象形成を含めた**特徴抽出**と**ゲシュタルト形成**（表9.1 も見よ）が必要である（図9.13 の上段左側も見よ）[47]。聴覚的な対象についての表象は聴覚の記憶に基づいて形成されるが，それだけでは MMN や ERAN が生じるには不十分であることに注意してほしい（どんな音や和音も，先行する文脈がないままで知覚される場合には MMN や ERAN を生じない）。

(2) MMN では，個々のイベントが連続して提示される際に，そこに内在する規則性が検出されて音響的な環境についてのモデルに組み込まれる。Winkler（2007）は，前もって検出された**音同士の関係**を新しく提示される音が壊すときに MMN が生じると主張した。この主張には，音楽の統語処理と音響的な逸脱の元になる（ERAN と MMN に反映される）認知操作の大きな違いが表れている。つまり，長期的な経験に基づいた知識がなくても MMN が生じるための規則性は形成される一方で（表9.1 の**予備知識を必要としない構造化**の欄を見よ），ERAN が生じるための統語処理は，すでに長期記憶に貯えられた規則性についての表象（言語の文法に含まれる規則性の表象と似たもの）を必要とする。音楽の統語情報処理は，これらの表象によって自動的に決定される。つまり，規則性それ自体は検出される必要がなく，また音響的な環境のモデルに組み込まれるわけではない。実際の音あるいは和音が組み込まれるのである。つまり，統語的な規則性の表象は通常即時的には形成されず，さらに

# 第 9 章 音楽の統語論

それらは音響的な入力情報間の相互関係に基づく必要性もない（図9.13 の上部右側を見よ）。音楽の統語処理は長期記憶に貯えられた表象と関連しているので，本質的に学習と記憶に結びついていると言える。音楽理論を学ばない限り，これらの記憶表象は潜在的なものとして存在し，言葉や概念でそれを説明することはできない。

**音楽的な期待の形成**に加えて，（もしその音楽が階層的に構成されていた場合には）音楽の構造についてのモデル形成には**構造の形成**も必要となる。つまり，先に述べたように調性音楽の統語処理を行うためには，多くの場合フレーズ構造のレベルにおける大きな範囲の依存関係が必要になる[48]。反対に音響的な逸脱の処理は階層的なものではなく，多くの場合隣接するユニットだけで適用される規則性を含む局所的に構成された法則によって導かれる処

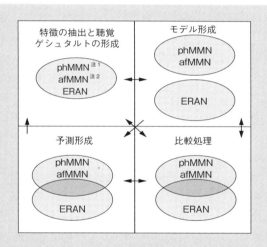

**図 9.13**
MMN と ERAN の発生に必要な処理において重複する部分と違いを表した図（詳細は本文を見よ）。MMN と ERAN の両方に必要なのは音響的な特徴の抽出と聴覚ゲシュタルトの形成である（上段左）。MMN と ERAN では音同士の関係についてのモデル形成が異なる（上段右）。MMN の場合，規則性のモデルは音響的な環境から即時的に抽出される音同士の関係に基づいている。これらの処理は音響的な環境の表象を構築して保持することや，聴覚情景分析につながる。ERAN の場合は，すでに長期記憶に存在する音楽の統語的な規則性の表象に基づいて，音同士の関係についてのモデルが作られる。下段は次に起こる音響的なイベントについての予測と，予測した音と実際に入力された音との比較についての処理を表し，おそらく MMN と ERAN で部分的に重なっている。Koelsch (2009) より改変。

【注 1】phMMN：抽象的な特徴による MMN
【注 2】afMMN：物理的な特徴による MMN

理を必要とする．第8章で述べたように，フレーズ構造の文法を処理する能力はすべての人間が持っているが，人間以外の霊長類はこうした文法則を内在化することができない（Fitch & Hauser, 2004）．つまり，人間だけがフレーズ構造のレベルで音楽の統語情報を適切に処理することができるようである．それに対して，音響的な逸脱はネコやマカクザルなど人間以外の哺乳類でも検出できる（そしてこれらの動物でも音響的な逸脱によってMMNのような反応が生じる．簡単なレビューとしてNäätänen et al., 2005のp.26を見よ）．

(3) これから生じるであろう聴覚的な出来事に対する予測はモデルに基づいて得られる[49]．これは，音響的な規則性についての記憶表象と音楽的な期待の両方に当てはまる[50]．しかし(2)で述べたように，MMNが生じる場合には，入力される音同士の関係に基づいて即時的に形成される規則性によってこうした予測が得られる．反対にERANが生じる場合には，すでに長期記憶に存在する音楽の統語的な規則性の表象によって予測される．さらに，聴覚における物理的・抽象的逸脱の場合には局所的に構成された法則性に基づいた予測が行われるが，音楽の統語処理の場合には，階層構造において和音が推移する確率を含む，フレーズ構造における統語処理に基づいた予測を行うこともできる[51]．

MMNとERANに先行して行われる予測が，どこまで同じ脳領域で行われているかについては不明なままである．刺激系列の予測に対して前運動皮質（premotor cortex：ブロードマン6野の外側）の関与が示唆されている（Schubotz, 2007）ことから，前運動皮質は，①聴覚刺激の逸脱の検出に先行して生じる予測，②音楽の統語的な正誤の検出に先行して生じる予測，の両方に関与している可能性がある．しかし，そのような重複に加えて，聴覚の記憶に基づく予測が感覚野（すなわち聴覚野）で生じている可能性や，様々なモダリティに関わるブローカ野（ブロードマンの44/45野）などの領域でも音楽の統語的な知識に基づいた予測が生じている可能性もある（図9.13の左下を見よ．ERANの生成に関わる脳領域については本章4節を見よ）．

(4) 新しい音が聴覚システムに入力されると，その音の表象はモデルによって予測された音と比較される．MMNとERANの生成に関して，こうした音とモデルの比較についての処理はおそらく部分的に重複しているはずである（図9.13の下部右側を見よ）．しかし(3)と同様に，こうした処理についてMMNの場合（先行する刺激が規則性を形成するため，音の表象がより具体的もしくは「感覚的」であるかもしれない）は聴覚野だけが関与し，ERANの場合

には前頭葉が主に関与するのかどうかは不明である。

　注目すべきなのは，MMN を生じる過程に含まれる主な機能は聴覚的な対象を検出して分離するための神経モデルを保持することである，と Winkler (2007) が述べている点である。またこれは，音響的な不一致の検出と音楽の統語処理を区別している。なぜなら，聴覚的な構造を作る要素は，統語的な規則性に慣れている聴取者が意味を理解できるような形式を持ち，統語処理は構造を作る一連の要素の解析を扱っているからである（Koelsch & Siebel, 2005; Steinbeis & Koelsch, 2008b）。

## 6節　音楽と言語の間に見られる統語処理の相互作用

　本章 4 節では，言語と音楽の統語処理に関わる神経基盤の解剖学的な重なりについて述べた。しかし理論的には，これらの処理に対して（例えば BA44 の）まったく別のニューロンが関与することもあり得る。この場合も EEG の頭表での分布は同じになり（例えば Patel et al., 1998 で報告されたように），機能的イメージングの研究でも同じ活動パターンが示される（これまで確認されていないが，おそらくそうだろう。例えば Maess et al., 2001; Koelsch & Siebel, 2005 を参照）。したがって，認知操作とそれを行うための神経基盤について最も強い証拠を示すためには，①言語と音楽の統語処理における相互作用，②両方の統語処理に障害が見られる患者の研究，を行う必要がある。

　これまでに 4 つの研究によって，言語と音楽の統語処理の関連性が検討された（Koelsch et al., 2005b; Steinbeis & Koelsch, 2008b; Slevc et al., 2009; Fedorenko et al., 2009）（訳注：原文では Koelsch et al., 2005 と書かれているが，次の文章では 2005b となっており，おそらく「b」が抜けたものと思われる）。最初の研究（Koelsch et al., 2005b）では，音楽（和音）と言語（単語）を同時に処理する際に，音楽の統語処理が言語の文法と意味の処理に相互作用を示すかどうかを調べた。図 9.14 にあるように，5 つの単語からなる文章が視覚的に提示されるのと同時に 5 つの和音が聴覚的に提示された（単語と和音は 1 つずつ同時に提示された）。実験では言語刺激として 3 種類の文章が用いられた。1 つは文法的に正しい文章で，先行する文脈から予測しやすい単語が文章の最後に置かれた。残りの 2 つはこの文章を変形したもので，1 つは最後の単語が示す性別とその前の定冠詞および形容詞が示す性別が一致しない文章であった（訳注：実験ではドイツ語の単語が用いられたが，ドイツ語の単語には男性・女性・中性の性別があり，ある単語に対しては通常その単語の性別にあった冠詞や形容詞が用いられる）。こうした単語の性別の不一致によって左前部陰性電位（left anterior negativity: LAN；第 5 章 5 節の 2. を見よ）が生じることが知られている。もう 1 つの文章では，先行する文脈から

は予測しにくいが文法的には正しい単語が文章の最後に置かれた（こうした文章はN400を生じる。第5章5節の1.を見よ）[52]。

音楽刺激として用いられた和音列は，統語的に正しい主和音で終わるものと，間違った和音（ナポリの6度；同じ和音列が本章3節に述べた研究でも使われている）で終わるものが半分ずつであった。文章と和音列は3×2のデザイン（3種類の文章×2種類の和音列）で合計6条件が調べられた。文章の最後には，文法的に正しくかつ先行する文脈から予測しやすい単語，文法的には正しいが文脈からは予測しにくい単語，（文脈から予測しやすいが）単語の性別が間違っている単語が置かれ，それぞれ音楽の統語的に正しい和音あるいは間違った和音と同時に提示された（図9.14）。被験者は音楽的な刺激を無視して単語に集中するように教示され，全試行中の10％において文章が（文法的あるいは意味的に）正しいかどうかを判断した。

この実験デザインを用いたのは，もし言語と音楽の処理が無関係であれば，LAN

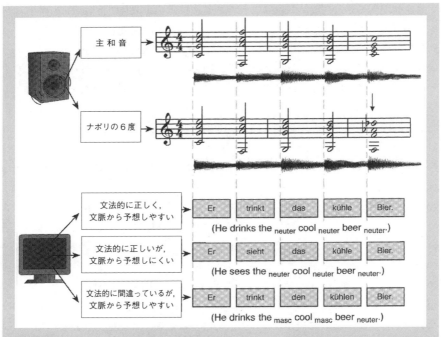

**図9.14**
Koelsch et al. (2005b) と Steinbeis & Koelsch (2008b) の研究で使われた刺激の例。上段：統語的に正しい和音（上の列）と間違った和音（矢印で示されている下の列）で終わる2種類のハ長調の和音列。下段：3種類の異なる文章。和音（聴覚的に提示）と単語（視覚的に提示）は同時に提示された。Steinbeis & Koelsch (2008b) より再掲。

やN400に対する音楽の統語的な正誤の影響（そして逆も）は見られないはずだからである。しかし，先に述べたような言語と音楽の統語処理に関わる脳部位と神経活動の重なりを踏まえ，音楽の統語的な正誤は文章の文法的な逸脱の処理に影響を与えると予想された。

文法的に間違った単語によりLANが生じ（図9.15A），また文法的に間違った単語と統語的に間違った和音を同時に提示した場合に生じたLANは，正しい和音が提示される場合よりも小さかった（図9.15B）。その一方で，（文脈からは予想されにくい単語によって生じる）N400の大きさは，同時に提示される和音の統語的な正誤による影響を受けなかった（図9.15D）[53]。この結果は，Bonnel et al.（2001）とBesson et al.（1998）の歌を用いた研究の結果と一致している。これらの研究では，メロディの最後の音についての和声的な正誤が，ともに歌われた単語の意味的な正誤の処理に対して影響を与えなかった（Besson et al., 1998では，N400が意味処理の電気生理学的指標として用いられ，統語的に誤った音によって後期陽性成分が生じた）。

文法的に間違った単語が統語的に間違った和音と同時に提示されると（正しい和音が提示される場合と比べて）LANが減少したという結果は，単語の文法的な特性の処理（つまり形態統語的な処理）と音楽の統語情報の処理との間に相互作用があることを示している。この相互作用は，①音楽の統語的な処理と②言語の文法的な処理の認知操作（そしてこれらを担う神経集団）が重なっていることを表している。つまり，この相互作用は音楽の統語処理（$M_{syn}$）の一部であると同様に言語の文法処理（$L_{syn}$）の一部でもあるxという認知操作（そしてこれを担う神経集団）の存在を示している。これを数式の形で表すと以下の様になる。

$$\exists \{x | (x \in M_{syn}) \wedge (x \in L_{syn})\}$$

$M_{syn}$：音楽の統語的な処理

$L_{syn}$：言語の文法的な処理

$x$：認知操作（あるいはこの操作を行う神経集団）

この実験では，ERANの大きさに対する言語の文法的な規則性の影響は見られなかった。しかし，この後で述べるSteinbeis & Koelsch（2008b）ではそれが見られた。重要なのは，どちらの研究（Koelsch et al., 2005b; Steinbeis & Koelsch, 2008b）でも，ERANの発生について先行する文脈に基づいたある単語の予測しやすさによる影響

### 図9.15

図9.14に示した刺激によって生じたERPの全体平均。被験者には音楽刺激を無視して単語に集中させた。そして全試行のうち10%では最後の文章が（文法的または意味的に）正しいか否かを答えさせた。**A**：文法的に正しい単語と比べて，間違った単語はLANを生じた。これは差分波形（矢印が示す灰色の線）でよくわかる。これらのERPはすべて統語的に正しい和音が提示された時のものである。**B**は単語とともに統語的に正しい和音が提示された条件（実線で示す。これはAの図での差分波形と同じ）と，間違った和音が提示された条件（点線で示す）でのLANを示した図。このデータは，単語が統語的に間違った和音とともに処理される場合に，単語の文法的な処理（LANによって反映される）に減少が見られることを示す。**C**は先行する文脈から意味的に予測しにくい単語と予測しやすい単語で生じたERPの差分波形を示した図。実線は単語が統語的に正しい和音とともに提示された条件，点線は間違った和音とともに提示された条件を示す。どちらの条件でも，意味的に間違った単語（先行する文脈から予測しにくい単語）によってN400が生じた。重要なのは，N400が和音の統語的な正誤による影響を受けなかったということである（どちらの条件でも同じようなN400を見ることができる）。**D**の波形は**B**と似ているが，聴覚的な逸脱課題として和音の代わりに音が提示された時のものである（和音列の場合と同様に，最初から4番目までは標準刺激が提示され，最後の音として標準刺激または逸脱刺激が提示される）。和音列の条件と同様に，文法的に間違った単語はLANを生じたが（実線で示した差分波形），和音の時とは反対に，逸脱刺激と同時に提示された単語でもほぼ同じLANが生じた。これは，単語が音響的な逸脱刺激とともに提示される場合には，単語の文法的な処理（LANによって反映される）が影響を受けないことを示している。したがって，**B**に示された言語と音楽の統語処理の相互作用は音響的な不一致ではなく，明らかに和音の統語的な逸脱によるものであった。**A**から**D**で用いた縦横軸の目盛はすべて同じである。Koelsch (2005b) より改変。

第 9 章　音楽の統語論

は見られず，音楽の統語処理に関わる認知操作と言語の意味処理（$L_{sem}$）に関わる操作は重ならないことを示唆している。これを先の数式に加えると以下の様になる。

$$\exists \{x | (x \in M_{syn}) \wedge (x \in L_{syn}) \wedge (x \notin L_{sem})\}$$

$M_{syn}$：音楽の統語的な処理
$L_{syn}$：言語の文法的な処理
$L_{sem}$：言語の意味的な処理

　Koelsch et al.（2005b）では，統制条件として単音を繰り返す音列とともに文章を提示した。音列の最後の音はそれまでと同じ音あるいは周波数を逸脱させた音で（第 5 章の図 5.2 で示した音列と似ている），この逸脱音によって生じた MMN は LAN との関連が見られなかった（ERAN とは反対の結果。図 9.15B と D を比べて見よ）。これは，音響的な逸脱の処理（物理的特徴による MMN が反映するもの）が単語の文法処理と関連しないことを示している。これはまた，LAN に関連した処理と音楽の統語処理との相互作用が単純な音響的不一致によるものではないこと（そして LAN が物理的特徴による MMN などの陰性電位による影響を受けないということ）を示す。しかし，LAN と音楽の統語処理の相互作用はかなり特異的なものである（抽象的な特徴によって生じる MMN が音楽もしくは言語の統語処理と関連するかどうかは不明である）。先の数式に対してさらに付け加えると以下の様になる。

$$\exists \{x | (x \in M_{syn}) \wedge (x \in L_{syn}) \wedge (x \notin A_{dev}) \wedge (x \notin L_{sem})\}$$

$M_{syn}$：音楽の統語的な処理
$L_{syn}$：言語の文法的な処理
$A_{dev}$：音響的な逸脱の処理
$L_{sem}$：言語の意味的な処理

　面白いことに，この実験では N5 が生じなかった。その理由は単純に被験者が音楽刺激を無視していたからでも，単語を読んでいたからでもない（なぜなら，他の研究では被験者が刺激を無視して本を読んでいても N5 が観察された。詳細は本章 7 節を見よ）。したがって N5 が生じなかった理由は，音楽を無視して文章の文法と意味を分析するという課題において，被験者が言葉と和音を同期させて処理するのに集中していたためだろう。LAN と和音の規則性との相互作用に加えて（N5 は観

察されず）ERAN が観察されたということは，ERAN が（音楽の）統語処理を反映するという仮説への強い証拠となる。

Steinbeis & Koelsch（2008b）による同様の研究では，Koelsch et al.（2005b）と同じ刺激を用いて少し異なる課題が行われた。被験者は，Koelsch et al.（2005b）の実験と同じく全試行の10％において最後の単語の文法的あるいは意味的な正誤の判断をするよう求められたが，被験者は単語に集中するように教示されたのに加えて，和音列の音色にも注意を向けてときどき生じる音色の逸脱を検出することも要求された。この新たな課題によって，音楽に関連したERPにおいて（わずかに）大きなERANと明確なN5の出現という2つの変化が生じた。特に後者はN5とN400の相互作用の可能性を調べるために重要な結果である。

実験の結果，以前の研究（Koelsch et al., 2005b）と同様に，文法的に間違った単語と統語的に間違った和音がともに提示されたときに（単語が正しい和音とともに提示された場合と比べて）LAN の減少が見られた。さらに，統語的に間違った和音が（意味的に誤った単語ではなく）文法的に間違った単語とともに提示された場合にERANの減少が見られた（図9.16A）。これらはERANが統語処理を反映するということの強い証拠である。以前の研究ではこのようなERANと単語の形態統語的な処理の相互作用は見られなかったが，これはおそらく課題の違いによる。最後に，この実験（Steinbeis & Koelsch, 2008b）の結果からは，単語が持つ文脈からの予測しやすさとN5の間に相互作用が示された[54]（N5と単語の文法的な規則性の相互作用は見られなかった。図9.16BとC）。これは，N5が音楽の意味処理を反映する証拠の1つである（これについては第10章で詳しく扱う）。

これらのERP実験の結果（Koelsch et al., 2005b; Steinbeis & Koelsch, 2008b）は，行動実験の結果を確認するものである。Slevc et al.（2009）の実験において，被験者はややこしい文章（garden-path sentence：構造が曖昧なために，文章の最初と最後で読者に異なる解釈をもたらすまぎらわしい文章）を自分のペースで読む課題を行った。単語（視覚的に提示）は和音（聴覚的に提示）と同時に提示された。文脈からは現れることが予測しにくい単語が統語的に間違った和音とともに提示された場合，被験者はその単語を読むのに余計な時間がかかった（つまり被験者には強いガーデンパス効果が見られた）。単語が意味的に予想しにくいものの場合，あるいは和音の音色が予想していなかったものの場合（しかし和声的には正しい場合）には，言語と音楽の統語処理に相互作用は見られなかった。

同様の結果がFedorenko et al.（2009）での歌を用いた実験でも報告された。文章は先行詞が主格あるいは目的格である関係節で，文章中の重要な単語が正しい調性

あるいは間違った調性で歌われた。被験者は，（予想されたように）先行詞が主格の節（訳注：原文では'subject-extracted extraction'となっているが，タイプミスと思われる）と比べて目的格の節をあまり正確に理解していなかった。これら2種類の文章の理解度の違いは，重要な単語（関係節にある最後の単語）が間違った調性で歌われた場合に大きくなった。音量を変化させてもこうした相互作用は見られなかったことから，これらの実験（Slevc et al., 2009; Fedorenko et al., 2009）の結果は，音楽と言語の統語処理が明らかに関連しており，それはおそらく共通の処理資源を持っているためであることを示している。

ここまで述べてきた言語と音楽の統語処理の相互作用を示すEEGと行動実験の結果は，失語症を持つ患者を調べた研究によっても確認されている（Patel et al.,

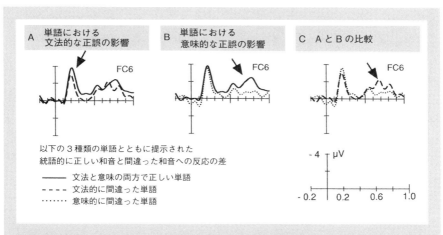

### 図9.16
図9.14で示した刺激によって生じたERPの全体平均。被験者は単語に集中し，全試行の10%において最後の文章が（文法的または意味的に）正しいか否かを答えた。さらに，被験者は和音の音色について意識しながら聴き，低頻度で起こる音色の逸脱を検出した。図9.15のA〜Cでは異なる種類の和音列条件における単語のERPを示したが，この図では，異なる種類の単語条件における和音のERPを示した（波形はすべて統語的に正しい和音と間違った和音の差分波形）。**A**：実線は，文法と意味の両方で正しい単語とともに提示された和音によって生じたERANとN5を示す。破線は，形態統語的に間違った（意味的には正しい）単語とともに提示された和音で生じたERANとN5を示す。後者の条件においてERANの減少が見られた(N5では見られなかった)。**B**：実線は**A**と同じく，文法と意味の両方で正しい単語とともに提示された和音で生じたERANとN5を示す（矢印で示したのがN5）。点線は，意味的に間違った（形態統語的には正しい）単語とともに提示された和音で生じたERANとN5を示す。後者では，N5の減少が見られた（ERANでは見られなかった）。**C**：文法的に間違った単語が提示される条件（破線）と意味的に間違った単語が提示される条件（点線）を直接比較している。これらのERPは，ERANが単語の意味処理の影響は受けず，単語の形態統語的な処理の影響を受けることを示している。反対に，N5は形態統語的な処理の影響は受けないが，意味的な処理の影響を受けていた。Steinbeis & Koelsch（2008b）より改変。

2008)。この研究では，ブローカ失語（Broca's aphasia）の患者で和音列の中の間違った調性の和音に対する統語処理の障害が示された。この研究におけるブローカ失語という用語は，こうした失語症の現象を指すのであって損傷部位を表しているわけではないことに注意してほしい（したがって，すべての患者でブローカ野の損傷が生じていたのではないかもしれない）。

◇ 統語等価性仮説

これまでの結果をまとめると，音響的な逸脱や意味処理の認知操作（とそれらに関与する神経集団）とは異なり，①音楽の統語処理と②言語の文法処理に対する認知操作（とそれらに関与する神経集団）は重複していると言える。言い換えると，音楽と言語の統語処理の両方に必要な認知操作（とそれらに関与する神経集団）が存在するが，それらは音響的な逸脱や意味の処理に関わっていない。ブローカ野の活動は連続した行為の階層的な処理のための必要条件であり（例えば Koechlin & Jubault, 2006; Fazio et al., 2009），階層的に構成された数式などの処理にも関連している（Friedrich & Friederici, 2009）。したがって，統語処理の認知操作は，音楽や言語だけでなく行為や数式，さらにその他のフレーズ構造のレベルで大きな範囲の依存関係を含む階層構造の処理とも関連しているかもしれない。つまり，音楽，言語，行動，数式などに関する統語的な処理に必要な認知操作（とそれらに関与する神経集団）が存在し，それらは音響的な逸脱や言語の意味などの処理とは関係がない，と私は考える。そして私はこれを**統語等価性仮説**（syntactic equivalence hypothesis）[55] と呼び，以下の様に表す。

$$\exists \{x | (x \in M_{syn}) \wedge (x \in L_{syn}) \wedge (x \in Act_{syn}) \wedge (x \in Math_{syn}) \wedge (x \notin A_{dev}) \wedge (x \notin L_{sem})\}$$

$M_{syn}$：音楽の統語的な処理
$L_{syn}$：言語の文法的な処理
$Act_{syn}$：行動の統語的な処理
$Math_{syn}$：数学の統語的な処理
$A_{dev}$：音響的な逸脱の処理
$L_{sem}$：言語の意味的な処理

音楽の統語処理が形態統語的な処理（Koelsch et al., 2005b; Steinbeis & Koelsch, 2008b）や言語の階層的な処理（ガーデンパス効果と構造的な複雑さ；Slevc et al.,

2009; Fedorenko et al., 2009) と重複するのは明らかだが，和音の統語処理と単語カテゴリーからの逸脱の処理との重複はかなり小さいようである。Maidhof & Koelsch (2011) では，統語的に間違った和音と同時に正しいカテゴリーに含まれる単語あるいは間違ったカテゴリーに含まれる単語が聴覚的に提示された[56]。こうしたカテゴリーからの逸脱は左前部初期陰性電位（ELAN；第5章5節の2. も見よ）を生じ，単語カテゴリー情報に基づく初期の文法構造構築を反映すると考えられている (Friederici, 2002)。音楽を無視する条件で（統語的に間違った和音によって）生じた ERAN は，文法的に正しい単語と提示された場合よりも間違った単語と提示された場合のほうが小さかった[57]。音楽に注意を向ける（そして言語刺激を無視する）条件では，こうした相互作用は見られなかった（そして ELAN に対する和音の規則性の効果も見られなかった）。これらの結果は，統語処理の神経基盤における相互作用がすでに初期の段階で見られることを明確に示しているわけでないが，その手がかりを提供している。こうした相互作用は，Maidhof & Koelsch (2011) と同じ刺激を用いた MEG (Friederici et al., 2000) や fMRI (Rüschemeyer et al., 2005) などの機能的イメージングの研究からも支持される。MEG や fMRI を用いた研究からは，これらの文章における単語カテゴリーからの逸脱によって下外側前頭葉よりもむしろ上側頭皮質前部における活動が見られた。別の文章刺激を用いた Herrmann et al. (2009) の MEG 実験でも，単語カテゴリーからの逸脱によって上側頭皮質の活動が示された。

　反対に，Heim et al. (2006) では，文章内での形態統語的な逸脱（LAN によって反映される）によってブローカ野（BA44）に活動が見られた。統語的に間違った和音によって生じる ERAN は LAN と相互作用を示し，また ERAN は BA44 の活動と関連しているので，ERAN に反映される音楽の統語処理の少なくとも一部は，単語の形態統語的な処理と類似するようである。これは，**和音が語彙素**（*lexeme*）と対応する（そして ERAN の一部は，本章2節に述べた**音楽的な期待の形成**における文法的な処理と関連している）という考えと一致する。

　その一方で，音楽の統語的な再処理や修正といった後期の処理過程（P600 に反映される。Patel et al., 1998）は，言語認知における文法の再分析との類似性を持つようである。これらの後期過程における重複は，**統語統合資源共有仮説**（*Shared Syntactic Integration Resource Hypothesis: SSIRH*）と呼ばれる。この仮説では，有限の処理資源が音楽と言語で共有されており，その資源がそれぞれの統語的な表象を別々に活性化すると考えられている (Patel, 2003)。またこの SSIRH では，言語と音楽の知識システムがおそらく独立に存在する一方，即時的な構造的統合のため

に使われる別のシステムは音楽と言語によって共有されているかもしれないと主張する（Fedorenko et al., 2009 も見よ）。このシステムは，音楽や言語が持つ構造（言語における文章，音楽における和声的な音列）に新しい要素（言語における単語，音楽における音や和音）を組み入れる際に関与するものとして議論された。音楽の統計的統合の後期に行われる再処理と修正の過程と言語の文法的統合の後期処理過程とが重複する，という SSIRH の主張を越え，ここで私が主張する**統語等価性仮説**は（ERAN と LAN が反映しているように）初期の相互作用を示した研究も組み込んでいる（Koelsch et al., 2005b; Steinbeis & Koelsch, 2008b）。そしてこの仮説は，音楽と言語の統語情報処理が統語的な処理やフレーズ構造の処理，そしておそらく単語カテゴリー情報処理のレベルでも重複することを示している。したがってSSIRH が言及しているのは，**統語等価性仮説**が言及する現象の一部だけであると言える。

# 7 節　注意と自動性

音楽の統語処理はどれだけ注意の有無に依存するのだろうか？　例えば会話をしている後ろで音楽が演奏されているとして，その音楽はどれだけ処理されるのだろうか？　また，会話に注意が向けられていない（音楽に注意を向けていて会話を無視している）時，その会話はどれだけ処理されるのだろうか？　注意に関する初期の心理学理論では，構造的な限界（注意のボトルネック）を持つフィルターモデルが提唱された。その後の理論では，詳細に分析される刺激が初期（Broadbent, 1957a, 1958）あるいは後期（Deutsch & Deutsch, 1963; Duncan, 1980）の過程で選択されると主張された。これらの中間の立場を取る理論では（Treisman, 1964），刺激の選択時に注意を向けていない刺激の処理は中止されるというよりは弱められると主張された。こうしたフィルターモデルとは異なり，注意の容量モデル（例えばKahneman, 1973）では，認知操作には全体としての限界があることと一連の処理のどの過程に対しても処理容量の自由な振り分けができることを仮定している。そして，初期の処理過程には注意が必要なく，意識的なコントロールはできないと考えられている（**前注意的処理**あるいは**自動的処理**と呼ばれる。しかし，例えばLogan, 1992 は自動的な処理と前注意的な処理を区別していることに注意してほしい）。反対に，後期の処理過程になるほど大きな注意の容量が必要となり，また意識的にコントロールできるようになる（Schneider & Shiffrin, 1977; Shiffrin & Schneider, 1977）。しかし，自動性という言葉が持つ全か無かという考え方，つまり完全

に自動的な（そして容量に制限のある注意資源を使わない）処理過程という仮定は後に修正された。例えば Hackley（1993）では，自動性の度合いが異なる処理過程があるとして，ほとんど自動的な処理（強制的で注意によって変更できない），多少自動的な処理（強制的だが注意によって変更できる），コントロールされた処理（強制的でなく注意資源が必要となる）を区別している[58]。

　音楽の統語処理における自動性を ERP で調べた研究では，被験者がビデオゲームをしたり（Koelsch et al., 2001），自分で選んだ本を読んだり（Koelsch et al., 2002c），また注意を強く要求される文章読解の課題を行っていても（Loui et al., 2005），ERAN が観察された。Loui et al.（2005）の研究では，被験者は和音列を無視して読解を行う条件と，和音列に注意を向けて音の強さの逸脱を検出する条件を行った。これらの条件を置くことで，課題と関係ない和音の統語的な正誤処理について注意条件（音の強さ検出課題）と無視条件（文章読解課題）での比較をすることができた。実験の結果，どちらの条件でも有意な ERAN は生じたが無視条件のほうが注意条件よりも小さかった（図 9.17a；ERAN は有意な左右局在を示さなかったので，著者らによって 'early anterior negativity' と記述された）。

　（ERAN によって反映される）音楽の統語処理の元となる神経基盤は，たとえ被験者が音声に注意を向けていても生じる（Maidhof & Koelsch, 2011）。この研究では，音声と音楽の刺激が異なる位置（水平方向に 20°と 340°）から同時に提示された。被験者が音声に注意を向けていても ERAN は観察されたが，その大きさは音楽だけを聴いた条件よりも有意に小さかった。ここで述べた 2 つの研究（Loui et al., 2005; Maidhof & Koelsch, 2011）は，注意を向けていない時の和声構造の処理の元となる神経基盤と，このメカニズムが注意についての要求の違いによって影響を受けることを示した。このことから，音楽の統語処理の一部は自動的に行われると言える。また Maidhof & Koelsch（2011）では，音声刺激に注意を向けて音楽刺激を無視した場合よりも，逆に音声刺激を無視して音楽に注意を向けた場合のほうが（単語カテゴリーの逸脱を反映する）ELAN が小さくなった（ただし有意差は見られなかった）。さらに，注意についての要求の違いは ELAN よりも ERAN に対して大きな影響を与えた。

　つまり，意識がはっきりしている人間なら，音楽に注意を向けていなくても音楽の統語処理は行われる（そして我々が統語的な間違いに気がつかなくても，我々の脳はこれを記録する）。意識のない状態では音楽の統語処理は消失するようであり，プロポフォールを用いた深い麻酔下（自然な睡眠時に近い状態）では ERAN が観察されなかった（Koelsch et al., 2006；この実験では図 9.5 に示した音列を用いた）。

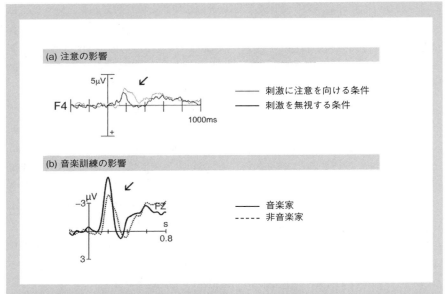

**図 9.17**
(a) は,被験者が音楽刺激に注意を向けた条件(灰色の線)と読解課題に注意を向けて音楽刺激を無視した条件(黒い線)における,差分 ERP(ナポリの 6 度で生じた ERP から主和音で生じた ERP を引いたもの)を示す。ERAN(矢印で示した場所)は条件間で明らかに違っており,無視条件で小さくなっている(Loui et al., 2005 より改変)。(b) は音楽家(実線)と非音楽家(点線)で生じた ERP(ナポリの 6 度で生じた ERP から主和音で生じた ERP を引いたもの)を示す。ERAN は被験者群間で明らかに違っており,非音楽家の群で小さくなっていた(Koelsch et al., 2002d より改変)。

これは,Koelsch et al.(2006)で同様の麻酔下において物理的特徴による MMN が見られたこととは対照的である。これらは,ERAN の発生について物理的な特徴による MMN とは異なる意識状態が必要であることを示唆している[59]。

いくつかの研究では,MMN の大きさが注意の要因によって減少することを示している(レビューとして Sussman, 2007 を見よ)。しかし,そうした変化は逸脱刺激の検出過程における注意の効果というよりも,むしろ標準刺激の表象の形成に対する注意の効果であることが議論されている(Sussman, 2007)。そして MMN 発生の元になる過程は注意の影響をほとんど受けない(Grimm & Schröger, 2005; Sussman et al., 2004; Gomes et al., 2000)。つまり,MMN は ERAN と比べて注意に対する抵抗力が非常に高いようである。

## 8節　音楽訓練の影響

　ERANやLPC/P600，P3で音楽訓練の効果が見られるように，音楽の統語処理は長期間あるいは短期間どちらの訓練による影響も受ける[60]。ERANに対する音楽訓練の効果は，これまで5つの研究によって調べられている（Koelsch et al., 2002d, 2007a; Koelsch & Sammler, 2008; Koelsch & Jentschke, 2008; Müller et al., 2010）。これらの研究では，プロの音楽家（図9.17b; Koelsch et al., 2002d）とアマチュアの音楽家（Koelsch et al., 2007a）で非音楽家よりも大きなERANが観察された。さらに，Fujioka et al.（2005）のMEGを用いた研究では，2つの声部を持つメロディの最後にそのメロディの調性から外れた音を提示すると，音楽家では（非音楽家と比べて）大きな誘発磁場が生じたことが報告されている。先に述べた研究のうちの1つ（Koelsch et al., 2007a）では，被験者集団による違いはわずかな統計的有意差を示したのみであった。また最近の3つの研究では，非音楽家（Koelsch & Sammler, 2008）や音楽学専攻の学生（Müller et al., 2010），そしてアマチュアの音楽家（Koelsch & Jentschke, 2008）と比べてプロの音楽家は大きなERANを示したが，有意差は見られなかった。有意差が見られる場合と見られない場合があるものの，これまでERANへの音楽訓練の影響を調べた研究のすべてにおいて，音楽家は非音楽家と比べて大きなERANを示した。これらの結果を確認するように，大人と11歳の子どもを対象としたfMRI実験において，音楽の統語処理における音楽訓練の有意な効果が見られている（Koelsch et al., 2005a）。

　これまで述べてきた研究結果からは，長期的な音楽訓練がERANに与える効果は小さいものの，その効果は研究間で一貫しており信頼できることが示されている。これは，音楽家が音楽の統語的な間違いに対して非音楽家よりも早く正確に反応できることを示した行動実験の結果と一致する（例えばBigand et al., 1999）。また，ERPを用いた音楽の構造処理の実験からは，和音によって生じたP3（Regnault et al., 2001）あるいはメロディによって生じたLPC（Besson & Faita, 1995）についても音楽訓練の効果が見られた[61]。音楽家でERANが大きくなるのは，おそらく彼らが（音楽訓練の影響として）音楽の統語的な規則性について具体的な表象を持っており，その規則性からの逸脱に対して敏感であるためと思われる（子どもにおける音楽訓練の影響については次節を見よ）。

　音楽の統語処理における短期的な訓練の影響を調べるために，Koelsch & Jentschke（2008）では図9.5に示した音列を約2時間被験者に聴かせた（その間被験者は音声を消した映画を字幕つきで見ていた）。実験の結果，統語的に間違った和音は

ERAN を生じたが，その大きさは実験セッションが進むにつれて徐々に減少していった。したがって，この結果は音楽の統語処理に関わる神経基盤が短期的な音楽経験によって変化することを示している。面白いことに，この実験で ERAN は有意に減少したものの，実験終了時まで見ることができた。これは，音楽の基本的な統語的規則性についての認知表象は驚くほど安定しており，簡単には変化しないことを示唆している。この考えは，Carrión & Bly（2008）の実験結果と一致する。彼らの実験では，被験者が統語的に正しい和音で終わる 84 種類の音列を用いた練習セッションを受けた後でも，間違った和音により生じた ERAN には増加が見られなかった。しかし ERAN とは反対に，P3b の大きさには訓練の影響としての増加が見られた。

## 9 節　発達

　私の知る限り，ERP で音楽の統語処理を調べたこれまでの研究における最も若い被験者は，4 か月の乳児である[62]。しかし彼らに ERAN は見られなかった（我々の研究グループにおける未刊行のデータで，ナポリの 6 度が用いられた。乳児の何人かは実験中に眠っていた）。一方で 2 歳半（生後 30 か月）の幼児では，ナポリの 6 度と上主和音に対する ERAN を観察できた（我々のグループにおける未刊行のデータ）。この年齢での ERAN はとても小さく，ERAN 発生に関わる神経基盤が発達してくるのがこの年齢くらいであることを示唆している[63]。

　5 歳の子どもになると，上主和音によって明確な ERAN が生じるが（図 9.18），大人よりも潜時は長い（約 230 〜 240 ms; Jentschke et al., 2008）。ナポリの 6 度を用いた研究でも同様の結果が得られている（Koelsch et al., 2003）。5 歳児で見られた（大人に比べて）長い潜時が神経解剖学的な違いによるものか（軸索のミエリン形成が足りないなど），音楽の統語的な規則性についての具体的な表象が少ないためか，またはその両方なのかはわからない。Jentschke et al.（2008）の研究では，特異的言語障害（Specific Language Impairment: SLI；言語の特定の処理だけに障害が見られる症状。この研究では文法処理だけに現れる障害）を持つ 5 歳児での音楽処理も調べられた[64]。正常な言語発達を示す子どもと比べて，SLI の子どもでは ERAN も N5 も見られなかった。つまり，SLI の子どもは言語の文法処理と同様に，音楽の統語処理も不完全であった。これらのことから，ERAN と N5 の発生に関わる処理過程の関与によって音楽（統語）処理における訓練の効果がもたらされ，それが言語の処理にも転移するという魅力的な仮説を立てることができる。そしてこの仮説

が正しければ，SLI の子どもに対して音楽が治療の助けとなれるかもしれない（さらに SLI の危険性を持つ子どもが SLI にならないように防ぐこともできるかもしれない）。詳細は以下に述べるが，音楽訓練を受けた子どもを対象とした実験結果はこうした転移効果を示している。

9歳になると，観察される ERAN は大人のそれとほぼ変わらなくなる。最近の研究では，音楽訓練を受けている子どものほうが音楽訓練を受けていない子どもよりも大きな ERAN を示した（Jentschke, 2007）。音楽訓練の有無にかかわらず ERAN の潜時は約 200 ms で，これは年上の子どもや大人に比べるとまだ遅い。fMRI を用いた実験からは，10 歳児で大人と同様の右半球の活動パターンが示された（ナポリの 6 度による明確な下前頭葉外側の活動とともに；Koelsch et al., 2005a）。この研

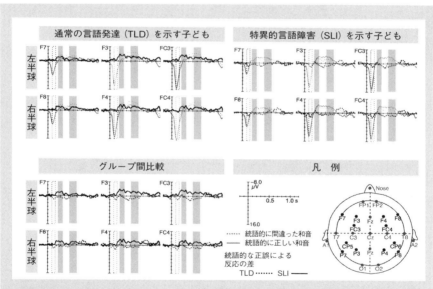

**図 9.18**
上段：通常の言語発達を示す子ども（上段左）と特異的言語障害を示す子ども（上段右）それぞれでの ERP の全体平均。細い実線は統語的に正しい和音（主和音）によって生じた電位を示す。また，細い点線は間違った和音（上主音）で生じた電位を示す。太い線は，通常の言語発達の子ども群（typical language development: TLD；実線）と言語障害を持つ子ども群（specific language impairment: SLI；点線）それぞれにおける ERP の差分波形（正しい和音と間違った和音で生じた電位の差）を示す。灰色で囲われた領域は，ERAN（230 〜 350 ms）と N5（500 〜 700 ms）の時間帯を示す。下段で示されている差分波形の群間比較からは，子どもたちの群による違いが ERAN と N5 の両方で示されている。点線で囲われた四角形の領域は，初期の音響処理を反映した電位（100 〜 180 ms の時間帯）に群間での違いが見られないことを示す。Jentschke et al. (2008) より改変して再掲。

究では音楽訓練を受けた子どもにおいて右半球の弁蓋部（pars opercularis）での強い活動を示し，大人と同様の音楽訓練の効果が見られた（音楽訓練について述べた本章8節も見よ）。

11歳児では，音楽訓練の有無にかかわらずERANの潜時は約180 msとなり，大人で観察されるERANと区別がつかなくなる。そして9歳児と同様，音楽訓練を受けている子どものほうが訓練を受けていない子どもよりも大きなERANが見られた（Jentschke & Koelsch, 2009）。この研究では，音楽訓練を受けている子どもたち全員が数年の経験を持っていた[65]。そして，音楽訓練を受けている子どもと受けていない子どもの両方が，ERANを観察するための（図9.5にあるように，最後が主和音あるいは統語的に間違った上主和音であるような和音列を用いた）音楽を用いた実験とELANを観察するための言語を用いた実験の両方を行った（第5章5節の2.を見よ）。この研究では，音楽訓練を受けている子どもたちは音楽の統語処理の能力を言語処理に転用できるため，音楽訓練を受けていない子どもよりも大きなELANが生じる，という仮説を検証した。

図9.19の上段では，音楽訓練を受けている子どもたちのほうが大きなERANを生じた（ただしN5は生じなかった）ことが示されている（ERANの増大が音楽訓練を反映することを示した研究と一致する。本章8節を見よ）。しかしもっと重要な結果は，訓練を受けていない子どもと比べて，音楽訓練を受けている子どものELANは約5倍大きかったということである（図9.19の下部を見よ）。さらに文法的に間違った単語に対する反応として，どちらのグループの子どもたちにも後期の持続した陰性電位が左右両側に見られたが，これも音楽訓練を受けている子どもたちのほうがかなり大きかった。つまり，音楽訓練を受けている子どものほうが，受けていない子どもよりも言語の文法処理に対する神経生理学的なメカニズムがよく発達していたということである。統語処理は複雑な階層構造を理解するために重要であり，こうした構造を早く処理することは物事を早く考えるのに役立つ。したがってこれらの結果は，幼い頃の音楽訓練が子どもの知的能力によい影響を与えることを示していると言える。意味処理に関するN400（この研究では，文章の最初に置かれた意味的に正しい単語によって生じた）はグループ間での違いが見られず，これはグループ間で言語性IQテストの成績に違いが見られなかったことと一致する[66]。

▶音響的変化の検出の重要性　注目すべきことに，胎児でもMMNらしき反応が測定される（詳細は第5章3節を見よ）。これはMMNのような識別反応が，

音響的な環境から即時的に抽出される音同士の関係の表象を形成するという生得的な能力（と聴覚の情景分析を行う生得的な能力）に基づくという考えを支持している。その一方で，ERAN の発生には聴取経験を通じて形成される音楽の規則

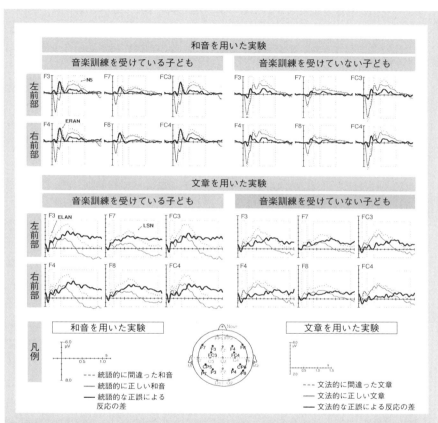

**図 9.19**
音楽訓練を受けている子ども群（左側）と受けていない子ども群（右側）を対象として，和音を用いた実験（上段）と文章を用いた実験（下段）で見られた ERP の全体平均。薄い灰色の点線は統語的に間違った和音（上主和音）や文章によって生じた電位を示す。薄い灰色の実線は正しい和音（主和音）や文章によって生じた電位を示す。太い黒色の実線は差分波形（正しい刺激と間違った刺激で生じた電位の差）を示す。音楽訓練を受けている群では，訓練を受けていない群よりも大きな ERAN が見られたが（上段において点線で囲まれた細い四角形の領域を見よ），N5 は群間での違いが見られなかった（上段での点線で囲まれた広い方の四角形の領域）。同様に，音楽訓練を受けている群では，訓練を受けていない群よりも大きな ELAN が見られた（下段において点線で囲まれた細い四角形の領域を見よ）。ELAN の後には持続性の陰性電位が見られ，これに関しても群間で違いが見られた（下段での点線で囲まれた広い方の四角形の領域）。Jentschke & Koelsch（2009）より改変して再掲。

性についての表象が必要であり，一連の和声進行の元となる規則性（統計的確率など）の検出が関係している。

注目すべきことに，MMN のシステムは特に幼少期の早いうちにおいて音楽の統語処理にとり最も重要なものであるようだ。本章 2 節で述べたように，調性音楽を聴取している時，このシステムによって①楽曲の拍子の表象を形成すること，②調性に含まれる音の表象を形成すること，③その調性に属さない音を検出すること，④和声に関する安定性についての階層表象を形成すること，が可能になる。多くの場合，音楽の統語的な誤り（と和声的な距離）は音響的な逸脱に関連しているので，音響的な逸脱の検出メカニズムによって音や和音の不規則性についての情報が増えることになる。こうした情報は，音楽の統語モデルの構築や統語的な規則性の検出，音や和音の進行に関する統計的な確率の記憶を助ける。注目すべきことに，音響的な逸脱をともなう音楽の統語的な間違いは，音楽に対して自動的に注意を向けさせる（MMN のシステムによって行われ，P3a に反映される）。この音に注意を向けさせるメカニズムは，おそらく音楽の学習に関与しており，またかなり幼い子どもでも持っている驚くほど洗練された潜在的な音楽知識にも関係している。

音楽の統語処理に対する MMN システムの関与は，統語的な間違いによって新生児で見られる下前頭葉外側の活動に反映されているかもしれない（Perani et al., 2010）。この研究では，新生児（生後 1 ～ 3 日）にクラシックのピアノ曲を聴かせた（曲は音楽的な表現を加えずに演奏された）。楽曲のカデンツの最後には転調が挿入され，この転調は聴覚野とともに（左）下前頭葉外側における血中酸素濃度の変化（Blood Oxygen Level Dependent effect: BOLD effect）を引き起こした。しかし，転調によって感覚的な不協和や物理的な逸脱も引き起こされるので，この反応は，①音響的な不一致の処理，②（ある調性に含まれることについての潜在的な音響的表象を形成することや，音響的な類似性に基づいて和音間の和声的距離を決定することに関する）和声構造の処理，③音響的な不一致と和声構造の処理，によって生じた可能性もある。新生児は（生まれる前に）音楽にさらされたことがほとんどないので，すでに音楽の統語的な規則性についての広い知識を持っているとは考えにくい。したがって，Perani et al.（2010）の実験結果は，音響的な処理と音楽の統語的な処理の密接な相互作用と，この作用が音楽の文法的知識の獲得に関わっていることを示している。

第 9 章　音楽の統語論

【注】

1. **カデンツ**という用語の説明には Caplin（2004）を見よ．
2. 同様に，Arnord Schoenberg（1978）は「我々は，他の全ての大規模な楽曲と同様に，コラールについても若干大きいが精緻なカデンツとして見ることができる」と述べている．
3. 彼の理論における精緻で変形可能な法則は，異なるレベル（彼の言う深層構造から音楽の表層まで）に再帰的に適用される．これは例えば，ある調の音列の中に異なる調の音列が埋め込まれており，そしてさらにその中に別の調の音列が埋め込まれているような入れ子の状態と似ている．しかし，Schenker の理論は主に調性の関係性について扱ったものでないことには注意してほしい．
4. 彼の理論は，調性音楽が根底にある基本構造（Ursatz）まで分解できる，という原則を主に扱ったことに注意してほしい．このため彼の理論は，例えば Rieman のように和声を中心としたものではなかった．
5. Schenker の理論の要約については Lerdahl（2001b）を見よ．
6. 生成理論という名前にもかかわらず，GTTM は生成のためのルールをいっさい提供していない．
7. 用語の紹介と説明については Lerdahl（2009）を見よ．
8. Caplin（2004）は，**カデンツ**と**フレーズ**について「カデンツ（と実際にはフレーズについても）に関する多くの問題は，これらを別々の物とすることで解消できる．カデンツは形式的な機能性が明示されていると考えられる一方で，フレーズはグループ構造において機能的には中立なものと考えられる（おおよそ 4 つの音楽に関する尺度を含む）」（p.59）と述べている．しかし，Caplin はまた「カデンツとフレーズを区別することで，あるフレーズがカデンツ的な終止を持つかどうかをより明確に記述することができる」と述べている．例えば，半終止や正格終止は通常フレーズを表すが，半終止には後続のフレーズが必要な一方で，正格終止はあるフレーズもしくはそのグループに対してこれ以上のフレーズが必要ない完全な終止をもたらす．さらに，カデンツは常にフレーズでもあるのに対して，フレーズはカデンツである必要性はない（例えば，あるフレーズはたった 1 つの和音から作られることもある）．
9. 私の知る限りでは，こうした規則性に基づく配置について**音楽の統語法**（*musical syntax*）という言葉を初めて使ったのは Hugo Riemann（1877/1971）である（彼は musikalische Syntaxis という用語を用いた）．
10. 拍子やリズムの統語処理についての研究は，Tomic & Janata（2008）と Winkler et al.（2009b）を見よ．
11. 拍は，最も顕著な時間的周期性を持つ音楽要素によって表現される．これは音楽に合わせて手拍子をするときの頻度に対応する．俗に言う**ビート**（*beat*）である．
12. On-line minimal fragment models は，Martin Rohrmeier から個人的に提案された．
13. こうした 4 つの要素で群化される音列では，聴取者がそのグループを認識していれば '・…．' という（ドットが 1 つ多い）音列でもミスマッチ反応が生じるだろう（Sussman, 2007 にまとめられている）．
14. 拍子は，等間隔で繰り返される時間的なユニットを規則的な小節にまとめることを意味す

## 第Ⅱ部　音楽心理学の新たな理論に向けて

る。例えば4分の4拍子（マーチ）や4分の3拍子（ワルツ），あるいは（もっと面白い）4分の5拍子や8分の7拍子などである。

15. 私はここで，和音（主和音や属音など）を安定性の階層を示すものとして用いている。これは，ある和音の表象がすでにこの段階で完全に記述されているという意味ではない。この段階では，音響心理学的な法則によって和音の機能的な役割（そして，不安定もしくは不協和な音や和音から安定あるいは協和した音や和音へと移動する傾向）が決定される。次の段階（音楽的な期待の形成段階）では，例えば四六の和音（six-four chord）の属和音的な性質など，慣習に基づいた規則性に基づいて和音の機能的な役割が決定される。

16. 詳しい説明については Huron & Parncutt（1993）と Leman（2000）を見よ。

17. Krumhansl & Kessler（1982a）は，「文脈に依存した3つの法則としてまとめられる判断の変化は，文脈が示す調性と和音が示す調性との間の距離に関連している。そして個々の音と同じように和音の知覚も，形成された調性においてその和音が持つ機能に強く依存する。これは，もし音楽において不変的な関係が見つかるとしたら，それは個々の音のレベルでも和音のレベルでもなく，もっと抽象的な調性のレベルにある可能性を示している」（p.337）と述べている。また363ページでは，ある調性において音同士の階層性を見つけることで，「複数の調によって形成される調性間構造の内在化が，調性の階層における個々の音の知覚的な位置づけから派生したものである可能性が示される」と述べている。そして366ページでは，「最も基礎的なレベル……複数の調性間の関係と，調性と個々の和音との関係は，全て個々の音のレベルにおいて内在化された調性の階層を通してもたらされる」とある。

18. 調性空間の認知をモデル化する手法の概説については，Janata（2007）を見よ。

19. 調性についての慣用法（tonal idiom）における調性の同定という概念については，Brown et al.（1994）が報告した intervallic rivalry model も見よ。

20. 計算論的には，on-line minimal fragment model は n-gram モデルとしても表すことができる。しかし，**予備知識を必要としない**構造化と**音楽的な期待**の形成との重要な違いは，前者が心理音響学的な法則と情報が聴覚の感覚記憶に蓄えられることに基づいているのに対して，後者は長期記憶に基づいているという点にある。重要なのは，楽曲を聴いている間の，**予備知識を必要としない**構造化に基づいた体験がすぐさま記憶されて，楽曲全体を通じて利用されるという可能性を否定していないことである。

21. ハ長調では，G-C-E という和音は主和音としてよりも属音として聞こえる。この和音は大抵終止形における四六の和音，つまり四六の掛留音（suspension）を持つ属音と捉えられる。【訳注】四六の和音と掛留音がともに不安定感をもたらすことから，主和音にもかかわらず不安定感が生じることを述べていると考えられる。

22. そして和音の基本形は形態素（lemma）に対応する。

23. 調性や言語のワーキングメモリに関する fMRI 研究については，Schulze et al.（2011b），Koelsch et al.（2009），Hickok et al.（2003），そして Schulze et al.（2011a）などを見よ。行動実験については，Williamson et al.（2010a）と Williamson et al.（2010b）を見よ。

24. 詳細については Sturt et al.（1999）を見よ。

25. 自律神経系の変化は比較的早く（ミリ秒から数秒単位），内分泌系の変化はそれより遅い（数

秒から数分単位)。そして免疫系の影響は数分から数時間単位で生じる。
【訳注】自律神経活動はミリ秒単位では変化しないと考えられている。

26. MMN と ERAN の区別については，本章 5 節で詳細を述べる。また，音楽と言語の統語処理に関する神経活動源の重複については，本章 6 節で扱う。
27. **ダブルドミナント**の説明については，p.20 と図 2.10 を見よ。
28. **上主和音**の説明については，第 2 章の図 2.6 を見よ。
29. しかし，コンピュータを用いた複雑なモデルによる言及をさしおいても，単純に 2 つの和音間の全ての音程を数えることは，感覚的な不協和を計算してある 2 つの和音と別の 2 つの和音を比較する方法として妥当である。Parncutt 自身も数理モデル化と比較して，ラフネス（音の粗さ）と緊張感との相関は「それぞれの響きにおける半音，増 4 度，属七やそれらの複合物の数を単純に数えることでも向上する」と述べている（Parncutt, 2006）。
30. 限られた要素によって作成された人工的な文法を用いた言語の実験では，文法的な逸脱によって初期の陰性電位が前頭部中心に見られており（Friederici et al., 2002b），音楽的な音による似たような文法的な逸脱によって，似たような電位が生じることはあり得る。
31. 基準電極を鼻で取る場合や全体平均を基準にする場合に，ERAN は乳様突起での極性が逆転するが，N2b は逆転しない。
32. レビューとして，例えば Tillmann（2009）や Bigand & Charronnat（2006）を見よ。
33. Koelsch & Jentschke（2010）でメロディを刺激として用いた条件では，統語的に正しい最後の音と先行する 2 つの音との音程差は 10% 以内（半音 2 つ分）であったが，その最後の音と先行音との音程差は 16%（半音 3 つ分）から 20%（半音 4 つ分）であったことに注意してほしい。したがって，最後の音に対して先行音がもたらす不応期効果（refractoriness）は，統語的に間違った音のほうがわずかに大きかった可能性がある。したがって，N125 は不応期効果によって説明できるか，あるいは少なくともその影響を受けている。にもかかわらず，周波数スペクトルの範囲が広いピアノ音を用いたことや，正しい和音よりも間違った和音のほうが先行する和音と同じピッチを共有していることから，N125 を不応期効果だけで説明するのは難しい。不応期効果の可能性を除くためには，この影響が統語的な正誤によって違わないように刺激を工夫するのがよい。
34. デルタ帯域とシータ帯域の律動脳波の大きさは，最後の和音に応じて増加した。そしてこの増加の度合いは統語的に間違った和音よりも正しい和音で大きかった。この正誤による違いは，おそらくデルタ帯域とシータ帯域における律動の位相がリセットされた事と，デルタ帯域での律動が増加したことによるものと思われる。
35. 面白いことにガンマ帯域については，ERAN の生じる時間帯では統語的に間違った和音による影響はなかった。しかし，N5 の生じる時間帯である 500 ms から 550 ms の間ではガンマ帯域への影響が見られた。
36. 和音の協和と不協和（Tramo et al., 2001 での和声における縦の次元）はおそらく機能和声的な情報よりも早く処理されることに注意してほしい。
37. しかし Loui et al.（2009）では，聴覚刺激を用いたオドボール課題で音響パターンの逸脱により生じた反応についても**初期前方陰性電位**という用語が用いられている。こうした音響パターンの逸脱は MMN を生じる（Tervaniemi et al., 2001）。したがって，この用語は元

になっている神経活動の機能的な重要性について明確にしていない。
38. Brain Electrical Source Analysis（BESA）というソフトウェアを用いて。
39. SPM8を用いてL2ノルムを最小化するような解析を行った。
40. この研究のもう1つの良い点は，同じ被験者を対象として調から外れた和音に対するMMNの発生源を測定したところである。ERANとは異なり，MMNの主な発生源はBA41とその周辺であった。
41. James et al.（2008）のEEG実験では，ERANの発生源が側頭葉内側部（おそらく海馬と扁桃体）と島に置かれたが，この実験ではコントロールとして他のERP成分（P1やN1）の発生源推定を行わなかった。
42. 多くの場合，MMNは前頭葉からの関与も受ける。Deouell（2007）のレビューを見よ。
43. Modified Observer's Assessment of Alertness and Sedation Scale（MOAAS）は，臨床現場において麻酔の深度を評価するための指標である。覚醒時でMOAASのレベル5（通常の声で名前を呼ばれるとすぐに返事をする）となり，レベル3は「大声で何度も名前を呼ばれると反応する」に，レベル2は「揺さぶったり刺激を与えたりしなければ反応しない」に対応する。二波長指数（BIS）は麻酔深度の電気生理学的な指標である。MOAASとBISは麻酔を一定の深度に調節するために確立された方法である。
44. 雑誌 Cortex における「ブローカ野と腹側前運動野の統合モデル」という題の特集（Fiebach & Schuborz, 2006）も見よ。また，Tettamanti & Weniger（2006）やBahlmann et al.（2009）も見よ。例えばTettamanti & Weniger（2006）ではブローカ野を「複数様式に対応した階層的なプロセッサ」として議論している。また同様に，Bahlmann et al.（2009）はブローカ野が異なる認知的様式（言語や音楽，行為など）の「階層的な処理のための最少公分母（least common denominator）」を反映していると仮定した。
45. 論理的には，言語と音楽の元になる処理の違いを証明することは不可能である。なぜなら，言語刺激に必要な処理のリソースを使わないような形で音楽的な刺激を選ぶことが常に可能だからである。したがって，最近 Proceedings of the National Academy of Sciences に載ったFedorenkoらの論文などは，論理的な間違いに基づいて「機能的特異性」（そして音楽と言語の処理に用いられる神経基盤の分離）という結論を導き出している。科学は論理なくして扱えず，論理がなくては作り話になってしまうのである。
46. この区別は重要だが，多くの場合区別されない。例えば，私がナポリの6度を用いて行ったいくつかの実験では（例としてKoelsch et al., 2000），音響的な逸脱による処理がERANに影響を与えた（本章3節の1.を見よ）。またFujioka et al.（2005）では，知らないメロディで調性を外れた音によって生じた反応に対してMMNという用語を用いた（この反応は音響的な逸脱ではなく音楽の統語論に基づいたものであるが）。Herholz et al.（2008）でも，有名な曲の中での間違った音（音響的には逸脱していなかった）で生じた反応に対してMMNという用語を用いた。そしてLoui et al.（2009）では，聴覚のオドボール課題における物理的なパターンの逸脱で生じた反応に対して（パターン由来のMMNとする代わりに）early anterior negativityという用語を用いた。
47. 例外についてはWidmann et al.（2004）とSchon & Besson（2005）を見よ。
48. フレーズ構造の文法と有限状態文法の神経活動との関連性についての比較を行った研究に

ついては，Friederici et al.（2006）と Opitz & Friederici（2007）を見よ．
49. MMN の発生に関する詳細については Winkler（2007）と Garrido（2009）を見よ．
50. 聴取者（特に正式な音楽訓練を受けていない人）が通常の場合に持つ統語的な期待は，**意識的**というよりも**無意識的**なものである．これは，我々がある重要な和音（あるいは音）を意識的に（あるいは努力して）予想するのではない，ということを意味する．さらに，多くの場合楽音に対する期待は，具体的というよりも確率的なものである．そして，非音楽家は和音ではなく音を予想する．これらの理由から，私は聴取者が持つ音楽の統語的な期待のことを「**楽音に対する期待**（*musical sound expectancy*）」と呼ぶ．反対に，もっと具体的な期待であり，能動的な行為を含むと予想する場合には「**予測**（*prediction*）」という用語を使う．しかし，音楽的な期待と予測はほとんど重なっており，私はどちらか1つというよりも連続体のようなものであると思う．例えば，背景に和音列が鳴っている間，聴取者は音楽の統語的な期待を形成する．そしてひとたび音列に注意を向けたら，その人は最後の主音についての予測を形成するだろう．'prediction' という言葉は MMN を生成する元になるような高い確率の予測という意味で使うのがふさわしく，また 'expectancy' という言葉は ERAN の生成前に生じる受動的な予測の過程に使うのがふさわしい．しかし本節（5節）では，読みやすさを優先するために予測（prediction）という言葉を使った．
51. 階層的に作られた構造は原則として予測できないが，長調−短調の調性音楽におけるいくつかの制限によって，我々は階層的な構成に基づいた予測をすることが可能になる．例えば，フレーズが持つ対称性や全体的な形などは，フレーズが終わりに近づいたことに気づかせたり，カデンツを終わらせるのにふさわしい和音の表象を形成することを可能にしたりする．
52. 刺激とした文章は Gunter et al.（2000）で用いられたものから選んだ．そして全ての文章において3番目の単語の後に形容詞を挿入し，和音列と文章を構成する要素の数が同じになるように修正した．
53. しかし ERP の波形（Koelsch et al., 2005b の図6）からは，後期の時間帯（約500 ms から900 ms）において，ある単語における文脈からの予測のしやすさと和音の統語的な正誤の間に相互作用が示唆された．残念ながらこの結果についての統計的な評価は行わなかった．
54. これは Koelsch et al.（2005b）では観察されなかったが，課題の性質のために N5 が生じなかったからである．
55. この用語を提案してくれた Mark Steedman に感謝する．
56. 文法的に正しい文章は名詞（noun）と助動詞（auxiliary），過去分詞（past particle）から成る．例えば 'Das Baby wurde gefüttert' / 'The baby was fed'．文法的に誤った文章は単語カテゴリーから逸脱した単語を含む．こうした文章では，名詞と助動詞の後に前置詞が入ってから過去分詞が入る．例えば 'Die Gans wurde im gefüttert' / 'The goose was in-the fed'．これはドイツ語では文法的に誤ったフレーズ構造である．
57. この音楽と言語の統語処理における相互作用は，統計的な有意差が見られなかった．
58. 自動性の概念については Moors & De Houwer（2006）でレビューされている．
59. Heinke et al.（2004）と Heinke & Koelsch（2005）も見よ．

60. LPC/P600 や P3 における訓練の効果については，Besson & Faita（1995）と Regnault et al.（2001）を見よ．
61. Schon et al.（2004）や Magne et al.（2006），そして Moreno & Besson（2006）も見よ．
62. 新生児を対象とした fMRI 研究については以下の文章と Perani et al.（2010）を見よ．
63. 音楽の統語処理の発達についての研究は，例えば Schellenberg et al.（2005）を見よ．
64. SLI の子どもに見られる主な特徴は，文法処理が苦手ということである．彼らは文法の理解，特に文法の複雑さを測定する課題において成績が良くない．彼らの多くは，語彙や語用論的な能力が比較的保たれている．しかし，音韻や項構造（argument structure）に関する能力は少し低く，形態統語的な能力（特に文法的な形態の処理）には強い障害が見られる．Jentschke et al.（2008）の研究では，標準化言語発達テスト（Standardized Language Development Test［SETK 3–5］を用いて言語能力が評価された．このテストは言語処理の異なる面を4つのテストで評価する．①音韻，語彙と意味，そして形態統語的な処理の段階を反映する「文章理解」，②特に形態論的な法則に関する文法的な処理を反映する「複数形の作成」，③知らない音素のパターンを短期記憶に留め，処理をする能力を測定する「非言語反復」，④例えば文章を理解し，記憶に保持するために文法構造の知識を利用する能力など，文法的な知識とワーキングメモリを反映する「文章の反復」の4つである．②において SLI の子どもは話し言葉から文法のような規則的なパターンを抽出することが困難であり，③における困難度は SLI の古典的な指標と見なされる．これらのテストの成績は ERAN との関連性が見られた一方で，N5 とは関連が見られなかった．不運なことに SLI の子どもたちの非言語知能は普通の子どもより低く，また同じように普通の子どもとの違いは両親の教育にかける時間（SLI の子どもを持つ親のほうが短い）や社会的・経済的な立場にも見られる（SLI の子どもを持つ親のほうが社会的・経済的立場が低い）．しかし，教育や社会的・経済的な立場のどれも ERAN や N5 との関連が見られなかったことは記しておく価値があるだろう．
65. 音楽訓練を受けていた子どものうち，ほとんどの男の子はライプツィヒにある聖トーマス教会の少年合唱団に所属していた．残りの男の子と女の子はライプツィヒにある公的な音楽学校の生徒であった．
66. この実験では，意味的な逸脱による影響は検討されなかった．

# 第10章

# 音楽の意味論

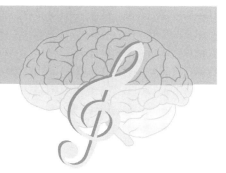

## 1節　音楽の意味論とは

　コミュニケーションを行うためには，相手によって解釈され・理解される情報を発信しなければならない。この章は，音楽情報の解釈から生じる意味処理の神経機構について扱う。理論的には，「音楽の意味」（「音楽システムの意味情報を伝える能力はどのようにはたらくのか」という意味）と，音楽情報の解釈によって意味が生じる過程を区別することが重要である。前者は事象としての音楽とその意味（および「音楽は意味を持つのか」「どういった種類の意味を音楽は伝えるのか」「意味に関して音楽と言語の間の違いは何か」といった疑問）を扱い，後者は，意味を生じさせる音楽情報（および音楽知覚の心理学的，生理学的な効果）の解釈に関連する主観的な過程を扱う。音楽システムは特定の意味情報を伝えるのに利用できる。他方で，伝達する側の人間がこの特定の意味情報を伝えるつもりがないのに，受け取る側に意味を持つ連合をもたらすことがある。それらを踏まえると，上記のような区別は重要である。後者の現象の一例は，特定の音楽情報によってもたらされる特定の個人的な記憶である。この章では，意味情報を伝えるシステムとしての音楽，および音楽情報が人にとって何らかの意味を持つという心理的実在性（psychological reality）の両方から考えて，音楽の意味に関する新たな神経生物学的理論を提唱する。

　意味（*meaning*）という用語は，ここでは2つの物事（記号［sign］と指示対象［referent］）の間の（直接的な）関連性だけを示すために使われるのではない。また，――記号と指示対象の関連性を扱うときですら――意味という用語は，指示対象に言及する記号の意図的な使用のみを指して使われるのではない。これらのことには

注意が必要である。例えば現代においてバッハ（J. S. Bach）の音楽を聴くとき,「バロック」という概念は聴取者に喚起されるかもしれないが，バッハ自身はそのような概念を伝える意図を持っていなかったであろう（彼が生きていた時代には，彼の音楽に対してバロックという用語は使われていなかったためである）。

以下の節において，音楽の意味に関する7つの次元を，外音楽（extra-musical），内音楽（intra-musical），音楽由来（musicogenic）といった3つの意味クラスに分けて述べる（表10.1を参照）。外音楽的な意味は，記号が持つ3つの異なる性質（形象的［iconic］, 指示的［indexical］, 象徴的［symbolic］）によって，音楽的な記号を（外音楽的な）指示対象として参照するという行為から生じる。概念的な外音楽的意味を超えて，私は概念的でない意味（そして，注目すべきことに単一の記号を超えた意味）についての2つのクラスを提起する。これら2つのクラスのうち1つは，内音楽的な意味のクラスであり，ある構造的な音楽要素を他の構造的な音楽要素として参照するという行為から生じる。もう1つは音楽由来な意味のクラスであり，音楽によって喚起される身体的な過程（例えば行動），情動, 性格に関連した反応（好みを含む）から生じる。すなわち，言語学での使われ方とは異なり，ここで使用される意味という用語は，概念的な意味だけでなく非概念的な意味も参照することができる[1]。

音楽的な意味の次元は，その意味を抽象化したものである。そして，（一般に他者から伝達される意味情報の解釈および理解と同様に）音楽の意味に関する理解や解釈は，通常多次元的であると考えることが重要である。すなわち，音楽聴取もしくは音楽演奏の間に，意味はいくつかの情報源から同時に現れる。例えば，交響詩を聞くとき，意味は外音楽的な記号の性質の解釈や，内音楽的な構造の処理，そして音楽の喚起する（音楽由来の）情動などから現れるだろう。

さらにこの章では，音楽の意味が音楽的な記号の性質を超えて拡張されることを強調するために，（単純に'音楽の意味'［musical meaning］や'音楽の記号論'［musical semiotics］といった用語を用いる代わりに）音楽の意味論（musical seman-

**表 10.1**
音楽の意味の次元についての概要。

| 外音楽的 | | | 内音楽的 | 音楽由来 | | |
|---|---|---|---|---|---|---|
| 形象的 | 指示的 | 象徴的 | | 身体的 | 情動的 | 個人的 |

tics）という用語を用いる。例えば，内音楽的な意味に関して言えば，音楽の意味は連続した要素間の構造的な関連性から生じる。外音楽的な意味に関して言えば，**標題音楽**（訳注：アート音楽の一種であり，音楽によって物語のイメージを喚起することが意図された器楽曲のこと）の聴取中，外音楽的な意味の処理が，意味を持つ情報と意味的な文脈の統合に関連する。しかし，**音楽の意味論**という用語が，真か偽かの二択における真の条件を示すわけではないことに注意が必要である。Uli Reich（2011）が述べた（ドラムや口笛による言語のように；Stern, 1957）音楽が言語を模倣しない限りは，音楽のどのような伝統的な文化も定量表現（例えば，「すべて」「いくらか」「決してない」「常に」），様式表現（例えば，「でなければならない」「かもしれない」「必然的」）もしくは接続詞（例えば，「そして」「もし……ならば」「〜する時かつそのときに限り」「どれでもない」）を用いないという意見に私は賛同する。したがって，「音楽の意味論」は，言語学において用いられるような'命題の意味論'（propositional semantics）という用語と同等であると見なされるべきではない（この問題は，この章の最後でさらに議論される）。

## 2節 外音楽的意味

　外音楽的意味は，音楽の外の世界を参照にした音楽の記号的性質の解釈から生じる。Leonard Meyer（1956）は，この音楽的意味の階級を**設計的意味**（*designative meaning*）と呼び，Nattiez（1990）は**外性的参照**（*extrinsic referring*）と呼んだ[2]。ここでは，外音楽的意味が3つの次元，音楽の①形象的，②指示的，③象徴的，といった記号的性質から成るという観点が主張される。これらの記号的性質は，Charles Sanders Peirce（音楽を参照してではないが；Peirce, 1931/1958）によって導入されたものを連想させるとともに，私の知る限りでは，Vladimír Karbusický（1986）によって最初に音楽に応用された（訳注：19世紀の哲学者，倫理学者，数学者であるPeirceが，自身の記号論で述べる記号の第二の三分法であるiconic, indexical, symbolicを模した概念であると考えられる）。

### 1．形象的な音楽の意味

　形象的な音楽の意味は，物体の音や性質もしくは抽象的な概念の性質に似た音楽の情報[3]から生じる。西洋音楽における形象的な記号の性質の使用には，以下の例が含まれる。それは，動物の声の模倣（ヴィヴァルディ作曲の協奏曲「四季」から'春'の第2楽章における犬の遠吠え），動物の特徴（サン‐サーンスの組曲「動物の謝肉祭」の第5楽章における象に似た大きく重く聞こえる音），天気に関連した音（ベートーベンの交響曲第6番「田園」の第4楽章，もしくはハイドンのオラトリオ「四季」の'夏'における激しい雷雨），風景に関連した音（スメタナの交響

詩「わが祖国」の'モルダウ（訳注：この曲ではヴルタヴァ川の流れが表現されている）'）, 架空の生き物の特徴（ムソルグスキーの組曲「展覧会の絵」における'小人'）などである。単一の音ですら,「暖かい」「丸い」「鋭敏」「色鮮やか」といったように聞こえるかもしれない[4]。音楽における形象的な記号の性質の使用は**音画**（*tone painting*）の一形態であり, 音画における他の形態では指示的な記号の性質が使用される（以下を参照）[5]。次項で「指示的な音楽の意味」と呼ばれるものに対して, Susanne Langer（1942, 1953）は「形象的」という用語を用いていたことに注意すべきである。言語に関して言えば, 言葉が指し示す物体や行動の音を模倣した言葉の音の形象的な記号の性質が, **擬音語**（*onomatopoetic*）と呼ばれている。

## 2. 指示的な音楽の意味

指示的な音楽の意味は, 個人の内的状態を指し示す信号から生じる。すなわち, 形象的な音楽の意味とは対照的に, 指示的な音楽の意味は, それ自体に内在する何らかの存在を知らせるものではない記号を参照することである（例えば「炎の存在を指し示す煙」のように；Peirce, 1931/1958）。西洋音楽における指示的な音楽の意味は, 一般的に情動や気分, 意図といった個人の心理状態を示す表現を模倣することから生まれる（こうした表現の模倣は, 音画の別形態である）。そのような模倣表現は, 本質的に行動と関連している（例えば, 音声は発声器官によって生み出され, 身振りは骨格筋により生み出される）。

Stephen Davies（1994）は, 指示的に用いられる記号的性質に対して「生得的な意義内容（natural significance）の意図的な使用」(pp.29–32)という用語を用いている。この特徴は理論的には妥当であり, また音楽システムが意味情報をどのようにして伝えるのかを示す記述として有効である。しかし, 先に述べたように, この章では, 情報の発信者が指示的な（もしくは他の）記号の性質から生じる特定の意味を伝えようとするか否かに関係なく, 音楽の情報が聴取者によって解釈されるという心理的実在性についても考慮するつもりである。Cross（2008b）は, 個人における感情的-動機的な状態と（種に特有な）発声の構造的-音響的な特徴の関係性に基づいて（Owings & Morton, 1998 を参照しながら）音楽の意味のこうした側面を**動機的-構造的**（*motivational-structural*）な関係性と呼んでいる。例えば, ストレスの高い人は声道が縮小するためにリラックスした状態と比較して, 発声の音響的な粗さ（roughness）の度合いが高くなる。なお, ここで指示的な音楽の意味と呼んでいる事柄を, Susanne Langer は「形象的」という用語によって述べている（Langer, 1942, 1953）[6]。

歴史的には，作曲における情動表現の具体的な記述方法は，17 世紀の *Affekten-lehre*（感情の理論）ですでに系統的に説明されている。*Affektenlehre* は，個々の情動を模倣するか描くかするために（そして *Affektenlehre* によればそれらを奮い起こすために）特定の音楽的な方法を定めて，音楽の形式および技術の様々な要素のそれぞれと，喜び，悲しみ，愛，嫌悪，絶望，願望，称賛といったような個々の感情の関係性を区別することを目的としていた[7]。

　Juslin & Laukka（2003）はメタ分析において，いくつかの「基本」情動（怒り，恐れ，喜び，悲しみ，穏やか）の表現に用いられる音響的な特徴と感情的に発声する時の強勢，抑揚などのパターンを比較した。その結果，発声において情動を表現する音響的な特徴が，音楽における情動の表現の方法と非常に似ていることを示した。この知見と一致するように，Fritz et al.（2009）の研究は調性音楽における喜び，悲しみ，恐れの表現が普遍的に認識されると示した。この研究に参加したのはマファ族の人々（北カメルーンに住むアフリカの原住民）であり，実験に参加する前には恐らく西洋調性音楽を聞いたことが無かった。喜び，悲しみ，恐れを表現した音楽刺激（調性音楽）に対してマファ族の人々は，偶然のレベルを超えてかなり正確に刺激の情動表現を認識しており，このことは，調性音楽における少なくともいくつかの「基本」的な情動の表現が，普遍的に認識されることを示している[8]。これらの発見は，顔（Ekman, 1999）や声（Scherer, 1995）の情動表現の普遍的な認識と一致している。興味深いことに，マファ族の音楽は情動の模倣ではない（音楽は彼らにとって常に楽しいものであるが）。したがって，音楽が情動を模倣するという考えは普遍的なものではなく，文化における音楽の使い方に依存していると言える。

　マファ族は，（儀式における集団の協調行動や他の社会的な機能のために音楽を使用するのに加えて）演奏者の身体的な適性の指標としても音楽を用いる。彼らによる笛の演奏（通常踊ったり走ったりしながらの）は非常に激しく，急速な吸気と呼気を含んでおり，「優れた身体的な適性が，数時間に渡って続くこともあるこの活動に従事するための前提条件とされている」（Fritz et al., 2009 の補足資料）。演奏の持続時間は，演奏者の身体的な適性の指標である（マファ族は力強く，長く続く演奏を高く評価する；Fritz et al., 2009）。音楽信号を生成する身体的な適性が指示的な性質を持つという考えは，音楽の適応機能に対する 1 つの仮説である性選択モデルによって促されてきた。このモデルについては，Darwin（1874）まで遡ることができる。彼は，鳥の歌からの類推によって「我々の祖先は，異性を惹きつけるために音楽の音符やリズムを獲得した」（p.477）という主張をした。Darwin の仮説は，人間にとってこの仮説を支持する明確な証拠がないのにもかかわらず，しばしば繰

り返されてきた（Fitch, 2005, 2006 のレビューを参照，音楽の適応的機能についての他の説明については第 12 章 3 節の「7 つの Cs」を参照）(訳注：7 つの Cs は効率的なビジネスコミュニケーションを行うための 7 つの重要語であり，著者はこの用語を音楽の適応的機能に関して応用したと考えられる。原書では p.169 参照と書かれているが該当部分には説明がなく，第 12 章 3 節に 7 つの Cs に関する説明があるので，本文ではこちらを参照先とした。以下も同様)。

意図も音情報によって指示される心理状態である[9]。Steinbeis & Koelsch（2008c）による機能的磁気共鳴画像法（fMRI: functional magnetic resonance imaging）研究は，音楽を聴いている間に作曲者や演奏者の意図を読み取ろうとして，人が自動的に社会的な認知を行うことを示している（このことは心の理論［theory-of-mind］に関わる皮質神経回路の活動によって示された）。またこの研究は，意味の処理に関連する後部側頭領域が賦活したことを報告しており，この結果には意図の解読が意味の性質も持つことが反映されている（本章の音楽聴取の際に行われる意図の解読についての補足と，後部側頭皮質と意味処理についての補足を参照）。

## 3. 象徴的な音楽の意味

象徴的な音楽の意味は，恣意性のある外音楽的な関連性から生じる。音楽情報についての象徴的な記号の性質は，慣習的であり（例えば，国家や映画やテレビドラマのサウンドトラック，特定の儀式に用いられる音楽，コマーシャルソングなど），特異的である（例えば，音楽情報とある出来事の記憶の間の関連性，個々人の電話着信音として使用される音楽など）。象徴的な音楽の意味には，音楽と社会もしくは民族集団の間の関連性といったような社会的な関連性も含まれる（行動に対するそのような関連性の影響については Patel, 2008 を参照）。　慣習として認められた象徴的な記号の性質に対して，Davies（1994）は，「独立した意味の恣意的な規定」（p.34）という用語を用いた[10]。単語の大半の意味は，この記号の性質に由来する。特異な象徴的記号の性質に対して，Koopman & Davies（2001）は，「主体にとっての意味」（p.268）という用語を用いた。

Cross（2008b）は，象徴的な音楽の意味が**文化的に制定**（culturally enactive）されるものであるとして，音楽行動の象徴的な性質が文化によって形成される（そして文化を形成する）ことを強調した。彼は「この側面は，慣習的で直感的な音楽の意味に根ざしており，音楽と個人的あるいは社会的状況がともに起こる頻度および個人あるいは社会の歴史の軌跡に部分的に依存しており，文化の形成と変化の偶発性にさらされているようである」と述べている。

## 補足　音楽聴取の際に行われる意図の解読

音楽を聞くとき人は，自動的に作曲者の意図（恐らく願望や信条でさえも）を理解しようとする。すなわち，私たちが音楽を聴き始めてすぐに，脳は作曲者の精神状態を推測しようとする（mental state attribution）。なお，メンタライジング（mentalizing）【訳注1】や志向姿勢（intentional stance）【訳注2】が，心の理論を確立することも多いと言われている。

Steinbeis & Koelsch（2008c）による fMRI の研究は，音楽情報から意図を知覚することによって，意味情報の処理に関連した部位を含む典型的な心の理論の神経ネットワークが賦活されることを示した。この研究において，(Arnold Schönberg と Anton Webern の) 無調音楽が非音楽家に呈示された。参加者間でカウンターバランスを取り，同じ曲が作曲者によって書かれたという指示と，コンピュータによって生成されたという指示のどちらかで演奏された。参加者はこの実験が情動と音楽についてのものであると伝えられ（すなわち，彼らにはこの実験の真の目的が知らされなかった），課題はそれぞれの楽曲の呈示後に，どのくらい快あるいは不快であったかを評価することであった。この行動課題のデータは，参加者による楽曲の快—不快についての評価が2つの条件間で同じであることを示した（すなわち，参加者にその曲が人間の作曲したものかコンピュータで生成されたものかを伝えるか否かは，楽曲に知覚される快に影響しなかった）。興味深いことに，実験で用いた楽曲は中程度に快であると評価された（すなわち，無調音楽は不快であると評価されなかった）。実験の後，参加者はイメージに関する質問を受け，実験で呈示された音楽に関して「2つの条件における行為者（作曲者あるいはコンピュータ）をイメージせよ」や「視覚イメージ」「空想」などといった項目に回答した。しかし，条件間で違いが認められたのは，どのくらい強く音楽により意図が表現されたと感じたかについての項目のみであった。

fMRI の結果からは，まさに他者の精神状態の推測に関わる神経解剖学的なネットワーク，すなわち前部内側前頭皮質（anterior medial frontal cortex: aMFC），左右の上側頭溝（superior temporal sulcus），左右の側頭極（temporal pole）が，作曲者条件でコンピュータ条件よりも活動を増加させていたことが示された。注目すべきことに aMFC の脳活動は，参加者が楽曲に対して何らかの意図を強く感じるほど大きくなった。したがって，音楽聴取によって（作曲者の意図を理解しようとする）他者の精神状態の推測に関連する脳領域が自動的にはたらくことが示された。

作曲者の意図の認識は，意味の性質も持っている（作曲者の意図が音楽に由来した意味を喚起し得ることが本章の5節で示される）。このことは，先に触れた研究の fMRI のデータにも反映されている（Steinbeis & Koelsch, 2008c）。左半球に見られた後部側頭皮質（後部 STS [superior temporal sulcus] から後部 STG [superior temporal gyrus] にかけて）の賦活部位は，概念的な知識に関連した，いわゆるウェルニッケ野の一部を含んでいた（p.173 の補足も参照）。したがって，これらの結果から，音楽の意味はすべての音符に意図的な行動が反映されているという理解に一部基づいているということが示唆される。この意図的な行為は，音楽家（もしくは他の人たちと一緒に音楽を演奏する演奏家や歌い手）との個人的な関係性を伝えるものである。これは，音楽を作る人と聴く人の間のコミュニケーションを表す（当然このことは，音楽を他人と一緒に作成するときにも適用できる）。

【訳注1】Frith & Frith（1999）で提唱された概念で，精神状態と関連づけて他者の行動を理解し操作すること。心象化といった日本語訳もあるが定訳はない。参考：Frith, C. D. & Frith, U. (1999). Interacting minds: A biological basis. *Science*, 286, 1692–1695.

【訳注2】Dennett（1978）などで述べられる，精神状態と関連づけて他者の行動を読み取る態度。参考：Dennett, D. C. (1978). Beliefs about beliefs. *Behavioral & Brain Sciences*, 1, 568–570.

## 3節　外音楽的な意味と N400

　この節では，外音楽的な意味の処理が N400 に反映されていることの証拠を呈示する。第 5 章 5 節の 1. において述べたように，N400 成分は意味情報の処理の電気生理学的な指標であり，特に概念的あるいは意味的な処理もしくは語彙情報へのアクセス（lexical access），さらには語彙情報へのアクセスの後の意味的な統合の指標である。単語によって喚起される N400 は，意味的な関連性の操作に対して非常に感受性が高い。意味的に不一致な文脈の後に現れる単語よりも一致した文脈の後に現れる単語に対してのほうが，N400 は小さくなる。すなわち，単語が意味的な文脈によって先行されるとき，N400 の振幅は単語と先行する文脈の間にある意味的な一致の程度と負の関連を示す（例えば図 10.1 の上段を参照）。

　単語によって喚起される N400 は，概念に関する分析への感受性が高いという豊富な証拠がある。そのため N400 は，単語と先行する文脈情報の意味的な表象を即座に関連づけることを反映すると考えられている。すなわち単語によって喚起される N400 は，処理の促進を意図された標的となる単語と文章の文脈の両方における意味情報の処理に対して特に感受性が高い（Kutas & Federmeier, 2000; Friederici, 1999）。より一般的には，N400 は，ほとんどすべての形式における意味的に重要な情報の処理によって喚起される。それは，例えば顔や写真（Lau et al., 2008），環境音（Van Petten & Rheinfelder, 1995; Cummings et al., 2006; Orgs et al., 2006, 2007; Aramaki et al., 2010），香り（Grigor et al., 1999）である。重要なことに，N400 は音楽によっても喚起されるものであり，先行する音楽情報の意味によって単語が喚起する N400 が影響を受ける。

　この問題を検討した最初の研究（Koelsch et al., 2004a）は，古典的な意味プライミングの実験手法を用いた。それは，（聴覚的に呈示された）文章もしくは音楽の先行刺激（prime stimuli）の後に，（視覚的に）標的語（target words）が呈示されるというものである（図 10.1）。先行刺激と標的語は意味的に関連するか無関連かのどちらかであった。言語条件において参加者は例えば，「その眼差しは虚ろに遠くを見ていた」という文章を聞いた後に，「広さ」という標的語を見た。この標的語は「手錠はわずかな動きしか許さない」といった文よりも，先行する文と意味的により密接に関連している（図 10.1）。標的語として，具体的な言葉（例えば，針，川，階段，桜，王，鳥，真珠，太陽）と抽象的な言葉（例えば，広さ，制限，祈り，いたずら，現実性，錯覚，到着，出発）の両方が用いられた。

　図 10.1 の上段は，先行する文章の後に続く意味的に関連したもしくは無関連な

標的語によって喚起されたERPである。このERPは，古典的なN400のプライミング効果を示した。すなわち，（予測された通り）意味的に関連のある標的語によって喚起されたN400と比べて，意味的に無関連な標的語によってより大きなN400が喚起された。重要なことに，この研究において最も関心が高かった条件は，音楽を先行刺激とする条件であった。これらの音楽刺激は，標的語との意味的な関連性の有無が仮定されており，音楽が標的語の意味処理に対して文章と同じ効果を持ち得るかどうかに関心が向けられた。図10.1の下段において呈示された例では，「広さ」という標的語が和音を構成する音程が広い範囲に設定された音楽（したがって，

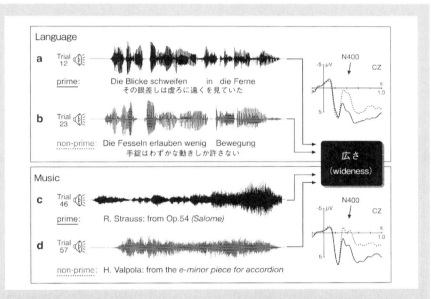

### 図10.1
左：視覚的に呈示された標的語に先行した4つの実験条件の例。上段：標的語の「広さ（wideness）」と意味的に関連した先行刺激（a）と意味的に無関連な先行刺激（b）。右上のグラフは意味的に関連した（実線）もしくは無関連な（点線）先行刺激文の呈示後に，標的語によって喚起されたERPを頭皮中心部の電極で記録したものの平均値。先行刺激と無関連な標的語は，（関連した標的語と比べて）N400を明確に喚起した。下段：標的語と意味的に関連した音楽（c）もしくは無関連な音楽（d）。右下のグラフは意味的に関連した（実線）もしくは無関連な（点線）音楽の呈示後，標的語によって喚起されたERPの平均値を示す。文章を呈示した場合と同様に，意味的に無関連な標的語は（意味的に関連した標的語と比べて）明確なN400を喚起した。それぞれの試行は一度だけ呈示され，条件はランダム化されたが，実験間でカウンターバランスを取った。同じ標的語が4つの条件に使用されたことに注目すべきである。したがって，標的語により喚起されたERPの条件に基づく効果は，先行する文脈の違いだけによるものであるだろう。Koelsch et al.（2004a）より改変。

広さの概念をプライミングすると仮定された）あるいは和音を構成する音程がしばしば不協和を示し，音同士が近い範囲に設定されている音楽（したがって，「広い」という単語をプライミングしないものとして用いられた）によって先行されていた。関連したもしくは無関連な先行刺激の呈示順序は実験間でバランスが取られ（訳注：Koelsch et al.（2004a）では，この段落で述べられている内容に関してそれぞれ参加者が異なる4つの実験を用いて検討を行っている），情動的な内容（例えば快／不快）が統制された。

　言語条件のときと同様に，先行した音楽と意味的に無関連な標的語によって喚起された ERP は，（先行した音楽と関連した意味を持つ標的語の ERP と比べて）より大きな N400 を示した。すなわちこれらの結果は，音楽と標的語の間の意味的な一致の程度によって，標的語により生じる N400 が影響を受けたことを示す。このことは，音楽情報が意味を持つ概念の表象の処理を促進するものであり，音楽が単語の意味処理に体系的に影響すること（恐らく，このトピックについての最初の行動実験は Hevner, 1936 を参照）の初めての実証的な証拠である。音楽情報による意味のプライミングは，形象的な記号の性質（例えば，階段という言葉の処理を促進する上昇音程），指示的な記号の性質（例えば，冷笑に似て聞こえるサックスの音），象徴的な記号の性質（例えば，祈りという言葉を準備させる教会の聖歌）のためである。不幸にも，N400 反応が音楽の意味についてのこれら3つの次元間で異なるかどうかは検討されておらず，これまでのところ，この問題について後に続く検討も行われていない。しかしこの結果は，外音楽的な意味の処理が N400 と関連するという結論をもたらすものである。

　上述の実験結果は，参加者が先行刺激と標的の組み合わせの関連性を判断したときに得られた。追加実験において，参加者は標的語として用いられた言葉についての記憶課題を行った（したがって，この実験の真の目的に気づいていない）。この課題においてすらも，N400 は音楽と標的語との意味的な一致の度合いによってはっきりとした影響を受けた。このことは，音楽情報が意味を持つ概念の表象を活性化させたものであり，（ここで観察された N400 効果を喚起し得る）単なる単語の内的な発音ではないことを示している。すなわち，これらの結果は，たとえ参加者が先行刺激と標的語の意味的な関係性を判断しないときですら，音楽情報が意味を持つ概念の表象についての処理を促進することを指し示す。さらに，我々は音楽情報と外音楽的な意味を無意識的（少なくともある部分は自動的であるように思える）に関連させるということも示している。

　（文章の後に標的語が続いた）言語条件において喚起された N400 は，（音楽の後に標的語が続いた）音楽条件において観察された N400 と振幅，潜時，頭皮上の分

## 補足　後部側頭皮質と意味の処理

いわゆるウェルニッケ野の解剖学的領域は，正確に定義されていない。一般的には，左半球の後部上側頭皮質（ブロードマン 22 野［BA 22p］）を指すが，しばしば隣接した中側頭皮質（ブロードマン 21 野［BA 21p］，37 野［BA 37］の一部）を指すこともある。この領域における活動は意味処理に必要であることが，ウェルニッケ失語の患者を対象とした損傷研究によって示されている。こうした患者は，主に前置詞の産出や直感による文法性の判断（acceptability judgments）における意味処理に関して障害を示した（Friederici, 1982）。機能的脳イメージングの研究は，後部上側頭溝（STS）と中－後部中側頭脳回が概念的もしくは意味的な表象を司ることを示した（非言語的な視覚物体の特徴の表象が，下側頭皮質の腹側部に蓄えられるようだ；Lau et al., 2008）。言語の産出に関しては左半球の中側頭回（middle temporal gyrus: MTG）において，語彙の選択を必要とする課題で賦活が見られる（Indefrey & Levelt, 2004）。同じく左半球の後部上側頭皮質が，語彙－文法の情報検索に関与している（Indefrey, 2004）。上側頭回（superior temporal gyrus: STG）に関しては，後部（後部 MTG についても同様；Hickok & Poeppel, 2007, p.398）が「音と意味の変換」の初期（聴覚）段階に関与すると複数の研究者（例えば Wernicke, 1874; Lau et al., 2008）によって示唆されている（Lau et al., 2008；神経イメージングの研究では，発声された言語およびスペクトルや時間に関して複雑なその他の刺激，例えば音楽に対して，一般的に後部 STG が活動を示すということに注意すべきである）。

意味処理は後部側頭皮質だけに関与するのではないこともまた記すべきである。この章の後半で述べるように，意味処理は，①意味を持つ表象の賦活，②意味を持つ表象の選出，③それらの表象の情報を先行する意味的な文脈に統合することを含む。（語彙を含んだ）概念的な情報が側頭領域に蓄えられているようである。また，文脈的に意味を持つ表象を統合し関連づけるという処理方略が，前頭葉下部と関連するようだ（言語の場合は常に左半球が重要である；Lau et al., 2008; Friederici, 2009）。さらに，前頭領域は音韻的，統語的，意味的な側面の結合に関する意味処理に関係があるとされ，また統語と意味の特徴に基づいた主題役割の割り当て（thematic role assignment）を行う際の項構造（argument hierarchy）の語順決定（linearization）にも関係するとされる【訳注】。

人において非言語の発声（Belin et al., 2004）ならびに非言語の声処理（例えば von Kriegstein et al., 2003）が，STS と関連する脳領域を賦活させることは注目に値する。Petkov et al.（2008）は，マカクザルにおいて種に特有な発声が，（恐らく後部 STS を含む）後部聴覚旁帯領域（parabelt area）と前部上側頭聴覚領域を賦活すると報告した。動物の発声（通常，特定の意味を持つ）は，種に特有な「語彙」の項目を表象する。また，聴覚旁帯領域が，聴覚意味情報を貯えるための系統発生的に古い領域であるようだ。人間は記憶したり伝達することのできる概念の数が多いため，そのような情報を貯える領域は恐らく後頭部方向へ拡張しており，上部および下部の穹窿部（凸面）に沿って上側および中側頭領域の後部に位置している（特に上側領域がしばしばウェルニッケ領域と呼ばれている）。左半球の STS 後部，すなわち意味を持つ聴覚入力をカテゴリーに抽象化する領域が，ヴァイオリニストではヴァイオリン音楽の処理に関わっていることも面白い。このことは，この領域に由来する意味に関連した処理が，発話や言語に対して特有であるのみでなく，音楽情報の処理も担っていることを示す。

【訳注】項構造は動詞を中心として文の意味を表現する構造であり，ここでは動詞を基にして主題となる目的語の語順を決定する際の脳活動について述べられていると考えられる。

布に関して差がなかった(そして具体的な単語と抽象的な単語の間でも差がなかった)。加えて,発生源分析から N400 が,言語と音楽の両条件において左右両側の側頭葉内側回の後部領域(ブロードマンの 21 野 /37 野)と上側頭溝の近隣に位置することが示された。それらの領域は,言語処理の最中に意味情報を処理することが示唆されてきた領域である(Lau et al., 2008;前頁の後部側頭皮質と意味処理についての補足も参照)。

Koelsch et al.(2004a)の研究において,音楽を標的刺激として用いるには長すぎた(最大 10 秒)ため,単語のみが標的刺激として用いられた。したがって,この研究から生じた問いは,音楽情報が標的刺激として呈示されたときにも N400 が喚起されるかどうかである。この問題に取り組んだ研究(Daltrozzo & Schön, 2009b)は,(単語の標的刺激との組み合わせにおける)先行刺激あるいは(単語の先行刺激との組み合わせにおける)標的刺激に用いることができる短い音楽(長さは 1 秒以下)を使用した。図 10.2 は,音楽が先行刺激として使用されたとき,意味的に無関連な標的語が N400 を喚起した(Koelsch et al., 2004a による研究と同様に,意味的に関連のある標的語と比較した場合)ことを示す。重要なことに,音楽が標的刺激として(単語が先行刺激として)使用されたとき,先行する単語(訳注:原文には preceding target word とあるが,ここでは単語が先行刺激であったため,原文の記述は誤りであると考えられる)と意味的に無関連であると判断された音楽に対して N400 が観察された(先行する単語と関連していると判断された音楽と比較した場合)。こ

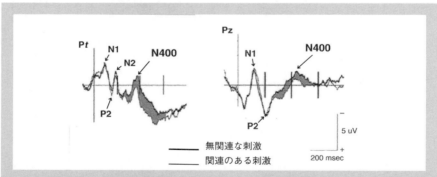

### 図 10.2
Daltrozzo & Schön(2009b)による実験のデータ。左図は(短い音楽を先行刺激として)標的語によって喚起された ERP を示し,右図は(標的語を先行刺激として)音楽によって喚起された ERP を示す。太線は意味的に無関連な刺激によって喚起された ERP を示し,細線は意味的に関連のある刺激によって喚起された ERP を示す。N1 と P2 要素の違いは,単語が視覚的に呈示され,音楽が聴覚的に呈示されたためであることに注意が必要である。意味的に無関連な単語と音楽の両方が,N400 を喚起した(灰色の領域を参照)。Daltrozzo & Schön(2009b)より再掲。

のことは，音楽情報が（標的刺激として使用されたときでも）N400 反応を喚起するという最初の証拠である。音楽はこの実験のために作曲されたため，参加者にとって未知であったことは注目に値する。それゆえ，ここでの音楽の意味は，象徴的な意味のためではなく，指示的（例えば「幸福」）や形象的（例えば「光」）な意味のために生じた。この研究のデータ分析において（Daltrozzo & Schön, 2009b），先行刺激と標的刺激の関連性は，参加者の関連性判断に基づいていた。他の論文において（Daltrozzo & Schön, 2009a），実験者によって事前に定義された先行刺激と標的刺激の関連性の有無に基づいてデータが分析されたときですら，N400 が喚起されることが示されている（この研究では語彙性判断の課題［lexical decision task］が用いられている一方で，先にあげた研究では参加者は先行刺激と標的刺激の概念的な関連性の判断を求められた）。

さらなる研究では，単一の和音や単一音のみを使用して音楽の意味処理が検討された。Steinbeis & Koelsch（2008a）は，単一の和音（聴覚的に呈示）と単語（視覚的に呈示）による感情プライミング（affective priming）の実験手法を用いた。参加者（すべて音楽家）が快もしくは不快と感じるような協和音と不協和音，そしてポジティブまたはネガティブな感情的内容の単語（例えば「愛」や「憎悪」）を刺激として用いた。和音が先行刺激で単語が標的刺激の場合とその逆の場合の両方で，先行刺激と意味的に無関連なターゲット刺激によって N400 が喚起された。単語によって喚起された N400 は後部を中心とした頭皮上分布を示した一方で，和音によって喚起された N400 は前部を中心とした頭皮上分布を示した。この頭皮上分布における違いは，恐らく異なる意味処理を反映している。それは例えば，音楽が標的刺激となったときのより方略的な処理（標的刺激と先行刺激の間の意味を統合して関連づけることに関わる処理）であり，そのような方略的な処理には，（下部）前頭領域が関わっていると示されてきた（Lau et al., 2008; Friederici, 2009）。しかし，N400 が異なる頭皮上分布を示したのは，単語が視覚的に呈示され，和音が聴覚的に呈示されたためという可能性もある。

いずれにせよ，Steinbeis & Koelsch（2008a）による研究は，単一の音楽刺激（快もしくは不快な和音）が，単語の意味処理に影響することを明らかにした（この研究では恐らく和音の指示的な記号の性質のため）。ただし，参加者が音楽家であったことには注意が必要である。非音楽家を対象として行った同一の実験において，N400 は単語が標的刺激のときには見られた（Steinbeis, 2008）ものの，和音が標的刺激のときには見られなかった。

我々（Steinbeis & Koelsch, 2008a）は同一手法を用いた fMRI の実験を行い，単語

の意味処理が側頭葉における活動と主に関連することを発見した。活動が見られた領域は中側頭回（MTG）の後部から上部側頭溝（STS）まで伸びており，N400の神経基盤であると考えられたブロードマンの21/37領域と一致した（表象の選択および検索が制限されていた（訳注：刺激の概念的な表象がポジティブとネガティブの2種類のみであったことを指していると考えられる）ことがおそらく理由となり，両方の条件において統計的には有意でないが下部前頭皮質（inferior frontal cortex）の賦活も認められた；上述のLau et al., 2008も参照）。先に述べたように，これらの側頭領域は語彙表象の貯蔵と活性化の役割を担っている。和音の意味処理に対する賦活の最大値は，その近くの領域（おそらく細胞構築学的には同一の領域に含まれる）で見られた。この研究における和音と単語の処理に対する賦活の神経地図上での違いは，おそらく「愛」と言ったような単語と例えば協和した長調の和音との間で語彙の概念が異なるためである。脳領域の賦活の広がりが，これらのプライミング効果の元になるメカニズムの1つであるようだ。つまり，単一の和音は感情の表象を活性化して，感情に関連した語彙表象にその活性化が広がっていくという可能性がある[11]。

　Steinbeis & Koelsch（2008a）の研究で開発された感情プライミングの手法を用いたさらなる実験では，先行刺激として快と不快の音色の和音とともに長調と短調の和音が用いられた（すなわち，標的刺激は常に単語であった；Steinbeis & Koelsch, 2011）。さらに，この研究は音楽家と非音楽家の両方を対象として検討を行った。先行する和音と感情的に一致しない標的語によるN400は，快と不快の音色および長調と短調の和音を用いた場合の両方で観察され，さらに音楽家と非音楽家で統計的な差がなかった。これらの結果は，音楽家と非音楽家の両方にとって，感情的な意味を伝達するのには1つの和音を呈示すれば十分であることを示している（ここでの和音の意味は，恐らく指示的および象徴的な記号の性質の混合によって生じているが，この研究では特定されていない）。

　Goerlich et al.（2011）がERPを用いて最近行った研究は，Daltrozzo & Schön（2009b），Steinbeis & Koelsch（2008a），Steinbeis & Koelsch（2011）で得られた結果と一致する。Goerlich et al.（2011）の研究では，視覚的に呈示される単語を標的刺激とした場合の先行刺激，あるいは逆に視覚的な単語を先行刺激とした場合の標的刺激として，感情の誘意性（悲しみ，中立，喜び）が異なる短い（660 ms）音楽刺激あるいは韻律刺激が用いられた。実験の結果，音楽と韻律刺激の両方で，先行する単語刺激と感情的に不一致な場合に（一致した場合と比較して）N400が見られた。さらに，音楽もしくは韻律刺激を先行刺激とした場合の感情的に不一致な標的語に対してもN400が見られた（音楽を先行刺激とした場合に標的刺激である単語によっ

て喚起されたN400は，ERP波形において視覚的には明確であったが，統計的には有意でなかった）[12]。

他の研究（Grieser-Painter & Koelsch, 2011）において，同様の意味的プライミング効果が，単一の音を先行刺激もしくは標的刺激に用いたときにも観察されるかが検討された。音刺激は異なる音色を持ち，標的語として形容詞が用いられた（例えば，「緊張した」「開いた」「早い」「強い」「色とりどり」）。音と単語のどちらを先行刺激として用いた場合でも，意味的に無関連な標的刺激（音と単語の両方）によってN400が生じた（どの参加者も専門的な音楽教育を受けていなかった）。またこの研究は，先行刺激と標的刺激の関連性を実験者があらかじめ定義した場合と参加者が判断した場合のN400も比較した。これら2つの条件間で統計的な有意差は認められなかったが，ERPがそれぞれの参加者の判断に基づいて分析されたとき，音を標的刺激とした場合のN400が視覚的により明瞭であった。この研究の結果は，Schön et al.（2010）による研究において支持され，単語の先行刺激に続く音と，音の先行刺激に続く単語について類似したN400が報告された（音の意味は，形象的ならびに指示的な記号の性質により生じた）（訳注：Schön et al.（2010）で用いた音刺激は，「冬」という抽象的な概念を想起させる音や「最高の」といった個人の内的状態を指し示す音であったことから，本章で述べた形象的および指示的な音楽の意味を持った音刺激であったということを意図していると考えられる）。Grieser-Painter & Koelsch（2011）による研究とSchön et al.（2010）による研究のどちらもが，異なる音の記号的性質を区別しなかった。したがって，異なる外音楽的な記号の性質によって喚起されるN400を検証するのは将来の課題である。

要約すれば，上記で紹介した研究は，音楽情報（音楽，単一の和音，単一音）が，（単語によって喚起されるN400への影響によって示されるように）体系的に意味を持った概念の表象の処理を促進させることができることを示した。さらに，ここで紹介した研究は，音楽，単一の和音，単一音によって生じるN400が，先行する単語との意味的な一致の程度によって影響を受けることを示した。N400は外音楽的な意味，つまり音楽の外部にある無限の概念を参照する音楽情報により生じていたと考えられる。

## 4節　内音楽的な意味

前節では，外音楽的な意味とN400について扱った。しかし音楽の意味は，ある音楽的要素（もしくは要素の集団）が他の音楽的要素（もしくは要素の集団）を構造的に参照することでも生じる。すなわち，音楽の意味論は外音楽的な記号の性質を超えて拡張され，音楽の内部構造における関係性の解釈，つまり単一もしくは集

団の音楽的要素から，他の単一もしくは集団の音楽的要素への少なくとも1つの構造的参照によって生じる（このとき音楽の外の世界への参照はない）[13]。Meyer (1956) は**具現化された意味**（*embodied meaning*）[14] という用語を用い，内音楽的 (intra-musical) という用語は，私の知る限りでは，Malcolm Budd（1996）によって導入された。他の理論家は，**内的な参照**（*internal referencing*; Nattiez, 1990）[15]，**形式上の意味**（*formal meaning*; Alperson, 1994; Koopman & Davies, 2001），**形式上の重要性**（*formal significance*; Davies, 1994）という用語を用いてきた。

◇ 内音楽的な意味とN5

以下において，内音楽的な意味の処理が電気的にN5（もしくはN500）に反映されるという結果を得た実験について報告する。最初にN5が和声的文脈の形成と和声の不一致に敏感であることが述べられるだろう。そして，N5はとりわけ単語における意味の不一致の処理と相互作用するという証拠が呈示される（このことは，N5の生成の根底にある処理が意味処理と関連することを示す）。

▶和声的文脈の形成　第9章で述べたように，音楽の統語的に正しい和音あるいは間違った和音で終わる，5つの和音で構成された和音系列を用いた実験で初めてN5が観察された（第9章の図9.3を参照）。図10.3は，統語的に正しい和音系列の1番目から5番目までの和音によって喚起されたERPである。どの和音もN5を喚起しているが（図10.3の矢印を参照），N5振幅は和音進行の終わりに向かって減少している。この振幅の減少は，終止形（cadence）に至るまでの和音進行の過程において必要とされる和声的な統合の程度が減少することを反映していると捉えられる。（予期された）最後の主和音によって喚起された小さな

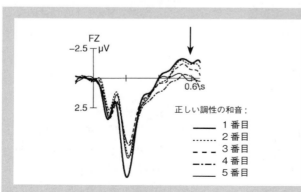

**図10.3**
5つの和音からなる和音系列（図9.3(a)の左図に示されている）のそれぞれの和音(1番目から5番目まで)によって喚起されたERPの平均値。N5の振幅（矢印によって示されている）は，和音の位置に依存している。N5の振幅は，和声的な文脈の構築が進むにつれて減少している。

N5 は，この位置で必要とされたのが恐らくわずかな和声的統合のみであったことを反映している[16]。この N5 で見られた現象は，オープンクラスの単語によって喚起された N400 と似ている。文章中に展開される単語の位置に関して，N400 の振幅もまた文章の終わりに向かって減少していく（Van Petten & Kutas, 1990；cf. 第 5 章の図 5.4）。すなわち，文章を処理する際に最後に置かれた意味的に正しい単語は，一般的にかなり小さい N400 を喚起する一方で，この最後の単語に先行する単語はより大きな N400 を喚起する。これは単語の意味の予期しやすさのためである。こうした予期は，文章の最初ではどちらかと言えば弱く，（読者がすでに最後の単語が何であるかを予測している）文章の終わりに向かって徐々に強くなっていく。したがって，文章の終わりに必要とされるのは，少しの意味的統合であり，より小さな N400 に反映される。もし最後の単語が意味的に予測できなければ，大きな意味的統合が必要とされ，より大きな振幅の N400 として反映される。

▶和声の不一致　第 9 章では，図 9.3 に示されたような和音系列の最後に置かれた統語的に正しいあるいは間違った和音によって喚起された ERP について述べた。統語的に正しい和音と比較して，間違った和音は典型的に右前部初期陰性電位（early right anterior negativity: ERAN；一般的に 150 〜 200 ms 付近で最大値に到達し，音楽の文法処理に関連した神経メカニズムを反映する）を喚起する。加えて，統語的に正しい和音によって喚起される N5 と比べ，間違った和音はより大きな振幅の N5 を喚起する（メロディに対するそのような N5 効果を報告した研究について，Miranda & Ullman, 2007; Koelsch & Jentschke, 2010；第 9 章も参照）。この N5 振幅の増加は和声的統合の増加を反映していると捉えられ，N400 が単語の意味統合を反映したことを連想させる。すなわち，和音系列内の同一位置において生じる N5 は，先行する和声的文脈への一致の度合いによって影響を受け，（ある文章内の同一位置で喚起される）N400 と類似しているのである（図 10.1 も参照）。このことは，N5 と音楽の意味処理が関連することを示唆する（この関連性は次の［▶ N5 と N400］で詳細に述べられる）。

　音楽に注意を向けていないときですら N5 が喚起されることは，注目に値する（例えば本を読んでいる最中，もしくはビデオゲームをしている最中；第 9 章を参照）。すなわち，N5 の生成の根底にある神経メカニズムは，少なくとも部分的には自動的にはたらく。したがって，N400 のプライミング効果における外音楽的な意味の処理のように，内音楽的な意味は少なくとも部分的には，音楽情報に

注意を向けなかったとしても処理される（例外は，音楽を無視して単語の文法や意味に注意を向けるよう教示された時の単語と和音の同時処理である）。

▶ N5とN400　以下では，N5が意味情報の処理と関連することを示すデータを提供する。第9章6節で説明したように，2つのERP研究（Koelsch et al., 2005b; Steinbeis & Koelsch, 2008b）が，和音系列と文章を同期させて参加者に呈示することによって，音楽と言語処理の相互作用を検討した（第9章の図9.14を参照）[17]。これらの研究は，言語の形態統語的な逸脱によって喚起された左前部陰性電位（left anterior negativity: LAN）が，音楽の統語的に間違った和音による影響を受けたが，その一方で，N400はそのような間違いによる影響を受けなかったと示した。加えて，Steinbeis & Koelsch（2008b）による研究は，文法的に間違った単語をともなって呈示された音楽の統語的に間違った和音が，より小さなERANを喚起することもまた発見した（文法的に正確な言葉をともなって喚起されたERANと比較した場合；cf. 第9章の図9.16A）。

さらに，音楽の意味処理に関してより重要なことに，Steinbeis & Koelsch（2008b）の研究結果は，N5と単語の次に現れることが予測できる度合いの間の交互作用を示した（N5と単語の文法的な正しさの間の交互作用がない場合において；図9.16B, C）[18]。N5は次に現れることが明確に予測できる単語（例えば「彼は冷たいビールを飲んだ」）によって喚起されるときと比べて，次に現れることが予測しづらい単語（例えば「彼は冷たいビールを見た」）によって喚起されるときのほうがより大きい。重要なことに，N5はLANと交互作用せず（すなわち，N5は単語の文法処理と交互作用せず），このことは，N5が単に何らかの種類の逸脱や不一致に影響されるのではなく，とりわけ意味情報処理を司る神経メカニズムに影響されることを示している。すなわち，N5は意味処理つまりは先行する文脈に一致しない意味の単語の語彙表象が活性化することに影響されるのである。こうした影響は，N5が意味処理と関連することを示す。和音列における和音の間にある和声的な関連性は，内音楽的な参照であり（すなわち，ある音楽要素が他の音楽要素を参照する）外音楽的な概念の参照でないことは注目に値する。

内音楽的な意味は音楽表現（例えばアクセントをつけた演奏をして音楽の不規則性を強調するようなこと）によって影響を受け，そのような影響はN5に反映されるようだ。音楽表現をつけて（ピアニストによって）演奏されたもしくは音楽表現なしに（力強さや緩急法なしにコンピュータによって）演奏されたクラシック音楽のピアノソナタを用いた研究において，表現のある条件において演奏され

た和音は，表現なしの条件で演奏された同一の和音よりも大きな N5 を喚起した（Koelsch et al., 2008b）。

▶ **N5 の神経基盤**　N5 の神経基盤は捉えるのが困難なままである。こうした困難は部分的には，通常 ERAN の後に N5 が生じるためのものであり（例外については Poulin-Charronnat et al., 2006 を参照），このことが fMRI を用いた実験における N5 と ERAN の神経機構を区別するのを困難にさせている。N5 は一般的には前頭部を中心とした頭皮分布を示すので，N5 の頭皮上分布は N400 よりも前側にあり，少なくとも部分的には神経基盤が異なると示唆されている。恐らく，N5 は側頭葉（ブロードマン 21 野と 37 野［BA21/37］における N400 と重複する可能性がある）と前頭葉（恐らく下部前脳回の後部）の両方を含む神経基盤から生じる。このことは，例えば同じ参加者において聴覚的な N400 と聴覚的な N5 の神経基盤を比較することで特定する必要がある。そのような研究は，N5 がいくつかの副次的な成分で構成されるのか否か，さらにはそうした副次的な成分の 1 つが（後期）N400 であるかどうかを明確にできる可能性がある。

▶ **N5，CNV，RON**　N5 が随伴陰性変動（contingent negative variation: CNV）の O 波（orienting wave）もしくは再配向陰性電位（reorienting negativity: RON; Schröger & Wolff, 1998）に反映される処理と関連するという可能性は低い。CNV の O 波は長い潜時を示し，一般的に，①運動反応を必要とする実験課題において生じ，②前部で陰性・頭頂部で陽性の頭皮上分布（乳様突起を基準点とする）を持ち，③刺激に注意を向ける状況下で喚起される，長い持続時間を持つ ERP である（Rugg & Coles, 1995）。それに反して，N5 は前注意的な聴取条件下（すなわち，どんな反応も求められない条件：第 9 章を参照）で喚起されるものであり，一般的に乳様突起を基準点とした頭頂部における陽性の頭皮上分布は示さない（例えば Koelsch et al., 2000）。RON（これも 500 ms 付近で生じる）は，参加者が一度課題から注意を反らした後に再び課題に注意を戻すときに喚起され，課題関連情報に注意を向け直すことを反映すると考えられる。N5 と対照的に，RON は課題無関連な条件において逸脱が起こったときのみに現れる（N5 は和声的に間違った和音が課題に関連していて，参加者がそれに注意を向ける条件下においても現れる；Koelsch et al., 2000; Koelsch & Friederici, 2003）。さらに，N5 は鼻を基準点とした場合に乳様突起における明確な極性の反転を示すが，RON は示さない（例えば Koelsch et al., 2007）。

▶**調性音楽のさらなる内音楽的現象**　p.178 の［▶和声的文脈の形成］で，調性音楽における内音楽的意味が，和声の文脈形成もしくは——より抽象的なレベルで——構造の**構築**（build-up）から生じると述べた。そのような構造は，ある種の**安定性**（stability）を持つ（例えば，和声の核となる和音を含む和声構造は，そうした和音を含まない構造と比べてより安定している）。統語処理に関する（表10.2 の 2 行目）構造的な安定性は，**予備知識を必要としない構造化**（knowledge-free structuring）に基づいて確立された音や和音の**安定性についての階層**（hierarchy of stability）と関連する。さらに，音楽構造はある種の**範囲**（extent）を持つ（例えば，和声構造が単一の調に制限されるか，もしくはいくつかの調に広がる）。構造の範囲と安定性が，内音楽的意味を生じさせるさらなる現象である。さらに，p.179 の［▶和声の不一致］で述べたように，内音楽的な意味は，和声の不一致性もしくは——再び，より抽象的なレベルで——（期待された）構造からの**逸脱**（breach）により生じる。音楽知覚のモデルに関して（表 10.2 の最初の行に要約されている），構造的な逸脱は**構造の構築**（structure building）を崩壊させることに関与する。調性音楽において，構造的な逸脱の後には通常，**逸脱後に作られる構造**（post-breach structure）が続く（例えば，偽終止に続く和音）。逸脱後の構造は，構造的な逸脱の**解決**（resolution）を導く（例えば，和音系列の最後にある構造の逸脱を解決するための主和音）。逸脱後の構造とその解決もまた，内音楽的な意味を生じさせる現象である。逸脱後の構造における和音は，逸脱がなかったときの文脈における同じ和音とは異なる内音楽的な意味を持つ。さらに，構造からの逸脱を解決するための主和音は，逸脱がない連続した和音系列の最後にある主和

**表10.2**
音楽知覚および統語処理の過程に関連した内音楽的な意味（一番下の行）を生じさせる構造的な現象の法則。**統語処理**に関して**構造の安定性**が，**予備知識を必要としない構造化**に基づいて確立される和声的な安定性についての階層性と関連することは注目すべきである。さらに，構造からの**逸脱**は**構造構築**の妨害と関連し，**大規模な関連性**から生じる意味は，**大規模な構造化**と関連する。

| 音楽知覚 | 特徴抽出 | ゲシュタルト形成 | 間隔の分析 | 構造構築 | 構造再分析 | 活性化 | 運動前野，免疫系 |
|---|---|---|---|---|---|---|---|
| 統語処理 | 要素抽出 | 予備知識を必要としない構造化 | 音楽的な期待の形成 | 構造構築 | 構造再分析 | 統語的統合 | 大規模な構造化 |
| 内音楽的 | 構造構築 | 構造の安定性 | 構造の範囲 | 構造の逸脱 | 逸脱後の構造 | 解決 | 大規模な関係 |

音とは異なる内音楽的意味を持つ（そして異なった方法で和声的に統合される）。逸脱後の構造とその解決を区別することは，それらが異なる情動反応を生じさせる現象であるために重要である。すなわち，逸脱後の構造において解決を予期することで緊張が生じ，解決によりリラクゼーションが生じる。最後に，調性音楽における内音楽的意味は，**大規模な構造関係**（large-scale structural relations）からも生じる（例えば，ソナタの第一主題と同一の調性である再現部に含まれる第二主題の和音は，第一主題と異なる調性である呈示部に含まれる和音とは異なった方法で構造に統合される）。音楽知覚の処理（第8章）および第9章で述べられる統語処理と関連させて，意味を生じさせる構造的な現象の法則を表10.2に要約した。

　これらの現象が当てはまるのは音楽だけではない。それどころか，これらはむしろ一般的な法則を反映しており，その一部として例えば，叙情詩，修辞法，美学，視覚芸術，言語学について述べられてきた（例えばJakobson, 1960）[19]。N5を指標として用いることによって，音楽心理学者がこれらの法則をさらに検討することが可能になる。

　調性音楽に関して，これらの法則から生じる意味が，「構築」「範囲」「安定性」などの形象的な意味（もしくは隠喩的な意味）ではなく，構造モデルの確立やその改良などによる**和声的統合**から生じる意味であると理解することは重要である。しかしこのことは，形象的な意味のような外音楽的な概念の表象が，音楽構造の処理の間に活性化されることを否定するものではない。例えば音楽分析において内音楽的な構造原則を述べるために，音楽理論家はそのような外音楽的な概念をしばしば隠喩的に用いる（Cook, 1992も参照）。このことは，（少なくとも音楽理論家には）そのような内音楽的な現象が，外音楽的な意味も生じさせるかもしれないと示唆する。

　さらに，和声的統合が暗に音楽に対する予期と関連しているとともに，そうした予期の逸脱や充足が情動的な効果を持つと述べておくことは重要であろう（緊張，不安，リラクゼーションといったような；この問題に関するより詳細な説明は，Huron, 2006; Lerdahl, 2001bを参照）。例えば，Leonard Meyer（1956）は，「予期していなかった事象，より明確に述べれば驚きが経験されてすぐに，聴取者は作品のスタイルに関連した信念の一般システムにその事象を適合させようと試みる。これにより，次の3つのことが生じるかもしれない。①我々の心は，後に続く事象によってこの予期しない出来事が明確になると信じて，判断を一時停止する。②もしそれが明確にならなかった場合，我々の心は刺激全体を拒否し，その

後それに対する苛立ちがもたらされるかもしれない。③予期された事象は，目的のある大間違いとして理解されるだろう。聴取者が第一の方法で反応するか第三の方法で反応するかは，曲の特徴，気分，指示的な内容に部分的に依存しているだろう。第三の反応は，喜劇もしくは風刺といった特徴を持つ音楽において上手く機能するかもしれない」(pp.29-30)(訳注：原文には 'might well be made to continuing music' とあるが，引用されている Meyer (1956) では 'might well be made to music' と記載されている)。
「この観点から，単一もしくは系列の音楽的事象が示すものは外音楽的な概念や物体ではなく，次に生じるであろう音楽的な事象であると言える。これは，ある音楽的事象（音，フレーズ，全体のセクションなど）が他の音楽的な事象を示し，またそれを予期させるために，何かしらの意味を持つということである」(p.35)。

音楽的な事象同士の構造的関係性は，情動反応も引き起こす（驚き，緊張の増加，リラクゼーションなど；Lerdahl, 2001b; Bigand et al., 1996; Lerdahl & Krumhansl, 2007 も参照）。そして，それは個人にとっての何らかの意味を持つ。私はこれら2 つの側面（内音楽的な意味と音楽に対する情動反応）を区別し，次節「音楽由来の意味」において情動的な意味の側面を扱う[20]。

## 5 節　音楽由来の意味

これまでの節では，音楽情報の解釈から生じる意味を扱った。本節では，音楽によって喚起される身体，情動，個人と関連した効果の解釈から生じる意味を扱う。すなわち，聴取者は他人によって表現された音楽情報を解釈するのみでなく，彼ら自身の中で生じた音楽による効果についてもまた解釈をしている。そうした側面における意味についての実証的なデータは乏しいので，以下の項では主に実験的な検討を要する理論的な考察を述べる。

### 1．身体的

人は音楽によって動く傾向がある（歌唱，器楽演奏，踊り，手拍子，指揮，頭を揺らす，タッピング，揺れ動き），すなわち，人は音楽に対して反応して，あるいは同期して身体活動を示す傾向がある。人がそのような活動を示すという事実そのものが，人にとって意味を持つ。加えて，人の動き方には意味情報が表現されている。それらの動きは，個人によって「創作」される（そして，この動きは，例えば，楽しい音楽を聞くときに情動伝染［emotional contagion］が生じて笑うといったような音楽の情動効果の一側面としての運動効果とは区別されるべきである。次項を参照）。すなわち，（音楽によって個人の動きが操り人形のように決定されるという

意味での）音楽の客観性が存在しないということを理解するのが重要である。音楽は行動の推進力となるものであり，そして，そうした推進力は作曲家や演奏家によって意図される。ただし，行動（つまり，他人によって意図された事象を後追いする）を決定するのは個人であり，（踊る動き，手拍子，発声，ともに歌うもしくは演奏することを含む）音楽で身体を動かしている時の動き方を「創作」するのも個人である。

社会的状況において，すなわち，複数の人々が音楽に対して動く（もしくは演奏する）とき，共同的で協調的な行為からも何らかの意味が生じる。例えば，一定の拍（すなわち，我々が簡単に手拍子したり，歌ったり，踊ることができるような拍）による音楽において現れ始める行動に関連した効果は，外部からの音楽的な拍に対して動きを同調することである。実際，これによってある集団における身体活動の協調がもたらされる。注意すべきことに，人間は自身の動きを外部からのビートに同調することができる数少ない種の1つである（この能力は，他のいくつかの種にも見られるが，人間以外の霊長類には見られないようである。詳細についてはPatel et al., 2009を参照）。加えて，人間は他人を意図のある動作主として理解し（音楽聴取中における意図の解読について p.169 の補足も参照），意図を共有し，共有されたゴールに達するように協力して行動するという点で独特な生き物である。この点に関して，意図の伝達と理解は，個人の間における動きの協調と同様に，一致団結するために必要なものであると言える（第12章3節の「7つのCs」も参照）。Cross（2008b）は，社会的文脈において音楽の意味がそのような共有された協調行動（performative action）（訳注：原語の performative action は，J. L. Austin によって提唱された行為遂行的と呼ばれる発話（発話行為自体がある行為の実現となるような発話）についての哲学的な概念であると考えられる。しかし，この概念でここで述べられている意味についての説明は難解であると考えられるため，ここでは協調行動と意訳した）から生じると述べた。Crossはこの側面を**社会－意図的**（*socio-intentional*）と呼んだ（Cross, 2008b, p.6）。Crossによれば，したがって音楽的な意味のこの側面は，「他者の意図を推測し解釈することや意識的に音楽へ関与することが重視されている」。そして社会－意図的な意味は，「注意の共有そのものよりもむしろ，他者との相互作用において注意が向けられる意図の共有について手がかりを与える協調行動と音構造に由来するだろう。また協調行動と音構造は，相互作用に関わっている人々とは異なる形式で，例えば陳述的（declarative）もしくは開示的（disclosural）に相互作用に関わっていない人からのある事象もしくは出来事に対する注意の向きに関連するかもしれない。それらは相互作用に関わっていない人からの注意をそらして偽り隠すものにすらなるかもしれない」（訳注：J. L. Austin は，行為の実現と関連せずに何かを記述するのみの発話を事実確認的（constative）と呼び，行為遂行的な発話と区別した。ここでは行為に関わる相互作用者と行為に関わらないために事実のみを受け取るそれ以外の他人とで，協調行動と音構造が異なった形式で作用することを述べようとしていると推察される）（Cross, 2008b, p.6）。（他人の意図の解読といったような）精神状態の推

測は，音楽由来的な意味に特有ではないが，（人の作った）あらゆる音楽的な信号への反応に関与していることには注意が必要である。したがって，精神状態の推測は音楽的意味のメタ現象であると言え，ここでは音楽的意味の異なる側面として概念化を行わない。しかし，社会－意図的な音楽的意味に対する Cross の考えは，社会的な相互作用が身体に関連した音楽由来の意味にどのように影響するかを述べているため，ここでの議論と関係している。一定の拍を持つ音楽が同期した動きを求めるための記号になるとすぐに，意味の性質は象徴的になる（そして，音楽に対する反応や同調といった身体活動からは現れない）ということにも注意すべきである。

　非西洋文化において特に，音楽的意味は社会的相互作用に基づいている（Cross, 2011; Seifert, 2011 も参照）。象徴的および音楽由来の意味の概念を熟慮すれば，「日常生活の基礎構造に埋め込まれている音楽」（Cross, 2001）という文化的な現象の取り込みを目指すことになる。例えば我々（Fritz et al., 2009）は南カメルーンのマファ族の音楽知覚を研究した。彼らの文化における器楽音楽はそれぞれが異なる儀式と結びついているため，それぞれが明確な象徴的意味を持っている。私はこれまで音楽由来の意味に関して，特に集団で演奏する際に，意図の伝達と理解ならびに協調動作と行為が，一致団結のために必要であることを強調してきた。Cross（2011）は，「参加者の間のつながりと連携関係の形成，維持および再構築を含む」という観点から，それらの機能を「関係的（relational）」と呼んでいる。これらの社会的機能は我々を人たらしめるものの一部であり，この社会的機能への関与が人にとって何らかの意味を持つのである（社会的機能のより詳細な記述については第 12 章 3 節の「7 つの Cs」を参照）。音楽と言語の意味の間の比較に関して，Cross（2011）は参加型の，そしてそれゆえ社会的な（協調，一致団結，集団のつながり，霊性，所属の感覚といった経験を我々に与えてくれる）音楽の性質は，「自律した領域としてではなく，言語的な相互作用の様々な面と対応する人間の意図伝達の方法の 1 つとして考えるのが最も良いかもしれない」領域を表象すると述べている。

## 2．情動的

　音楽由来の意味は，音楽によって喚起される情動からも生じる。この観点では，自分が感じる情動が音楽によって表現される情動とは異なっている（Gabrielson & Juslin, 2003）と考える。後者で言う情動は通常，音楽の指示的な記号の性質のために生じる。音楽の情動を喚起し得る異なる原則は，第 12 章で述べられる。ここでは，（音楽によって喚起される）情動から生じる意味が議論される。

▶**先験的な音楽的意味** 音楽による情動の喚起は，言語とは対照的に音楽によって伝えられる意味の特殊性に対する重要な示唆を持つ。情動の伝達に対する言語の使用には，いくつかの問題がある。Ludwig Wittgenstein（1984）は「私的言語」の考えについての法則やそれに対する反論を述べた文章において，（気持ち[feeling]のような）「内的」状態は直接的には観察されず，その状態にある人によって言語的に表されるものであることを示した。彼の主張は，気持ちについての言語が単語の文法や事物とは異なる様式で機能するというものだった。Wittgensteinは，①内的状態を正しく同定し，②他の話し手によって統制されない正しい言語の使用を保障することは不可能であると主張した。これは，話し手の言語の使い方が，③同じ言語を用いる人々の集団が持つ言語の法則に対応しているか否か，および④異なる状況においても同じであるかどうかについて，話し手が知るのは不可能であるということを意味する。Wittgenstein によれば，気持ちについての語彙を正しく使うことは，特定の言語ゲームにおいてのみ可能である。主観的な気持ちと言語の直接的な相互作用を仮定することの代わりに，Gunter Gebauer（in press）は，**心情感覚**（feeling sensation; Wittgenstein の言う *Empfindungen*）が言語的な表現によって再構成されると提唱した（再構成は主観的な気持ちに必須ではないが）。これは感覚と言語の間の（直接的な）つながりや翻訳は存在しないことを意味し，情動の言語的な伝達の特殊性についてのあらゆる仮定に関する根本的な問題を提起している。

　しかし，感情的な韻律または恐らく音楽でさえも，心情感覚を喚起する。この心情感覚は，言語に変換される前であれば，我々がこうした感覚を記述するために使う言葉よりもはるかに個人間で一致が見られるものである。言い換えれば，音楽は言語よりもその意味が特定的でないが（Slevc & Patel, 2011; Fitch & Gingras, 2011），音楽は言葉で表現するのに問題のある心情感覚の情報を伝えるときにより特定的になる。なぜなら，心情感覚を言葉に再構成するよりも**先に音楽はそれを扱うことができるからである**。話し言葉において，感情的な韻律もこのレベルで部分的に作用することには注意が必要である。これは，話し言葉が話し手に起こる感覚処理と類似したものを聞き手にも引き起こすからである。私はこの意味的な性質を**先験的な音楽的意味**（*a priori musical meaning*）と呼ぶ。

　心情感覚の言語への再構成は，意味を持つ概念の表象の活性化を含む（例えば「喜び」「恐れ」など，Zentner et al., 2008 は，西洋の聴取者が音楽の喚起する気持ちを記述するために用いる 40 の典型的な情動語を報告している）。そのような

活性化は，おそらく意識的な熟考さらには（外在的もしくは内在的な）意識の言語化すらなしに生じており，人が意識的に気づかない外音楽的な記号の性質による概念の活性化と似ている。

## 3. 個人的

特定の音楽もしくは特定の作曲家の音楽によって喚起される心情感覚は，他の音楽もしくは他の作曲家によって喚起される心情感覚よりも音楽を聴いた人を強く感動させるために，聴いた人にとって個人的な関連性や，それによる意味を持つ。これは部分的には，（聴取者と発信者の両方の側から）性格の個人間での違いがあるためである。我々が（音楽の聴取者もしく発信者となる）性格を持ち，また性格は個人間で異なるため，音楽の発信者に対する特別な好みもしくはつながりという点において聴取者の間でも違いがある。例えば，モーツァルトよりもベートーベンに対してより強く感動する人もいれば，その反対の人もいる。すなわち，音楽の喚起する情動は，ある人の内的な自己と関連するものであり，時には人がとりわけ個人的な方法で自分自身を音楽の中に認識するという経験をもたらす。性格に特有な特徴が，情動的な側面に限定されないことに注目すべきである。それらは異なる外音楽的な主題（例えば，標題音楽のために選ばれた主題のように。サン・サーンスが動物の謝肉祭を主題として選んだことと，ラフマニノフが死の島を主題として選んだことは一致しない）や，音楽構造の性格的な特徴の構築（ドヴォルザークの動的な構築に反したブルックナーの静的なシンフォニー構築を考えてみよう）にも反映される。

# 6節　音楽の意味論

音楽の意味論は，音楽の意味についての理論であり，どのようにして音楽が意味を伝え，音楽の情報が人によって解釈されるかの記述を含む（一方で，音楽的記号論は，音楽の記号についての理論である）。意味論的処理（すなわち，意味の処理）は，①意味を持つ情報の蓄積，②意味を持つ情報の表象の活性化，③意味を持つ情報の表象の選択，④以前の意味論的文脈とそれらの表象の意味論的情報の統合を含む。言語に関しては，脳のどこが意味の処理過程に関わっているか，どのようにしてERPに反映されるかが明らかにされていない。しかし，N400に関する研究報告は，音楽の意味の処理過程が外音楽的な意味情報に関連した音楽情報によって活性化されることを示している。さらにN5に関する研究報告は，意味論的処理が（内音楽的）

な和声的統合から生じると示唆している。

## 1．神経機構

音楽の意味論的処理について検討を行った研究は，後部側頭（新）皮質が**概念的な特徴**を保持しており，語彙表象（のみ）を保持しているわけではないことを示している（これは音楽の情報が，暗に語彙へのアクセスを喚起しない限りにおいてであるが，そうした語彙へのアクセスは行われていないようだ。なぜなら刺激が意味論的課題と無関連であるときでも，N400 のプライミング効果が観察されるからである）。後部側頭皮質に蓄えられた概念表象は，いくつかの脳領域，特に前頭領域に分布する意味論ネットワークにつながっているようである（Lau et al., 2008; Friederici, 2009）。このことは，N5 の神経機構が側頭部と前頭部領域の両方に位置するという考えと一致しているとともに，感情プライミング研究によって音楽情報の意味論的処理の最中に（閾値以下であるが）前頭部領域が活動すると示されていることとも一致する（Steinbeis & Koelsch, 2008a）[21]。

## 2．命題の意味論

導入で述べたようにどんな音楽の伝統もが，（ドラムや口笛による言語的コミュニケーション（訳注：例としては西アフリカで用いられるトーキングドラムなど。またカナリア諸島にある島で用いられるシルボは，スペイン語のイントネーションを口笛で表現することでコミュニケーションを行っている）といったように）音楽が言語を模倣していない限り，量記号，法，接続語を含んだ命題記号の正確な使用を行っていないようだ。この特徴は，部分的に音楽を言語と区別する。（意味の曖昧さと同様に）命題の構築に関する自由度は，言語と音楽の間で異なっているのである。実際には「命題」と「非命題」の間で移行する部分があることに注意が必要である。例えば，器楽音楽は「いくつか」や「すべて」などの概念の表象の処理を促進するものであり，修飾や法や接続語は，日常言語においてしばしば不正確に用いられる（「論理の積」もしくは「論理の和」といった場合を想像してみよ）。しかし，命題の意味論を持った音楽をどのようにして聴取するかに関心がある人は，命題の意味論を含む歌詞がついた歌を聞かなければならないように感じるかもしれない。

私にとってこの点に関する興味深い現象は，量記号，法，接続語といった操作に関する要素が無いにもかかわらず（もしくは無いためかもしれない），人間が音楽をコミュニケーションの媒体として認識していることである。Cross（2011）は，この点に関して 1 つの興味深い仮説を提供している。それは，音楽において，「参加者間の繋がりや所属の形成・維持・再構築」を含んだ関係的な機能が目標とされ

るために，意味の真理が「相互に明確である必要はない」というものである（訳注：ここで言われる音楽における関係的な機能は，命題と異なり曖昧性を持っているため，以下で述べられるように真理が二値的ではないということを示していると考えられる）。音楽（特に西洋音楽）において，我々はよく（立証ではなく）記述や（知識ではなく）確実性を扱う。さらに，情動の音楽由来の意味について述べた5節の2.において，音楽は言葉の使用によるバイアスを受けずに心情感覚を定義することに利点を持つということが議論された（Mahlerの「もし作曲家が言わなければならないことを言葉で言えるのなら，彼は音楽を使ってそれを言うことに苦心しないだろう」という主張を考えてみよう）。命題の意味論と二値的な（真と偽の）真理の条件に関して，このことは，音楽的な概念を使用する法則の内部の用途において「真」や「偽」が存在しないことも意味する。

## 3．伝達 vs. 表現

音楽によって伝えられる意味は，言語の「伝達的（communicative）」な性質と反して，しばしば「表現的（expressive）」と呼ばれる。例えば，Slevc & Patel（2011）は，「音楽的ではなく言語的な意味論は，伝達を理由として存在している」，そして「器楽音楽は，伝達よりもむしろ表現の形式として見なすことが良いかもしれない」と述べている。このことが，音楽がどのようにして用いられているかが文化に依存するという事実とは別に（Cross, 2001; Seifert, 2011 も参照），「伝達」（特定のはっきりした情報を伝えるという意味）と「表現」（特定しにくい曖昧な情報を伝えるという意味）という2つの用語が，意味を持つ情報（伝達と表現）を伝えるための，明確な境界を持つ異なる領域のように通常用いられる点にも注意すべきである。しかし，上記の2.で要点を述べたように，これは事実ではないようである。むしろ，意味情報の特定性の程度には連続性があり，「表現」と「伝達」が両極に位置している（音楽と言語には明確な境界が存在しないため，私は第13章において**音楽と言語の連続性**の概念を提唱する）。

## 4．大規模な関係性から生じる意味

音楽的な意味は，（例えば，作品のフレーズ，パート，楽章の関係性といったような）大規模な関係性からも生じる。このことは，音楽的意味の3つの側面（外音楽的，内音楽的，音楽由来）すべてに適用できる。外音楽的な意味に関しては，お互いがそれぞれ関連し合った物語の要素に特徴づけられた標題音楽が1つの例である（例えば，リヒャルト・シュトラウスの「ティル・オイレンシュピーゲルの愉快な悪戯」やデュカスの「魔法使いの弟子」，その他多くの交響詩）。内音楽的な意味に関しては，ソナタ形式の2つ目の主題が，呈示部と再現部において異なる内音楽的な意味を持

つのがよい例である。これは，呈示部では第二主題が第一主題と同様の主音を示すが，再現部ではそうでないためである。すなわち，第一主題と第二主題の構造的な関係性，そしてそのために第二主題に現れる内音楽的意味が呈示部と再現部で異なる[22]。Davies（1994）は，「音楽作品を理解することは，どのようにしてそれが組み立てられているかを理解することである」(p.48) と述べている。他の例としては，交響曲，組曲，カンタータなどの最終楽章が，それまでの楽章との関連性において生じる意味と，それだけを独立して聴いたときに生じる意味の違いである。これは恐らく，「音楽に関するアイデアは，補完や，変動や，反復などを用いて組み合わされることで，発展し進化する」(p.368) ためである。

　より大規模な意味論的な文脈における意味情報の統合に関して，Krumhansl（1996）の研究は，音楽と言語における**話法**(*discourse*) の類似点を調べた。Krumhansl（1996）によれば，「音楽と話法は両方ともはっきりと定義された始まりと終わりを持った構成単位から構成される。話題（もしくは音楽に関するアイデア）は議論を進めるために用いる様々な手段とともに，これらの構成単位の中で導入され発展していく。休止，ピッチの上昇と下降のパターン，動的な強調，リズムパターンといったような音響的手がかりは，それらの構成単位を定義するとともに，それらの中の要素を目立たせる」(p.405)。しかし現在まではそのような研究方法によって，むしろどのようにして聴取者が音楽情報を区切るかが検討されてきた。Krumhansl（1996）は，新しい区分の始まりが「新しい音楽に関するアイデア」(p.427) の出現と関連し，「音楽的な意味は，リズムやピッチのパターン，音域，テクスチュアにおける変化などの様々な表層的な特徴によって示される」(p.427) と述べた。そのような音楽に関するアイデアの意味論処理の特定化についての研究は，未だ進歩していないままである。

## 5. さらなる理論的説明

　音楽的な意味についての他の理論的説明に関して言えば，音楽的な意味という言葉を使用するときに，理論家は人によって異なった意味の側面を扱っていることが多い。それゆえに，いくつかの理論は互いに両立しないことや，1つの理論内においてすら異なる音楽の意味の側面が混同されていることは，驚くことではない。例えば，絶対的な音楽の性質は情動の表現ではないという Hanslick の主張は混乱を生む。なぜなら，彼の主張は暗に内音楽的な意味に関して述べている一方で，情動の表現は（外音楽的で）指示的な記号の性質によって生じるものであり，異なる次元の音楽的意味に属しているからである（Hanslick の主張の詳細については Davies，

1994; Cumming, 1994 を参照)。他の例として，Scruton（1983）は**内音楽的**な意味について述べようとしたが，基本周波数の増減をともなう連続するピッチを上下運動として知覚するという彼の考えは，外音楽的な記号の性質[23]を示していたことがあげられる。この例は，2つの理由で重要な理論的示唆を持つ。第一に，外音楽的な記号的性質から生じる意味は，（Scruton, 1983, 1999 によって主張されたように）「アイデアの隠喩的な転移」を必要とせず，主に意味プライミングのみを必要とする（Scrutonの使用した「隠喩」という用語の批判的な説明についてはCumming, 1994 を参照）。例えば，「医者」「看護師」「外科用メス」といった単語を聞くことは，意味プライミングによって（つまり，アイデアの隠喩的な転移のためではなく）「病院」といった関連した概念の表象を活性化する。同様に，ピッチが上昇する連続的な音列は，「上昇」という概念の表象の処理を促進する。第二に，「逸脱」や「衝突」といった内音楽的な構造の特徴に関しては，**隠喩的な意味**（もしくは**アイデアの隠喩的な転移**）という用語を用いるのが適切である。これは，音楽において例えば逸脱を示すような音が聞こえなくても（すなわち，破壊するような雑音やそれに似た音が聞こえなくても），内音楽的な構造の特徴がそのような概念の表象の処理を促進するかもしれないためである。しかし，「逸脱」や「衝突」は外音楽的な概念であり，したがって，それらの意味は内音楽的な意味とは異なる（そして，それは知覚される緊張のような音楽由来の効果においても同様である）。

　この章で呈示した音楽的な意味についての神経生物学的な理論は，音楽が意味を伝達することを示唆する。この意味には，情動もしくは感情のみでなく，内音楽的な意味と同様の（外音楽的な意味に関する）形象的，指示的，象徴的な意味も含まれることに注意が必要である。この章において呈示したデータは，少なくとも部分的には外音楽的な意味が，（N400に反映される）言語の意味と同様のメカニズムで処理されていることを示している。したがって，言語と音楽が厳密に区別され，意味処理に関する領域が重複しないという考えは理にかなっていないようだ。音楽が（N5に反映されるように）内音楽的な意味を伝達するという事実は，音楽の意味が記号論の問題であるのみでなく（つまり，音楽の記号的性質の問題であるのみでなく），意味論的文脈をともなって意味を持った情報の統合に関与する意味論的な問題でもあることを暗に示す。注意すべきことに，そのような意味処理についての神経機構は，現在まで言語に対しても見つかっていない。したがって，言語だけでなく音楽も，どのようにして人間の脳が意味情報を処理しているかを理解するために重要であると言える。

# 第 10 章 音楽の意味論

【注】

1. これは以下の例で示される。感覚性（ウェルニッケ［Wernicke］）失語症患者は，言葉の概念的な意味を理解しない。しかし，痛みや愛する人に出会うことは，この患者にとって意味を持つ。
2. 概観は Koopman & Davies（2001）を参照。
3. 音楽の情報には，音楽的な音，パターン，形式がある。
4. 現在まで，そのような音の性質を示す音響的特徴を特定した実証的研究はわずかである。
5. 西洋音楽における音画は，13 世紀（例えば，'夏は来たりぬ'）にまで遡るとともに，他の初期の例には 14 世紀のカッチア（cacccia）や 16 世紀のマドリガル（madrigals）がある。
6. 考古学者の Steven Mithen は，本章で言う指示的な意味を「操作的（manipulative）」という用語で述べている（Mithen, 2006）。また本章で言う形象的な意味に対しては「模倣的（mimetic）」という用語を用いている。
7. 情動の模倣（imitation）という概念に反して，Hanslick（1854）は，器楽音楽が明確な情動を表現することができないという主張によって議論を引き起こすとともに，表現（expression）という用語を導入した（詳細な議論は例えば Davies, 1994 を参照。本章 6 節の 5. も参照）。Hanslick の後，複数の理論家が「芸術作品の生成における芸術家自身の現在の情動や感覚の表現に由来したものとしての芸術の表現力」を説明するという問題を扱った（音楽に関しては滅多に扱われなかったが；Davies, 1994, p.170 を参照。Davies は，彼が「表現理論［expression theory］」と呼んだ事象について詳細な説明を行った）。
8. 西洋の聴取者の課題成績は，マファ族の課題成績よりも有意に高かったことから，指示的な音楽の記号的性質を理解することによる，（調性）音楽における情動の認識は文化経験によって影響されることも示唆される。
9. 例えば，「私は芝刈りをしたい」というような話し言葉の韻律は，意図の範囲を伝える。
10. Davies は，また，象徴的な音楽の意味に対して数々の興味深い事例を提供している（Davies, 1994, pp.40–47）。
11. メカニズムについて主張するこの仮説は，SOA（stimulus onset asynchrony）を変えた時のプライミング効果の一貫性を観察することで評価できる。

    【訳注】SOA とは最初の刺激が呈示された瞬間から第二刺激が呈示された瞬間までの時間のことであり，心理言語学の研究では先行刺激と標的刺激について操作するのが一般的である。
12. この研究の面白い特徴として，Tronto Alexithymia Scale（TAS-20）という質問紙により評価された参加者のアレキシサイミア（alexithymia：失感情症）得点が，感情的に不一致な音楽や韻律を標的刺激としたときに喚起される N400 の振幅と関連したことが挙げられる。アレキシサイミアの得点が高い人の N400 は，得点が低い人の N400 よりも小さかった。
13. 例えば長調と短調の調性音楽において，内音楽的意味は，和声的文脈を参照した和音や和音の働きについての聴取者の解釈から生じる。第 9 章の図 9.5 の A と B に示された 2 つの和音列において最後の主音（tonic）とダブルドミナントはどちらも（音程の重ね合わせ方が同一の）長調である。しかし，それら 2 つの和音は，片方が先行する和声的文脈の主音として，もう片方がダブルドミナントとして参照されるという点で機能が異なる。
14. 「具現化（embodied）」という用語は，最近では異なる意味を持ち，しばしば認知や情動に

15. 私はここで「内的な参照」という用語を用いない．なぜなら，この用語がある音楽要素を別の音楽要素に参照することを示すためである．それに反して，私は「内音楽的な意味」という用語を，(非概念的な) 意味がそのような参照から生じることや構造的参照が意味の性質を持つことを強調するために用いる．
16. P2 の明確な違いにも注意が必要である．この違いは，N5 のように体系的には現れない (例えば，3 番目と 4 番目の和音に喚起される P2 が最も小さく，2 番目と最後の和音によって喚起される P2 が続く)．それにもかかわらず，例えば感覚的な結果の予測や比較の過程などに関して，恐らくそれらの電位もまた統語構造の構築に関連している．第 9 章も参照．
17. 和音系列は，正しい主和音もしくは音楽統語的に間違ったナポリの 6 度和音のどちらかで終わった．このとき，最後の単語は，①文法的に正しく，意味的に次に現れる可能性が高いものか (この意味は，文章の最後の単語が意味的に強く予期されるということである．例えば 'He drinks the cool beer' [彼は冷たいビールを飲んだ] という文にある 'beer' [ビール])，②文法的には正しいが意味的に次に現れる可能性が低いもの (文章の最後の言葉が意味的にあまり予期できないということである．例えば 'He sees the cool beer' [彼は冷たいビールを見た] という文にある 'beer' [ビール]: 意味的に次に現れる可能性が高い単語と低い単語の両方が，意味的には正しい言葉であることに注意すべきである)，あるいは③文法的に不正確であり，意味的に次に現れる可能性が高いもの (例えば，'Er trinkt den kühlen Bier' / 'He drinks the$_{masc}$ cool$_{masc}$ beer$_{neuter}$' [彼は冷たいビールを飲んだ]) であった．第 9 章 6 節で示されたように，結果は，①統語的に間違った音楽が ERAN を喚起した，②文法的に間違った言語が LAN を喚起した，③意味的に予期されない単語が N400 を喚起した (意味的に予期されやすい単語と比較した場合)，という 3 つの主効果を示した (第 9 章の図 9.15 も参照)．

【訳注】ドイツ語の Bier は中性名詞であるが，den は男性名詞に用いられる定冠詞であり [それゆえに kühlen も男性名詞に対して用いられており]，この文章は最後の単語とそれまでの文章の性が一致していない．

18. Koelsch et al. (2005b) による先行研究では，N5 が喚起されなかった．これは，参加者が和音と関連するいかなる課題もなしに単語に集中していたためである (さらなる説明は第 9 章を参照)．
19. Roman Jakobson は，詩の機能 (*poetic function*) を「選択の軸から組み合わせの軸への等価性の原則であり，等価性は連続体の構成的な仕組みによって促進される」(p.358) ことの反映であると定義した．注目すべきことに，Jakobson によれば，詩の機能は構造に現れる意味を引き起こすという．
20. 予期，情動，意味の関連についての Meyer の基本仮説は，予期，すなわち音楽刺激の特定の状態によって活性化された反応の傾向が，一時的に抑制されるか，永久に制限されるときに感情を喚起するというものである．Meyer は，音楽を聴いている間，同じ刺激 (音楽) がある傾向を活性化し，また抑制し，そうした傾向と関連する意味深い解決を提供すると示唆した．Meyer は，形式主義者 (formalist) と表現主義者 (expressionist) の観点では，音楽の意味が必然的に内音楽 (「非参照」) 的に見えるのかもしれないと述べた．彼の研究

は，「音楽の構成と外音楽的な概念，行為，特徴や状況といったものの間のいかなる関係性よりもむしろ，音楽の進行に固有の関係性に対する理解と反応の結果生じる意味を分析したり評価したりすること（この考え方は，形式主義者と絶対的な表現主義者の観点の両方に許容される）」（Meyer, 1956, p.3）に対して関心があった。
21. Besson et al.（2011）は，N400 が内音楽的意味もまた反映している可能性を提起している（音楽を先行刺激とした標的音によって喚起される N400 が示すように）。これは妥当な指摘であり，将来の検討を要する。音楽の先行刺激と標的音の両方が（外音楽的な）意味を持つ概念の表象を喚起するという可能性もあるものの，これについてまだ明らかになっていない。
22. 大規模な構造の知覚についての批判的な説明については Cook（1987）を参照。
23. 「高い」／「低い」の概念と高い／低いピッチの関連性は，恐らく①形象的な記号の性質と，②象徴的な記号の性質が混ざったものと思われる。①については，主に高い音を生成するときには低い音のときと比べて咽頭が上に位置することによる（これは立っているか座っている場合においてである）。また②については，高い／低いの概念とピッチの高い／低いとの連合が文化的に形成されることによる。Lawrence Zbikowski（1998）は，高いおよび低いピッチを呼称するために，古代のギリシャ音楽の理論家が「鋭い」や「重い」という用語を，バリやジャバでは「小さい」や「大きい」という用語を，アマゾン流域のスーヤが「若い」や「年を取った」という用語を用いたことを記している（Zbikowski, 1998, p.5）。しかしこのことは，それらの人々が高い／低いピッチを「高い」／「低い」で表すことに同意する，あるいは逆に西洋の聴取者においてピッチの高低が，「鋭い／重い」，「小さい／大きい」，「若い／年を取った」といったような概念の表象の処理を促進するという可能性を排除するものではない。

# 第11章 音楽と運動

## 1節　知覚－運動連関

　知覚は運動に関連した脳内処理過程を引き起こす。音楽においては，単に音楽を聴くだけで運動に関連した処理過程を自動的に引き起こすことができる。Wolfgang Prinz（1990）は，知覚と運動の**共通符号化説**において，知覚に運動がいかに表象されうるかを記述し，それらが共通した表象の形式を共有していることから，知覚過程の後期段階は運動過程の初期段階と重複があると主張した[1]。こういった共通性は，共通の神経符号として表れるかもしれない。この「共通符号化」は，動きの知覚と他者による動作の結果の知覚の両方に関与すると考えられる。同様にLiberman & Mattingly（1985）は，音声知覚の際には部分的には音声産出と同じ過程によって音声が復号されるという**音声知覚の運動理論**（*motor theory of speech perception*）を提唱した。一方，Giacomo Rizzolatti らは1990年代に，運動の観測に関与するニューロン集団が，マカクザルの前運動皮質のF5野に存在することを報告した。そのニューロンはサルが運動を遂行するときだけでなく，サルがその運動を見るだけのときにも活動した（いわゆる**ミラーニューロン**。総説はRizzolatti & Sinigaglia, 2010 を参照）。例えば，実験者が食べ物のかけらを手で掴むところを見たときに，F5野にあるニューロンに神経活動が生じる。実験者が食べ物をサルの前に動かしたときにはそのニューロンは活動をやめるが，サルがその食べ物を掴んだときに再び活動電位が生じる。このニューロンの「ミラー機能」は，上述の「共通符号化」と生理学的に対応するものであり，知覚と運動の連関の基盤をなす。この節では，音楽を聴く際の知覚－運動連関についての研究の概要を紹介する[2]。

　聴覚の知覚－運動連関について最初に行われた神経科学的研究は，Jens Haueisen

とTohmas KnöscheによるMEG研究である（Haueisen & Knösche, 2001）。この研究では，非音楽家とピアニストの両方に，同じピアノの旋律を聞かせた。非音楽家に比べて音楽家では，ただ音楽を聴くだけで運動前野あるいは運動野の神経活動が生じた（なお，実験参加者の課題は間違えた音を検出することであった。間違えた音が呈示される試行は解析から除外された）[3]。興味深いことに，音に対する神経活動の中心位置は指の体性感覚表象に対応しており，通常小指で演奏される音は，親指で演奏される音に対する活動よりも上方に位置していた。このことは観測された神経活動が運動前野で生じたものであったことを示唆している。バイオリン演奏者がバイオリンの演奏を聞いたときにも，同様の活動が生じることがfMRIにより発見された（Dick et al., 2011）。

1年後，Everlyne Kohler et al.（2002）はマカクザルのF5野で，自身の手を動かすとき，例えば紙切れを破るときだけでなく，この動作を見たときや，そのときに生じる音を聞いたときにも活動するニューロンをみつけた。これは上述のミラーニューロンと同様に，動作の観察と遂行の両方で活動するニューロンと言える。ここで重要なのは，サルの見えないところで行った同じ動作の音を聞くだけで，これらのニューロンの反応が十分に引き起こされたということである。一方，白色雑音やサルの鳴き声など動作に関連しない音に対しては，これらのニューロンは興奮しなかった。したがってこのサルの研究は，運動前野のニューロンは動作を実行するときもその音を聞くときも活動するということを示している。

前述のとおり，HaueisenとKnösche（2001）の研究は音楽家（ピアニスト）における知覚−運動連関を示した。一方で，非音楽家における音楽に関連した知覚−運動連関はCallan et al.（2006）によって示された。この研究では，音楽家ではない実験参加者が声を出して歌を唄うときだけでなく，ただ歌を聞くだけのときにも運動前皮質の賦活が見られた。興味深いことに，同じ領域の運動前野の賦活は，音声発話と音声聴取の両方でも観測された（図11.1a）。このことは，ミラー機能の神経基盤が音楽と音声でかなり重複していることを示している。

非音楽家の知覚−運動連関における，音楽訓練の効果に関するLahav et al.（2007）の研究では，非音楽家が，右手で旋律をピアノで演奏するよう5日間訓練された。この訓練期間の後は，訓練した旋律を聴くだけで，運動前野の賦活が生じた(図11.1b)。この運動前野の賦活は，訓練していない旋律に対しては生じなかったことから，学習の初期段階では，知覚−運動連関は学習したパターンを選択的に反映するということが示唆される。Dick et al.（2011）は一方で，訓練を積んだ音楽家においては，よく知っている音楽の聴取とそうでない音楽の聴取との間で，脳

活動に差は見られないことを報告した。また，同様の訓練効果が，俳優が劇のセリフを聞く際にも見られた。Bangert et al. (2006) は，旋律を聴取する際と，聴覚フィードバックなしで右手で鍵盤を弾いて旋律を生成する際の BOLD 信号を測定した。ピアニストでは，旋律の知覚と生成の両方で，運動前皮質，弁蓋部 (BA44 に相当する場所)，側頭平面，縁上回 (BA40) において賦活が観測された[4]。中でも運動前皮質 (PMC) と BA44 の賦活は明らかに左側に偏っていた。

興味深いことに，知覚 - 運動連関は情動過程による影響を受けるように見える。音楽の情動を調べた fMRI 実験では (Koelsch et al., 2006a)[5]，快い音楽と不快な音楽の聴取を比較すると，運動前野とローランド溝の弁蓋部の BOLD 信号が快い音楽に対して増加することが示された。不快な音楽を聞いている際には，これらの領域の BOLD 信号が減少していた。すなわち，音楽を聴取するときの運動前野の賦活は，音楽の情動価によって変化するのである。このことは，知覚 - 運動連関は

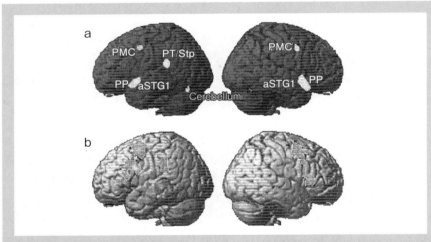

**図 11.1**
非音楽家における音楽情報を聴取した時の前運動賦活。上のパネル (a) は Callan et al. (2006) の研究で，歌の聴取，歌唱，音声の聴取，発話の際に賦活した箇所を示している（コンジャンクション解析）。左と右の前運動活動が，すべての 4 つの条件で観測された。このことは，この領域が音声や音楽を知覚するときだけでなく，音声や音楽を生成する際にも賦活することを示している。(b) は Lahav et al. (2007) の研究で，訓練したものとは異なる音で構成された旋律の聴取に比べて，訓練した旋律を聴取した時により賦活する領域を示している。
aSTG1：上側頭回前方，PMC：前運動皮質，PP：側頭極平面（側頭葉上面の前方部分），PT：側頭平面，Stp：上側頭平面。
Callan et al. (2006) と Lahav et al. (2007) より転載。

【訳注】コンジャンクション解析とは，異なる実験条件間で重複する賦活領域を調べる解析方法。

情動過程によって調節されるということを示唆する。ローランド溝の弁蓋部の賦活については，少なくとも部分的に喉頭の表象が含まれていると考えられるので，実験参加者は快い音楽に対してはほぼ自動的に（それに気づくことなく意図的な努力もなしに）内的に唄っており，不快な音楽に対してはそうでなかったということを反映しているようだ。歌唱中にローランド溝の弁蓋部が賦活する点は，Callan et al.（2006）の報告とは異なっている。この研究（Koelsch et al., 2006a）は器楽を用いたのに対して，Callan et al.（2006）は歌唱を用いたからであろう。このミラー機能が情動的な要因によって変化するという知見は，情動発声によって活性化した聴覚のミラー機能が発声音の情動価によって変化するという知見（Warren et al., 2006）と一致する[6]。

　音楽の時間的側面については，皮質上の補足運動野（supplementary motor area: SMA）と前運動皮質（premotor cortex: PMC）と皮質下の領域（基底核と小脳）の両方が，強拍・拍・リズムの知覚と産出の両方に対して賦活することが報告されている（例えば，Grahn & Brett, 2007; Grahn & Rowe, 2009; Grahn, 2009）。さらに，基底核，SMA，PMC の間の機能的な結合が，等間隔の拍に基づいた音系列を知覚する際に増加する（Grahn & Rowe, 2009）。また，パーキンソン病の患者は，健常者と比較して，そのような系列の変化を弁別するのが困難である（Grahn, 2009）。これらのことは，SMA，PMC，小脳に加えて，基底核もリズムと拍節の知覚と生成の両方に重要な役割を果たすという考えを支持するものである。

## 2節　演奏の事象関連電位

　前の節では，動作に関連する神経過程が，音楽の知覚によっても活性化されうることを述べた。この節では，音楽演奏の動作の実行にかかわる神経基盤を調べた研究について述べる。動作（action）という語はここでは，①少なくとも1つ以上の動き，あるいは複数の動きのまとまり（チャンク［chunk］）であり（例えば，数オクターブにわたる三和音のアルペジオを演奏するなど），②目標をもって，③意図的に実行する（あるいは抑制する）ことができ，④実行中に必要に応じて修正することができ，そして⑤特定の動作効果（訳注：動作の結果として生じるなんらかの効果のこと。例えば，cの鍵を押すという動作に対してcの音が鳴ること）を期待することによって調整されうるものを指す[7]。動作は連なって動作系列をなすことができる。それぞれの動作は低次の目標とそれに関連した動作効果を持っており，動作系列全体は高次の目標とそれに関連した動作効果を持っている。

　楽器演奏や歌唱の際には，演奏者は正しい動きを正しいタイミング・正しい強さ

で実行するための適切な運動プログラムを形成し，連続的に動作目標を達成することになる。また，実際の運動の自己受容フィードバックなどの情報を運動計画と関連づけることで，遂行中の運動をモニターして，必要に応じてそれを修正する運動を開始する。この修正運動は他の演奏者の動きと協調する場合にも必要である。このような修正は演奏中に記憶され，同時に遂行している運動に統合される。動作効果を受け取ることで動作は完結し，そして新しい動作の選択・計画・実行・制御を調整することになる（動作の選択・計画・実行・制御にかかわる処理過程を表11.1にまとめた）。これらすべての過程は時間的に重なっており，それぞれを個別に調べるのは難しい。そういった中で音楽の表出を研究する1つの方法は，演奏の誤りに関連した認知過程の神経基盤を，事象関連電位（ERP）を使って調べることである。

そこで次のような疑問を検討する。感覚運動システムが誤りを検出するのはいつの時点か，動作の実行より前に検出しているのだろうか，だとするならば潜在的な誤りはいつの時点で修正されるのだろうか。

Maidhof et al.（2009）による音楽を使ったERP研究では，運動を完遂する前にすでに誤りが検出されているという可能性について調べられた（同様の研究としては，Herrojo-Ruiz et al., 2009a がある）。この研究（Maidhof et al., 2009）では，熟練したピアニストが音階および音階的パターンを，比較的速いテンポで両手で弾いた（図11.2）。これらの運動課題では演奏に誤りが生じるように設計されており，打鍵前

**表11.1**
動作の生成にかかわる処理過程（最下段）と，これに関連する音楽の知覚処理と文法処理過程の総覧。動作目標の確立，運動計画の形成，運動指令と運動の結果を予測するための遠心性コピーの生成，予測した結果と，感覚フィードバックによって知った実際の運動との差分，運動指令の修正，左手と右手など異なる効果器間の運動の統合，動作効果とその知覚など。フィードバックループによって，修正と統合の際の運動指令の変化が導かれることには留意すべきである。**計画の形成**の際の予測的な処理過程は，**ゲシュタルト形成**の際の予測的な処理過程と対応する（例えば，自動的な変化の検出など）。片方の手についての**遠心性コピー**は，外界の物体がどのように動くかの感覚情報について，知識ベースで予測的な情報を含んでいるだろう。したがって，この感覚運動**予測**は，**音楽の期待の形成**のための予測と対応する。感覚フィードバック，すなわち，実際の運動の結果についての情報を，遠心性コピーの情報から**分離すること**は，予測あるいは期待された音と実際の音楽情報とを分ける際の**構造構築**の過程と対応する。また，**修正の過程は構造再分析**の過程と対応する。

| 音楽知覚 | 特徴抽出 | ゲシュタルト形成 | 間隔の分析 | 構造構築 | 構造再分析 | 活性化 | 運動前野，免疫系 |
|---|---|---|---|---|---|---|---|
| 統語処理 | 要素抽出 | 予備知識を必要としない構造化 | 音楽的な期待の形成 | 構造構築 | 構造再分析 | 統語的統合 | 大規模な構造化 |
| 動作 | 動作と目標 | 運動プログラム形成 | 運動指令，遠心性コピー | 差別化 | 修正 | 統合 | 動作効果の知覚 |

後の時間の脳電位を測定して,誤った打鍵のときと正しい打鍵のときを比較できるようになっていた。

　実験の結果,行動データから打鍵の正誤によって打鍵速度が異なることがわかった。誤打鍵の速度は①正打鍵よりも,そして②同時に行った正打鍵よりも遅かった。すなわち,誤打鍵の緩徐化は,同時に行った反対側の手の正しい打鍵には影響しなかった。さらに,打鍵の正誤によってオンセット間間隔 (inter-onset interval: IOI) に違いが生じた。誤打鍵とそれに先行する正打鍵の間の IOI は,正打鍵の連続に比べて伸長していた。このことは,きたるべき誤りが打鍵時刻を遅くしたことを示唆する (**過誤前緩徐化** [*pre-error slowing*])。また,反対の手で同時に行った正打鍵の IOI は過誤に影響された。すなわち,打鍵速度とは異なり,誤りが生じるときは,たとえその誤りが片手に生じたとしても,両手に同様の過誤前緩徐化が見られた。これは,動作の実行中にいくつかの動きを統合するために生じたのだろう[8]。この過誤前緩徐化に加えて,Herrojo-Ruiz et al. (2009a) は誤りの後に生じる**過誤後緩徐化**も報告している。このデータ (Herrojo-Ruiz et al., 2010) から,緩徐化効果は誤りの直前と直後の運動に限定されることも報告されている。すなわち,これらの時間的な阻害は累積的な現象ではなく,誤りのある程度前あるいは後の事象には緩徐

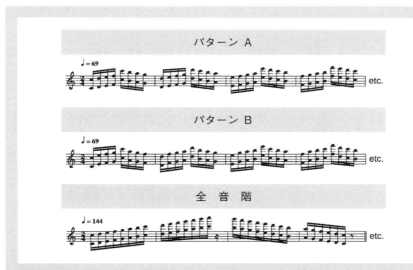

**図 11.2**
Maidof et al. (2009) による研究で使用されたパターンの図示。すべてハ長調で示している(実際には様々な異なる長調で演奏する)。音階については 144 bpm で,それ以外については 69 bpm のテンポを教示した。

は生じないのである。

　Maidhof et al.（2009）による ERP 研究は，正打鍵に比較して，誤打鍵では実際の打鍵より前から増加し始める陰性電位が生じることを示した（図 11.3）。この電位は，頭頂付近にある電極で最大となり，打鍵の約 100 ms 前にピークを持っていた（図 11.3B 左）。この**過誤前陰性電位**（*pre-error negativity*）の後に，誤打鍵の約 280 ms 後に振幅が最大となる遅い陽性成分が出現した。この陽性電位は前頭の中央に分布し，初期の**過誤関連陽性電位**（*error positivity*）あるいは P3a と類似していた（図 11.3B 右を参照）。ほぼ同様の ERP パターンが Herrojo-Ruiz et al.（2009a）の研究でも報告されている。この研究では，ピアニストは聴覚フィードバックがない状態で演奏するという条件も設けられていた。この条件では過誤関連陽性電位は著しく減少した。さらに，聴覚フィードバックなしの運動条件で生じる過誤前陰性電位は，聴覚 - 運動条件で見られたものと同一であった。このことは，音系列の十分な学習の後では，音楽演奏の誤りのモニターに聴覚フィードバックは関与しないという知見と一致する（Finney, 1997; Finney & Palmer, 2003; Pfordresher, 2003, 2005, 2006a）。これらの結果は，十分に訓練したあとでは，聴覚フィードバックを完全に排除してもピアノ曲の演奏にはほとんど影響がないということを意味する[9]。

　Maidhof et al.（2009）の研究では，左手と右手の誤りについても個別に解析された。この解析により，誤りにより生じた ERP には左右差がないということがわかった。したがって，左手あるいは右手の誤りは，間違った運動を引き起こすような左側あるいは右側の脳半球の神経活動の撹乱（このような半球内の撹乱は，左手と右手の誤りについて平均的にみれば両側に生じうる）によるものではない。どうやら打鍵

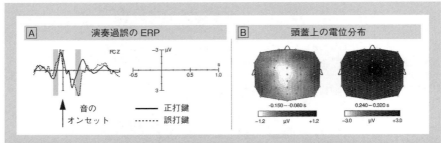

**図 11.3**
正しい打鍵と間違った打鍵によって生じた ERP の全平均（10 人のピアニストから記録された）。音のオンセット時刻を基準とした。（A）矢印は音のオンセットと聴覚フィードバックのオンセットを示している。灰色の領域の前方は，誤打鍵前に生じた陰性電位を示しており，後方は誤打鍵の後に生じた陽性電位を示している。（B）2 つの時間区間（A の灰色の区間）における正打鍵から誤打鍵の電位を差し引いた頭蓋上のトポグラフィ。Maidhof et al.（2009）より改変。

前に生じる初期の ERP の変化は，誤りそのものによって生じたのではなさそうである。むしろこれは誤りの検出，修正，そしてその運動への統合に関する認知処理過程を反映していると思われる。ただし，IOI が誤打鍵の前に長くなることについては，打鍵速度とは違って，**両手**で見られた。このような両手運動を統合するための調整が，おそらくこの ERP に反映されているのだろう。

　誤りに関連した早期の ERP が，打鍵の**前**に生じたことは，運動が完結する**前**，そして聴覚フィードバックが得られる前に，すでに誤りが検出されていたことを示している。このような過誤検出の処理過程は，内的な順モデルに基づいている。おそらく運動プログラムを構成する際に，**遠心性コピー**（*efference copy*）あるいは「随伴性発射（corollary discharge）」とともに順モデルが準備される。音楽知覚のモデルで考えると（表 11.1 の 1 行目），運動プログラムの形成に基づいた順モデルは，聴覚感覚記憶の処理（表 11.1 では**ゲシュタルト形成**という概念でまとめた）に基づいて生成された予測的な順モデルと対応している。運動プログラムを形成するには，体，腕，手，標的の個々の位置とその動きといった動作の目標と初期条件が考慮される。運動プログラムの形成は，前補足運動野（pre-supplementary motor area: pre-SMA）と SMA（図 11.4 参照），補足眼野，運動前皮質，一次運動皮質（M1），基底核，頭頂野を含むいくつかの脳領域が関与するようだ（例えば Hoover & Strick, 1999; Middleton & Strick, 2000; Nachev et al., 2008; Desmurget & Sirigu, 2009; Schubotz, 2007）[10]。サルの M1 ニューロンの活動を調べた研究では，M1 の初期活動から運動開始までの潜時が，数百ミリ秒の範囲で変動しうること，典型的には

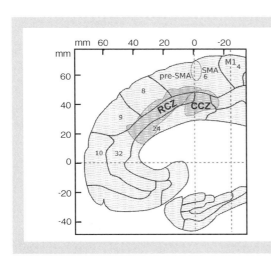

**図 11.4**
内側前頭皮質の解剖地図。SMA：補足運動野，RCZ：吻側帯状領域，CCZ：尾側帯状領域。前交連を通る垂直線（左側の垂直の点線）は SMA と pre-SMA のおおよその境界を示している。楕円は，Amiez & Petrides (2009) にしたがって，補足眼野のおよその位置を示している。数字はブロードマン野の番号である。Ridderinkhof et al. (2004) より改変のうえ転載。

100 〜 150 ミリ秒の潜時を持つことが報告されている（Evarts, 1974; Porter & Lewis, 1975; Thach, 1978; Holdefer & Miller, 2002; Hatsopoulos et al., 2007）。

M1 から末梢へと運動指令が送られるのと同時に，おそらく運動を生成するのに関与する脳領域の中で遠心性コピーが作られ，そして感覚領域に送られる。遠心性コピーは継続中の運動活動を生成するのに使われるわけではなく，運動指令の結果あるいは感覚フィードバックを予測するのに使われる。遠心性コピーから得られた情報は中枢神経系のいくつかのレベルで相互作用し，感覚処理を調整する（Poulet & Hedwig, 2007; Crapse & Sommer, 2008 も参照）[11]。特に急速な動作の場合において，運動プログラムの形成時における準備の際よりも，遠心性コピーは，運動中に触ったり，見たり，動かしたりした物体の動きに関する感覚情報についてのより予測的な情報を含むようだ。すなわち，遠心性コピーが形成される中で，運動結果の感覚情報の予測が順モデルに加えられるのだろう。これらのフィードバックは外界オブジェクトの特性（重さ，温度，表面のテクスチャなど）についての知識に基づいているため，この予測的な情報は音楽知覚の際の**音楽的な期待の形成**（*musical expectancy formation*）と対応するものである。

動作の実行の際に，実際に生じた結果についての情報が，遠心性コピー情報に基づいて**取り出され**，運動の結果の予測と対応づけられる（Wolpert et al., 1995; Miall & Wolpert, 1996; Wolpert et al., 1998; Desmurget & Grafton, 2000; Wolpert & Ghahramani, 2000）。実際の結果に関する情報は，①体性感覚フィードバック（自己受容感覚や触覚の情報），②視聴覚フィードバック，③遠心性の情報（運動出力）に基づいている[12]。予測と実際の結果に不一致があるときは誤差信号が生成される。この信号は，動作自体は正しくとも，感覚フィードバックが予測された結果から逸脱したときにも生じるようだ（例えば，ピアノの鍵盤が動かなかったり，実験者が偽の聴覚フィードバックを与えたりした場合など。下記参照のこと）。Maidhof et al.（2009）と Herrojo-Ruiz et al.（2009）の研究で見られた過誤前陰性成分の出現は，その誤り検出機構が，運動が完遂する**前**，そして聴覚フィードバックを知覚する**前**に働き始めるということ，つまりは運動によって生じた音を知覚する前に働き始めるということを反映している。音楽の知覚と文法の処理過程においては（表 11.1 の上 2 つの行），感覚フィードバック，すなわち運動により実際に生じた結果についての情報と，遠心性コピーの情報とを**区別**することは，予測あるいは期待した音と実際の音楽の情報との区別を含む**構造構築**（*structure building*）の過程に対応している。

さらに，誤差信号により運動指令の**修正的調整**が生じる（詳しくは，Desmurget & Grafton, 2000 を参照）。ただし，場合によっては運動の実行が，感覚情報が皮質

に到達するよりも早いことがある。したがって，感覚フィードバックを常に修正行動に使えるわけではない（Desmurget & Grafton, 2000）[13]。さらに，運動の誤りがなくとも，実行中に再プログラムされることもありうる（Leuthold & Jentzsch, 2002）[14]。音楽の知覚と文法の処理過程（表11.1）からみれば，**修正過程は構造再分析**（*structural reanalysis*）および見直しの過程と対応する。

　Maidhof et al.（2009）と Herrojo-Ruiz et al.（2009）の研究において，運動指令の修正的調整が，誤打鍵の打鍵速度の低下につながっていたのかもしれない。誤打鍵の前に，誤った運動は片手だけに生じたにもかかわらず，両手において IOI が長くなったことには留意すべきである。このことは，正しい打鍵をしている方の手の動きが，他方の誤った手の動きに統合されるということを示している。このような動作遂行時の統合過程の神経メカニズムについてはまだ研究の余地があるだろう[15]。

　Maidhof et al.（2009）の研究で見られた誤打鍵の後に生じる過誤関連陰性成分は，おそらく生じた誤りの意識的な認識に関わるのだろう（「過誤自覚仮説（error-awareness hypothesis）」。例えば，Nieuwenhuis et al., 2001）。こうした意識的な認識は，誤りを知覚した後の反応における方略の適応的変化にも関連があり，誤りの後で遂行を改善するのに関与する（行動適応仮説［behaviour-adaptation hypothesis］；Hajcak et al., 2003）。このような適応過程には，誤り前後の緩徐化によって生じた遅れを取り戻すことも含まれている（Herrojo-Ruiz et al., 2010）。また，誤りの認識によって，心拍や発汗の変化などの自律神経反応をともなう情動過程が引き起こされることもあるだろう。そして，誤りの認識は，その先同様の目標に基づいた運動を遂行しようとする際に，同じ誤りを避けるようになるといった学習に影響を持つだろう。

　上記の Maidhof et al.（2009）の研究では，ここまでに述べてきた実験計画に加えて，正しい音を弾いているときに，操作された偽のフィードバックが頻繁に呈示される条件も設けられた。40回から60回の呈示ごとにランダムに，電子ピアノの聴覚フィードバックのうち1つの音が半音分，ピッチが低くなるように操作された（同様の研究については Katahira et al., 2008 を参照）。この実験は，演奏時のフィードバック処理のための神経過程の時間的経緯を調べることで，演奏者あるいは歌唱者の意図した動作に対する，聴覚情報の影響の処理を明らかにするために行われた。音楽家は自身の動作に対応した聴覚フィードバックを受け取ることを期待する。さらに，音楽家は特定の動作の実行により特定の聴覚的効果を生み出そうとする。このことは，音楽演奏において本質的な側面である。熟練のピアノ演奏者は非常に精密な運動により特定の聴覚的効果を生み出すよう訓練されている（Ericsson

& Lehmann, 1996; Palmer, 1997; Sloboda, 2000)。したがって，行動実験（Drost et al., 2005a, 2005b），電気生理実験（Bangert & Altenmüller, 2003），神経画像実験（本章1節を参照）の結果は一貫して，演奏訓練を受けた人における聴覚系と運動系の結合を強く示している[16]。

フィードバック操作が有るときと無いときの，正しい打鍵に対するERPを図11.5の上に示した（Maidhof et al., 2010 より）。フィードバックの操作（すなわち正しく打鍵していても間違った音がする）は，200 ms 周辺で最大値を示す前頭中央部に分布した陰性電位を引き起こす。これはおそらく主に**フィードバック誤差関連陰性電位**（*feedback error-related negativity*：フィードバックERN）であり，そこにMMNとERNの影響も加わったものと考えられる。また，この陰性電位の後にP3aとP3b成分が生じた[17]。

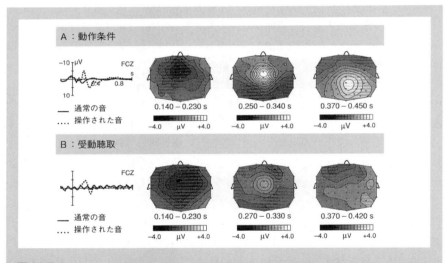

**図 11.5**
(A) 正打鍵（実線）と聴覚フィードバックが操作された打鍵（点線）によって生じたERPの全平均。12人のピアニストから記録したもの。音のオンセット時刻，すなわち鍵が押された時刻を基準とした。操作されたフィードバック音は，フィードバックERN（おそらくMMN/ERAN電位と重複している）を生じさせ，引き続いてP3aとP3bを生じさせた。(B) 動作条件での聴覚刺激を受動的に聴取した際に生じたERPの全平均。同じ12人のピアニストから記録したもの。ここでは，逸脱刺激（操作された音）は，200 ms 周辺にピークを持つ陰性電位も引き起こした（おそらくERN電位の一部）。また，P3aも引き起こしたが，P3bはこの条件では生じなかった。このことは，この逸脱が課題とは無関係であったことを反映している。動作条件と受動聴取条件の両方においてERN電位がおそらくMMN/ERN電位と重複していることが，知覚に関連した脳電位から運動に関連した電位を分離することを難しくしていることに注意が必要である。Maidhof et al. (2010) より改変。

フィードバック ERN はある種の**過誤関連陰性電位**（*error-related negativity*: ERN あるいは Ne）である（Botvinick et al., 2001; Yeung et al., 2004; Van Veen & Carter, 2006; Falkenstein et al., 1990）。従来，ERN（あるいは**応答 ERN**）とは，急速な反応を求められる様々な課題において，誤りが生じたすぐ後にピークが現れる ERP を指す。この ERN はボタンを押す前や，筋電の立ち上がりのすぐ後から生じ始めることもよくある。ERN は通常，誤反応の 50 〜 100 ms 後にピークを持ち，呈示刺激や行動反応の感覚モダリティには依存しない。**フィードバック ERN** は，時間推定課題，推測課題，ギャンブル課題等で，ネガティブなフィードバックの後や（ポジティブなフィードバックよりも），損失（あるいは罰）を意味するフィードバック刺激の後に生じる（Miltner et al., 1997; Hajcak et al., 2005, 2007）。フィードバック ERN は，期待に関連するメカニズムを反映していると解釈され，おそらく事象の結果が期待よりも良いものか悪いものかは関係がない（Oliveira et al., 2007; Ferdinand et al., 2008）。

　音楽のフィードバック操作により，動作に関連した過程だけでなく，音響的な逸脱の知覚に関連した認知過程も引き起こされるはずである。間違った音は，それが演奏者自身によって生み出されたものであれ，偽のフィードバックであれ，いずれも ERAN や MMN といった ERP を生じさせ，これらの ERP は ERN（あるいは N2b）と重複する。Maidhof et al.（2010）の研究は，この問題をうまく扱うアプローチの 1 つを示している。この研究では，音楽演奏中（**動作条件**）と，単にその音を聞いているとき（**知覚条件**）に生じた ERP とが比較された。この比較により，音楽の**知覚**において生じた動作関連の認知過程について知ることが可能となった。図 11.5 下は，動作条件のときに作られた誤った音を含む音パターンを，ピアニストが受動的に聞く条件で生じた ERP を示している。動作条件と同様に，正しい音と比較すると，間違った音では 200 ms あたりで最大となる陰性電位を生じる。しかしこの成分の振幅は動作条件よりは小さかった。また，この陰性電位の後に，前頭部で最大となる小さな P3a が生じた。この条件で P3b は生じなかった。

　つまり，音の生成および知覚の際に人為的に音を操作すると，ともに 200 ms 周辺に最大振幅を持つ陰性電位を引き起こし，そしてこの電位の振幅は知覚条件よりも動作条件で大きかった。同様に，間違った音によって生じた P3a は，ただ刺激を聞くだけの知覚条件よりも，演奏を行う動作条件でさらに強くなった。知覚条件で P3b が生じなかったことは，実験参加者にとってピッチ操作は課題とは無関係であったことを反映している。N2b あるいは ERN は通常 P3b と組み合わせて観測されるため，ここで観測された陰性電位は単に N2b あるいは ERN であったわけでは

なく，MMN/ERAN の成分がかなり重複していたようである。

　すなわち，**動作条件**の際に見られた初期の陰性成分はおそらく部分的にはフィードバック ERN ではあるものの，音響的特徴あるいは和声文法的な異常の処理に関与する MMN/ERAN 電位も重複していたのであろう。一方で，おそらく**知覚条件**で引き起こされた陰性電位については，部分的には MMN/ERN を反映しているものの，この電位は知覚の際に動作をシミュレートすることにより生じた ERN/N2b と部分的に重畳していると思われる。このことは，音楽の表出と知覚における，これらの成分の役割をそれぞれ分離することが困難であることを示している。しかし，次のいくつかの点から，ERN を MMN や ERAN から分離できるかもしれない。

(1) フィードバックを操作した音と演奏者自身による誤りの比較。フィードバック操作により生じた ERP と，自身の誤りによる ERP（図 11.3）とを比較したところ，誤打鍵後 200 ms 周辺の陰性成分は有意ではなかった。ただし，この範囲の ERP に小さな陰性成分が見られた。自身が作り出した誤りとフィードバック操作は，聴覚的な逸脱としては同様であるので，自身の誤りの ERP にも MMN 成分が含まれると考えることができる。しかし，この自己の誤りの ERP の中には明確な MMN が見られなかったことから，フィードバック操作によって引き起こされた陰性成分は単に MMN や ERAN であったとはいえなさそうだ。

(2) ERP の信号源推定。Maidhof et al.（2010）の研究では電流源密度を使うことで，動作条件と知覚条件の両方で生じる陰性成分の信号源が，後方内側前頭皮質の吻側帯状領域（rostral cingulate zone: RCZ）に位置することがわかった（図 11.4 も参照）。この結果は，フィードバック ERN で説明されてきたことと一致する。動作モニターと認知制御の研究では，課題成績を改善するために必要な，期待からの逸脱，遂行のモニター，動作の調整の処理に RCZ が重要な役割を果たしていることが示されている（van Veen & Carter, 2002; Ridderinkhof et al., 2004; Nieuwenhuis et al., 2004; van Veen et al., 2004; Folstein & Van Petten, 2008）。したがって，ERN，フィードバック ERN，N200/N2b はおそらく，RCZ に位置する神経信号源からの成分を多く含んでいるだろう。このことは，フィードバック ERN と N2b は，N200 の構成要素であるという説を支持する。フィードバック ERN と N2b は，よく似た機能的な特徴を持つ成分を同様に反映するものなのではないだろうか。

(3) 演奏の熟達者と初心者の比較。Katahira et al.（2008）の研究では，フィー

ドバック操作音の ERN が（Maidhof et al., 2009 の研究と同様に）熟達者において観測されたが，中庸以下の音楽訓練を持つ実験参加者では観測されなかった[18]。Maidhof et al.（2010）の結果はこれと一致しており，ERN の振幅は音楽訓練の長さと負の相関を示した。(Katahira et al., 2008 のように）非訓練群で ERN 成分が見られないことは，熟練の演奏者で観測された成分が MMN あるいは ERAN ではなさそうであることを示している。というのは，単に期待が外れたという場合には，音楽訓練経験がなくともこのような電位が生じるからである（これらの電位の振幅は音楽経験によっても変化を受ける。第 5 章 3 節の 2. と第 9 章 8 節も参照）。

(4) 調性にあったダイアトニックなフィードバック操作と，調性から外れたフィードバック操作の比較。もし ERN は部分的に ERAN と共有しているならば，非ダイアトニックなフィードバック操作はダイアトニックな操作よりもより大きな陰性電位を生じさせるはずである。なぜならば，ERAN 振幅は逸脱の度合いに関連するからである（第 9 章を参照）。Katahira et al.（2008）では，フィードバック操作による ERAN の振幅はダイアトニックと非ダイアトニックの間で異なることはなかった。このことは，ERAN に関連した成分は ERN 成分には関与しないか，したとしても非常に小さいということを示唆している。

MMN は逸脱音の予測や，逸脱刺激について事前に知識があることによっては影響されない（例えば Rinne et al., 2001; Waszak & Herwig, 2007; Scherg et al., 1989）。さらに，実験参加者が自身で音の呈示を開始させる状況でも，同じ音系列をただ聞くだけの条件でも，MMN の振幅は変化しない（Nittono, 2006）[19]。したがって，(Maidhof et al., 2009 で見られたように）P3b 成分をともなわずに ERN の振幅が変化したことには MMN はほとんど関与しないということを示している。

ここまでに議論してきた手法は，フィードバック操作の知覚の後に生じる陰性電位が，どの程度 ERN，N2b，MMN/ERAN 成分を反映しているかを明らかにするためのアプローチを示している。上述のとおり，動作条件でも知覚条件でも，操作された音は ERN に（潜時，分布，信号源の点で）よく似た初期陰性成分を生じさせる。Katahira et al.（2008）と Maidhof et al.（2010）の両方の研究で，このフィードバック ERN は，演奏条件において知覚条件よりも強くなった。したがって，音楽の知覚でも演奏でも同様に期待に関連した処理が生じたのかもしれない[20]。重要なことに，上述の音楽研究で見られたフィードバック ERN は，特定の聴覚事象を生成し

ようとするピアニストの意図と動作から生じた期待の影響を受ける。一方，これらの動作関連の期待と異なって，ピアニストは音系列の知覚の際に，先行する音楽文脈とその規則性に基づいて期待を形成することもできる。すなわち，ピアノ演奏中に音が操作されることは，音系列の聴取中に音が操作されることよりも予期せぬことであり，したがって知覚条件よりも動作条件でより大きなフィードバック ERN が生じたと考えられる。

もし，フィードバック ERN が動作に関連した予測の逸脱を反映するならば，音楽系列の生成と知覚の際には，この予測はいかにして形成されるのだろうか。動作系列の生成の際には，ピアニストは彼らが弾こうとした特定の鍵に割り当てられた音を期待しているように見える。割り当ての関係性を広範な学習により習得した後では，前述の内部順モデルを使うことにより，動作計画の形成が感覚フィードバックの予測を作り出すことにもつながる。このことは，予測は運動指令が送られる前に形成されるということを示唆する。一方，共通符号化説（Prinz, 1990）に従えば，演奏の際に，意図した結果の逆モデルを使うことで，動作が選択され制御されるとみることもできる。そしてこれは特定の結果の期待を導くのである（**概念運動原理** [*ideomotor principle*]；例えば，Hommel et al., 2001 を参照）。前述のとおり，共通符号化説は，知覚の符号化と動作の符号化は，共通の表象形式を共有しているという意味で重なり合っていると考える。したがって，動作から期待される効果は，その計画・制御・実行に影響を及ぼすはずである（**動作効果原理** [*action-effect principle*]）。動作効果の予測が実験参加者の訓練に関連しているという考えは，ERN 振幅と訓練量が相関することから支持される。Katahira et al.（2009）の研究では，非熟達者では ERN が発生しなかった。また，Maidhof et al.（2010）の研究では，訓練期間が長いピアニストほど大きな ERN 振幅が観測された。演奏せず系列を聴くだけの場合は，予測機構はおそらく先行する聴覚入力の規則性を外挿するのだろう。そして，その後に続く特定の音について予測を生成するのだろう。この期待あるいは予測は，知覚の本質的な側面であり，実験参加者の意図的な制御によるものではなさそうだ（Schubotz, 2007；第 9 章も参照）。

さらに重要なことに，これらのデータを合わせると，期待の逸脱の処理は自身の動作によって変化しうるということを示している。音楽演奏の際，演奏者あるいは歌唱者は，彼らの演奏意図と動作に基づいて，特定の聴覚フィードバックを受け取ることを期待する。加えて，先行する音楽的文脈は特定の音への期待を生み出す。そして，期待されない音が動作の後に出現したならば，その期待からの逸脱の検出により，フィードバック ERN/N200 に類似した脳反応が生じる。ピアニストが，期

待から逸脱した音を演奏なしにただ聞くだけのときでも，振幅は小さいものの同様の現象が生じる．この現象は，部分的には動作に関連した脳内メカニズムを反映したものであり，音楽を知覚する際に動作をシミュレーションすることによって生じるような現象であるのかもしれない．

【注】

1. 共通符号化説は Herman Lotze（1852）と Wiliam James（1890）の観念運動説を引き継いだものである．Lotze-James 説の要約および観念運動理論の枠組みについては，例えば Prinz（2005）の pp.142–143 を参照．
2. ピアノ演奏の指の動きを観測しているときの，ピアニストと非音楽家の脳活動を調べた fMRI 研究については，Haslinger et al.（2005）を参照．
3. 神経活動の信号源は中心前回の中央に位置していた．したがって，これはおそらく運動皮質ではなく運動前皮質であろう．
4. 加えて，聴覚フィードバックなしでピアノで旋律を**演奏**することは聴覚野の活動を励起した．
5. 第 12 章も参照．
6. この研究では，「ヤッター（yippee）」「ウゲー（yuck）」などの，勝利，歓心，怖れ，うんざりを表す発声を使った．
7. 運動効果は，例えば，単一の音であったり，複数オクターブにわたる 3 度アルペジオの音であったりする．
8. 両手運動の統合とは，両手間カップリング（bimanual coupling）とも呼ばれるもので，両手の運動がそれぞれ異なるパラメータ（例えば振幅）を持っていたり，片手単独で動かしたときとは運動時間が異なっていたりしても，うまく同期して開始し，終了することである（Marteniuk et al., 1984; Spijkers et al., 1997; Swinnen & Wenderoth, 2004; Diedrichsen et al., 2010）．加えて，特に音楽家は両手を同期させて演奏する訓練を受けている．このような両手間カップリングを含む運動の統合過程は，運動実行の低次の処理だけでなく，Diedrichsen et al.（2010, p.38）によれば「両手協調に見られる対称性の制約から見て（中略），知覚や課題のタイプに（中略）関連している．より一般的に言って，両手協調における制約の多くは（中略），両手間の物理的・肉体的制約というよりはむしろ，高次の，課題に関連した状況を複数同時に推定することの制約を反映しているようである．人間の協調システムは，同時に複数の目標を達成するというよりも，むしろ多くの効果器を使って 1 つの目標を柔軟に達成するように進化してきた」のである．
9. 一方で，聴覚フィードバックの特定の変形は，演奏を大いに阻害する．例えば，ピッチ操作（偽の聴覚フィードバック）の阻害効果は，学習時に生じるか，あるいは知覚されたフィードバックが意図した系列に似ている場合に生じる（総説は，Pfordresher, 2006 を参照）．しかし，聴覚フィードバックがランダムである場合，すなわちフィードバック系列が意図した系列とかなり異なっている場合には，聴覚フィードバックは演奏を阻害しない（おそらく，演奏者はフィードバックを計画した動作とは関係ないものとして知覚するからであろ

10. 基底核は，運動計画自体の一部を構成するか，運動計画のための脳部位の回路内にある。皮質 – 基底核 – 視床 – 皮質，そして小脳を含めてループする回路は，運動の計画・開始・実行・制御に貢献している。強拍と拍節の知覚に関する基底核の役割については Grahn & Brett（2007）を参照。また，感覚運動同調における基底核の役割については，Schwartze et al.（2010）を参照。
11. 遠心性コピーからの情報は，感覚野にこれから入力されてくる感覚情報について知らせ，そして感覚野に運動の結果生じる感覚情報に対する準備を可能にする。詳細は Crapse & Sommer（2008）を参照。
12. ただし，片方の手からの体性感覚フィードバックと，もう片方の手からの視覚フィードバックを支えるネットワークは，いくらか重複はあるものの，互いに大きく異なるということには留意すべきである（例えば Swinnen & Wenderoth, 2004）。
13. あるいは，運動の種類や速度によっては，感覚フィードバックループによる修正は，運動軌跡の最後のほうにおいてのみ可能かもしれない。
14. この研究（Leuthold & Jentzsch, 2002）では，すでに開始した運動の再計画を要求する信号が被験者に提示された。呈示信号のオンセットから 370 ms 後周辺に最大値を持ち，後頭中央に分布する陰性電位が観測された。この成分は再計画に関わる処理過程が反映したものであろう。
15. 様々な運動あるいは感覚運動機構の神経ネットワークが，両手の運動統合の調整に関与するようだ。このネットワーク内への SMA の関与を示す研究については Steyvers et al.（2003）を参照。
16. Bangert & Altenmüller（2003）の EEG 研究では，音楽的に訓練されていない実験参加者では，20 分以内のピアノ学習ですでに聴覚 - 運動共活動が見られたことに留意すべきである。
17. 行動実験の結果，フィードバックを操作した音が後続する音に対してより長い IOI を引き起こすことはなかった。
18. 実験参加者はキーボードでなじみのない旋律を演奏した。打鍵の 5％において音が半音上がるよう操作されていた。
19. この研究（Nittono, 2006）では，実験参加者はボタンを押すことで音提示を開始することができるが，提示される音は，標準音か 2 つのピッチ逸脱音のうちどちらかであった。すなわち，被験者は刺激のタイミングを制御しているものの，刺激のピッチは制御していない。
20. フィードバック ERN は，知覚の際に，運動なしでも励起されると考えられることには注意が必要である。というのは，フィードバック ERN に似た波形が，動作も反応も要求されない場合においても一部の被験者で観測されたり（Donkers et al., 2005），明確な反応をともなわない課題でも規則（すなわち期待）が破られたときに見られたりもするからである（Tzur & Berger, 2007, 2009）。

# 第12章

# 情 動

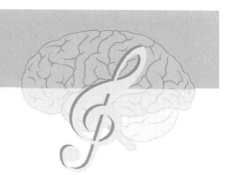

情動の神経基盤を研究するために音楽を使うことには,いくつかの利点がある。

(1) 音楽は,**強い情動**を喚起する。例えば,静的な顔の画像よりも通常は強力である。音楽に対する強い快の反応では,例えば,鳥肌がたったり背筋がゾクッとしたりする。

(2) 音楽は,例えば快の悲しみような,**入り交じった情動**を研究するために使うことも可能である。

(3) 音楽は,**多種多様な情動**を喚起することができる。例えば,快の情動に関しては,音楽は喜び,楽しみ,驚嘆,活気,慰め,崇高,平静,意気揚々などの情動を喚起する[1]。

(4) 音楽による情動の神経基盤を研究することは,音楽を**治療**に応用することと直接関わる。

(5) 音楽を聴くことと音楽を作曲することは両者とも情動を喚起させ,情動と**行為**の相互作用を研究することができる。

(6) 数秒程度の短期の情動的出来事や数分,数時間にわたる長期の情動的出来事に関わる,情動処理の**時間的経過**を研究するために音楽を使うことができる。

(7) ヒトの進化において,音楽は元来,社会的な活動であるように思われる[2]。したがって,音楽は情動と**社会的要因**の相互作用を研究するのに適している。

しかし,情動の研究で音楽を使うことには次のような問題もある。

213

（1）音楽的な好みは，例えば，デスメタルファンが徹底的にスラッシュメタルを嫌うように個人差がある。刺激素材に操作を加えることで，被験者間にかなり異なった情動反応を引き起こすかもしれない。
（2）実験参加者は異なる音楽作品やスタイルに等しく精通しているか，異なる情動条件間に見られた神経活動の差が，音楽刺激に対する親密さの差にすぎないということを避けるために，異なる実験条件を使わなければいけない。
（3）異なる実験条件で使われる楽曲間の，音楽的あるいは音響的パラメータの違いを統制することは多くの場合困難をともなう。例えば，通常は悲しい音楽は楽しい音楽よりも遅い。それらの効果を比較する場合，機能的脳イメージングのデータに見られた条件間の違いは，単に覚醒度の違いによるものかもしれず，楽曲のテンポに関係した心臓血管系の反応に対応するのかもしれない。つまり，テンポが遅い喜びの音楽と，テンポが速い悲しみの音楽の反応を比較すると，同じ結果が得られるかもしれない。
（4）いくつかの情動については，音楽よりも他の刺激を使って研究したほうがよい。音楽は，例えば妬み・後悔・好みなどのような高負荷な認知評価に関わる情動的現象を研究するにはおそらく適していない[3]。さらに，特定の音楽に嫌悪感を持つ人もいるかもしれないが，嫌悪感の研究は匂いや画像を使ったほうがよいだろう。

## 1節 「音楽的情動」とは何か

音楽は広範な「真」の情動を喚起しうると主張する研究者がいる一方で，音楽によって喚起される情動は人工的で真ではないと主張する研究者もいる。例えば，Zentner et al.（2008）は，「音楽は元来，健康で幸福な状態（well-being）に対し重大な影響を与えることは通常はなく，まれに目的のはっきりした外面的な反応を引き起こす」（p.496）と述べ，音楽は喜び，悲しみ，怒り，恐怖を喚起できるという意見を否定した。同様に，Scherer（2004）は「音楽が基本情動を引き起こすことはありそうにない」（p.244）と記述した。Noy（1993）は「音楽によって喚起される情動は，日常的な対人行動によって喚起される情動とは一致しない」（p.126）と述べた。Konečni（2003）は「器楽曲は聴取者に真の情動を直接喚起することはできない」（p.333）と主張した。音楽が健康で幸福な状態に重大な影響を与えることはないという仮定は，音楽は生存機能に関係する基本情動を喚起することができないという主張にも取り入れられた（例えば Kivy, 1991; Scherer, 2004; Zentner et al.,

2008）．これらの仮定に基づいて，Scherer（2004）は，「個人の興味や健康で幸福な状態にとって重要な特定の状況に適応する」（Scherer & Zentner, 2008, p.595）ために喚起された目的のはっきりした**功利主義的**な情動と，個人の健康で幸福な状態に重大な影響なく喚起され，まれに特定の目的のはっきりした反応を引き起こすにすぎない，**美的**な情動を区別することを提案した．

　しかし，音楽が喚起する情動は目的がはっきりしていないという考えは，集団で音楽を作ることが社会的機能に進化的に適応する発現を促すという考えと矛盾する．このような機能への関与は，「帰属欲求」（Baumeister & Leary, 1995）などの社会的欲求を満たすという目的指向の動機と関連している．このような欲求を満たすことは，報酬や喜びの情動，そしておそらく愛や幸福のような愛着に関連した情動を喚起する．さらに，例えば，音楽により「人間の肉体から魂が引き出される」
(訳注：意訳「精神が高揚する」)（William Shakespeare）[4] 体験や，音楽が喚起する情動の治療的効果の体験などは，音楽が「真」の情動を喚起できないという主張と矛盾する．以降では，音楽の作曲と音楽の聴取は具体的に影響を与え，基本的欲求を満たし，生存に関わる目的を達成するという主張について，いくつかの議論を展開する．

▶**音楽と「真」の情動**　Juslin & Västfjäll（2008）は，音楽をともなった情動喚起の基盤となるいくつかの心理学的メカニズムが，聴取者の幅広い基本情動と複雑な情動の喚起の基盤となるメカニズムと共有されていると主張した（詳細は第 12 章 2 節も見よ）．さらに，音楽聴取は，情動の 3 つの主要な反応を引き起こすことができる．すなわち，自律神経性や内分泌の変化を反映した**生理的覚醒**（例えば Steinbeis et al., 2006; Sammler et al., 2007; Grewe et al., 2007b; Koelsch et al., 2008a; Orini et al., 2010; Koelsch et al., 2011），喜び，幸せ，悲しみのような**主観的な気分**，微笑みやしかめっ面のような**運動表現**（Grewe et al., 2007a）である．加えて，音楽聴取はダンス，足のタッピング，拍手など**運動**を頻繁に喚起する．最終的には，音楽はいわゆる辺縁系，傍辺縁系の脳構造のすべての活動を調節することができる（つまり，このような構造の中で情動は生成される．第 12 章 6 節を見よ）．これは音楽が喚起する情動は単に心の幻想ではなく，実際に「真」の情動を音楽は喚起することができることを示している．

▶**音楽と「基本」情動**　音楽は，喜び，恐怖，怒り，悲しみ，嫌悪のような「基本」情動を喚起することができる（Ekman, 1999）．音楽を作る際や，音楽を聴く際に，多くの人は喜びと幸せを経験する．これは頻繁に音楽を聴く動機である（例えば

Juslin et al., 2011)。音楽は驚きを喚起させることもできる（Koelsch et al., 2008a）[5]。初期の研究（Koelsch et al., 2006a）の実験参加者は，この研究で用いられた不協和な刺激により，嫌悪やめまいの感覚を生じたと報告した。まったく好きではない音楽を聴かされると，ほとんどの人はかなり苛立ってしまう。例えば，ネオナチの人種差別の音楽（Messner et al., 2007），そして一部の軍楽のように，音楽はときどき怒りや攻撃性を刺激するために使われる。次の節では，音楽が喚起する悲しみについて扱っていく。

　通例，音楽がすべての基本情動を均等に喚起することはないという事実は，音楽がそのような情動を喚起できないということを意味している訳ではない。例えば，音楽は嫌悪よりも，頻繁に幸せを喚起する。さらに，たとえ音楽が，「日常生活」の特定の状況と同じ強度で基本情動を喚起しなくても，おそらく両者の基本的な神経基盤は同じである。強く，もしくはわずかに恐怖を感じたとしても，その情動は依然として恐怖である。音楽は目的に関連性がなく，生存には関係ないという仮定については以下で扱っていく。

▶「真」と，音楽が喚起させる悲しみ　音楽が「基本」情動を喚起するという仮定に対するもう1つの議論は，音楽は「真」の悲しみを喚起することはできないということである。なぜなら健康で幸福な状態に影響はないと考えられ（Zentner et al., 2008），日常生活において悲しみは多くの人が避けようとするネガティブな状態を経験させるからである。対照的に，幾人かは「悲しい曲が流れてきてもラジオを消さない」（Zentner et al., 2008）。しかし，他の人々は悲しい曲が流されたときにはラジオを消す。なぜヒトがネガティブな情動体験を芸術に求めるのかという考えは，アリストテレスの**詩学**にまで遡り，音楽領域については Levinson (1990) によって要約された。ここで，あえて言うならば，芸術を受容，もしくは生成する際の悲しみの体験は報酬効果を持っている。これらは情動的カタルシス，表現の識別，共感的な情動反応，自身の気分の理解，情動状態，外音楽世界から気をそらしてくれるもの，表現効力の報酬，情動的コミュニケーション，真の喪失が起こっていないという認識などである。このような報酬効果は喜び，面白みの感覚として体験され，それらは脳内の報酬系の神経基盤の活動と関係している（第12章6節2.に記述）。重要な点はこのような報酬効果，特に情動的カタルシス，共感的な情動反応，自身の気分の理解，情動状態は，報酬経験に先立って起こった「真」の悲しみによってのみ可能であるということである。それ以外は，このような報酬効果の喚起の理由はない。したがって，音楽が喚起する悲し

みは,「真」の出来事によって喚起される悲しみと,少なくとも短いエピソードとしては一致するはずである。

▶音楽と目的との関連性:生存機能　上記で述べたように,食物やお金のように重大な影響がないために,音楽は真の情動を喚起することができないと考えられている。しかし自律神経系,内分泌,免疫に影響があることから,音楽は健康で幸福な状態に対して有効である。このような効果は,ヒトが食べ,飲み,触れるという意味では重要ではないが,それでも音楽の影響はグルコース,脂肪,ミネラルの消費を調整するホルモン,免疫分子,細胞というように重要である[6]。さらに,第12章3節でより詳細に記述をするが,音楽はコミュニケーション,協調,集団的まとまりのような社会的機能を活性化させ,促進させる。このような社会的機能は人の基本的要求を満たし,健康で幸福な状態にとってきわめて重要である。さらにヒトにとって,社会的機能は人種の生存のために現在も重要である。そのために,このような社会的機能に関わる喜びは,実際に生存機能に関係する。

## 2節　音楽への情動的反応:基本的なメカニズム

Juslin & Västfjäll (2008) は,音楽をともなった情動の喚起の基礎となるいくつかのメカニズムを提案した。このメカニズムは次を含む。音色,アタック・タイム,強度,協和／不協和のような音楽の基本的な音響特性に起因した**脳幹反射**,他のポジティブ,ネガティブ刺激とペアを成す音楽をともなった情動喚起の処理である**評価的条件づけ**,聴取者が音楽の情動的な特徴や表現を知覚し,内的に特徴や表現を倣う**情動伝染**（Juslin & Laukka, 2003 も見よ),情動的性質をともなったイメージを喚起する**視覚的イメージ**,特定の出来事の記憶を喚起し,「ダーリン,彼らは私たちの曲を演奏している」現象（Davies, 1978）と称される**エピソード記憶**,特定の音楽の特徴が逸脱したり,遅れたり,もしくは聴取者の期待が生じることで,緊張や不安の情動を導く（第12章5節）**音楽的期待**である。

他の研究者によって示された付加的な要素には次が含まれている。音楽の好みに寄与し,音楽の好みを変えることができる**単純接触の反復**（Moors & Kuppens, 2008),情動的にポジティブな概念をともなう連想は,ネガティブな概念をともなう連想と異なった情動的効果を持つという,情動的誘発性をともなった外音楽的**意味の連想**（Fritz & Koelsch, 2008),「音楽を含む,身体的振動と外部のリズムが同期する生物学的メカニズムである」**リズム協調**（Scherer & Zentner, 2008）[7],そして

社会的機能への従事である。後者の要素は，次の節で詳細に記述する。なぜなら目的関連性に関する議論，音楽の進化的な適応値，音楽の治療の可能性に特に関わるからである。

## 3節　社会的な接触から精神性まで：7つのCs

音楽を作ることは，いくつかの社会的機能を含む活動である。社会的機能に関わる能力や欲求は，私たちをヒトたらしめるための不可欠な要素であり，このような機能に関与する情動的効果は報酬，愉快，喜び，幸福の体験を含んでいる。このような機能への関与から排除されることはストレス，うつを引き起こし，健康や平均余命に有害な影響を持つ（Cacioppo & Hawkley, 2003）[8]。そのために社会的機能への関与は，個人と種が生存していくために重要である。このような機能は，7つに分類することが可能である（要約，ならびに他の領域との関係は表12.1）。

（1）人々が音楽を作るときは，お互いに交流する状態になる。他人と交流することは他の種と同様に（Harlow, 1958），ヒトの基本的要求であり，社会的な

**表12.1**
音楽知覚，統語処理，音楽的意味の側面に関して，音楽による社会的機能（最終行）の概要。**聴覚の特徴抽出**が音楽知覚の他の処理にとって不可欠であるように，社会的**接触**は他の社会的機能への関与にとって不可欠である（そのために，左の一番外側に列挙している）。音楽的意味の側面に関しては，**社会的認知**は音楽の**指示性記号**[訳注]の解釈に類似する（両方とも，個人の内的状態の認知に関係する）。さらに，運動の**調節**は，**音楽由来の生理的な意味**を表す生理的活動と関係する。**統語的統合**では，協調は協働された統語的特徴（例えば旋律，和声，拍，そしてリズム）の活動と類似する。協調は，集団1人ひとりの健康の増進に関係する**社会的結合**を増加させる（**免疫系**における音楽知覚の効果に関連する）。さらに社会的結合という意味が含まれている社会的関係における個人間の性質は，**大規模な構造**と類似し，社会的結合の構成要素のような個人間では，**音楽由来の個人的な意味**と類似する。

【訳注】因果関係を示すことで機能を獲得する記号。

| 音楽知覚 | 特徴抽出 | ゲシュタルト形成 | 間隔の分析 | 構造構築 | 構造再分析 | 活性化 | 運動前野，免疫系 |
|---|---|---|---|---|---|---|---|
| 統語処理 | 要素抽出 | 予備知識を必要としない構造化 | 音楽的な期待の形成 | 構造構築 | 構造再分析 | 統語的統合 | 大規模な構造化 |
| 音楽的意味 | 形象的 | 指示的 | 象徴的 | 内音楽的 | 身体的 | 情動的 | 個人的 |
| 社会的機能 | 接触 | 社会的認知 | 社会的共感 | コミュニケーション | 協調 | 協調 | 社会的結合 |

孤立は死亡率とともに疾病率の主要なリスクファクターである（House et al., 1988; Cacioppo & Hawkley, 2003）。第 12 章 6 節の 3. で概説されるように，もっともらしい仮説は，社会的孤立が海馬体の損傷をもたらす一方，他人と交流することが海馬の結合性を促進するというものである。音楽知覚のモデル（表 12.1 の 1 列目に要約されている）について，社会的**交流**は他の社会的機能に関与するために必要であり，音楽知覚の他の処理に必要な**聴覚の特徴検出**と類似している。

(2) 音楽は自動的に社会的認知に関与する。音楽を聴取している間，「メンタライジング（訳注：他者の心理を行動から想像や理解する能力）」，または「志向姿勢（訳注：意図を読み取ろうとする態度・構え）の適応」のように，人は心的状態の帰属の処理を自動的に行う。そして心の理論（theory of mind: TOM）として確立されたものが頻繁に参照されるが，音楽を実際に作っている人の意図，願望，信念を理解しようとする。第 10 章 2 節 2. で述べられているように，Steinbeis & Koelsch（2008c）は，音楽の聴取が社会的認知に特化した脳構造に関与することを示した。つまり，作曲家の意図を理解しようと試みる心的状態の帰属に特化したネットワークである。このような処理は，集団で音楽を作る際にも必要である。例えば，即興時の様々なテンポ／ラウドネスなどである。興味深いことに，他の社会的文脈の社会的認知における問題と比較して，自閉症スペクトラム障害（Autistic Spectrum Disorder: ASD）の人は，意外にも音楽領域においては社会的認知の能力がある（Allen et al., 2009 も参照）。これは音楽領域の社会的認知の技能を，ASD の人の非音楽的な社会的文脈に転移することを音楽療法が補助することができるという意見を支持するものである。音楽的意味（表 12.1 の 3 列目に要約）に関しては，**社会的認知**は音楽の**指示的記号**の解釈に類似する。なぜなら社会的認知と外音楽の指示的記号の解釈，両者ともに内的状態の認知に関与しているからである。

(3) 例えば，怒りやうつ，他人への不安が減少するように，音楽を作ることは個人間の情動状態がより同質になるという意味で社会的共感に関わる。そのために対立が減少し，集団の団結が促進される（Huron, 2001）。ポジティブな情動においては，例えば，社会的共感は音楽を作るときや音楽聴取時の健康で幸福な状態を増加させる[9]。共感（empathy）の社会的機能に言及する意味で，共感の代わりに「社会的共感」という用語をここでは用いる。さらに，研究者による様々な定義のために，共感は多くの異なった意味を含んでいる。社会的共感という用語を用いることで，他の誰かの立場になったらという気分

の思考の現象のみに言及することはしない。その代わりに，他者の情動を観察したり聞いたりなどして知覚，想像し喚起するという意味で，自身の情動状態が実際に喚起される現象に言及する。そして，この知覚や想像は知覚した者に他者が感じていることときわめて一致する情動を喚起させる（共感の**概念**に関するレビューは，Singer & Lamm, 2009 を見よ）。社会的共感は次のものと区別されるべきである。①他者の情動表現を模倣する低次の知覚−行動メカニズム，例えば，笑顔を見た際の大頬骨筋の収縮などの**模倣**[10]，②おそらく社会的共感の前駆である短時間の行動の広がり，例えば，他の子どもたちが笑っているために子どもが笑うなどの**情動伝染**である[11]。模倣と情動伝染は，両者とも社会的共感に寄与する。模倣と情動伝染は覚醒下で起こり，自己／他者の概念を必要としない。対照的に，社会的共感は自己認識や自己と他者の区別を求める。つまり自己の情動の実際の源は自己の中にあるが，その情動を気づかせる能力は，他者によって作られた音楽によって引き起こされる。さらに，社会的共感は，次のものと区別されるべきである。それは，③**共感，共感する出来事，思いやり**であり，必ずしも共通した気分を含まない。例えば，自身には嫉妬の気持ちはないので，嫉妬深い人に対して気の毒な気持ちになることなどである（詳細は Singer & Lamm, 2009 を参照）。

(4) 音楽は常にコミュニケーションをともなう。特に乳幼児や子どもに子守唄を歌っている親子の音楽的コミュニケーションや遊び歌は，社会的・情動的・認知的発達と同様に，社会的・情動的調節にとって重要である（Trehub, 2003; Fitch, 2006）。第9章と第10章に記述したように，神経科学や行動研究は，音楽を知覚する神経基盤や認知メカニズムが，言語と同様に，統語や意味の処理とかなり重なっていることを示した。発話と音楽の生成に関しては，Callan et al.（2006）の研究でも，発話と歌唱の神経基盤が重なっていることを示した。音楽はコミュニケーションの手段であるため，特に患者が音楽を作る能動的音楽療法は，非言語のコミュニケーション能力の訓練として使うことができる（Hillecke et al., 2005）。

(5) 音楽を作ることは，行動の協調もともなう。ビートに同期し，維持することを求める。集団における動作の協調は，例えば，一緒に踊っているときなど，喜びと関係しているように見える。それは強調した動作から喜びを得るだけでなく，共通した目的がないときでさえ見られる（Huron, 2001 も見よ）。興味深いことに，Kirschner & Tomasello（2009）による研究は，ドラムマシーンによるドラムのビートの呈示，もしくはスピーカーによる呈示という非社会的状

況よりも，演奏者によってドラムのビートが呈示された社会的状況において，2歳半の子どもがより正確にドラムのビートに同期したと報告した。この効果は，人が他人と動作を協調する際に生じる喜びから起こるかもしれない（Overy & Molnar-Szakacs, 2009; Wiltermuth & Heath, 2009 も見よ）。外的なビートに動きを同期させる能力は，霊長類ではヒトに特有に現れる。ほかにはアザラシなどのほ乳類や，オウムなどの歌う鳥もこの能力をもっているかもしれない。現在の仮説（Patel, 2006, 2008）によると，ほ乳類における運動野と疑核の直接的な神経的結合によって決まる発声学習の能力に，この能力は関係している。疑核は脳幹に位置し，喉頭を刺激する運動神経を含む。運動野も舌，顎，口蓋，口唇を刺激する脳幹に直接投射する（例えばJurgens, 2002）。たとえ将来の状況が個人的に犠牲を払うものであっても，個人間の動作の協調も，将来の協調の可能性を増加させる（Wiltermuth & Heath, 2009）。音楽的意味の側面に関して（表12.1の3列目），動作の協調は，**身体的な音楽由来の意味**から身体的な活動まで関与する。

(6) 複数の演奏家による有無を言わせぬ音楽演奏は，演奏者間の協調が関与することで可能である。協調は共通の目的を暗示し，そして協調行動への関与は，喜びの重要な潜在的な源である。例えば，Rilling et al.（2002）は，協調行動と，側坐核（nucleus accumbens）を含む報酬ネットワークの活動の関係を報告した。個人間の協調は信頼を増加させ，将来の協調の可能性を増加させる。共同の目的を協力的に達成するために，協調活動について意思を疎通し合う能力をヒトのみが持っているということは注目すべきである（Tomasello et al., 2005）。統語処理に関しては（表12.1の2列目），**統語の統合**における旋律，和声，拍などの統語的特徴の協調活動と，協調は一致する。

(7) 音楽は集団の社会的団結を増加させる（Cross & Morley, 2008）。ヒトは「属することを必要」とし，組織することに強い動機があり，永続的な個人間の関わりを維持することを多くの研究は示している（Baumeister & Leary, 1995）。この要求を経験することは，健康や平均余命を増加させる（Cacioppo & Hawkley, 2003）。社会的団結も，相互的なケアにおいて親密な間柄を強め（介護者仮説も見よ；Trehub, 2003; Fitch, 2005），社会的機能で述べた他者に関わる機会によって生じる親密な間柄は将来にわたって現れる。社会的団結は，集団の個々の健康増加に関係する（Cacioppo & Hawkley, 2003）。**免疫系**においては，社会的団結と音楽知覚の効果を関連づける（表12.1の1列目）。さらに，音楽的意味に関して（表12.1の3列目），個人間のような社会的団結の要素は，

個人的な**音楽由来の意味**と一致する．最終的に，統語処理に関して（表 12.1 の 2 列目），個人間の関係についての系統的な性質には，**大規模な構造的関係**の系統的な性質と同等である社会的結合という意味が含まれる．

音楽は，他者を操作したり非社会的な行動を支持したりするのに使われうることは注意すべきである（例えば Brown & Volgsten, 2006）．唯一ではないけれども音楽はそれでもなお特別であり，社会的機能にはたらきかける（例えば協調的な遊びのかたちと同様に）．これは強い情動を喚起する音楽の可能性に対する説明の 1 つである．そのため音楽は社会的な要求を満たすことに**貢献する**．ヒトは他者と交流し，帰属し，コミュニケーションすることを必要とする．この点に関して，音楽が喚起する情動は生存機能，そして個にとってきわめて重要な機能に関係する（性選択などの他の要素の役割についてや音楽の進化についての議論は，Huron, 2001; Fitch, 2005 を見よ）．

社会的機能への関与によって喚起する情動の経験とともに，このような社会的機能に関与する経験が，**崇高な経験**であるということにも言及する（このようなコミュニケーションの経験について注意すべきことは，「霊的」も「霊的交渉」もここでは宗教的な用語としては使わないことである）．これはおそらく，宗教上のしきたりに音楽をともなう理由の 1 つである．

音楽を作っている際の社会的機能への関与は，神経的な「報酬回路」の活動を生じさせ[12]，私たち（Koelsch et al., 2010a）は，この報酬回路の活動が「楽しさ」として主観的に経験されることを示した（第 12 章 6 節 2. を見よ）．楽しみの経験に加えて，音楽を作ることは，社会的機能に関わるために愛，喜び，幸せなど愛情に関係する情動を喚起することもできる．第 12 章 6 節 3. で言及したように，後者の情動はおそらく海馬体の活動をともなう．単に音楽は楽しさだけではなく，人々を幸せにすることもできる．これから詳細に記述するように，このような情動を喚起する音楽の能力は，音楽の有益で生物的な効果，そして治療における音楽の使用にとって重要な基盤である．

## 4 節　音楽への情動的反応：基本的な原理

音楽をともなった情動を「喚起」する「メカニズム」の概念（例えば Scherer, 2004; Juslin & Västfjäll, 2008）は，先行して聴いた音楽が特定の情動効果を決定づけるという印象を与える．しかし，これは事実であるとは思えない．さもなければ，うつ病の患者は容易に楽しい音楽で治されうる．したがって，「メカニズム」とい

# 第 12 章　情　動

う用語の代わりに,「原理」という用語をこれからは用いる。同じくいくつかの情動的な効果は,決定論的に引き起こされたのではないことを強調するために,「音楽に誘発された情動」の代わりに,「音楽に喚起された情動」という用語を使っていく。これからは音楽知覚,統語処理,音楽的意味,社会的機能と同様に,音楽をともなった情動の喚起の基盤をなすいくつかの原理を示す(表 12.2 を見よ)。この原理は Juslin & Västfjäll (2008) によって提案された,音楽をともなった情動の喚起の基盤をなすメカニズムを含み,一部は拡張された。

(1) 概念的に,音楽への「脳幹反射」(Juslin & Västfjäll, 2008) は,**評価**の結果である(脳幹のレベル;第 1 章を見よ)。他の評価処理は,他のレベルで起こるかもしれない。例えば,Scherer (2001) は,評価処理は感覚-運動,スキーマ,概念的なレベルで生じると述べた (Scherer, 2001, p.103)[13]。評価処理は,①脳幹や視床レベルでは,自動的で非認知的(第 1 章も見よ),②眼窩前頭皮

### 表12.2
音楽知覚,統語処理,音楽的意味,内的な音楽的特徴,社会的機能に関して,音楽をともなった情動の喚起の基本となる原理(最終行)の概要。情動を喚起する**評価**の処理は,**特徴抽出**の早いステージで起こる(それゆえに,左の一番外側に列挙している)。情動**伝染**は,**社会的認知**と**指示性**記号の処理に関与する。ここで注意すべきことは,伝染は共感的反応の前駆であり,その社会的機能は社会的共感である(それゆえに,伝染は社会的共感の左に列挙されている)。音楽的情報は,次々に情動を喚起するエピソード**記憶**の表象を活性化する。この場合では,音楽的情報は(通常は特質的な)**象徴的**記号としての特性を持つ。さらに,(より一般的に)**象徴的**記号の特性(意味的記憶)をともなった音楽的情報の場合では,音楽的情報は情動的な誘発性をともなった概念を喚起するかもしれない(それは情動的な反応をもたらすかもしれない)。統語処理に関しては,長期記憶も**音楽的な期待の形成**を要する(暗黙的な)知識に関与する。**期待**の情動原理は,**内的な音楽的意味のコミュニケーション**,つまり,情動的な反応と同様に意味を生じさせる内的な音楽的特徴に関与する。**想像**は,構造的に再分析と補正をする処理に関与する。**社会的機能**への関与は,ヒトの健康にポジティブな効果をもたらし,免疫系においては音楽知覚(そして音楽制作)の再生効果に関与する。

| 音楽知覚 | 特徴抽出 | ゲシュタルト形成 | 間隔の分析 | 構造構築 | 構造再分析 | 活性化 | 運動前野,免疫系 |
|---|---|---|---|---|---|---|---|
| 統語処理 | 要素抽出 | 予備知識を必要としない構造化 | 音楽的な期待の形成 | 構造構築 | 構造再分析 | 統語的統合 | 大規模な構造化 |
| 音楽的意味 | 形象的 | 指示的 | 象徴的 | 内音楽的 | 身体的 | 情動的 | 個人的 |
| 社会的機能 | 接触 | 社会的認知 | 社会的共感 | コミュニケーション | 協調 | 協調 | 社会的結合 |
| 情動的原理 | 評価 | 情動伝染 | 記憶 | 期待 | 想像 | 理解 | 社会的機能,審美的 |

質のレベルでは，自動的で認知的，しかし認識はない（Siebel et al., 1990），もしくは③新皮質のレベルでは，意識的な認識をともなった認知である，といったことが起こりうる。これらのレベルそれぞれで，いくつかの評価処理は実行される。Scherer（2001）は，**情動分化理論の一連の照合のなかで**，刺激の評価の基盤をなす**一連の照合を提案した**[14]。

評価処理は，情動にとって主要な前駆である（Scherer, 2001）。そのために，ここでは音楽への反応における情動喚起の基盤をなす原理の1つとして評価処理を考える。Scherer & Zentner（2001）は，音楽をともなった評価処理について説明した（著者による「生成規則」を参照のこと）。この評価処理は，イベントの形式や場所のような文脈的特徴と同様に，音楽構造，演奏の質，聴取者の専門性，現在の気分や動機づけの状態によって決められる。音楽知覚のモデルに関しては（表12.2の上段に要約されている），**評価**は**特徴抽出**の初期の段階で生じうる。そのために**評価**は表12.2の最も左の外側に記載されている。

(2) もう1つの原理は**情動伝染**である。つまり顔，声，ジェスチャー，姿勢などの，情動表現の知覚に起因する情動喚起であり，運動表現や生理的覚醒の点から，この表現を内的に複製することである。例えば，速いテンポ，音高の大きな変動などによって，音楽は喜びを表現する。この表現は笑顔，ひそかなもしくは明白な声質，活気の点から聴取者によって複製される。このような運動の評価的なフィードバックが起こり，生理学的な変化と関連して，情動は喚起する（例えばHatfield et al., 1993）。上記のとおり，自己認識，そして自己／他者の区別にも関与する情動伝染は，社会的共感の現象に寄与するかもしれない。**社会的機能**（表12.2の5列目）に関して，情動伝染は**社会的認知**と関係がある。**音楽的意味**（表12.2の3列目）に関して，情動伝染は**指示的**な記号の処理と関係がある。さらに，情動伝染は十分に発達した共感反応の先駆であり，共感反応の社会的機能が社会的共感であることから，情動伝染は表12.2において社会的共感の左に表記されている。

(3) 情動，そして情動が関与する刺激は記憶される。音楽刺激は自伝的な出来事の記憶と関係し，音楽を知覚することは情動的な反応を導く情動的な記憶を喚起するかもしれない（Juslinの「エピソード記憶」のメカニズム；音楽が喚起する自伝的記憶と情動的効果に関するfMRI研究についてはJanata, 2009を見よ）。この場合では，音楽的な情報は大抵，特異的な**象徴的記号**の性質を持つ（表12.2の3列目を見よ）。意味記憶としてより一般的な象徴的記号の性

第 12 章　情　動

質を持つ音楽的な情報は，情動的な覚醒をともなった概念を喚起するかもしれない。そして文字の情動的な覚醒に対する情動的反応と同様に，情動的な反応も導くかもしれない（Võ et al., 2009）。

　さらに，音楽的刺激は，他の刺激によって喚起される情動とたびたび組み合わさる。そのために，音楽はある条件づけられた刺激となり，情動的な反応のきっかけとなる（Juslin の「評価的条件づけ」）。エピソード記憶，意味記憶，評価的条件は異なった学習処理に関与し，異なった神経基盤に依存している[15]。それらはすべて長期記憶の機能であり，そのためにここでは**記憶の原理**に分類した。注意すべきことは，統語処理に関して（表 12.2 の 2 列目），長期記憶は暗示された，**音楽的期待**を構成するために必要な知識と同等であることである。

(4)　**音楽的期待**の原理は，期待の増強，遂行，逸脱が，驚き，緊張，興奮やくつろぎのような情動的効果を持っていることを示す。次の節では，この原理をより詳細に論じる。ここでは次のことを注意しておくことが重要である。音楽的期待による情動的影響に加えて，「単なる暴露」（Moors & Kuppens, 2008）に起因する情動的影響も予測的な処理に関与する。**単なる暴露効果**の基礎となるメカニズムは明らかではないが，それはこれから起こるであろう喜びの知覚に関与する出来事を予測する能力であるように思われる（Armstrong & Detweiler-Bedell, 2008）。一方で，完全な予測が退屈を導くこともありえる[16]。**期待の情動原理**は，ここでは**内音楽的意味におけるコミュニケーション**に関わる。つまり，情動反応と同様に意味を喚起する音楽的特徴である（表 12.2 も見よ）。

(5)　もう 1 つの原理は，**想像力**である。それは才覚，独創，好奇心，創造に関わる情動的効果，そして何かを試みようとする情動的効果に言及する。想像的原理は，Juslin の「視覚的想像」に関係している。しかし注目すべきは，視覚的想像は評価処理も引き起こすことができるということである。例えば，想像した物や風景は常に情動的誘発性を持っている。音楽知覚と統語処理（表 12.2 の 1 列目と 2 列目）において，想像的原理は，新たな音列の持続に関与する，**構造の再分析と修正**に関係している。

(6)　情動的効果は**理解**にも起因する。人は外音楽的意味，（内音楽的な）音楽構造の意味，「音楽的知識や進行の論理」（Davies, 1994, p.48），音楽的談話などを理解できるかもしれない。Perlovsky（2007）は，ヒトや他の生物は，どのような文脈や構造の要素が理解しやすい実体として総合的に扱われるのかと

いうことを，先天的に理解また「解明」する必要があると主張した。この要求は，Perlovsky（2007）によって**知識本能**として言及されている[17]。理解するというこの要求への達成は，なるほどと思う瞬間やわかったと思う瞬間の報酬として体験される。そして実験上ではあるが，ドーパミン作動性の報酬経路の活動に関与する（第 12 章 6 節 2. は音楽が喚起する情動や報酬の神経基盤が詳細に記述される）。意味と情動を生じさせる**内音楽的特徴**において，**理解すること**は構造的な逸脱の**解決**に関係している。構造的な逸脱をともなった音列は，ひとたび解決されると，十分に理解可能である。

(7) 最終的には，第 12 章 3 節で述べたように，音楽を作ることまたは音楽聴取の際の**社会的機能への関与**も，情動的反応を引き起こすかもしれない。第 12 章 3 節では，社会的機能への関与は健康に良い影響があることに言及した。これは免疫系において，情動原理を音楽知覚や音楽制作の潜在的な再生効果に関連づける（表 12.2 の 1 列目）。このような再生効果は，激しい情動ではないときにのみ生じることに注意すべきである。したがって，社会的機能における再生効果は，本質的に美や**審美的な経験**に結びつけられている。Siebel et al.（1990）は，美の決定的な特徴は激しい情動がないことであると断定した[18, 19]。音楽を作っている時や音楽を聴取している時の社会的機能の審美的体験を越えて，音楽的な音，内容，そして構造的な美も情動を喚起することができる。例えば Kivy（1999）は，「純然たる音楽的な美によって，音楽は情動的に心を動かす」[20]と主張した。

　特定の情動喚起のメカニズムや原理を研究することは多くの場合難しい。なぜなら通常いくつかの原理が，同時に作用しているからである。そのため異なる原理によって喚起された情動的効果を区別することは難しい。数研究のみしか音楽をともなった情動の基本的な原理やメカニズムの神経基盤を研究していないことが，理由の 1 つかもしれない（次節を参照のこと）。この点についての 1 つの例外は，次節で扱う音楽的期待の原理である。

## 5 節　音楽的期待と情動反応

　すでに第 10 章で述べたように，Leonard Meyer（1956）は，情動は音楽的期待を満たしたり保留したりすることで喚起されうると提案した。彼はこのような音楽的期待の確証や逸脱は聴取者に情動を生じさせるとしている（最近の記述は Huron, 2006 を参照のこと）。この提案にしたがって，Sloboda（1991）は，ある特定の音楽

の構造が固有の心理や生理的反応と関わりがあることを見い出した。例えば，新規な倍音や期待していなかった倍音によって震えは喚起された。

Steinbeis et al.（2006）による研究は，期待していなかった和音機能によって情動反応が喚起されうるという仮説を検証した。その研究では，被験者がバッハのコラールの3つのバージョンを聴いている間に，EEG，交感神経皮膚反応（SCR）と心拍数が記録された。あるバージョンは，不規則な和音機能を含む和声的音列をともなったバッハ作曲のオリジナルバージョンであった。例えば，トニックの代わりにサブドミナントを使った精妙なカデンツであった。もう1つのバージョンでは，例えば，サブドミナントをトニックに置き換えることで和音は原則に則って呈示され，そして3つ目のバージョンでは，例えば，サブドミナントをナポリの6度に置き換えることで，和音は非常に不規則に呈示された。原則に則った（予期された）和音によって生じたSCRsは，不規則な（予想外の）和音によって喚起されたものとは明らかに異なった[21]。SCRは自律神経系の交感神経枝の活動を反映していること，またこの系が密接に情動経験と結びついていることから，予想外の和音が情動的反応を喚起するという仮説をこれらのデータは確証した。Steinbeis et al.（2006）による研究の知見は，Koelsch et al.（2008b）によって再試された。その研究では通常の和音に比べて不規則な和音は驚きや覚醒としてはより強く知覚され，喜びとしてはより弱く知覚されることを示す行動データが得られた。

これらの知見を裏づけるために，予想外のハーモニーによる和音音列を使った機能的脳イメージングの実験（元来，音楽統語処理を調べるために計画された；Koelsch et al., 2005a; Tillmann et al., 2006）は，扁桃体（Koelsch et al., 2008a）や，眼窩前頭皮質（Tillmann et al., 2006; Koelsch et al., 2006a）に予想外の和音に対応した活動変化を示した（Koelsch et al., 2008a）。ブロードマンの11，47，10野の一部で構成される眼窩前頭皮質は，「期待の逸脱」（Nobre et al., 1999）や，感覚刺激の情動的強度の評価（レビューはMega et al., 1997; Rolls & Grabenhorst, 2008を見よ）のような様々な情動処理にとって重要な役割をはたす傍辺縁系の構造物である。したがって，**期待の原理**に加えて，不規則な和音機能も，**評価の原理**のためにおそらく情動的反応を喚起する。

注意すべきことは，上記に報告した研究の知見は，予想外の音楽的イベントが音楽の構造の処理に関係する反応を喚起するだけでなく，情動的反応も喚起することを示したことである。おそらくこれは文章における予想外の語など，多少の期待を持って知覚される他の刺激でも見られる。したがって，系統的に期待を持たせる刺激を用いた研究は，たとえ実験が本来は情動を調べるために計画されてなくとも，

理想的には覚醒と誘発性の経験を評価すべきである。そのために，このような変数はデータの誘発性を説明するために潜在的に使われている。

◇ 緊張のアーチ

第10章では，内音楽的意味を生じさせる構造的原理を述べた（表12.3）。この原理も，情動的現象の誘発に関連している。例えば，以前の節で記述したように，期待の逸脱は驚きを引き起こし，緊張を増加させるかもしれない。この緊張の増加は，逸脱が解決するまでは次の逸脱の期間まで続く。この逸脱した構造の間，調性音楽に慣れ親しんでいる聴取者は解決を期待する。この解決は，弛緩，喜び，報酬として知覚される。合理的な作業仮説は，背側線条体が期待に関する情動的な活動に関与しているというものである。Koelsch et al.（2008a）の研究では，解決への期待を喚起させる不規則な和音をともなった和音音列の間にこの領域が活動することを示した。Salimpoor et al.（2011）による研究では，聴取者が音楽によって喚起される身震いを期待している間に，この領域にドーパミン作動性の活動を示した。強烈な快体験は，首，腕，背筋に鳥肌を立てたりゾクッとさせたりする。期待，報酬，身震いそれ自体が腹側線条体おそらく側坐核でのドーパミン作動性の活動を喚起する。したがって，もう1つの作業仮説は，期待の逸脱を解決する際の喜びや報酬の経験は，側坐核を含む中脳辺縁系のドーパミン報酬経路に関与するというものである。

期待，期待の逸脱，解決への期待の際の緊張の増減とその解決は，表12.3にある**緊張のアーチ**によって概略的に説明される。緊張の増減は，調性音高空間理論（例えばLerdahl, 2001b; Bigand et al., 1996; Lerdahl & Krumhansl, 2007）を用いて，モデル化され，実験的に調べられた。しかし，ここで注意すべきことは微細な情動的活動の神経基盤は，一次元の緊張値だけでは十分に理解することはできないことである。例えば，構造的な逸脱をともなう和声音列の始まりの主和音の緊張値は，音列の終わりの主和音と同じである。両方の主和音は低い緊張値を持つ。しかし基本的な情動現象は，高まりvs.解決のように異なっており，神経－情動の要因である。

**表12.3**
緊張のアーチは，音楽的意味を生じさせる構造的現象の原理に関係する。

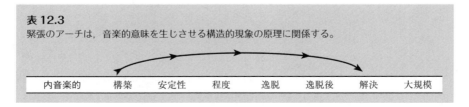

第 12 章　情　動

例えば，和声的な期待の逸脱の解決には，報酬に関わるドーパミン作動性の活動がおそらく関与する。

特に西洋音楽では，多数の緊張のアーチが，大規模な緊張のアーチの中に織り交ぜられている。例えば，第一主題，移行，第二主題，コデッタにおいて緊張のアーチを持つ単純なソナタ形式を想像してみてほしい。この 4 つのアーチにはオープンアーチが架けられている。そのために主題提示部はトニックでは終わらず，アーチが主題提示部全体に架かり，オープンである。展開部と再現部もいくつかのアーチを構成する。第一楽章では全体に緊張のアーチが架かり，ソナタ，交響曲と全体に架かるかもしれない。大規模な緊張のアーチの構造は，音楽作品の審美的，情動的体験の主要な要素である。しかし，どのように入り交じった緊張のアーチが，音楽の審美的な経験に貢献するのかについての実験的研究は欠落しており，音楽的な緊張のアーチの情動的影響に関わる神経基盤はよくわかっていない。

## 6 節　辺縁系と傍辺縁系に関連する，音楽が喚起する情動

これまでのところ，音楽と情動に関する多くの神経科学的研究は，情動喚起の特定のメカニズムや原理よりもむしろ，情動の神経基盤を調べるという主要な目的をもっていた。例えば，快／不快（Blood et al., 1999; Gosselin et al., 2006; Koelsch et al., 2006a; Sammler et al., 2007; Ball et al., 2007; Khalfa et al., 2008），画像と組み合わせた音楽への情動反応（Baumgartner et al., 2006a, 2006b）や映像（Eldar et al., 2007），音楽が喚起する悲しみの神経基盤（Mitterschiffthaler et al., 2007），または音楽聴取時の強烈な快体験（Blood & Zatorre, 2001; Salimpoor et al., 2011）についての研究がある。次の節はこれらの研究を概観し，情動原理との関係を示す。そして情動の神経基盤を理解する上で，これらの研究がどのような貢献をしたのかを記述する。

音楽と情動についての最初の機能的脳イメージングの研究は Anne Blood とその同僚によるものだった（Blood et al., 1999）。彼女らは，PET を使い和声がつけられた旋律を使って快／不快の情動的側面を研究した。刺激は不協和の度合いが連続的に変化し，程度の差はあるが不快に知覚された。不協和の度合いが最も高い刺激は最も不快と評価された。刺激は，音楽的な表現をつけずに，コンピュータ制御で呈示された。そのために，情動反応の喚起の基礎となる主要な原理は，感覚的な不協和に起因する**感覚－運動レベル**，聴取者の文化的経験に起因する模式的，**概念的**レベルでの評価である（第 1 章 4 節と Fritz et al., 2009 も参照のこと）。快／不快の変動は，傍辺縁系構造と同様に，後部梁下帯状皮質の活動を変化させた。つまり，不

快の増加には右海馬傍回の活動が関与し，不快の減少には前頭極と眼窩前頭皮質の活動が関与した（解剖学的な説明は図 12.1 を見よ）。

もう 1 つの PET の研究である Blood & Zatorre（2001）は，首筋，腕，背筋の鳥肌やゾクッとするような音楽への強烈な快反応に関わる神経基盤を研究した。上記のとおり，この情動的体験も音楽的な身震いとして言及されており，他の研究者は**ゾクッとする**（例えば Panksepp, 1995; Grewe et al., 2007b），**ゾクゾクする**（例えば Goldstein, 1980; Sloboda, 1991），**皮膚オーガズム**（Panksepp, 1995）などの用語を使った。しかし，Huron（2006）は，聴取者は鳥肌が起こらなくとも音楽を「スリリング」と感じることができ，そして 'chills' という用語は現象的な冷淡な感覚を有し，必ずしも身震いをともなわないと指摘した。身震いは，いくつかの原理が同時に起こる活動の効果であると思われているが，第 12 章 4 節で記載されているそれぞれの原理によって喚起されうる [22, 23]。

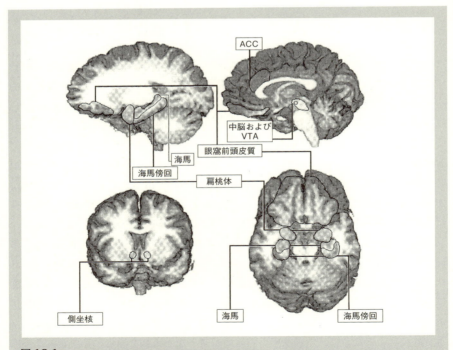

**図 12.1**
辺縁／傍辺縁系の構造の説明。音楽が喚起する情動に起因する活動の変化が，機能的脳イメージング研究で報告された（左上：右半球，右上：内側，左下：吻側，右下：腹側）。VTA：腹側被蓋野（おおよその位置が丸で示されている）。ACC：後部帯状皮質。

Blood & Zatorre（2001）の研究では，実験参加者に通常のCDを使用して各自の好きな音楽を呈示すると，身震いが喚起された。コントロール条件では，実験参加者は他の実験参加者が好きな楽曲を聴いた。身震いの強度の増加は，島，眼窩前頭皮質，腹内側前頭皮質，腹側線条体のrCBFの増加と関係した。身震いの強度の増加は，扁桃体と海馬前部のrCBFの減少とも関連があった[24]。つまり活動変化は辺縁系／傍辺縁系の中核，例えば扁桃体と海馬の構造において見られた。

明確に特徴づけられている訳ではないが，辺縁／傍辺縁構造は，情動処理の中核となる構造であると考えられている。なぜなら，その領域の病変や機能障害は情動障害と関係しているからである（総論としては，例えば，Dalgleish, 2004を参照のこと）[25]。さらに，このような構造は，個体や種の生存に関わる情動に重要な役割を果たす[26]。Blood & Zatorre（2001）の研究によって，音楽はそのような脳構造の活動の変化を喚起することができるという証拠がもたらされ，少なくともいくつかの音楽が喚起する情動は，進化的適応のある神経－情動メカニズムのまさに中核となる部分を含んでいることを示唆した。したがって音楽は「真の情動」を喚起するという見解が支持された。さらに，扁桃体の活動が音楽によって変化するという知見は重要である。なぜなら，うつや不安神経症などの情動障害は，扁桃体の機能障害と関係があるからである（Drevets et al., 2002; Stein et al., 2007）。そして音楽知覚の扁桃体の活動に対する影響は，情動障害の治療における経験に基づいた音楽療法的アプローチの根拠を強化した。

音楽聴取時の辺縁系の活動についての知見は，fMRI実験によって確認された。Koelsch et al.（2006a）によるfMRI研究は，Blood et al.（1999）と同様に，快と不快な音楽を使った[27]。Blood et al.(1999)の研究とは対照的に，快の音楽はコンピュータで作成されたものではなく，プロの音楽家によって演奏された器楽曲であった。不快な刺激は，元の音楽を不協和に複製したものであった。この研究における情動の喚起の基礎となる原理は，Blood et al.（1999）と同様に，おそらく主に**評価**，そして快の音楽で喜びの表現であることから**伝染**である。不快な音楽は，扁桃体，海馬前部，海馬傍回，側頭極のBOLD信号を増加させた。快の音楽に対する反応ではBOLD信号はその構造で減少した。快の音楽を呈示した際，BOLD信号の増加は腹側線条体と島で見られた。そして聴覚皮質やブローカ領域でも増加した。注意すべきことは実験参加者が音楽による身震いを報告しなかったことであり，身震いを経験しなかった時でも，扁桃体，海馬，そして腹側線条体の活動が音楽によって生じることを示した。

音楽への反応における扁桃体の活動変化は，Ball et al.（2007）によるfMRI研究

でも報告された。この研究では，快の刺激としてオリジナルの協和のピアノ曲を使い，不快な刺激としては Koelsch et al.（2006a）と同様に，電子的に操作を行い不協和にしたものを使った。興味深いことに，快と不快な音楽刺激の両方に反応する扁桃体の信号変化は，扁桃体の中心領域（著者らによって laterobasal と言及されている）でポジティブであり，扁桃体の背側領域ではネガティブであった（著者らによって centromedial と言及されている）[28]。これは扁桃体の異なった領域が，聴覚（音楽的）刺激に対して異なった反応特性を示すことを示唆している。実験参加者は協和している作品を快と評価したにもかかわらず，協和と不協和の音楽条件間において異なった扁桃体の信号は見られなかった[29]。

　Ball et al.（2007）が報告した扁桃体の異なる反応特性についての知見は，Fritz & Koelsch（2005）の fMRI 研究によって確認された。この研究では，短い快の音楽と，Koelsch et al.（2006a）と同様に，その快の音楽を処理して不快にしたものを使った[30]。扁桃体の 2 つの解剖学的に独立した領域は，選択的にポジティブとネガティブな誘発性をともなった刺激の知覚に関与した。誘発性の低下と相関する BOLD 信号は，外側と／または基底核である扁桃体の中心部で見られ，誘発性の上昇と相関する BOLD 信号は無名質を含む扁桃体の背側部で見られた。扁桃体の背側と中心部のボクセルを使った機能的結合分析は，それぞれの扁桃体の領域と同期する BOLD 信号を示す 2 つの独立したネットワークを示した。ネガティブな誘発性をともなう刺激の処理に関与する扁桃体の中心部は，側頭極，海馬，海馬傍回と機能的に結合していた。それら活動の座標は，Koelsch et al.（2006a）による研究で見られた領域と実質的に同一であった。ポジティブな誘発性をともなう刺激の処理に関与する扁桃体の背側部は，腹側線条体と眼窩前頭皮質と機能的に結合していた。この領域間の機能的結合は，両者の解剖学的な結合と類似している（図 12.2 にこの結合が図示されている）。この結果は，扁桃体の異なった領域が少なくとも 2 つの情動処理のネットワークの活動を調節していることを示唆している。つまり，あるネットワークは情動の誘発性においてポジティブな刺激の処理に関与し，もう一方はネガティブな刺激の処理に関与した。

　Baumgartner et al.（2006b）による fMRI 研究では，恐怖もしくは悲しいネガティブな画像と[31]，恐怖もしくは悲しい音楽とともに呈示した画像への情動反応を調べた。したがって，この研究の中で情動の喚起の基礎となる原理は，おそらく**評価**，**情動伝染**，そして彼らに画像を見せることで生じるもしくは生じたかもしれない想像であることから**想像**であろう。画像と音楽の両方を呈示するほうが，画像を単独で呈示するよりも脳活動は強かった。例えば，扁桃体の活動は両者を呈示する条件

でのみ見られ，画像を呈示した条件では見られなかった。両者の呈示では海馬体，海馬傍回，側頭極の強い活動が生じた。上記のとおり扁桃体，海馬体，海馬傍回から構成されるネットワークは，Koelsch et al.（2006a）と Fritz & Koelsch（2005）でも見られ，このネットワークが音楽の情動処理において一貫した役割を担うことを示唆している。

Eldar et al.（2007）による fMRI 研究では，音楽が映画の一場面と同時に呈示さ

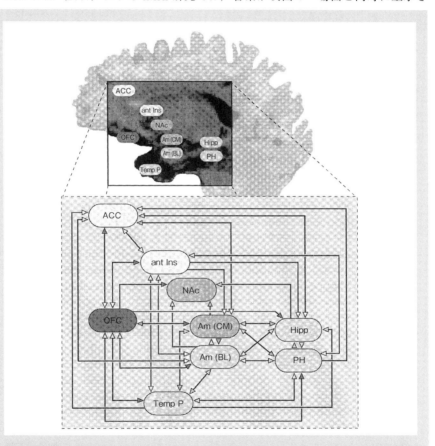

**図 12.2**
音楽の情動的な処理に関与する辺縁系と傍辺縁系構造の解剖学的な結合の概略（Nieuwenhuys et al., 2008; Öngür & Price, 2000; Barbas et al., 1999; Augustine, 1996）。ACC：後部帯状皮質，ant Ins：島前部，Am（BL）：基底外側部の扁桃体，Am（CM）：内側皮質の扁桃体（中心核を含む），Hipp：海馬体，NAc：側坐核，OFC：眼窩前頭皮質，PH：海馬傍回，Temp P：側頭極。Koelsch（2010）より再掲。

れたときに，音楽に対する反応と同様に扁桃体，海馬前部の活動が有意に増加した。映画の一場面はCMから取られた中性な場面であり，ポジティブな音楽もCMから，ネガティブな音楽は主にホラー映画のサウンドトラックから取られた。扁桃体の活動変化は，映画の一場面もしくは音楽のみの呈示よりも，映画と音楽を組み合わせたほうが大きかった。類似した反応特性は，音楽が映画の一場面をともなった際にポジティブとネガティブで背外側の前頭皮質，そしてネガティブでは海馬で見られた。映画の一場面はすべて中性であったにもかかわらず，映画の一場面をともなわない情動的な音楽は，それらの領域に異なった反応を引き起こさなかった。重要なことは，扁桃体の活動の変化が，ポジティブとネガティブの刺激の組み合わせに対する反応でも見られたことである。これは扁桃体がネガティブだけではなくポジティブ情動にも関与するという見解（例えばMurray, 2007を見よ）を支持し，扁桃体は主に脳の恐怖の中心であるという極端に単純化した見解よりも明らかに魅力的な見解である。

　不思議なことに，Eldar et al.（2007）で得られた行動的評価では，中性な映画の一場面をともなったネガティブな音楽と同様に，中性な映画の一場面をともなったポジティブな音楽の条件と，音楽のみの条件では有意差はなかった。注意すべきは，音楽をともなわない映画の一場面は中性と評価されたことである。そのため音楽と映画の一部を同時呈示した際に，扁桃体と海馬体の信号が増加した理由はわからないままである。おそらく，刺激の情動的な誘発性を調節しなくとも，全体としては情動的な活動を増加させながら，中性の映画をともなった情動的な音楽は，次に起こるかもしれないポジティブもしくはネガティブな出来事に関する想像を刺激したのかもしれない。視覚情報が扁桃体の信号変化を調節するという知見は，恐怖の音楽を聴きながら目を閉じているときでも扁桃体の活動が増加することを示すデータ（Lerner et al., 2009）によって確認されており，それはおそらく目を閉じている条件の間に視覚的な想像が増加したためである。

　音楽の情動的処理の際の扁桃体の関与は，機能的脳イメージングの研究だけでなく，扁桃体を含む内側の側頭葉を切除した患者が恐怖の音楽の認知障害を示したGosselin et al.（2005）の損傷研究でも報告された。さらに，Griffiths et al.（2004）は左の扁桃体と左の島を損傷した患者が，音楽を聴取している際に強烈な快と自律神経性の反応を選択的に障害したことを報告した。つまり，脳損傷を患う前には喚起されていた音楽作品に対する身震いを患者は失っていた。

第 12 章　情　動

## 1．長調－短調と楽しい－悲しい音楽

　いくつかの機能的脳イメージング研究では，「喜び－悲しみ」（Khalfa et al., 2005; Mitterschiffthaler et al., 2007），「音楽的な美」（Suzuki et al., 2008），または「好み」（Green et al., 2008）を研究するために長調と短調の音楽が使われた。しかし，2 つの研究（Khalfa et al., 2005; Green et al., 2008）で短調と長調の音楽を比較した際の前頭前野内側皮質（BA10m/9m）の活動以外，これらの研究で一致した結果はなかった。これらの研究を比較するには次のような問題がある。

（1）異なる実験参加者数。例えば，男性 1 人の研究（Suzuki et al., 2008）は，8 人の男性と 5 人の女性の研究（Khalfa et al., 2005）と比較された。
（2）統一していない効果の解釈。「美しい長調」での線条体領域の rCBF の減少，「美しい短調」での増加，一方で，「醜い長調」での増加，「醜い短調」での減少というように（Suzuki et al., 2008）。
（3）「実際の演奏」の使用（Mitterschiffthaler et al., 2007; Khalfa et al., 2005），もしくは音楽的な表現のない旋律（Green et al., 2008）や和音（Mizuno & Sugishita, 2007; Suzuki et al., 2008）の使用。
（4）異なる課題。実験参加者は次のことを尋ねられた。「いかにそれがよく好きだったか」（Green et al., 2008），「和音シーケンスの美しさを評定しなさい」（Suzuki et al., 2008），「悲しみから……楽しみの間で……自らの情動状態を評定しなさい」（Mitterschiffthaler et al., 2007），「悲しさから楽しさの間で……音楽で表現されている情動を判断しなさい」（Khalfa et al., 2005）。

　加えて，いくつかの研究（Suzuki et al., 2008; Green et al., 2008; Mizuno & Sugishita, 2007）は，長調と短調の刺激のテンポと音色を一致させるようにする一方で，他の研究では，例えば，「楽しい」曲は「悲しい」曲よりもテンポが速かったように（Mitterschiffthaler et al., 2007; Khalfa et al., 2005），「楽しい」と「悲しい」刺激は音響的，音楽的特性がかなり異なっていた。そのため，今後の研究は楽しさと悲しさに関わる神経基盤についてや，どのように長調と短調の調性的特徴が楽しさと悲しさに関わる情動的効果に貢献するのか，そしてこのような効果がどのように音楽的好みと文化的経験に関係するのかをということについてさらに示す必要がある。

## 2．音楽が喚起するドーパミン作動性の神経活動

　いくつかの研究は，快の音楽の聴取が報酬と快の経験に関わる脳構造を活動させ

ることを示した。上記したように，Blood & Zatorre（2001）は腹側線条体（おそらく側坐核；図 12.1 を見よ）が身震いを含む強烈な快反応に関わると報告した。同様に，Brown et al.（2004）によるもう1つの PET 研究は，安静時の条件と比較して2つのなじみのない快の楽曲を聴いている際に帯状皮質梁下部，島前部，海馬の後部に加えて腹側線条体の活動を報告した。快の音楽に対する腹側線条体の活動は，fMRI を使った3つの研究でも見られた。これら研究の1つは誘発性を研究し（Koelsch et al., 2006a），もう1つの研究は音楽の予測性がもたらす快の違いを（Menon & Levitin, 2005），3つ目は音楽が喚起する自伝的記憶（Janata, 2009）[32]を研究した。このような研究の1つ（Menon & Levitin, 2005）は，腹側線条体の活動が，腹側被蓋野と視床下部の活動と関係していると報告した。これは血行動態の変化がドーパミン作動性の活動を反映した腹側線条体で見られたことを示唆した。つまり，側坐核は黒質と同様に主に腹側被蓋野に位置するドーパミン作動性の脳幹の神経細胞によって神経支配されており，いわゆる「報酬系」の一部である（Berridge et al., 2009; Björklund & Dunnett, 2007）。この系は，視床下部後部から前脳内側を通って中脳辺縁系のドーパミン作動性へ投射をする。中脳辺縁系のドーパミン作動性は側坐核への腹側被蓋野の投射に関与する（この系は Panksepp, 1998 において，*SEEKING* system とよばれるものの一部である）。上記で述べたドーパミン作動性に関わる研究で報告された腹側線条体の活動変化の仮説に対する支持は，Salimpoor et al.（2011）の，最近の PET 研究に端を発する。その研究で彼女は，音楽が喚起する強烈な身震いなどの快は，側坐核で結合するドーパミンの増加に関わることを示した。

　重要なことに，腹側淡蒼球の活動（Berridge et al., 2009）[33]と同様に側坐核の活動は，動機や報酬に関わる快の経験と関連がある。例えば，目的を達成する処理の間に，到達可能で意欲を刺激するものに予期せずに出くわしたり，報酬のきっかけを呈示されたりする（レビューは Berridge et al., 2009; Nicola, 2007）。ヒトにおいて，側坐核の活動は次のようなものと関連して報告されていた。例えば性的活動，薬物摂取，チョコレートを食べること，脱水状態時の水分補給である（Berridge et al., 2009; Nicola, 2007）。したがって，側坐核の活動が主観的な楽しみの経験（Koelsch et al., 2010b）に関与することは以前から示唆されているが，側坐核の機能的な意義に関するより詳細な情報は，側坐核が他の情動で担う役割を究明するために必要である。

　側坐核は，動機や報酬行動と同様に，活力を与えるという役割や，報酬をともなった刺激に対する選択的，直接的な反応行動を担うとも考えられている（Nicola,

2007)。側坐核は,「辺縁運動インターフェース」と考えられている (Nieuwenhuys et al., 2008)。それは,①側坐核は,扁桃体や海馬など辺縁構造から入力を受ける,②側坐核にドーパミンを注入することは歩行運動の増加の原因となる,③側坐核は学習,行動選択,実行に重要な役割を果たす黒質の他の区画に投射する,といった理由による。前駆の神経基盤を特定する必要はあるが,側坐核の運動に関連する機能は快の音楽に合わせて体を動かし,一緒になり,踊るための前駆を生成するために重要である。

上記で述べた3つの研究 (Koelsch et al., 2006a; Brown et al., 2004; Menon & Levitin, 2005) では,実験参加者が音楽聴取中に身震いを報告しなかったことに注意しなくてはいけない。これは側坐核を含むドーパミン作動性の経路が,快と知覚されると活動することを示す。つまり,身震いを含む極端な情動的経験がなくとも活動されうる。したがってレビューされた研究の結果は,視床下部,腹側被蓋野,側坐核を含む報酬系の活動と関係のある快,楽しみの経験を音楽が容易に喚起することを示唆している。中脳辺縁の報酬系が関与する機能障害に対する無秩序な療法を支える系統的な知見をもたらすためには,この音楽の情動的な力をさらに研究する必要がある。特に,主観的な楽しさ(側坐核を含んだ)の経験に加えて,音楽は喜びや幸福の経験も喚起することができる (Koelsch et al., 2010b)。次の節では,後者の経験が楽しみの経験とは異なる神経システムに関与するという仮説を提案する。

## 3. 音楽と海馬

表情,情動的な写真,痛み,報酬の刺激を使って情動を調べる研究と比べて,音楽と情動の機能的脳イメージングの研究は,特に顕著な次の特徴を示す。つまり,音楽に対する反応において海馬前部の活動変化を報告している研究の割合が著しく多い。この活動変化は Blood & Zatorre (2001), Koelsch et al. (2006a), Eldar et al. (2007), Baumgartner et al. (2006b), Mitterschiffthaler et al. (2007), Brown et al. (2004), Fritz & Koelsch (2005), Koelsch et al. (2007b) によって報告された(図12.3も見よ)。海馬は,期待と同様に学習,記憶,空間的定位に重要な役割を果たすことがわかっている(レビューは,例えば Moscovitch et al., 2006; Nadel, 2008 を見よ)。しかし,情動を調べるために音楽を使った機能的脳イメージングの研究の少なくともいくつかは,海馬の活動を単にそのような処理だけであるとは考えていない。例えば,Mitterschiffthaler et al. (2007) による研究では,実験参加者が中性と悲しい楽曲に対して同じ程度になじみがあったにもかかわらず,中性と比較して悲しい音楽は海馬体前部の活動を生じさせた。Eldar et al. (2007) の研究で使われ

た楽しい・恐怖の楽曲に対して，実験参加者は同じ程度になじみはなかった。最後に，Blood & Zatorre（2001）の研究では，海馬体前部の rCBF の変化が，刺激に対して分析的な反応をしたときでも見られた（Blood & Zatorre, 2001 の図5を支持する）。実験参加者自身が刺激を持ってきたため，実験参加者は分析した音楽になじみがあった。

したがって音楽と情動の研究は，海馬が情動処理において重要な役割を担うことを示唆する。そのような見解は多くの神経科学者によって無視されてきたが，すでに Papez（1937）や MacLean（1990）によって数10年前に提唱されていた。海馬は，摂食，生殖，防御的な行動のような生存に不可欠な行動の調節に関わる構造や，自律神経，ホルモン，免疫系の活動に関わる構造（Nieuwenhuys et al., 2008）と密接な相互関係がある。このような構造には扁桃体，視床下部，視床核，中隔－対角帯，帯状回，島，自律神経性の脳幹の核が含まれる。遠心性結合は他の多くの辺縁系，傍辺縁系，辺縁系ではない構造と同様に側坐核，線条体の他の部分に投射する（Nieuwenhuys et al., 2008）。このような結合の機能的な意義は，情動処理において扁桃体，眼窩前頭皮質とともに海馬を重要視する。海馬の機能の理解の鍵は，皮質だけでなく皮質下の辺縁構造にも主要な投射があるということである（Nieuwenhuys et al., 2008）。

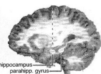

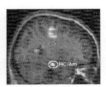

Blood & Zatorre, 2001　　Koelsch et al., 2006a　　Eldar et al., 2007　　Mitterschiffthaler et al., 2007

**図 12.3**
音楽に対する反応における海馬体前部の活動の変化。Blood & Zatorre（2001）の PET 研究では，rCBF の減少は音楽的身震いの強度の増加に相関した（x 座標はタライラッハの定位的空間を参照している）。Koelsch et al.（2006a）の fMRI 研究では，前部海馬体の活動の変化は，不快の音楽時の BOLD 信号の増加と快の音楽時の BOLD 信号の減少を反映した。Blood & Zatorre（2001）と Koelsch et al.（2006a）の研究の両方とも，右半球よりも左半球で活動の変化が大きかった。Eldar et al.（2007）の研究では，前部海馬体の BOLD 信号の増加（関心領域を見よ）は，映画の一場面もしくは音楽のみの呈示時と比べてネガティブな（恐怖）音楽と中性の映画の一場面を結合して呈示した際に強かった。活動の変化は半球間では違いはなかった。Mitterschiffthaler et al.（2007）の研究では，右の海馬体の活動の変化は，悲しい音楽の際に増加し，中性の音楽の際では減少した。Blood & Zatorre（2001），Koelsch et al.（2006a），Eldar et al.（2007），Mitterschiffthaler et al.（2007）より変更。

## 第 12 章　情　動

　記憶や空間表象のような認知機能に加えて，海馬が情動処理に関与するという知見は，多くの実験的証拠から支持されている。

(1) 海馬の損傷はラットの母性的行動の障害をもたらす。養育の頻度や効率性は低く，営巣はひどく，共食いは増加し，えさを探して持ってくることは少なく，子への授乳は少ないという指標によって示された（Kimble et al., 1967）。
(2) うつの人は海馬の機能的異常とともに構造的異常も示す（総説は，Videbech & Ravnkilde, 2004; Warner-Schmidt & Duman, 2006）。
(3) 海馬は，慢性の情動的ストレスを受けやすい。つまり動物では，無力さや絶望に関わる慢性的なストレスが海馬の神経細胞死をもたらし，海馬の萎縮に関連する（Warner-Schmidt & Duman, 2006）。それは幼児期における性的虐待（Stein et al., 1997）や，心的外傷後ストレス障害（PTSD; Bremner, 1999）を受けた人が海馬の容積の減少を示すというヒトの研究と一致する。心的外傷やうつ，その後の海馬の容積の減少は，海馬の神経細胞死や，歯状回の神経細胞新生の下方制御のためであると仮定されている（Warner-Schmidt & Duman, 2006）[34]。
(4) 愛情のポジティブな情動，つまり柔らかい，愛らしい，暖かい，うれしいと記述することのできる情動を引き出す能力が減少している人では，快と不快な音楽に対する海馬体前部と扁桃体の活動が健常群と比較して減少する（Koelsch et al., 2007b）。

　情動処理における海馬の関与についてはわずかな情報が得られるのみであるが，上記で述べた研究の結果は，海馬が喜びや嬉しさの生成，社会的なつながりの役割を果たす重要な構造であるという仮説の動機を与える。私たち（Koelsch et al., 2007b）は，このような情動を愛情の情動とした。そのなかで，ダーウィン（Darwin, C.）の『人及び動物の表情について（The Expression of Emotions in Man and Animals）』（Darwin, 1872）（訳注：浜中浜太郎（訳）岩波書店（1991/01））で，「愛情の情動は……慈しみ，喜び，特に共感を増大させるように見える」（p.247）[35]と記述している箇所を参照した。このような情動は，「楽しさの性質」がある。興味深いことに，愛，喜び，献身に関する章のなかで，ダーウィンは「すばらしい音楽の力」についても書いている（The Descent of Man, Darwin, 1874, p.250）。社会的な結びつきの経験は喜びや幸福などのポジティブな愛情の情動と関係し，社会的な孤独感は悲しみのようなネガティブな情動と関係する。結びつきに関わる行動はなめること，毛繕い，営巣，子どもを回復させること，そしてヒト特有では抱きしめる，キス，愛撫する，撫でる，柔らか

く触る，柔らかく声を出すことが含まれる（Panksepp, 1998；CAREシステムの一部は結びつきに関わる情動と結びつく）。ヒトにおいて，結びつきに関わる他の情動は愛である[36]。

不安やうつのようなネガティブな情動は，海馬の活動の抑制に関わると考えられる。それはうつの人の海馬の活動の減少を報告する研究によって示唆された（Warner-Schmidt & Duman, 2006）。特に健常者において，不快な刺激を知覚している際に海馬へ投射する神経経路が抑制されることは，海馬の神経細胞の損傷を防ぐ鋭敏な神経メカニズムを表しているのかもしれない。注意すべきは上記のとおり，重大な情動的ストレスが海馬の神経細胞の死を引き出すことである（Warner-Schmidt & Duman, 2006）。そのために，恐怖または他の不快な情動を生成する不快または脅威的な刺激を呈示している間，研究者は扁桃体と海馬で見られる活動変化の特性により注意することが重要である。このような活動の変化が，潜在的に情動的なストレスを持つ刺激に対する反応を無意識的に活動させる抑制処理を反映している可能性を考えることは重要である。

通常，喜びが楽しさを持つように互いに排他的ではないのは当然であるが，視床下部の活動を含む愛情に関わるポジティブな情動と，側坐核に投射する腹側被蓋野を含む中脳辺縁のドーパミン作動性の経路と同様に外側の視床下部を含む報酬系の活動に関わる情動を区別することも重要である。Panksepp（1998）は，このような2つのシステムを結びつける可能性のあるものとしてオキシトシンを記述した。つまり，オキシトシンは社会的絆を定着させる役割を担う（PankseppのCAREシステム）。したがって，愛情に関係のある情動において，中脳辺縁の報酬系（PankseppのSEEKINGシステムの一部）の活動は，内因性のオピオイドとオキシトシンが腹側被蓋野で放出されることによって喚起される。私たち（Koelsch et al., 2010a）は，前者の側坐核を含む回路の活動から喚起される情動が楽しさとして言及される一方で，海馬の活動を含む愛着に関わる愛情のポジティブ情動が，喜び，愛，幸福として言及されるかもしれないということを指摘していた（Siebel, 2009も見よ）。

報酬に関わる情動と愛着に関連する情動の重要な違いは，前者が十分に欲求を満足させることである。つまり，いったん生体が欲求を満たし生体の恒常状態を達成すると生体は十分満足する。そして，以前は意欲になった刺激が有害になることさえある。例えば，化学物質の過剰摂取は有害になる。これは海馬が中心となる十分に満足はさせない情動とは対照的である。ここで注意すべきは，十分に満足させない愛着に関わる情動のための脳のシステムは，進化的適応があるということである。なぜなら，例えば子どもへの愛着という情動，子どもを愛する，子どもと一緒であ

り楽しいという情動は，絶え間ない保護であり，子孫の養育を行う情動である。同様に，十分な満足はないが社会的な集団に所属する欲求や社会的一体性に関する情動は，社会的な結びつきを形成し維持する。そして，社会的結合を強固にする[37]。愛着に関わる情動を喚起する音楽の機能は，好ましくはないが，チーズケーキのように十分に満足させる情動を喚起する他の刺激と音楽を比較する。つまりチーズケーキとは対照的に，人は何時間音楽を消費しても，幸せなままであり，さらに欲するということである。

　海馬中心の情動の性質にとって現在の概念が十分であるかどうか，もしくは拡張する必要があるかどうか，それは情動の神経科学において，情動処理に関わる海馬の重要性を認識する上で重要である。情動に関する将来の脳イメージング研究は，刺激の異なるカテゴリーによって喚起される親和性，新規性，記憶処理を注意深く制御する必要がある。それは海馬の活動がこのような要因によるものであるという可能性を除外するためである。実験的な研究を行うことは依然として残ってはいるが，海馬の活動変化を喚起する音楽の性質に起因して，うつ病患者や PTSD 患者の音楽療法は，海馬における神経細胞新生の発現増加に対してポジティブな効果を持つことは想像可能である。

### 4．海馬傍回

　海馬傍回は，情動的な出来事の記憶の符号化や蓄積にとって重要な役割を果たす（例えば Kilpatrick & Cahill, 2003; Rugg & Yonelinas, 2003）。これは，おそらく音楽に関わる情動的な出来事でも有効である。すなわち，海馬傍回は以前に経験した音楽または音の情動を人に覚えさせ，音楽的情動の認識を可能にするのかもしれない（第 12 章 4 節で述べた原理も見よ）。

　音楽と情動の機能的脳イメージング研究の多くは，不快な音楽を表象するネットワークのなかで海馬傍回の関与を報告した。そしてこれらの研究の比較では，海馬傍回内の活動の最大値の座標に顕著な一致を示した[38]。加えて，Gosselin et al.（2006）の損傷研究では，コントロール群の実験参加者が不快と評価した不協和な音楽を，左または右の海馬傍回に損傷のある患者は不快と評価しなかったことを報告した。不快な音楽による活動の変化は，Blood et al.（1999）の研究では右の海馬傍回，Koelsch et al.（2006a）[39] の研究では，右では統計的に低い値にもかかわらず，左の海馬傍回でより強かった。この半球差の理由は特定されないままである。しかし上記した座標の一致は，海馬傍回が異なる程度の協和／不協和や，進化的には協和，不協和よりもより関係のある聴覚的な粗さの異なる[40]聴覚刺激の処理におい

て固有な役割を担うことを示唆した。

## 5. 海馬，海馬傍回，側頭極からなるネットワーク

これまでのところ，3つの音楽と情動の機能的脳イメージング研究が海馬，海馬傍回，側頭極の活動変化を報告した（Baumgartner et al., 2006b; Fritz & Koelsch, 2005; Koelsch et al., 2006a）。上記のとおり，Fritz & Koelsch（2005）による研究は扁桃体の中心（おそらく基底外側部），海馬，海馬傍回，側頭極の機能的結合を示唆している（図12.2を見よ）。そして海馬，海馬傍回，側頭極からなる記憶のネットワークは，情動処理にも関与している。このネットワークでは，海馬はおそらく記憶の形成と情動の生成に関与し，海馬傍回は情動的な記憶の貯蔵と情動の認知，側頭極はおそらく情動的記憶の想起に関与する。

## 6. 島と帯状皮質前部の活動の影響

現在の情動の理論は，情動と，自律神経の変化と内分泌系の活動に主に関与する生理学的覚醒の変化との関係の重要性を強調する。自律神経の活動の変化は，帯状皮質前部（ACC）と島皮質（Critchley, 2005; Critchley et al., 2000; Craig, 2009）に関係している。PETやfMRIを使った音楽研究では，恐怖や悲しみの経験時（Baumgartner et al., 2006b）と同様に，音楽が喚起する身震い（Blood & Zatorre, 2001）のときにこれらの構造の活動変化が見られた。しかし，ここで注意すべきは，ACCや島の活動変化は，必ずしも情動的処理に関係するということではないことである。例えばACCは演奏のモニタリング，動作に関わる機能，そして発話と音楽の知覚にも関与する（例えばCole et al., 2009; Mutschler et al., 2007; Koelsch et al., 2010b）。ACCは**生物学的なサブシステムの同期**（synchronization of biological subsystem; Scherer, 2000によって作られた用語）に関わると最近では提案されている（Koelsch et al., 2010b）。これらのシステムは生理的な覚醒，運動表現，動機づけの処理（動作傾向），モニタリング処理，認知評価から構成されている。これらサブシステムの活動の動機は，情動的な事例のすべての効果として起こる。そのため通常は気分として言及されるが，主観的な情動経験に不可欠であるかもしれない。ACCは認知，自律神経系の活動，運動活動，動機づけ，モニタリングに起因して，このような同期を行う特有の存在である。

島も自律神経の調整に関与するが内蔵感覚，体性感覚，内蔵運動，運動関連領域が加わる（Augustine, 1996; Mutschler et al., 2009）。島は，前頭弁蓋部と外側の運動前野皮質（PMC）と同様に，帯状皮質，眼窩前頭皮質（OFC），二次体性感覚野，

頭頂皮質の島後部，側頭極，上側頭溝，扁桃体，海馬，海馬傍回と主に結合している。特に脳幹と同様に皮質下と皮質の辺縁，傍辺縁構造の両方と結合している島前部は，自律神経の活動をともなって内蔵と体性感覚の情報の統合に固有の役割を担っている（Flynn et al., 1999; Mutschler et al., 2009 を見よ）。そのために，島前部の重要な機能の1つは体性感覚，内蔵感覚，自律神経の適切なレベルに対する自律神経の活動の強度の調整もしくは制御である。情動に度を越させない ACC と合わせて，島は自律神経活動に度を越させないように，鈍化させ，すぐさま減退させる[41]。

## 7節　音楽が喚起する情動の電気生理的影響

ごく少数の脳波研究（Schmidt & Trainor, 2001; Altenmüller et al., 2002; Baumgartner et al., 2006a; Sammler et al., 2007; Flores-Gutierrez et al., 2007）が，限定された範囲で，音楽を使った情動を研究している。現在は，脳磁図を使った音楽と情動の研究はほとんどない。これらの研究は，音楽の不快な効果と快の効果の対比である誘発性を研究している。Schmidt & Trainor（2001）と Altenmüller et al.（2002）は，ポジティブな情動を誘発する音楽への反応の際には，右の前頭葉に比べてより顕著な左の神経活動を報告した。そしてネガティブな情動を誘発する音楽では優位半球は逆であった。これらの研究の1つ（Altenmüller et al., 2002）は DC 脳波を測定し，他の研究（Schmidt & Trainor, 2001）では α 帯域の振動性の神経活動を測定した。しかし，側性化は Baumgartner et al.（2006a）と Sammler et al.（2007）による研究では見られなかった。

その代わりに，Baumgartner et al.（2006a）による研究では，悲しみや恐怖の写真と音楽を比較して，楽しい写真と音楽では両側の α パワーの増加が報告された。Sammler et al.（2007）による研究では，α 帯域もしくは α 周波数帯域のサブバンドでは，快と不快な音楽に違いはなかったが，快の音楽への反応においては前頭 - 正中線の θ パワーの増加を報告した。この増加した振動性の活動は，おそらく背側帯状皮質前部に由来するものであり，注意機能と結びついた情動処理を反映している。その研究では条件間の θ パワーの差異は，それぞれの音楽の最初の半分（つまり 1 〜 30 秒）よりも後半（30 〜 60 秒）のほうが有意に強かったことも報告した。これからの研究では，音楽が喚起する情動に対する電気生理学的な知見をさらに得ることが必要である。異なる周波数帯域の振動性の活動を研究するアプローチが最も見込みがあるように私は思う。

## 8節　情動の時間的経過

　情動もしくは混合した情動の強度，そして時にはその特性も時間とともに変化する。しかし，情動処理の時間的経過についてはこれまでにわずかしかわかっておらず，情動的なエピソードの異なるステージに関わる神経基盤については不明である。直感的には，例えば嫌悪な音はすぐに情動的な反応を喚起し，長くなると不快の度合いをさらに増加するかもしれない。一方，愛情の情動が明確になるためにはしばらく時間がかかると考えられる。

　情動の時間的経過を研究した精神心理学的な研究の1つが，Krumhansl（1997）によるものである。その研究では，聴取者が音楽をそれぞれ約3分間聞いている間に心臓，血管，皮膚電位，呼吸機能を含むいくつかの生理的測定が記録された。音楽は悲しみ，恐怖，楽しみの3つの情動の中の1つを表すものが選ばれた。それぞれの音楽の呈示が始まってから1秒間隔で測定された。記録された生理的反応と時間の間に，多くの有意な相関が見られた。情動的な経験の強度は，音楽を知覚している間，時間とともに増加する可能性が高いことを示唆した。それぞれの情動のタイプに対する最も強い生理的影響は，時間とともに増加する傾向があった。音楽に対する心拍と呼吸数の変化を測定した研究において，Orini et al.（2010）はこれら2つの生理的なパラメータは主に音楽の最初の20秒で変化し，その後は比較的安定したままであったををを示した（Lundqvist et al., 2009 も見よ）。最近の研究は，経時変化する音楽によって喚起する情動的な誘発性と覚醒に関与する生理的変化を同様に示した（Grewe et al., 2007a, 2007b）。

　情動処理のための経時的な活動の変化は，Koelsch et al.（2006a）によるfMRI研究でも見られた。その研究では，快と不快な音楽が約1分間用いられた。経時的な脳活動の差異の可能性を研究するために，データは音楽全体をモデル化するのみではなく，それぞれの楽曲の最初の30秒と残りの30秒を別々にモデル化した。最初の30秒と残りの30秒の活動をみると，扁桃体，海馬傍回，側頭極，島，腹側線条体の活動変化が音楽の後半30秒で強かった。これはおそらく快と不快な音楽を知覚している間に，聴取者の情動的体験の強度が増加したためである。同じ刺激を脳波研究で使ったSammler et al.（2007）は，不快な音楽と比較して快の音楽に対する反応における前頭－正中線の$\theta$パワーの増加が，それぞれの音楽の最初の半分（1～30秒）よりも，後半（30～60秒）のほうが有意に強かったことを報告した。最終的には，Salimpoor et al.（2011）による研究が，音楽が喚起する身震いへの期待には線条体背側部のドーパミン作動性の活動が関与し，身震いの経験には腹側線

条体（おそらく側坐核）のドーパミン作動性の活動が関与することを示した。

これまでのところ，これら 3 つの研究（Koelsch et al., 2006a; Sammler et al., 2007; Salimpoor et al., 2011）は，情動処理の神経基盤の時間的ダイナミクスを研究した唯一のものである。ここで注意すべきことは，音楽は常に経時的に展開していくために，この問題を研究していくための理想的な刺激であるということである。音楽を使った情動処理の新たな研究では，経時的な情動処理に関与する脳活動を分析することができるのではないだろうか。ある構造のどのような活動が，他の構造の活動に影響を与えるのかについての情報のように，情動に関連した構造についての経時的な活動の変化の情報は，これらの構造の機能的な重要性やヒトの情動の神経基盤について重要な知見をもたらす。

## 9 節　音楽制作の有益な効果

音楽の聴取，そして音楽の制作はなおさら，健康で幸福な状態に対して心理的，生理的に有益な効果がある。この節では，このような効果に貢献すると思われるいくつかの要因を列挙していく（要約は表 12.4）。これらの要因の多くは，間接的にのみ情動と関連しているが，音楽的経験のポジティブな情動の誘発性はすべての要

**表 12.4**
音楽知覚，音楽的意味の側面，社会的機能，情動原理の処理に関する音楽制作の有益な効果の基本となる要因。**知覚**は聴覚的な特徴抽出に関与する（しかし，ここでは体性感覚，平衡感覚，視覚の知覚のように，音楽聴取時の知覚処理，特に音楽制作やダンスの知覚処理を含む）。**注意**は，自発的な注意の方向に影響を受けるため（ERAN の生成における注意の影響によって示される），**音楽的な期待の形成**や**構造構築**の左に列挙されている。**長期記憶**（手続き，暗示的，意味的，エピソード的，情動的記憶）も**情動原理**で起こり，**音楽的な期待の形成**や音楽の**象徴的記号**の特性の認知を要する潜在的な長期記憶の操作と類似する。**知能**は，**構造構築**（したがって**内なる音楽的意味の処理**も）と**コミュニケーション**に関与する。情動の健康を維持，強化する有益な効果は**活性化**，**音楽が原因となる情動的な意味**に関与する。

| 音楽知覚 | 特徴抽出 | ゲシュタルト形成 | 間隔の分析 | 構造構築 | 構造再分析 | 活性化 | 運動前野，免疫系 |
|---|---|---|---|---|---|---|---|
| 音楽的意味 | 形象的 | 指示的 | 象徴的 | 内音楽的 | 身体的 | 情動的 | 個人的 |
| 社会的機能 | 接触 | 社会的認知 | 社会的共感 | コミュニケーション | 協調 | 協調 | 社会的結合 |
| 情動的原理 | 評価 | 情動伝染 | 記憶 | 期待 | 想像 | 理解 | 社会的機能，審美的 |
| 健康要因 | 知覚 | 注意 | 長期記憶 | 知能 | 動作 | 情動 | 社会的機能 |

因に有益な効果をもたらす。音楽を聴いている間や，特に音楽を制作しているもしくは踊っている間，通常，それらの要因は相互に効果がある。例えば，記述した要因のすべてが同時に効果をもたらす可能性がある。これら要因の療法上の効果は，系統的に音楽療法で使われている（Thomas Hillecke et al., 2005 による「音楽療法のための発見的問題解決型要因モデル」も見よ）。しかし，ここで注意すべきは，音楽療法の領域の中での質の高い実験的研究の数は未だ限られているということである。つまりここで記述されたいくつかの要因の有益な効果の知見は，まだ不確かなものであり，以前の実験的研究の要約というより，今後の研究に枠組みを与えることを意図している。

▶知覚　音楽制作は知覚能力を促進し，そして発達を支える。例えば，第5章2節と第5章3節2. では，和音と音素の知覚の聴覚的鋭敏さの増加をもたらす音楽的訓練が，脳幹や聴覚野レベルで音高や周波数変調のような聴覚的特徴の解読を変化させることを示した研究をレビューした。音楽訓練が，言語理解（例えばWong et al., 2007）の知覚処理に効果があるという知見は適切である。なぜなら，言語障害のある子どもは，たびたび生成障害だけでなく，知覚障害も有するからである（例えばTallal & Gaab, 2006）。そのために，音楽を制作することはこのような知覚障害を妨ぎ，このような知覚障害の音楽療法は言語障害の治療の助けになると思われる。言語障害の早期治療は，学校に入学後の学習や読解障害の進行のリスクの減少に重要である。最近の研究では，おそらく聴覚野レベルの中枢の聴覚処理構造の可塑性のために，知覚調整が耳鳴りの状態を改善できることを示した（Okamoto et al., 2010；耳鳴りの治療には注意に関連した療法も含まれる。下記［▶自発的な注意の方向］も見よ）。ここで注意すべきは，音楽制作の知覚訓練効果は，聴覚領域に限定したものではなく，自己受容性感覚，触覚感覚，多感覚統合も含まれるということである。知覚能力のような有益な訓練効果の可能性は，まだ研究されていない。音楽知覚のモデルに関して（第8章と表12.4の1列目），知覚は聴覚の**特徴抽出**に関係する。体性感覚知覚，平衡感覚，視覚知覚のように，音楽の聴取や，音楽を制作したりダンスしたりしている間の，すべての知覚処理がここには含まれている。

▶自発的な注意の方向　音楽制作は，他者とともに音楽を制作するときに特に，自発的な方向性注意を要する。実験的な証拠は，かなり希薄であるが（Jackson, 2003），音楽をともなった自発的な方向性注意の訓練は，注意欠陥性多動性障害

第 12 章　情　動

（ADHD）の子どもに関連した症状に対してポジティブな効果を持つように思われる。さらに，音楽に注意を集中することは，否定的な経験を呼び起こす傾向がある刺激から注意をそらすことができる。そのためにこの要因は少なくとも，医療処置の間の不安，心配，痛みを軽減する音楽聴取の効果を一部説明する（例えば Nelson et al., 2008; Klassen et al., 2008; Spintge, 2000; Koelsch et al., 2011）。音楽知覚のモデルに関して，注意は**音楽的な期待の形成**や，**構造構築**の左に記載されている。なぜなら，このような処理は自発的な注意の方向性によって影響を受けるからである。ERAN の生成における注意の影響によって示される。

▶**長期記憶**　通常，音楽を制作することは，音楽的情報の符号化や想起，または音楽的経験に関わる情報について手続き的，暗示的，意味的，エピソード的，そして情動的記憶と関わる。この領域の研究はまだ行われていないが，このような関与は記憶にとって有益であるかもしれない[42]。効果の実験的な証拠は限定的ではあるが，記憶要因は，アルツハイマー病（Alzheimer's disease: AD）の症状に対する受動的音楽療法で有益かもしれない（Gerdner & Swanson, 1993）[43]。手続き的，暗示的，意味的，エピソード的，情動的記憶などの**長期記憶**は，情動原理（表 12.4 の 4 列目）において生じ，**音楽的な期待の形成**や，音楽の**象徴的符号**の特性を要する暗示的な長期記憶の操作と類似する。

▶**知能**　音楽制作は知能に関与する。例えば，複雑な行動シーケンスで構成された階層的な計画や実行の観点からの即興や，音楽的統語構造で構成された階層的なインヴェンションの曲などがそれである。知能は，建設的な推論や論理の応用に関与する。したがって，知能は非論理的，非合理的な考えとは対照的である[44,45]。論理は，音韻論的な短期貯蔵や音韻性ループを使うのと同様に音楽知覚，音楽生成，実行機能を含む**作業記憶**の操作に関与する。繰り返しになるが，この知見に対する実験的証拠は未だ集まっていない。しかし，音楽制作や音楽聴取時に知能を使うことは，知能を良い状態に保っていく上で助けとなるかもしれない。音楽知覚のモデルに関して，知能はコミュニケーションとともに構造の形成，そして音楽内の意味の処理にも関与する（表 12.4 の 1 〜 3 列目）。

▶**行動と動作調節**　この要因では感覚運動能力の微調整に言及する。音楽制作やダンスをしている際の**行動**は筋肉，関節，腱，末梢神経をよい身体的の形状に保つ。それは半身麻痺の脳梗塞患者における粗大運動技術と微細（感覚）運動技術

(Schneider et al., 2010)，ブローカ失語の患者における基本的な発話生成の運動処理（Schlaug et al., 2009; Norton et al., 2009）の再構築と維持も行う。後者の研究は**メロディック・イントネーション・セラピー（MIT）**である。MIT は文章を歌うことを学習することによって患者の発話を取り戻す療法であり，損傷していない右半球の側頭葉にある聴覚野と右半球のブローカ野に相当する部位の神経結合の確立を導く。さらに，拍子は，パーキンソン病や失行の神経性患者の歩行を改善することができる（Thaut, 2003; Thaut et al., 2005; Thaut & Abiru, 2010）。ダンスのポジティブな効果は，パーキンソン病，関節炎，線維筋痛症の患者で報告されている（レビューは Murcia et al., 2010 を見よ）。

▶**情動**　第 12 章で述べたように，音楽が喚起する情動は辺縁系，傍辺縁系の脳構造すべての活動を調整することができる。このような知見は，うつ，病的不安，心的外傷後ストレス障害のような情動障害の治療のための音楽療法のアプローチと密接な関わりがある。なぜなら，このような障害は扁桃体や海馬，眼窩前頭皮質のような辺縁／傍辺縁系の構造の機能障害に部分的に関与しているからである。うつに関して，コクラン・データベース・レビュー（Maratos et al., 2008）は，うつ病患者の気分の改善に音楽療法が有効であることを報告した（集団の情動をまとめる音楽のポジティブな効果を示す研究は，Koelsch et al., 2010a を見よ）[46]。しかし，わずかな研究しかその報告には含まれておらず，著者はこれらの研究の方法論的な質が低いことを指摘した。そのため，うつへの音楽療法の効果を評価するためには質の高い研究が必要である。急性，慢性もしくはがんの痛みの強さとその軽減，鎮痛剤の要求に関して，コクラン・データベース・レビューはモルヒネの要求と同様に，音楽を聴くことは痛みの強さを軽減するとしている（Cepeda et al., 2006）[47, 48]。この有効性の大きさは鎮痛剤と比べて小さく，臨床的重要性は疑問である[49]。にもかかわらず，このような臨床的重要性を示す例の 1 つとして，声楽の音楽が踵骨棘後の未熟児の痛みとストレスを改善することを報告した Tramo et al.（2011）がある。痛みをともなう治療は血液サンプルを得ることであった。この研究では，音楽に暴露された幼児では，踵骨棘のための心拍と泣きは 10 分の回復の間に減少し，音楽に暴露されなかった幼児はそうではなかった。

さらに第 8 章で述べたように，音楽は活気や再生に関わる情動を喚起することができる。これは活気や音楽由来の意味に対する情動の有益性に関係する（表 12.4 の 1 列目と 3 列目を見よ）。つまり，情動は常に自律神経系とホルモン（内分泌）系に影響し，免疫系の変化ももたらす。音楽制作がこのようなシステムを持つと

いう効果の知見はまだ希薄である。しかし情動を喚起したり調整したりする音楽の可能性から，このシステムの機能障害や不均衡に関わる障害の治療に音楽療法が使えることは想像可能である。このような障害は情動障害だけでなく，自己免疫疾患のような慢性の身体障害からなる。

▶社会的機能への関与　これはコミュニケーションや表出，行動の座標，協力作用の能力の訓練，回復，維持をもたらす。さらに，このような活動への関与はヒトの基本的な要求を満たし，社会的絆の確立や維持に関わる楽しみ，喜び，幸せのような情動を喚起する。そのため社会的機能へ関与することは，再生的，有益な効果を持つことが大いにあり得る。例えば自律神経，内分泌，免疫系の効果が含まれる。この領域の系統的な研究は未だ欠落しているが，このような社会的機能への関与からの除外は，ヒトの健康や平均余命に有害な影響があるという証拠がいくつかある。例えば，緩慢な創傷治癒や睡眠不足に関与する生理的な機能の修復や維持がしにくいだけでなく，社会的孤立は血圧上昇や高血圧を増加させ，心血管性の疾患のリスク要因をもたらすような情動的ストレスと関係する。そのことから社会的孤立を罹病率と死亡率のリスク要因にする（Cacioppo & Hawkley, 2003）。もう一方では，音楽的活動への関与は有害事象である社会的孤立を防ぐ。

【注】

1. Zentner et al.（2008）は，音楽が喚起する情動を記述するために西洋の聴取者に典型的に使われた，40の情動語のリストを報告している。
2. この仮定は，社会的文脈で観察される工業化されていない文化の音楽的訓練の観察に基づく（例えばCross, 2008a; Cross & Morley, 2008）。
3. それにもかかわらず，音楽はこのような情動のような興奮を部分的に喚起することができる。第10章5節2.の［▶先験的な音楽的意味］も見よ。
4. 『から騒ぎ（*Much Ado About Nothing*）』，第2幕，3場。
5. Meyer（1956），Huron（2006）と本書第12章5節も見よ。
6. レビューはKoelsch & Stegemann（in press）を見よ。例えば，Koelsch et al.（2011）では，外科手術前や術中のストレスレベルが減少したために，コルチゾールレベルが減少した。コルチゾールの放出は，肝臓の糖生成を増加させ（高血糖を導く），脂肪分解（脂肪代謝の増加をもたらす）や，タンパク質異化を強める。
7. しかし，情動は生物的なシステムの同期化に関与する一方で（詳細は第12章6節6.を見よ），外的な等時間間隔で起こるパルスに対する生物的な変動の協調がなぜ情動を喚起するのかはわかっていない。例えば，外的な刺激の時間的な性質に対する脳の変動の協調は，明確な情動的要素がなくとも頻繁に起こる。

8. ネガティブな気分効果は，Siebe & Winkler（1996）の中の 9.6.5 節の'Appression'の現象として記述されている。
9. 集団による音楽作成によってポジティブな気分の増加を示した研究は，Koelsch et al.（2010a）を見よ。
10. 表情を見ている際の情動的擬態に関連する脳波の研究は，例えば，Achaibou et al.（2008）を見よ。
11. 同様に，擬態は伝染の要素であるということを，いくつかの研究（例えば Hatfield et al., 2009）は仮定する。
12. このような回路は後部視床下部から，前脳内側の線維束を通って中脳辺縁系のドーパミン経路への投射を含む。中脳辺縁系のドーパミン経路は，腹側被蓋野から側坐核に位置するドーパミン作動性の神経細胞の投射を含む。この経路の詳細は，第 12 章 6 節 2. で述べていく。
13. 感覚運動レベルは，好まれたり避けられたりする刺激に反応するための反射系を表象する。模式的なレベルは好み／嫌悪の学習に関与し，概念的なレベルは想起，予測，ポジティブ－ネガティブな評価を得ることに関与する。
14. このようなチェックは妥当性の検出（新規性のチェックを含む），暗示的な評価，対処するための潜在的な決断，規範的な重要性の評価を含む。ここで注意すべきは，規範的な重要性の評価のようなチェックは皮質構造でのみ行われることである。
15. 評価的な条件づけの神経基盤については例えば LeDoux（2000）を，意味やエピソード的な音楽の記憶の神経基盤については Platel et al.（2003）を見よ。意味的な音楽の記憶と意味的な言語の記憶の比較に関しては，Groussard et al.（2010）を見よ。
16. 度を超えた暴露のあとの好みの減少を説明できないため，古典的条件（「嫌悪なイベントがないことは，無条件刺激の構成要素となる」と仮定する；Zajonc, 2001）に関する暴露の説明は弱い。
17. Perlovsky（2007）も，このような理解から一部は意味が現れるとする。
18. Siebel et al.（1990）も，**美的な見解は**，「どのくらい美しいのか」と問うと仮定する（何かが美しいという問いとは対照的に）。
19. Istók et al.（2009）による研究は，フィンランドの学生は「音楽の美的価値」に美しさや感動的なという形容詞を最も強く関連づけた。
20. 美の側面における実験的な研究は，まったく乏しい。美の判断に関与する神経基盤を研究することによってこの問題にアプローチした神経科学的研究は，Jacobsen et al.（2006）と Müller et al.（2010）を見よ。
21. SCRs は，予想外の和音とまったくの予想外の和音の間でも異なった。
22. 概要は Sloboda（1991），Panksepp & Bernatzky（2002），Huron（2006），そして Grewe et al.（2007b）を見よ。
23. Blood & Zatorre（2001）の研究で身震いの喚起の基本的な原理は，著者らによって用いられていない。
24. 音楽が喚起する快に関する症例研究は，Griffiths et al.（2004），Stewart et al.（2006），そして Mauhews et al.（2009）を見よ。

第 12 章 情　動

25. どのように辺縁／傍辺縁系構造（扁桃体，海馬，海馬傍回，側頭極，視床，視床下部，中脳，側坐核，後部帯状皮質，島皮質，眼窩前頭など）が互いに作用し合うのか，どの機能的ネットワークを形成するのかは未だによくわかっていない．
26. 例えば，扁桃体は，個と種の生存にとって重要だと仮定されている情動の惹起，生成，検出，維持，終結と関係する．
27. 協和と不協和な刺激を使ったさらなる研究は Ball et al.（2007），Sammler et al.（2007），Gosselin et al.（2006）を見よ．
28. 扁桃体は解剖学的に単一ではなく，いくつか別個の細胞の集団から構成される．中央，内側，皮質核を含むいくつかの周辺の構造と同様に，それらは通常，外側，基底，そして副基底核（それはたびたび一括して，外側基底扁桃体と呼ばれる）と呼ばれる．扁桃体は機能的に単一ではないことは明らかであるが，このような周辺構造は，基底外側の扁桃体とともに，たびたび「扁桃体」と呼ばれる．扁桃体は，最も多く研究されている脳構造の1つであるが，他の構造との相互関係と同様にこれら核の機能的な重要性はよくわかっていない（LeDoux, 2007）．
29. Koelsch et al.（2006a）の研究では，おそらく協和な楽曲はすべて楽しいダンス音楽ではないためである．
30. 条件に加えて，Fritz & Koelsch（2005）の研究では，すべての刺激は逆回転での再生もされた．
31. International Affective Picture System の画像は人または人の顔を示している．
32. したがって，情動の喚起の基本的な原理（第 12 章 4 節）は，Menon & Levitin（2005）の情動的反応はおそらく**期待**のためであり，Janata（2009）の研究では主に**記憶**のためである．
33. 腹側淡蒼球は，淡蒼球の吻側と腹側の拡張によって形成されている．
34. 歯状回は，海馬体を構成している3つの構造物の1つであり，他の2つの構造は，固有海馬と海馬台である（Nieuwenhuys et al., 2008）．
35. ここで注意すべきことは，Darwin は共感を，例えば，誰かの嘆きに対する同情の気分や，幸福や幸運の気分として意味していることである（Darwin, 1872）．
36. 情動を喚起するための刺激として音楽を使った私の経験では，海馬の活動に関わる情動的な経験は**胸を打つ**，もしくは**感動**として実験参加者によって頻繁に記述される．
37. さらに注意すべきことは，人は面白さを買うことはできる（例えば，人は薬物，チョコレート，セックス，バンジージャンプなどを買うことができる）が，幸せはできないということである．
38. 活動の最大値の座標（Talairach stereotaxic space）は，25, 28, 21（Blood et al., 1999），−25, −26, −11/22, −26, −13（Koelsch et al., 2006a），−20, −30, −9（不快な刺激に対する反応；Fritz & Koelsch, 2005），−23, −29, −9（Ter Haar et al., 2007；不協和が増加した音に相関する活動）．
39. 同様の結果は，Fritz & Koelsch（2005）によって観察された．
40. 声の聴覚的な粗さの変化は，人の情動状態の重要な手がかりをもたらす．さらに聴覚的な粗さは，音の生成に関わる構造の情報をもたらす．例えば，きめ細かな砂での歩行は，砂利の足音よりも聴覚的な粗さの度合いの低い音を生じさせる．
41. 内受容性の意識に関する島の役割は，例えば，Critchley et al.（2004）や Craig（2009）を見よ．

共感における島の共感の役割は，例えば，Singer et al.（2009）を見よ。

42. ここで注意すべきは，音楽聴取時の認知と／もしくは情動処理の活動が神経活動を生じさせること（cognitization と呼ばれる）は，脳梗塞患者の回復に関して有益な効果を持つかもしれないということである（Särkämö et al., 2008, 2010）。

43. Simmons-Stem et al.（2010）は，話したときと比べて歌ったときに，なじみのない子どもの歌の歌詞は，AD 患者によく覚えられていたことを報告した（他者によって歌詞は話されたか歌われたために，音楽生成の効果の研究ではない）。コントロール（健常者）高齢者は，2つの条件において有意な差を示さなかった。

44. 「一般的な知能」における音楽的訓練の効果を調べた研究は，Schellenberg（2006）を見よ。子どもにおける音楽訓練と音楽や言語の統語処理の神経生理的な発達を示している研究は，Jentschke & Koelsch（2009）を見よ。

45. 知能は非論理的，非合理的思考とは対照的な位置にあるために，知能は，自尊心，健康への有益な効果に階層的に関与する。つまり非合理的な思考は自尊心の低さ（例えば Warren et al., 1988 に支持されている），自尊心，自己受容，自己主張，自己効力感，誠実さ，自身の妨害のために必要な条件である。

46. Koelsch et al.（2010a）では集団で音楽を制作することでうつの気分や疲労を減少させ，活力を増加させた（Profile of Mood States での測定によって）。

47. Hillecke et al.（2004）も見よ。

48. 臨床的な状況において，痛みの減少は，少なくとも一部は，音楽的な刺激による注意の誘引によるものである。なぜなら，音楽的情報は認知的ソースを消費し，音楽を聴取する患者が，恐怖や不安な思いや医学的な方法から発生するノイズから紛らわされるからである（Koelsch et al., 2011）。

49. 例えば，手術後のひどい痛みや患者の痛み強度を測定している研究において，音楽への暴露は暴露していない被験者の痛み強度に比べて，0 ～ 10 からなる評定尺度において 0.5 単位分低かった。

# 第13章

# 結論と要約

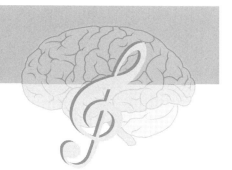

## 1節　音楽と言語

　これまでの章では，音楽の脳内処理過程の基礎となる認知過程と神経基盤が述べられてきた。それらはしばしば，言語の脳内処理過程と類似していた。この節で私は音楽の知覚過程を（第8章で示された音楽知覚のモデルにより描写されたように），Angela Friederici（2002）が記載した文の聴覚的処理過程の認知神経学的モデルにおける，言語の知覚過程と系統的に関連づけたいと思う。両方のモデルは，次の点で類似している。**特徴抽出**（*feature extraction*：音楽モデル）と**基本的聴覚分析**（*primary acoustic analysis*：言語モデル），**間隔の分析**（*analysis of intervals*：音楽モデル）と**語の形態の同定**（*identification of word form*：言語モデル），**統語的構造構築**（*syntactic structure building*：両モデル），**再分析**（*re-analysis*：両モデル），そして**意味**（*meaning*：音楽モデル）と**意味連関**（*semantic relations*：言語モデル）である。

　特徴抽出（feature extraction）に関しては，音楽も会話も聴覚情報の理解が必要である。第1章5節で述べられたように，聴覚に関しては，**音素**（*phoneme*）と**音色**（*timbre*）という用語は同義である。なぜなら，どちらもスペクトラム包絡と振幅包絡（これらは音色の2つの物理的関連を有する変数である）[1]によって，特徴づけられるからである。このように，言語における**音素の同定**（*identification of phonemes*）は（Friederici, 2002による文の聴覚的処理過程のモデルを見よ），音楽における音色の同定と相等しい関係にある。しかし，言語の知覚での音素情報を分離するには通常，音楽知覚に比べてより高い時間分解能が要求される（なぜなら，音楽における音色の情報は，言語における音素情報ほど急速には変化しないから）。

253

このことはおそらく，言語での音素の分離は左半球優位である一方，言語のプロソディや音楽のメロディといったメロディ的な情報のようなスペクトラム情報の分離は，左よりも右聴覚皮質でよりなされることを意味する（例えば Zatorre et al., 2002; Hyde et al., 2008）。聴覚皮質のこの機能的半球特異性は生まれたときにすでに観察されることから（Perani et al., 2010），おそらく妊娠中に発達していると思われる[2]。

音楽と会話の両方における適切な脳内情報処理は，聴覚の感覚性記憶と，聴覚情報の流れの分離と聴覚ゲシュタルトの形成（表 13.1「ゲシュタルト形成」に要約）を含む，聴覚風景の分析（auditory scene analysis）をも必要とする。これは特に，騒々しい環境で重要である（言語や音楽の知覚実験で典型的な，静かな研究室の状態よりも，そちらのほうが一般的である）[3]。

微妙な**間隔の分析**（*interval analysis*）の脳内処理（表 13.1 の「間隔の分析」）は，和音の同定にはたらく。例えば，ある和音が長和音か短和音か，基本形か展開形かなどである。第 9 章で述べたように，このような部分的差異が和音の統語的特性を変える。この点で，間隔の分析処理はおそらく，語形態の同定の基礎と並立するの

**表13.1**
この本で紹介されたプロセスと概念の概観。もっとも左の列は領域を，残りの列はプロセスと概念（つまり各領域の次元）を示す。

| 領域 | 開始 | 形成 | 内容 | 結合 | 強調 | 統合 | システム |
|---|---|---|---|---|---|---|---|
| 音楽知覚 | 特徴抽出 | ゲシュタルト形成 | 間隔の分析 | 構造構築 | 構造再分析 | 活性化 | 運動前野，免疫系 |
| 統語処理 | 要素抽出 | 予備知識を必要としない構造化 | 音楽的な期待の形成 | 構造構築 | 構造再分析 | 統語的統合 | 大規模な構造化 |
| 音楽的意味 | 形象的 | 指示的 | 象徴的 | 内音楽的 | 身体的 | 情動的 | 個人的 |
| 内音楽的 | 構造構築 | 構造の安定性 | 構造の範囲 | 構造の逸脱 | 逸脱後の構造 | 解決 | （大規模な）関係 |
| 動作 | 動作と目的 | 運動プログラム形成 | 運動指令，遠心性コピー | 差別化 | 修正 | 統合 | 動作効果の知覚 |
| 社会的機能 | 接触 | 社会的認知 | 社会的共感 | コミュニケーション | 協調 | 協調 | 社会的結合 |
| 情動的原理 | 評価 | 情動伝染 | 記憶 | 期待 | 想像 | 理解 | 社会的機能，審美的 |
| 有益な要因 | 知覚 | 注意 | 長期記憶 | 知能 | 動作 | 情動 | 社会的機能 |

だろう。つまり，語と和音の両方とも茎や根を持ち，そこから様々なバージョンが，様々な統語的特性をもって現れる（すなわち，変化や転回である）。和音機能は語彙素と，和音機能の様々なバージョンは語の変化と並行関係にある。注目すべきことは，和音の転回形は，和音の統語的特性を変化させる唯一の変容形ではないということである（なぜならば，そのような特性はメロディやリズムなどの情報によっても決定されるから）。

同様に，より長い時間を要する構造物にまで作り上げられた統語構造（フレーズ構造／文脈とは無関係な文法。表13.1の「構造構築」を参照）は，音楽と言語の両方に見られる。音楽と言語の統語情報処理は，形態統語的な処理（morpho-syntactic processing），フレーズ構造処理（phrase-structure processing）そしておそらくは語の分類情報（word-category information）のレベルで相互作用する（第9章で述べられたERANとLANの間の相互作用と，ERANとELANの間の相互作用の暫定的なエビデンスを参照）。

統語の再分析と修正の処理（表13.1での構造再分析）もまた，音楽と言語の両方で観察される（例えばFriederici, 2002による聴覚での文の処理における**再分析と修復の処理**を見よ）。つまり，音楽と言語の統語処理の早期での相互関係以上に，認知・神経基盤はまた統語の再分析，統合，修正といったより遅い段階でも共有されている（第6章のPatel, 2003を見よ）。これらの遅い段階での資源の共有についての記載はまた，統語統合資源共有仮説（shared syntactic integration resource hypothesis: SSIRH; Patel, 2003）と呼ばれている。

音楽と言語の両方は，再生的な感情プロセスを生み出す（表13.1の活性化）。言語では，これはおそらく，知の理解のための，そして自己評価に用いられる言語[4]のための文学に特に当てはまるだろう（例えばいくつかの哲学的あるいは宗教的テキストなど）。しかしこれまでこのような情動効果は，神経科学者からはほとんど注意を払われてこなかった。言語の情動効果は，語の感情的内容（例えばVõ et al., 2009; Herbert et al., 2009）と同様に，感情的プロソディの知覚（例えばEthofer et al., 2009; Wittfoth et al., 2010）に関して主に調べられてきた。

最後に，会話と音楽の知覚は両方とも，知覚－行動機構と運動前野での記号化を包含している（表13.1の運動前野を見よ。音楽の知覚－行動機構による運動前野の活動は第11章で書かれている）。LibermanとMattingly（1985）は，「会話の知覚の運動理論（motor theory of speech perception）」の中で，会話の知覚においては，会話の産生と同じプロセスにより，その一部が解読されると提案した。それ以来，いくつかの神経機能画像研究が，会話音や語の意味，文構造の知覚に反応して運動

（前）野が活性化することを示した（例えば Pulvermüller & Fadiga, 2010）。例をあげると，行動に関連する文を聞くと，運動前野が活性化する（Tettamanti et al., 2005）。また，体の様々な部分に意味的に関連する行動についての語の知覚は（例えば「舐める」「拾う」「蹴る」），体部位局在的な様式で運動前野を活性化する（Pulvermüller, 2005）。

　これらのすべてのプロセスは，音楽と会話の両方で，意味概念の表象を活性化する。例えば1つの音や音素は，特徴抽出に関して，音楽と言語の両方で意味を持つ意味概念や統語－構造特性（syntactic-structural properties）の表象を活性化する，質的信号を持つことができる。第10章では，①音楽は意味概念を伝達できる（このように，意味のコミュニケーションは言語だけのものではない），②音楽の質的信号の意味プロセスは N400 反応を生み出す，③音楽内での意味処理は，N5 に反映されるのかもしれない（音楽と言語の意味の間の関連は，次の箇所でさらに議論される）といったことを述べた。

　音楽と言語の知覚の基礎をなす共通処理に対応して，それらを反映する ERP 成分（とそれらの発生源）の間にかなりの類似性，重複，相互作用がある。会話情報と同様に音楽的情報処理が惹起するのは次のようなものがある。①脳幹の聴覚関連領域由来の FERs，②聴覚皮質に源を持つ P1, N1, P2 電位，③側頭葉と前頭葉皮質から生じた MMN 電位，④相互に作用する（早期の）統語処理の電位（ERAN/LAN），⑤統語の（再）統合／再分析と修正についての電位（P600），⑥意味処理を反映する N400 効果（おそらく側頭葉後部と前頭葉下部の皮質から生じる）。

## 2節　音楽と言語の連続性

　音楽と言語処理を支える認知機構（そして神経機構）についてすでに述べられた共通の事項は，「音楽」と「言語」は単一の連続する領域の異なる側面あるいは両極であることを示している。私はこの領域を**音楽と言語の連続性**（*music-language continuum*）と呼んでいる。「音楽」と「言語」のいくつかのデザインされた特徴（Fitch, 2006; Hockett, 1960）は，この連続性の中では同一である。Fitch（2006）はこの点を，**複雑性，生成性，文化的伝達性，置換可能性**と呼んでいる。**複雑性**は，「音楽的信号」は（言語的信号のように）我々の種が利用できる様々な生来の発声（唸る，すすり泣く，笑う，叫ぶ）よりも複雑であることを意味する（Fitch, 2006, p.17）。**生成性**は，「音楽」と「言語」の両方は統語システムにしたがって構造化されていることを意味する（普通，離れた要素間の関連性／文脈のない文法を含む）[5]。**文化的伝達性**は，

言語のように音楽は，経験により学習され文化的に伝えられていくことを意味する。**置換可能性**は，「音楽」と「会話」のどちらも，認知が歪められることなしに様々な調で，あるいは様々な「開始音」で産生されうることを意味する。

このリストにさらに付け加えるべき2つのデザインされた特徴は，**普遍性**（我々が知る限りすべてのヒトの文化は，言語と同様に音楽を持っている）と，これに関連するが，努力しなくても音楽と言語を獲得できるという**生来の学習能力**である。つまり，正式な音楽訓練を受けたことのない人でも，音楽情報の解読や音楽的統語についての知識，その知識による音楽情報処理の獲得，そして音楽の理解に関し，優れた能力を示すからだ。このことは，音楽性はヒトの脳の生来の能力であり，言語を獲得するための生来のヒトの能力と同様の関係にあるという意見を支持する。**産生**に関しては，多くの文化は「音楽家」と「非音楽家」という概念を持たず，「音楽的」か「非音楽的」という概念しかない（Cross, 2008b）。このことは，少なくともいくつかの文化ではすべての人が実際には音楽の作成に自然に参加することを示している。また，音楽能力は言語の獲得と処理にとって重要であることに注目しなければならない。例えば，幼児は，語とフレーズの境界についての情報（もしかしたら語の意味についてさえ）を，一部は会話のメロディ，拍子，リズム，音色（つまり発話の音楽的側面）のようなプロソディの様々なタイプの手がかりを通して獲得する。生まれた時には新生児は，「ミルク」「飲む」などの語を理解できない。それゆえ，他人の声は音楽的に知覚される（そしてすでに新生児は，音を処理し，グループ分けし，区別する優れた能力をもっている。Moon et al., 1993; Winkler et al., 2009b, Stefanics et al., 2007/2009; Háden et al., 2009）。音楽と言葉の親密な結合という仮説は，成人と子どもの両方での音楽と言語処理の重複という所見と，共有された神経基盤により確実に証明されている（第9章）。これらの所見はヒトの脳は，特に幼年期では，言語と音楽を厳密に区別して扱うのではなく，「音楽の特別なケースとして言語を」扱うことを示唆している（Koelsch & Siebel, 2005）。

これらの同一のデザインされた特徴のほかに，連続性の一端の「音楽」か他端の「言語」のどちらかに典型的で「音楽」か「言語」を一般的に明確に区別する特徴というのではない，移行帯での言語と音楽の間の重複である特徴も存在する。これらの特徴は，音階で構造化された離散的なピッチ（scale-organized discrete pitch），等時性（isochrony），命題の意味論（propositional semantics）である。

ピッチ情報は，音楽と会話の両方にとって本質的である。言語に関しては，言語音はピッチ情報の繊細な解読に依っている（音は語彙や文法的意味を記号化しているため）。そして音と，音以外の言語の両方は，会話で伝えられる構造と意味を記

号化するためのF0輪郭（イントネーション）の文節を超えた変化を用いる（フレーズ境界，質問，命令，気分，情動など）。音楽はしばしば，分離したピッチのセットを用いる一方，会話ではそのような分離したピッチは用いられない。しかし，音楽におけるピッチはしばしば，一般に考えられるよりも分離していない。例えば，調律のない楽器（例：弦楽器）の演奏者は，調によって，あるいはその音が導音か主音かによって異なるピッチを生み出す（特にロマン派音楽では，導音は主音に大変近いピッチで演奏される）。このように例えば，C#とD♭（これらはピアノでは同じ鍵盤である）は，楽曲においては非常に様々なピッチで演奏されうる。さらに，多くの音楽スタイルで楽器演奏にグリッサンドが用いられる（例として，ブルースギター奏者によるピッチの湾曲など）。最後に，多くの種類のドラム音楽は，音階に組織化され分離したピッチはまったく用いないが，それでも我々はこれらの種類の音楽を常に「音楽」と認識する。他方，会話で産生される様々なピッチの高さは任意ではなく，倍音系列の原理にしたがっているように思える。この原理は，多くの音楽の音階（例えばRoss et al., 2007）のピッチの基礎でもある。特に，強調された会話（これは歌との境界である）はしばしば，音階のような分離したピッチを用いる（シラブルの時間が等しいタイミングに加えて）。このことは，（ピアノ音のような）分離したピッチは，音楽と言語の連続性の音楽側の端であり，「音楽」と「言語」の両方に関係した分離したピッチが用いられる移行帯が存在する。

また，連続体の「音楽側の」端には，音楽信号が作られる時間の等しい拍が存在する。そのような時間の等しい拍は話し言葉の特徴ではないように思えるが，詩（Lerdahl, 2001a），宗教的会話，強調された会話では見られうる。他方，すべての種類の音楽が，拍に基づいているのではない（特に，現代音楽作品では）[6]。そして多くの種類の音楽は，拍のかなりの変動性を有する（例えば，タイミングやリタルダンド，アッチェレランドを表現するために）。このように，分離したピッチのように，等時性の信号は音楽と言語の連続性の音楽側の端の特徴であり，音楽と会話の両方で等時性から非等時性への移行帯が存在する。上述したように，強調された会話は歌との境界であり，シラブルのより時間の等しいタイミングと同様，分離した音階のようなピッチをしばしば用いる。マーチン・ルーサー・キング牧師の演説は，ある人が歌っているのか話しているのかの区別がしばしば如何に困難であるかの好例である。そして，ラップ音楽やレチタティーヴォのような多くの芸術形式は，会話から歌への移行帯を示している。Fitch（2006）は，「分離した時間とピッチは音楽を，言語よりもさらに聴覚的に予測可能にしており，これによりアンサンブルでの多数の個人の聴覚的統合を強める」（p.179）と述べている。それゆえ，時間の等

しいパルスは，数人が一緒に音を発しようと意図した際の論理的結果である。

　音楽と言語の連続性の言語側の端に関しては，音楽的伝統は命題の意味論（propositional semantics）を少しも用いていないように思われる。ドラムや口笛による言語は，命題的意味を持つ音楽のような信号でありながら，言語を模倣できる（第 10 章）[7]。しかしその場合，命題的意味は，「音楽」がもとから持つ特徴と言うよりは模倣である。それにもかかわらず他方では, 音楽は「いくつか」や「すべて」のような量を表現する語の表象を示すことができ，おそらくは少なくともいくつかの助動詞の曖昧な関係性（強い意志を伝える文章での「なければならない」のような）や連結を（音楽的要素の間で相互に依存し合う関連性を作ることにより）引き起こしうる。西洋音楽では，そのような音楽の能力は，音楽の物語的な内容を伝えるのに用いられるが，言語が持つ命題的意味の豊富な語彙は存在しない（その必要もない）。他方，量を表現する語や助詞あるいは接続詞は，日常言語ではしばしば不正確に用いられる（「論理的でそして［logical and］」と「論理的であるいは［logical or］」を考えてみるとよい）。「命題的」と「非命題的」の 2 つの用語の存在は単純に，「命題的」と「非命題的」の間に明確な境界がある（あるいは一方が他方の反対）という幻想へと容易に導く。しかし現実には，「命題的」と「非命題的」の間には移行帯があり，命題の構築に関しては言語と音楽で自由度が異なる。つまり，命題の意味論は，音楽と言語の連続性の言語極の特徴であり，言語と一部は音楽へと連なる命題の移行帯が存在する。

　Fitch（2006）は，「歌詞を持つ音楽は，言語と合体しているがゆえに，自動的に言語的デザインの特徴を有している」（p.176）ということを示した。それゆえ，命題的意味をどのように聞けばよいかに興味を持つものは誰でも，命題的意味を含む歌詞を持つ歌を聞けば良いように感じるかもしれない。第 10 章ですでに述べられたように，私の意見でこの点で興味深い現象として，音楽が少しも，あるいはわずかしか命題的意味を持っていなくても，音楽はコミュニケーションの手段と見なされている。Cross（2011）はこの点で次のような興味深い仮説を提案している。音楽では，「参加者の間の結合と提携の形成，維持あるいは再構成」を含む関連した目的のために，真－偽という状態は単に，相互関係を明白にさせるために必要なわけではないというのだ（「私はあなたが好きです」と言うとき，「これは嘘ではありません」と付け加える必要がないのと同じように）。すなわち音楽における情報の真実は，最初から質問の想定外か（結合と合併の場合），あるいは無関係（例えば音楽的物語の場合）のいずれかである。

　言語の特徴としてしばしば捉えられる別のデザインされた特徴は，意味特異性

(meaning specificity) である。我々が知る限りすべての文化で言語は，個人の外的世界 (extra-individual world；つまり，様々な個人により知覚され，存在や質が他人により確かめられ，あるいは偽造される物体) の対象に言及するのに適していると思われる。しかし，限られた語彙をもってしても，音楽文化は意味を伝えることができる信号としての特質を持っている。例えば，音楽の象徴的信号としての性質は，定義により，語の象徴的信号としての性質と同じくらい特異的である。「命題的」と「非命題的」という用語と同様に，「コミュニケーション」（特定の明瞭な情報を言語で伝えるという意味）と「表現」（非特異的で不明瞭な情報を音楽で伝えるという意味）という2つの用語は，それらの間に明らかな境界を持つ意味のある情報（コミュニケーションと表現）を伝えるという，2つの個別の領域があるかのように普通は用いられる。しかし，この記述は正確ではない。なぜなら，「表現」を一端に，「コミュニケーション」を他端とする，特異的な意味情報の連続があるからだ。

さらに重要なことは，音楽は個人の内的世界 (intra-individual world) の状態（つまり，他人には知覚できず，その存在や質が他人によって真似できない状態）を伝達できる。第10章で音楽は，言葉に作り直される前に，感覚を惹起できることが記載された。この感覚は，これらの感覚について個人が述べるのに用いる言葉よりも個人間の応答をより多く生み出すことができる（私はこの意味の質を，先験的な音楽的意味として言及している）。この意味において音楽は，言葉の使用によってバイアスがかかることなしに，感覚を定義づけるという有利さを持っている。第10章で述べられたように音楽においては，我々はしばしば（証明なしに）記述を，（知識なしに）確実性を扱う。命題的意味と（真－偽という）二元論的に真理を求める状態に関しては，概念の使用のための内的規則の適用についていかなる「真実」や「偽り」もないことを意味している。言い換えると，音楽は言語よりも（意味的な特異性において）「はるかに特異性に欠ける」ように思えるけれども（Slevc & Patel, 2011），言葉で表現するのに支障がある意味について情報を伝達するときには，より特異的でありうる（なぜなら音楽は，感覚を言葉へと再形成するよりも前にはたらくことができるからだ）。重要なことは，話し言葉では，感情のプロソディはこのレベルで部分的にはたらく。というのもそれは，話者に起こるのと同様な感覚現象を，聞き手に引き起こすからである。この見解は，感情情報は話し言葉と音楽で実質的に同一の聴覚的特徴でコードされているという観察によって支持される（Scherer, 1995; Juslin & Laukka, 2003）。

音楽よりも言語にかなり典型的と思われる別の特徴は，翻訳可能性 (translatability) である（Patel, 2008）。しかしまた，「翻訳可能」と「翻訳不可能」の間に明快な境

界はない。ある言語を別の言語に正確に翻訳する際にはかなり問題がある（翻訳ソフトを用いると明らかになる）。様々な種類の音楽により情報が伝達されるということを想像させるいくつかの方法がある。例えば，外音楽的意味は様々なスタイルで運ばれ，内音楽的意味は様々な種類の音楽で構成されうる。そして音楽で生じた同様の意味は，様々な種類の音楽に対する反応の中に現れるかもしれない。

音楽と言語の連続体における両極端ではない範囲での特徴は，パフォーマンスの文脈とレパートリーを含む。パフォーマンスの文脈において，音楽は言語よりも典型的である。例えば劇場でのパフォーマンスや伝統的な語り物の場合なら，言語もそのような文脈で起こるけれども。音楽と言語のパフォーマンスの文脈は，文化によりかなり異なる（Fitch, 2006）。レパートリーはまた，言語よりも音楽にとってより典型的である。というのも，歌や演奏は典型的には繰り返しでできているからである。これは，劇場での演奏と伝統的な語り物（私はおそらく講演をも加えるべきだろう）や挨拶，祈りや祝福，呪文などのような儀式の言語を除くと，言語ではあまり典型的でない（Fitch, 2006）。

デザインされた特徴についての記述を見てみると，これらの特徴を明確に二分することと，そのために音楽と言語との間に明確な境界を引くという記述は，あまりにも単純化しすぎたものであることがわかる。それゆえに，音楽と言語の間のいかなる明確な区別も（そして，言語と音楽を区別するいかなる定義も）不適切か不完全で，むしろ人工的な産物であると思われる[8]。我々の言語を中心とした世界観のために，「音楽」と「言語」の意味は，日常言語での使用においては十分に明瞭である。しかし科学言語では，上述のデザインされた特徴の移行的な性質を考慮し，日常言語と科学での「音楽」と「言語」という語の使用を区別することが，より適切である。音楽と言語の連続性という用語の使用は，音楽と言語の共通性とデザインされた特徴の移行的性質の両方を認めるものである。

## 3節　理論の要約

この節では，この本で確立された音楽の心理学的理論を要約する。理論の本質は，表 13.1 で示されている。この表は，本の中で紹介された処理，概念，機能そして原理についての系統的な概観を含む。この表に関して，この本で**領域**（*domain*）として議論された様々な分野について言及する。領域は，表 13.1 の最も左の行にあげられている（つまり「領域」として，音楽知覚，文法処理，音楽的意味など）。それ以上に私は，領域の右に**次元**（*dimensions*）としてあげられた7つの行につい

て述べる。例えば，音楽知覚領域の次元は，特徴抽出，ゲシュタルト形成，間隔の分析，構造構築などである。これらの次元の標題は，表 13.1 の第一列に記されている（**開始，形成，内容，結合，協調，統合そしてシステム**）。これらの表題は，次元の抽象化を示し，過程や機能，原理などが帰する次元に関係するという目的に役立つ（例えば，特徴抽出は開始の次元に帰する）[9]。

その理論は，私が Walter A. Siebel（Koelsch & Siebel, 2005；モデルは第 8 章に記述されている）と一緒に発展させた音楽知覚モデルに基づいている[10]。音楽知覚の段階や次元の基礎となる原理は，音楽心理学（と心理学一般）にとってあまりにも基本的と見なされるので，他の領域の次元は，音楽知覚の次元に対応して生じる[11]。つまり，様々な領域の抽象的レベル，処理，機能などの上で，同じ次元の中で関係づけられるように理論が構築される（表 13.1 では縦）。そのようにすることにより，首尾一貫した枠組みが作られ，共有された非常に多くのプロセスと類似性を想定することで様々な（音楽）心理学領域を統合することができる。

各領域の次元は，必ずしも互いに因果関係である必要はない。例えば，情動の原理に関してどの原理も因果関係があり得るけれども，その領域の他の原理にとって十分ではない（例えば，社会的機能に携わると，海馬体での愛情関連の情動を引き起こすかもしれない。そしてこの情動は，前頭葉眼窩皮質で評価されるかもしれない）。しかし，もし現象 A が現象 B にとって直列的に必要であるならば（→ A → B または B → A という意味で），A は B の左に置かれている。例えば，聴覚的特徴の抽出は，音楽知覚の他のプロセスにとって必要条件である（それゆえ，他のすべての現象と同じ列の左に置かれている。表 13.1 の最初の領域を見よ）。しかし，その現象が他の現象の左に置かれているという外観が単純に，前者が後者の必要条件ではないことに注意しなければならない（あるいは，前者が後者の十分条件ではないことに）。例えば，**活性化**（*vitalization*）が運動前野の左に置かれていることは，活性化が運動前野での過程にとって必要条件ということではない（そうではなく例えば，聴覚的特徴の抽出の後に，1 つの音は直接，運動前野を活性化し得る）。

脳内情報処理過程が，その左に置かれているものにフィードバックできるということは，重要である。例えば，聴覚的特徴抽出の右に位置する音楽知覚のすべてのプロセスは，聴覚的特徴抽出のプロセスにフィードバックし調節することができる。それ以上に，大部分の領域は，領域内での強い（水平的な）関係を示すが（**音楽知覚，文法処理，内音楽的，動作，社会的機能**），他の領域は——本質ゆえに！——水平よりも垂直により強い関係を有する（音楽的意味，情動的原理，有益な因子）。例えば上述のように，情動的原理はいかなる必然的な因果関係にも立脚していない——

## 第 13 章　結論と要約

それゆえ，それらは他の領域と強い垂直関係を示し，水平（領域内の）関係は弱い。また，領域は別の領域に収まり得ることにも注意すべきである。例えば，音楽的意味の 1 つの次元としての内音楽的意味は，7 つの新しい次元とともに，自身の領域を作ると推定される。

続いて，情報処理プロセス，概念，機能，原理，そしてすべての領域の因子が要約される。そして，異なる領域の同じ次元の関係が示される。理論に関連する処理と概念は，斜め文字で書かれる（記載を明瞭にするため，これらすべての用語が表中に示されてはいない）。

▶**音楽知覚**　上述のように，聴覚的特徴の抽出は**音楽知覚**（*music perception*）の他のプロセスにとって必要条件である（それゆえ最も左の次元に置かれている）。特徴抽出は，聴覚皮質と同様に蝸牛や脳幹で起こり，周波数に対する反応，脳幹電位，N1 におけるのと同じく P1 を含む早期と中潜時の反応といった，電気生理学的指標に反映される。**ゲシュタルト形成**は，統語的な構造構築の前提条件である（それゆえ構造構築の左に位置している）。ゲシュタルト形成と**グルーピング**は，聴覚感覚記憶のはたらきに基づいており，ミスマッチ・ネガティビティを用いて調べられてきた（グルーピング，聴覚感覚記憶，ミスマッチ・ネガティビティは表には載っていない。しかしそれらすべては形成の次元に帰せられる）。ミスマッチ・ネガティビティに反映されるはたらきは主として，上側頭回（STG）の中部と後部の神経活動を含むと思われる。統語的**構造構築**（*structure building*）は（調性音楽において）長調と短調，和音の様々な展開型の区別を必要とする（ゆえに，詳細な間隔分析は構造構築の左に位置する）。間隔の正確な分析は，後部と前部上側頭回の両方の神経活動を含むと思われる。統語的構造構築の（フレーズ構造レベルでの長距離依存性のプロセスを含む）中断は，右前部初期陰性電位（ERAN）に反映されると思われる。ERAN は，BA 44v から主な投射を受けている。**統語的再分析と再訂正**（*re-analysis and revision*）は構造構築処理に続き，電気的には P600 や遅発性陽性成分（Late Positive Component）に反映されると思われる。そのプロセスはおそらく，上・中側頭皮質の後部，下頭頂小葉，大脳基底核そして，ワーキング・メモリーの増加のために前頭葉（背外側部）と前頭前野での神経活動を含んでいる。音楽聴取では，そしておそらく音楽作成ではさらに，個人に**活性化効果**（*vitalizing*）を生じうる（「音楽的」と「非音楽的」情報の意識上での認知統合といっしょに，自律神経系の活動を含んで）。音楽によって引き起こされる（非音楽的）生理的効果は，知覚者にとって質的意味をもっている。そのような意味情報を解釈するには，意識が覚醒してい

なければならない。それゆえにおそらく，頭頂葉の BA 7 のような多様式性連合皮質を含む。しかし，意味は音楽知覚のすべての次元から生じることに気をつけなければならない。自律神経系と内分泌系の活動の統合は，免疫系に影響を与える。それ以上に，音楽知覚の終盤の段階は，運動に先立つ活性化という形で，行為の早期段階をオーバーラップしている。運動前野の左にあげられているすべてのプロセスが，運動前野での過程の必要条件では必ずしもないことに注意してほしい——例えば，単音の知覚の終わりの段階では，運動前野の表象が活性化され得る。

▶**統語処理** 音楽知覚と**統語処理**（*syntactic processing*）の両方は，続く段階ではたらく基礎的要素の抽出とともに始まる。統語処理の開始の次元は拍（tactus）の抽出を含むため，**要素抽出**（*element extraction*）という用語が用いられる（聴覚的特徴の抽出の代わりに）。それから，**予備知識を必要としない構造化**（*knowledge-free structuring*）に基づいて（聴覚的感覚記憶の操作を含んで），調子の合った音の表象が確立され，調子はずれの音が検索される（このようにして，**キーの仲間**[*key membership*]の表象が生じる。キーの仲間と聴覚的感覚記憶は表には載っていないが，**形成**（*formation*）の次元に帰せられる）。聴覚的感覚記憶のはたらきはまた，グルーピングと聴覚的ゲシュタルト形成に役立つ（聴覚的感覚記憶，グルーピング，ゲシュタルト形成は，ゲシュタルト形成の下位の音楽知覚の領域に要約される）。これらの処理は，**和声の安定性の階層**（*hierarchy of harmonic stability*）の構築を生み出す（表には載っていないが，形成の次元に帰せられる）。これらのプロセスは音楽訓練によって調整されうるけれども，音楽訓練なしでも機能する（知識を必要としない構造化という用語によって示されるように）。対照的に，**音楽的な期待の形成**（*musical expectancy formation*）は，音と和音の（局所的）展開の可能性の（暗示的な）知識に基礎をおいている。そのような統計学的可能性についての知識の設立と応用は，長和音と短和音の間の和音展開の可能性を決定するために，そして和音の位置（例：基本形，6 あるいは 6-4 の和音）がどのように和音展開の可能性に影響するかを理解するために，**微小な間隔の分析**（*interval analysis*）を必要とする。統語構造の中断に加えて，**音楽的な期待の形成**を基礎に作られた期待からの逸脱はおそらく，ERAN 電位も引き起こす。つまり，おそらく両方のプロセスが ERAN の下位要素を惹起する。**文法統合**（*syntactic integration*）は，統語的特徴（調性音楽ではメロディ，拍子，リズム，和声，強さ，管弦楽法，題材）の「共同」操作から発した快経験のために，音楽によって引き起こされた**活性化**に関連する。例えば，カデンツの終止の後では，そして

特に先行する期待からの逸脱そして／または先行する不協和音が終止で解決されるときに，すべての統語的特徴の類似したはたらきにより特に快くリラックスするように知覚される[12]。最後に，楽曲の**大規模な構造化**（large-scale structuring）の表象は，下位構造の認知から発するのかもしれない。大規模な構造化は，比較的長時間の間隔（分〜時間）を示す。そして，より長い時間に及ぶそのような関係の系統的性質は，音楽知覚と産出での自律神経系と内分泌系の活動の効果として，免疫系の活動の系統的性質と並立している。

▶**音楽的意味**　内音楽的意味は，構造的関係処理に発し，**構造構築**にも関係する。外音楽的意味の次元は，そのような関係に根差さない。それゆえ，内音楽的意味の左に位置している。この順番はまた，3つの外音楽的記号の処理は，内音楽的意味の処理（N400とN5の潜時により示されるように）よりも早期に生じることを反映している。形象的・指示的意味は，記号的意味の左にあげられる。なぜなら，他人によって伝達される記号の理解は，記号の因習的な意味についての知識を必要とするからである。これは，**音楽的な期待の形成**の下にある統計学的可能性の知識と並立している。形象的意味は指示的意味の左に載せられる。なぜなら，形象的記号の質（例：「鳥のような楽音」）と対照的に，指示的記号（例：「幸せな人の声のように響く音楽」）は決して，記号そのものに内在する何かの存在を表さないからである[13]。**身体的な音楽由来の意味**（physical musicogenic meaning）は，音楽（歌唱，楽器演奏，ダンス，拍手，指揮，頷き，タッピング，揺れ動きなど）に反応あるいは同期して，運動（つまり身体活動）から生まれる。個人がそのような活動を示すという事実が単に，個人にとって意味を持つ。加えて，個人の動き方が意味情報を表現する（これらの動きは個人により「作られる」）。**情動的な音楽由来の意味**（emotional musicogenic meaning）は，音楽によって引き起こされた情動に発する。音楽は（感情のプロソディのように），気分や感覚が言葉に再構成される前に，個人がこれらの感覚を描写するために用いる言葉よりも，より大きな個人間の応答を生み出す気分と感情を引き起こすことができる。言い換えると，音楽は言語よりも特異性に乏しいように思えるが，言葉で表現するのにやっかいな気分と感覚についての情報を音楽が運ぶ際には，より特異的であり得る。なぜなら音楽は，気分と感覚を言葉に再構成する前にはたらくからだ。私はこの意味的質を**先験的な音楽的意味**（a priori musical meaning）と呼ぶ。音楽による情動的意味は，音楽知覚の間の**活性化**の気分と感覚に関係する。最後に，特定の楽曲あるいは特定の作曲家の音楽によって引き起こされる気分と感覚

は，他の楽曲や他の作曲家による音楽によって引き起こされた気分と感覚よりも個人の心に触れ感動させることがあり，個人にとって個人的関係性と意味を引き起こしうる（一部は，受け手と発し手の個人間の個性のちがいによる）。つまり，音楽によって引き起こされた情動は，人の内なる自己にも関係し，時には人が特別な個人的方法で音楽の中に自分自身を認識することへと導く。私はこの意味的質を**個人的な音楽由来の意味**（*personal musicogenic meaning*）と呼ぶ。

▶**内音楽的特徴**　構造的文脈の**増強**（*build-up*）は，領域の他の特徴の必要条件である（それゆえにリストの最も左の次元に示される）。構造構築は，統語的**構造の増強**と同一ではなく，構造構築のサブセットである。それは構造上の逸脱や逸脱後の構造，そして解決の処理のようである（大規模な関係はこの点における特別なケースである。なぜならそれは，短期記憶や作働記憶といった普通の時間幅以上の記憶容量を持つから）。構造の安定（例えば，一方には和声の根幹の和音機能の数の比率によって，他方は和声の根幹ではない和音機能の数の比率によって決定される）は，**予備知識を必要としない**構造化を基礎として構築された**和声の安定性の階層**に関係している（すべては形成の次元に帰せられる）。和声の安定性の階層の表象に加えて，長調‐短調のスペースは**構造の程度**（*extent of a structure*）の表象を生み出す（例えば，ある構造は1つの調やいくつかの調の範囲に限定されうる）。**構造的逸脱**（*structural breach*）は，構造構築の中断に関係し，**逸脱後の構造**（*post-breach structure*）が続き，最終的には**解決**（*resolution*）する。これらの音楽内の特徴は，様々な意味的質と情動的効果を持つ。長調‐短調の音楽では，これらの様々な特徴は意味を伝達し情動を引き起こすのに重要である。多くの種類の音楽（例えばマファ族の音楽）は，これらの特徴のいくつかは利用しないことに注意してほしい[14]。**大規模な関係性**から発する内音楽的意味は，（音楽の）文法処理の1つの特徴としての**大規模な構造**に関連する。

▶**動作**　動作（*action*）は，**行動目標**（*action goal*）と，**遠心性コピー**（*efference copies*）の設立にとっておそらくは必要条件である運動プログラムの形成をともなって始まる。音楽知覚の領域に関しては，**プログラム形成の間に立てられた先行モデル**（forward model）は，聴覚感覚記憶のはたらきにより立てられた予期的先行モデルに並立する（ゲシュタルト形成の概念のもとに要約される）。**運動命令**（*motor commands*）が末梢に送られるのと同時に，遠心性コピーが作られる。特に，行動がすばやく実行されるときには，プログラム形成の間の遠心性コピー

の準備よりも，遠心性コピーは予期的な情報を含むようである．例えば，外的対象による運動の結果生じた感覚に関するように（運動の間に触ったり軽く触れたりするときのように）．つまり，遠心性コピーの設立の過程では，感覚の結果についての予期的情報は，先行モデルに加えられるのだろう．これらの結果は外的対象の性質についての知識（重さ，温度，肌理など）に基づいているため，この予期的情報は，**音楽的な期待の形成に基づく予期的情報と並立**している．目標に向かう運動の間，感覚フィードバック（固有知覚，触覚，視覚情報のような），つまり運動の実行結果についての情報は，遠心性コピーの情報（つまり，運動プログラムに基づいて設立された予想的情報）とは**区別される**．実際の運動と予期された結果との区別は，両者の間の逸脱の検出を我々に可能にする（予期された結果から逸脱した感覚結果が検出され得るように）．これは，予期された（あるいは期待された）音と実際の音楽上との間の区別を含む構造構築の処理と並立する．動作領域では，そのようなエラー検出は，吻側帯状回から主な投射を受けるエラー関連陰性電位に電気的に反映される．順に，エラーシグナルは運動命令の修正調整へと導く（しかし，運動はときに，感覚情報が皮質への伝播よりも早いため，感覚フィードバックは必ずしもいつも運動の修正に用いられない）．**修正処理**は，**構造再分析と再検討処理と並立**する．修正は（遠心性コピーから逸脱した感覚情報と同様に），同時に進行し結果として生じる様々な効果器の運動（ピアノ演奏の際の両手のような）に統合される．エラーと修正は学習される（将来に同様の間違いをしないために）．そのような学習は実際の運動に関係し，**運動効果の知覚**（*perception of action effects*）に発する学習処理とは異なる[15]．動作の効果が一度学習されたら，その効果の予想（行動目標の一部である）は，動作のプランニングやコントロール，実行に影響することに注意してほしい（動作－効果原理）．

▶**社会的機能** 個人間の**接触**（*contact*）は，他の**社会的機能**（*social functions*）の発生にとって必要条件である（それゆえ最も左の次元に置かれている）．**社会的認知**（*social cognition*）は，音楽の**指示的信号**（*indexical sign*）の質の解釈と並立する（それは個人の内的状態と関連する）．それ以上に，社会的認知は，**社会的共感**（*co-pathy*）の発現の必要条件である（社会的認知は共感なしでもありうるが，その反対はない）．**コミュニケーション**は，**協調**（*cooperation*）へと導く**調和した**（*coordinated*）活動にとって必要条件である．それ以上に，活動の調和は身体活動に関連する．身体活動からは，動作の産生の間の運動の**修正**と同じよ

うに，**身体的な音楽由来の意味**が発現する。協調は，**文法統合**の間に統語的特徴（例えば，メロディ，ハーモニー，拍子，リズム）がともにはたらく活動に並立する。協調は，社会的結合の増強をもたらし，集団の個人の健康の増進に関連する（**免疫系への音楽知覚の効果に関連する**）。それ以上に，社会的結合によって包含される社会関係の個人間での性質は，**大規模な**関係に並立する。そして，社会的結合についての個人間の要素は，**個人的な音楽由来の意味**に並立する。音楽制作における間のすべての社会的機能の経験は，（ここではあげられていない付加的な次元で）霊的経験へつながるのかもしれない。

▶**情動的原理**　情動を引き起こす評価の処理は，特徴抽出の最も早い段階で起こる（それゆえ，最も左の次元に示される）。それは例えば，下丘や視床のレベルで生じる（評価のその後の処理は，多くの認知と認知以外のレベルで起こり，評価は意識的に気づかれることがあってもなくても生じる）。情動伝染（contagion）は，**社会的認知**と**指示的信号**の質に関係する。それ以上に，動作の産生（**プログラム形成**）のコースでの運動プログラムの形成処理と並立する。情動伝染は，最大限の共感反応の前駆体であり，その反応の社会的機能は共感である（それゆえ，情動伝染は社会的共感の左に載せられる）。ここでは**長期記憶**は，情動，エピソード，そして意味記憶を表す。情動の記憶は，音楽情報により活性化され，そのような活性化はそれぞれの情動を引き起こすだろう（「ダーリン，彼らは私たちの曲を演奏している」現象）。そのような処理は，聞いたことのない楽曲でも起こり得る。情動の記憶は，海馬傍回に存在している。さらに，音楽情報は，エピソード記憶の表象を活性化し，さらには情動を引き起こすことができる。この場合，音楽的情報は（普通は個人に特有の）**象徴的**（*symbolic*）記号の質を有する。意味記憶は，（より一般的な）**象徴的**記号の質を持つ音楽的情報のことをいう。言い換えると，音楽によって引き起こされた概念は，情動的両価性や言外の意味を持ち，情動反応を引き起こし得る（言葉の情動的質により引き起こされた情動と同様に）。他の領域については，長期記憶はまた，**音楽的な期待の形成に必要な**（暗示的な）知識に関係する。期待の**情動的原理**（*emotion principles*）はここでは，（緊張のアーチ[tension-arch]を含む）**内音楽的意味**のコミュニケーションに関係する。つまり，情動反応と同様に意味を生むすべての内音楽的特徴に関係する[16]。想像（*imagination*）は，神経基盤があり独創的で奇妙かつ創造的な情動効果と，何かを試みようとする情動効果をいう。それは，**構造的再分析と修正**の創造的（そしてしばしば独創的）処理に関係し，**逸脱後の構造**の処理にも関係する。試行の成

功と同様に**理解**（*understanding*）は，報酬と快の感情を引き起こす。これは，構造的逸脱の解決による快経験と同様に，**活性化**と**文法統合**への理解と関係する（構造的逸脱を持つ楽節は，解決されるまでは十分に理解されないことに気をつけよ）。最後に，**社会的機能**に携わることは，ヒトの基本的欲求を満たし，楽しみ，喜び，幸せといった情動を引き起こすことができる（社会的絆の設立と維持に関連する）。上述のように，これらの社会的機能に携わることは，個人間の（**大規模な**）社会関係へとつながり，ヒトの健康にポジティブな効果を持つ（**免疫系における音楽知覚**の効果に関連する）。そのような再生効果はただ静かに発し，**美的経験**（*aesthetic experience*）への社会的機能と結びつき，審美的経験にも連なる。社会的機能の審美的経験以上に，音楽的な音，内容，構造はまた，情動を引き起こす。

▶**有益な効果**　知覚の有益な効果は例えば，言語障害を有する子どもでの正確な聴覚の回復や，耳鳴り患者の正常な聴力の回復を含む。知覚は，聴覚的**特徴抽出**（*feature extraction*）に関係するが，ここでは音楽聴取や，特に音楽作成やダンスの間のすべての知覚プロセスを含む（体性感覚知覚，平衡感覚，視知覚のような）。ここでは**注意**（*attention*）は，随意的な志向性注意を指す（刺激による分配性注意ではなく）。随意的な志向性注意の**有益な効果**（*salutary effects*）は例えば，注意欠陥性障害の子どもの症状の改善を含む。**音楽的期待形成**と**構造構築**のプロセスが随意的な志向性注意によって影響されるため（ERAN の生成への注意の影響で示されるように），注意はそれらの左にあげられている。長期記憶はここでは，手続き，潜在的，意味，エピソード，そして情動の記憶のことである。音楽の記憶（つまり，記憶の符号化と想起のプロセス）は，アルツハイマー病患者の長期記憶にポジティブな効果を有するかもしれない。他の領域に関しては，長期記憶はまた**情動の原理**（*emotion principles*）で起こり，**音楽的な期待の形成**と音楽の**象徴的記号の質**の認知に必要な（潜在的な）長期記憶の操作に並立する。**知能**（*intelligence*）のはたらきは，具体的推論と論理の応用を含む（そうして知能は，非論理的・非理性的思考とは反対のものとされる）[17]。推論は，ワーキング・メモリー（WM）を含む。ワーキング・メモリーは，音楽の知覚と産生の両方の間，音韻的短期記憶（ときにはまた音韻ループ）の使用と同様に，中央実行機能を含む。音楽作成や音楽聴取の間の知能のこれらのツールの使用はおそらく，それらを良い状態に保つのに役立つ。知能は，**構造構築**（音楽内意味のプロセスもまた）と**コミュニケーション**に関係する。音楽作成とダンスの間の活動でのはたらきは，

筋肉，関節，腱，末梢神経を身体的に良好な形に保つ．それはまた，例えば，パーキンソン病，失行，ブローカ失語，あるいは脳卒中による完全片麻痺の患者において，（感覚）運動技能を再構築し維持する．音楽により惹起された（ポジティブな）情動の有益な効果についての経験的研究は，むしろまだ稀である[18]．このような有益な効果は，病的不安とうつ，外傷後ストレス症候群（PTSD）の患者で，中脳のドパミン作動性経路（楽しみ，喜び，報酬に関連する）の活動と，海馬（愛情に関連した情動の喚起により）の活動から生じる．表13.1で情動の有益な効果は，**活性化**と**音楽による情動的意味**に関連する．社会的機能にはたらく有益な効果は，（**免疫系への音楽知覚の効果**への関連とともに）すでに述べられた．

## 4節　公開質問の要約

この章は，この本で提起された，将来の研究を生み出すいくつかの公開質問を要約する．この要約は，私の意見では，この本で扱われた領域に関して最も差し迫った研究課題である．それはまた，この領域で新たに研究を始めようとしている興味のある学生や科学者にも役立つと思われる．ここで提起された質問のいくつかは神経科学的手法を必要とする．しかし，多くの質問はまた，行動測定で説明できる．

▶**聴覚特徴抽出**　FFRsは脳幹の神経で産生されると思われる．しかし，スペクトル情報の高い解像を行う聴覚皮質の重要性を鑑みるならば，聴覚皮質がFFR反応を形作り，FFRsの正確さに有意に貢献すると思われる（1回の実験セッションで何千回もの同じ刺激が提示され，遠心性投射を介して聴覚皮質が脳幹反応を形作ることに気をつけよ）．聴覚皮質と脳幹が，それぞれどれくらいFFRsの正確性に貢献しているかはわからない．これは，両側の聴覚皮質病変を持つ患者でのテストや，聴覚皮質の活動を測定する経頭蓋磁気刺激を用いた研究で，調べられるだろう．

▶**統語**　第9章で述べられたように，いくつかの異なる処理が，音楽の統語処理に関係する．そのような処理は，拍，拍子，調の中心，安定性の階層構造の構築，音楽的な期待の形成（きたるべき出来事の確立についての知識を応用することにより），統語構造の構築（遠隔依存性のプロセスを含む），構造的再分析と修正，統語的統合，大規模な構造処理を含む．これらの処理についての神経連絡は，これまで十分には関心が向けられてこなかった．例えば，一方にある音楽的な期待

の形成，他方の音楽的構造構築の神経連絡は，まだ解決されていない。1つのアプローチは，Markovの表（あるいはn-gramモデル）で特異的な確率で生じる刺激を被験者に与え，そのような期待の裏切りと同様に期待形成に関連するERPsを最終的に測定することである[19]。これには，階層的処理の関与のない長期間の知識[20]に基づいて，局所での転調の確率の予想に関連したERPsを調べるとよいと示唆される。他方，微妙にバランスのとれた，部分的に転調する人工的なフレーズ構造の統語は，背後にある階層構造の構築と離れた要素間の関連性の処理を調べることができる[21]。つまり，一方には長期間の知識を必要とし，他方には知識が不要な構造のような実験因子，あるいは一方には有限状態の統語，他方にはフレーズ構造の統語の処理といったような実験因子は，ワーキング・メモリーの必要性と同様に，注意深く検討されるべきである。この点において今のところ，ヒトが木構造にしたがって音楽を実際に認知的に知覚しているかどうかを調べた神経生理学的研究はない。1つの仮説は，初期前方陰性電位（early anterior negativities）を引き起こす階層構造の逸脱と同様に，局所での転調可能性との不一致とERANの両方が，そのような初期陰性電位の集合体であるのだろう。このように，そのような研究により，これらの処理を解決し，ERANの下位要素を特定することができる。

　それ以上に，この領域の大部分の研究は，和声の音楽の統語処理を調べてきた（いくつかの研究はメロディにおける音楽の統語処理を調べている）。他の統語的側面（拍子，リズム，強さ，器楽法，文脈）についての経験的研究は不足している。そしてこれらの側面の間での相互作用を調べた研究はこれまでない。例えば，和声，拍子，メロディの間違い／正しさを操作するとどれくらい，それらの音列の正誤判断に独立して影響するのだろうか？　メロディと和声のプロセスに関しては，メロディの不整は和声情報の不整よりも早く処理されると思われている（不整な音で惹起されるN125のピーク潜時を，不整な和音で生じるN180のピーク潜時と比べることにより示される）。将来の研究は，これらの2つの要素をさらに特定するだろう（他の統語的側面によって生じる同様の要素と同じ様に）。そして，聴覚因子は統語的規則性を混乱させないことに，特に注意を払わなければならない（不応期効果の聴覚的類似性と強さのように）。

　他の研究では，次のことを調べることができる。つまり，文法処理は子ども時代に如何に発達するか，それらは注意性因子によりどのように影響されるか，そして音楽訓練によりいかに調整されるか。理論的そして民族音楽的研究が，他の種類の音楽処理にこれらのどれが用いられるかを特定するだろう。

**統語等価性仮説**（*syntactic equivalence hypothesis*）については，音楽的統語と言語的文法処理の神経連絡の重複や相互作用を調べた機能画像研究はない。このような研究ではさらに，特定の文法処理と，音楽と言語の両方の特徴の相互作用について調べることができる。例えば，言語におけるフレーズ構造の逸脱よりも形態統語的な逸脱でより強く作用する音楽の文法処理は存在するのか？　音楽の文法処理と数学公式あるいは行動シークエンスの文法処理との間の相互作用を調べた研究もない。特に行動シークエンスについては，予期的処理（把握運動の観察の際にはたらくもののような）と，階層的に組織化された行動シークエンスに必要な処理とを区別することが重要である。

▶**意味**　音の形象的・指示的記号の質を決定する聴覚的特徴については限られた知識しかない。例えば，どのような聴覚的特徴が「温かい／寒い」「能動的／受動的」「甘い／すっぱい」「粗い／滑らか」などと響く聴覚現象を成立させているのか？　それ以上に，音楽的情報の様々な記号的性質の電気生理学的関係を識別した研究もこれまでにない。様々な外音楽的記号の質（形象的，指示的，象徴的）により惹起されるN400効果は同一なのか？　この問題を調べる研究はまた，そのような記号の質の解釈に必要な様々な認知処理を明らかにすることができる。例えば，形象的記号の質の理解は聞こえた音と似た音のする対象との聴覚的類似性の構築を必要とする一方，象徴的記号の質はその音に関係する意味と同様の音の記憶からの想起を必要とする。

内音楽的意味の処理については，N5が和声の統合と内音楽的意味の処理を反映していると思われる。この想定を支持するひとつの証拠は，Steinbeis & Koelsch（2008b）による研究で報告されたN5とN400の間の相互作用である。しかし現在のところ，そのような相互作用を報告しているのはこの研究だけである。それゆえ，N5とN400の間の相互作用については（そしてN5と内音楽的意味の処理との関係については），具体的にさらに調べる必要がある（例えば，N5の特定の下位要素のみがN400と相互に作用するかについて）。それ以上に，N5の産生の局在についての研究もない[22]。

意味プロセスに関しては，第10章では次のようなプロセスを含むと述べられた。①意味情報の貯蔵，②意味情報の表象の活性化，③意味情報の表象の選択，④これらの表象と以前の意味文脈との統合と関係性。言語については，これらの処理は脳のどこに位置し，電気的にERPsにどのように反映されるかは，今後特定されるべき問題である。

第 13 章　結論と要約

　音楽的意味の音楽産生次元の経験的データも不足している．それゆえ将来の研究は，意味を生み出す音楽の身体的，情動的，個性に関連した効果という理論的考察を，経験的に調べることが必要である．この点で，(非概念的な) 意味と，そのような意味を言語に再構成する神経連絡を調べることは，特に興味深い．

▶動作　動作 (*action*) を調べる音楽研究は，反応ボックスの上の2つか3つのボタン (この領域で典型的に用いられるセッティング) を用いた実験よりも，かなり複雑で生態学的に見てもより適切な刺激や動作を用いることができる．それ以上に，そのような研究は，動作と情動との間の相互作用を調べるための貴重な機会をもたらす．例えば，曲を演奏するとき，動作に関連する処理 (間違いの検出や訂正のような) は，演奏者の情動状態 (演奏中の「情動があふれ出るような経験」や音楽によって引き起こされた特別な気分のような) によって影響されるのか？　情動状態は，曲の学習に影響するのか？　他の人と合奏している音楽は，動作に関連した処理にどのように影響するのか？

　この線に沿って，この領域での研究ではまた，音楽に合わせて神経が同調して活動する神経基盤を調べることができる．例えば $\alpha$ 活動は，外部刺激に同期して同調することが知られている——この同調にはどのくらいの時間を要するのか？　そのような同調は，専門性や情動，そして／あるいは好みに影響されるのか？　同様に，外部の拍への同調，音楽制作と音楽聴取の間の個人間での同調の神経連絡については，ほとんどわかっていない (そしてたぶん，同調の処理への専門性や情動，そして／あるいは好みの効果もわかっていない)．集団での音楽制作における個人間での同調の電気生理学的研究はまた，動作のモニタリングや間違いの処理のような認知過程と同様，情動処理への社会的因子の影響の研究に重要な役割を果たす．それ以上にそのような研究は，音楽演奏の動作の融合，意図の共有，非言語的コミュニケーションの研究にも有用である．

▶情動　音楽の情動の喚起の背景にある特定のメカニズムや原理を調べた研究がわずかしかないため，これらの原理の神経連絡を特定する研究が将来必要である．情動の原理の研究が実験の第一の興味の対象でなくても，情動の研究を計画する過程で研究者は，どの情動原理が関与しているのかを考えることができる．

　同様に，様々な情動を調節する様々な神経回路はまだほとんどわかっていない．未来の研究は，様々な情動の神経的特徴を特定することを目的とし，様々なポジティブとネガティブな情動を徹底的に弁別することに特に重きを置くだろう．そ

のような研究は，複雑に入り混じった情動についてもアプローチしていくだろう。

　第12章で私は，接触に関連した情動（喜び，愛，幸福のように主観的に経験される）に海馬が重要なはたらきをするという仮説を紹介した。音楽によって引き起こされた情動に関連して海馬の活動が変化するという非常に多くの神経画像研究のために，この仮説を音楽においても調べることはとりわけ妥当と思える。しかし，海馬は記憶，なじみ，新奇性，期待にも関与するため，この話題についての将来の研究はこれらの要因を注意深くコントロールしなければならない（情動処理だけに関与する海馬の活性変化を引き出すために）。

　脳波に関しては，音楽により引き起こされる情動について調べた研究はほとんどない（これらは神経活動の変動を分析した）。情動を引き起こすという音楽の潜在能力と，fMRIよりも優れた脳波の利点（特に操作音がないこと）のために，将来の研究は情動の電気生理学的関連性についてさらに調べるべきである。しかし，そのような研究は先行する認知過程と，情動に関連した皮質下構造物（辺縁系／傍辺縁系）の活動という認知的効果を捉えたものであることに留意する必要がある。なぜなら，経頭蓋的に計測される脳波は主に，（新）皮質の錐体ニューロン（訳注：運動野に存在する最も大きな運動ニューロン）の活動によるものだから。1つの例外が帯状回前部である。この領域は，情動処理に決定的なはたらきをする（第12章を参照）。この分野における上記の研究の大部分は（ERPsでなく）神経活動の変動を分析したものであるため，喫緊の課題は，情動処理に関して観察された効果の機能的意義を調べることである。例えば，すでに報告されている α 帯域（Schmidt & Trainor, 2001; Baumgartner et al., 2006a）や θ 帯域（Sammler et al., 2007）に関して，その効果が認知処理を反映しているのか（注意，記憶，気持ち，評価のような），末梢での生理学的活動の調整に関連した処理なのか，運動表出あるいは動作の傾向などに関連したものであるのか，決定することは難しい。Sammler（2007）の研究で，抜粋された曲の後半（つまり，30から60秒の間）のほうが θ 帯域の変動効果が強かったことは，注目に値する。それゆえ，比較的長い音楽刺激を用いるほうが良いように思われる（少なくとも1分以上）。

　この流れで行くと将来の研究は，音楽により引き起こされる情動の時間的側面の調査により重きを置くこともできる。これまで，情動処理の神経連絡の時間的変動について調べた研究は3つしかない（Koelsch, 2006a; Sammler, 2007; Salimpoor, 2011）。情動にはたらく構造物の継時的活動変化についての情報は（ある構造物の活動がとのように別の構造物に影響するかのような），これらの構造物の機能的意義とヒトの情動一般の神経基盤について重要な洞察をもたらすだろ

う．音楽が，この問題を調べるのに大変適した刺激であることに留意しなければならない．なぜなら，一方ではある音楽は長時間（分のように）情動表現を維持し，他方では多くの作品は時間とともにヒトの情動空間の様々な領域を目的をもって動くから（例えば，情動表現が様々な控えめな情動や入り混じった情動の間を変化するように）．さらなるアプローチは，音楽により引き起こされる緊張と弛緩の神経連絡の研究である（行動的なアプローチについては Lerdahl, 2001b; Bigand et al., 1996; Lerdahl & Krumhansl, 2007 を参照）．しかしそのような研究は，意味と情動を生み出す音楽内の様々な特徴（構造構築，構造の逸脱，逸脱後の構造，解決のようなもの：表 13.1 を参照）に注意を向けることができる．これは神経機能画像研究にとって重要である．なぜなら，構造構築と解決のような事象は，一次元の緊張−弛緩スケールでは同じ緊張値を持つが神経連絡は異なるかもしれないからである．

　情動にとって重要なもう 1 つの神経機構が**生物学的サブシステムの同期**（synchronization of biological subsystems）であり（Scherer, 2000），Scherer は情動を，認知的評価や生理的覚醒，運動表現，動機づけ，モニタリングの処理からなる生物学的サブシステムの同期とさえ定義している．帯状回前部が関与する様々な機能に基づいて，我々は（Koelsch, 2010b）以前，帯状回前部がそのような同期にはたらくと提案した．様々な末梢生理学的測定と脳波を用いた神経機能画像研究（MR スキャナーで測定される）により，例えば神経機能画像データのモデル構築のための独立変数として，末梢生理学と脳波のデータのコヒーレンス（訳注：波の干渉のしやすさを表す指標）を測定することにより，脳のどこがそのような同期に関与しているのかを調べることができる．

　最後に，理解の必要性（つまり，**知りたいという本能**［knowledge instinct］）を満たすことは，報酬として経験される（いわゆる「わかった」という瞬間）．そのような瞬間は，身震いを生じさせるとの報告もある（Pankcepp, 1995 のレビューを参照）．将来の研究は例えば，楽曲の最後の構造の理解がドパミン報酬系に属する脳構造を活性化させるかといった問題を調べることになるであろう．

▶**音楽制作の有益な効果**（salutary effects of music making）　神経科学と生物学の展望から，音楽制作が個人の心理学的・生理学的健康に有益な効果をもたらすという非常に多くの理由がある（時には音楽を聴くだけでも）．しかし驚くべきことに，その効果を実際にテストし系統的に調べた高いレベルの研究はほとんどない．より系統的・広範囲で，より経験に根差した音楽の教育と治療への応

用をもたらす科学的エビデンスを生むためには，標準的な EBM（evidence-based medicine）を満たす研究が特に必要である（例えば，コントロール群を有するランダム化研究のような）。

　音楽制作の間の随意的注意の方向性についての有益な効果に関しては，次のような疑問がある。注意能力は音楽で訓練できるのか？　音楽への焦点性注意がもたらす自律神経系と内分泌系への効果とは何か？　音楽への焦点性注意は注意障害患者に役立つか？　音楽は自閉症患者が注意を社会的認知に向けるきっかけを与えうるのか？　注意欠陥はしばしば過活動とともに起こる（例：注意欠陥性過活動性障害［ADHD］）──音楽制作のような焦点性注意は，ADHD の子どもを落ち着かせ，集中させ，行動を組織化するのに役立つか？　どのような種類の音楽が特に適しているのか？

　記憶と知能に関しては，それらを使うことにより良好な機能を保つことができるとしばしばいわれる。しかし，この予想についての経験的証拠はない。神経変性疾患の患者の長期にわたる臨床試験により，しばしば音楽を作る（あるいは歌ったり踊ったり）人たちのグループと，記憶や知能を用いるが音楽を含まない活動（チェスのような）に参加している人たちのグループや，これらの機能を含まない介入を受けている人たちのグループとを比べることができる。

　コミュニケーション技能については（第 9 章の中で），特異的言語障害（specific language impairment: SLI）を有する子どもは，幼いころから音楽訓練を受けたら SLI を発症しないと想定されてきた。このことは，SLI を発症するリスクのある子どもに対する将来の研究や，音楽訓練と言語障害に関して無作為に選ばれた子どもで比較することにより，解明されるだろう（この種の研究は，グループ間の社会・経済的状況を注意深く一致させなければならない）。

　情動の有益な効果に関して，いくつかの心理病理学的疾患は海馬の機能的・構造的異常と関係している（例えば，うつ，不安障害，外傷後ストレス障害［PTSD］）。音楽は海馬の活動を変化させることができるため（第 12 章参照），そのような患者グループへの音楽療法が海馬の神経新生の促進効果を有することは想像に難くない。この問題を調べる研究では，音楽による介入の前後で（音楽により引き起こされた）海馬の活動や容積を測定するとよい。このような研究ではまた，免疫のパラメーターも得ることができるだろう。なぜなら，うつと様々な免疫パラメーターには関係があるから[23]。グループで一緒に音楽を制作する際に社会的機能をはたらかせることにより，海馬で産生される接触に関連した情動の発現を促し，海馬が機能的・構造的に変化していくことが，これらの研究により示されるだろ

第13章 結論と要約

う。音楽の持つ偉大な力のひとつは，楽しいだけでなく人々を幸せにできることである。この力は将来，探求される必要がある。より系統的に，より広範に，そしてより理論に基づいた音楽の応用を教育と治療にもたらすために。

【注】

1. おしゃべりピアノ（Talking Piano）のために，Peter Ablingerはもとの会話が認識可能な方法で，会話のスペクトラム包絡をピアノ曲に変換した（音はピアノで演奏され，鍵盤はコンピュータ制御された機械により演奏される）。
2. 構造的な左右非対称は，妊娠31週までに認識可能となる（Chi et al., 1977）。ヒトの胎児は妊娠19週には音に反応し，聴覚系は妊娠28週までには機能し始めると思われる（Hepper & Shahidullah, 1994; Birnholz & Benacerraf, 1983）。
3. 音声劣化（「騒音－帯」音声符号化）による言語知覚の活動パターンにおいて位相幾何学的シフトを示す研究については，Obleser et al. (2011) を参照。
4. つまり，言語にとってそれは自尊心，自己受容，自己主張，自己責任，自己効率，統合，自信をもたらす。
5. Fitch（2006）は次のように述べている。言語「生成」の第二要素（技術的な意味で），Hockett（1960）が「互換性」と名づけた聞き手と話者の対称性は，典型的には器楽曲には存在しない。たとえ弾くことができなくても，ビオラやオーボエの演奏を理解し楽しむことができる。しかし，メロディは唄えることに注意しなければならない。オーボエと声が異なる音色を有するという事実は，2人の話者の声色が普通同一ではないという事実と並立している。
6. 例えば，ファーニホウ（Ferneyhough, B.）の *Etudes Transcendantales* か弦楽四重奏曲第3番，リゲティ（Ligeti, G.）の *Lux Aeterna* かパラ（Parra, H.）の *Sirrt die Sekunde* の多くのパッセージを考えてみよ。
7. 人工的なSolresol語と，リズムに関してはモールス信号を見よ。
8. 知覚と行動，運動と感覚プロセスの弁別と同様，個人の中では分離して起こることはない。
9. **開始**（*opening*）は，もしその領域が強い水平組織化を有するならば，開始領域にリストされている処理は最初の処理か，領域の他の処理にとって必須のものという意味での，各領域の開始を示す。**開始**はまた，領域に書かれているシステムの開始をも示す。例えば，**特徴抽出**（*feature extraction*）は知覚，すなわち聴覚情報の感覚の開始に関係している。**形成**（*formation*）は，より高次の単位への表象の形成を意味し，普通は長期の知識は必要ない。例えば，聴覚的**ゲシュタルト形成**（*Gestalt formation*）の間，聴覚的な知覚要素は，ゲシュタルト原理に基づいた聴覚対象の表象へと形作られていく。**内容**（*content*）は，例えば，形成の表象といった，記憶内容への附加を意味する。例えば，調性階層構造（知識がなくとも成立する。予備知識を必要としない構造化［knowledge-free structuring］を見よ）の表象は，続いて起こりそうな出来事（**音楽的な期待の形成**［*musical expectancy formation*]）の統計確率についての知識で十分かもしれない。**結合**（*combination*）は，知能，類推，論理の応用を意味する。それは，意味が生じるような方法で要素を結合するときに起こる（脳

内過程が階層的に構造を組織化する**構造構築**［*structure building*］のように）。**結合**はまた，構造的要素を区別し関連づけることをも意味する。**協調**（*coordination*）は，（身体的）運動（運動も修正と同期を含む）の協調と同様，新しい構造を確立するためにこれらの要素を再調整するという意味で構造的要素の協調を意味する。**統合**（*integration*）は，処理（しばしば領域の中の）の統合を意味する。情動の統合的性質のために（典型的には感情，自律神経系，内分泌系の活動，運動表現，動作の傾向，主観的気分からなる），**統合**の次元は特に情動に関係する。これは，精神の結合の次元の関連性と，身体への結合の次元の関連性と特に並立している。**システム**（*system*）は，領域の中の系統的効果と，あるいは別の領域の中でのある領域との重複を特に強調する（例えば，**音楽知覚**［*music perception*］のシステムの領域は，**動作**の領域の**開始**の領域と重複する。

10. モデルの一部は Siebel の Noologic Theory（Siebel et al., 1990）を応用することにより発展させた。
11. 私はここで Siebel の理論に従う（これも7つの心理的領域からなる；Siebel, 1990）。表13.1 のいくつかの概念は，例えば**開始**，**内容**，**コミュニケーション**といった彼の理論に強く関係している。
12. これをわかりやすく表してみよう。期待を派手に裏切るカデンツの後に，もし最終的な解決が表拍に起こらないならば，十分に快としては知覚されない（たとえ続く和音が――リズムや拍子と関係なしに――絶対的に正しかったとしても）。
13. 各単音は形象的記号の性質を持つことに注意しなければならない（加えて，形象的意味はしばしば音の連続から生じるけれども）。一方，指示的意味は普通，音の連続とピッチの変動，F0 輪郭の上昇や下降，音のレベルの変動のような分節的特徴から生じる（単音でさえ情動的情報を伝えられるけれども）。音楽と会話での情動をコードする聴覚的手がかりについての詳細な情報は Juslin & Laukka（2003）を見よ。
14. おそらく，葛藤から救済（*per aspera ad astra*）へ移り変わる原理は，キリスト教の中心原理を反映しているために西洋音楽でも中心をなす。
15. 例えば，異なる鍵盤を押せば異なる音の出ることをヒトは学ぶことができる（動作の効果）。しかしこの学習は，音を出す運動そのものを学習するのとは異なる。出た音を聞いて打鍵の速度が強すぎたことを理解すること（動作の効果）や，この情報を記憶するのと同様に決定することは，異なる学習プロセスである。つまり，動作のゴールが動作の効果と比較されるならば，動作の効果の結果が学習され得るだろう。運動プログラムをわずかに変えた新たな試みが開始され，その動作の間に運動が学習される。
16. しかしこの点で，経験的データは構造構築（structure building）の中断のためにはこれまでのところ利用可能である（期待との不一致として知覚される）。
17. この生得性は知能を，例えば自己評価と健康にとって有益な効果に関連づける。なぜなら，不合理な思考は低い自己評価に必要な状態なのだから。
18. しかし，痛みの知覚に対する音楽の効果は，比較的小さいけれども安定しているようである。
19. 刺激は同様か，あるいは外音楽的意味の質を持たない。刺激はまた，長調‐短調の刺激であるべきでない（もし西洋音楽の聴取者が調べられるのであれば）。

20. あるいは，聴覚と聴覚的短期記憶で利用可能な情報を超えた情報に基づいて。
21. 局所 vs. 離れた要素間の関連性（long-distance dependency）の処理を考察するとき，研究者は，この統語的識別は普通ワーキング・メモリーの必要性を混同していることに気をつけなければならない。
22. N5 は分布した発生源からの影響を受けているということに，局在を調べるときには注意しなければならない。
23. 特に，いくつかのインターロイキンや腫瘍壊死因子（TNF）$a$ のようなインターフェロンとサイトカイン。

# 文 献

Achaibou, A., Pourtois, G., Schwartz, S . & Vuilleumier, P. (2008). Simultaneous recording of EEG and facial muscle reactions during spontaneous emotional mimicry, *Neuropsychologia* 46(4): 1104–1113.

Alain, C., Woods, D. L. & Knight, R. T. (1998). A distributed cortical network for auditory sensory memory in humans, *Brain Research* 812: 23–37.

Alho, K., Sainio, K., Sajaniemi, N., Reinikainen, K. & Näätänen, R. (1990). Event-related brain potential of human newborns to pitch change of an acoustic stimulus, *Electroencephalography and Clinical Neurophysiology/Evoked Potentials Section* 77(2): 151–155.

Alho, K., Tervaniemi, M., Huotilainen, M., et al. (1996). Processing of complex sounds in the human auditory cortex as revealed by magnetic brain responses, *Psychophysiology* 33(4): 369–375.

Allen, R., Hill, E. & Heaton, P. (2009). 'Hath charms to soothe …': An exploratory study of how high-functioning adults with ASD experience music, *Autism* 13(1): 21–41.

Alperson, P. (1994). *What is Music? An Introduction to the Philosophy of Music*, Pennsylvania State University Press.

Altenmüller, E., Schürmann, K., Lim, V. & Parlitz, D. (2002). Hits to the left, flops to the right: Different emotions during listening to music are reflected in cortical lateralisation patterns, *Neuropsychologia* 40(13): 2242–2256.

Amiez, C. & Petrides, M. (2009). Anatomical organization of the eye fields in the human and nonhuman primate frontal cortex, *Progress in Neurobiology* 89(2): 220–230.

Amunts, K., Lenzen, M., Friederici, A. D., et al. (2010). Broca's region: Novel organizational principles and multiple receptor mapping, *PLoS Biology* 8(9): el000489.

Apel, W. (1970). *Harvard Dictionary of Music*, Cambridge, MA: MIT Press.

Aramaki, M., Marie, C., Kronland-Martinet, R., Ystad, S. & Besson, M. (2010). Sound categorization and conceptual priming for nonlinguistic and linguistic sounds, *Journal of Cognitive Neuroscience* 22: 2555–2569.

Armstrong, T. & Detweiler-Bedell, B. (2008). Beauty as an emotion: The exhilarating prospect of mastering a challenging world, *Review of General Psychology* 12(4): 305–329.

Attneave, F. & Olson, K. (1971). Pitch as a medium: A new approach to psychophysical scaling, *American Journal of Psychology* 84: 147–166.

Augustine, J. R. (1996). Circuitry and functional aspects of the insular lobe in primates including humans, *Brain Research Reviews* 22: 229–244.

Bach, P., Gunter, T. C., Knoblich, G., Prinz, W. & Friederici, A. (2009). N400-like negativities in action perception reflect the activation of two components of an action representation, *Social Neuroscience* 4(3): 212–232.

Bahlmann, J ., Rodriguez-Fornells, A., Rotte, M. & Münte, T. (2007). An fMRI study of canonical and noncanonical word order in German, *Human Brain Mapping* 28(10): 940–949.

Bahlmann, J., Schubotz, R. I., Mueller, J., Koester, D. & Friederici, A. D. (2009). Neural circuits of hierarchical visuo-spatial sequence processing, *Brain Research* 1298: 161–170.

Ball, T., Rahm, B., Eickhoff, S., et al. (2007). Response properties of human amygdala subregions: Evidence based on functional MRI combined with probabilistic anatomical maps, *PLoS One* 2(3): e307.

Bangert, M. & Altenmuller, E. O. (2003). Mapping perception to action in piano practice: A longitudinal DC-EEG study, *BMC Neuroscience* 4(1): 26–39.

Bangert, M., Peschel, T., Schlaug, G., et al. (2006). Shared networks for auditory and motor processing in professional pianists: Evidence from fMRI conjunction, *Neuroimage* 30(3): 917–926.

Barbas, H., Ghashghaei, H., Dombrowski, S. M. & Rempel-Clower, N. L. (1999). Medial prefrontal cortices are unified by common connections with superior temporal cortices and distinguished by input from memory-related areas in the rhesus monkey, *Journal of Comparative Neurology* 410(3): 343–367.

Barrett, S. E. & Rugg, M. D. (1990). Event-related potentials and the semantic matching of pictures, *Brain and Cognition* 14: 201–212.

Baumeister, R. & Leary, M. (1995). The need to belong: Desire for interpersonal attachments as a fundamental hurnan motivation, *Psychological Bulletin* 117(3): 497–497.

Baumgartner, T., Esslen, M. & Jäncke, L. (2006a). From emotion perception to emotion experience: Emotions evoked by pictures and classical music, *International Journal of Psychophysiology* 60(1): 34–43.

Baumgartner, T., Lutz, K., Schmidt, C. & Jäncke, L. (2006b). The emotional power of music: How music enhances the feeling of affective pictures, *Brain Research* 1075(1): 151–164.

Beck, R., Cesario, T., Yousefi, A. & Enamoto, H. (2000), Choral singing, performance perception, and immune system changes in salivary immunoglobulin A and cortisol, *Music Perception*18: 87–106.

Belin, P., Fecteau, S. & Bédard, C. (2004). Thinking the voice: Neural correlates of voice perception, *Trends in Cognitive Sciences* 8(3): 129–135.

Bendor, D. & Wang, X. (2005). The neuronal representation of pitch in primate auditory cortex, *Nature* 436(7054): 1161–1165.

Bentin, S. & Deouell, L. (2000). Structural encoding and identification in face processing: ERP evidence for separate mechanisms, *Cognitive Neuropsychology* 17(1): 35–55.

Berent, I. & Perfetti, C. A. (1993). An on-line method in studying music parsing, *Cognition* 46: 203–222.

Berridge, K., Robinson, T. & Aldridge, J. (2009). Dissecting components of reward: Liking, wanting, and learning, *Current Opinion in Pharmacology* 9(1): 65–73.

Besson, M. & Faita, F. (1995). An event-related potential (ERP) study of musical expectancy: Comparison of musicians with nonmusicians, *Journal of Experimental Psychology: Human Perception and Performance* 21(6): 1278–1296.

Besson, M., Faita, F., Peretz, I., Bonnel, A. M. & Requin, J. (1998). Singing in the brain: Independence of lyrics and tunes, *Psychological Science* 9(6): 494–498.

Besson, M., Frey, A. & Aramaki, M. (2011). Is the distinction between intra- and extra-musical meaning implemented in the brain? (Comment), *Physics of Life Reviews* 8(2): 112–113.

Besson, M. & Macar, F. (1986). Visual and auditory event-related potentials elicited by linguistic and non-linguistic incongruities, *Neuroscience Letters* 63(2): 109–114.

Besson, M. & Macar, F. (1987). An event-related potential analysis of incongruity in music and other non-linguistic contexts, *Psychophysiology* 24: 14–25.

Bharucha, J. (1984). Anchoring effects in music: The resolution of dissonance, *Cognitive Psychology* 16: 485–518.

Bharucha, J. & Krumhansl, C. (1983). The representation of harmonic structure in music: Hierarchies of

stability as a function of context, *Cognition* 13: 63–102.
Bharucha, J. & Stoeckig, K. (1986). Reaction time and musical expectancy: Priming of chords, *Journal of Experimental Psychology: Human Perception and Performance* 12: 403–410.
Bharucha, J. & Stoeckig, K. (1987). Priming of chords: Spreading activation or overlapping frequency spectra? *Perception and Psychophysics* 41(6): 519–524.
Bigand, E., Madurell, F., Tillmann, B. & Pineau, M. (1999). Effect of global structure and temporal organization on chord processing, *Journal of Experimental Psychology: Human Perception and Performance* 25(1): 184–197.
Bigand, E., Parncutt, R. & Lerdahl, J. (1996). Perception of musical tension in short chord sequences: The influence of harmonic function, sensory dissonance, horinzontal motion, and musical training, *Perception and Psychophysics* 58(1): 125–141.
Bigand, E. & Pineau, M. (1997). Global context effects on musical expectancy, *Perception and Psychophysics* 59(7): 1098–1107.
Bigand, E., Poulin, B., Tillmann, B., Madurell, F. & D'Adamo, D. A. (2003). Sensory versus cognitive components in harmonic priming, *Journal of Experimental Psychology: Human Perception and Performance* 29(1): 159–171.
Bigand, E. & Poulin-Charronnat, B. (2006). Are we 'experienced listeners'? A review of the musical capacities that do not depend on formal musical training, *Cognition* 100(1): 100–130.
Bigand, E., Tillmann, B., Poulin, B., D'Adamo, D. & Madurell, F. (2001). The effect of harmonic context on phoneme monitoring in vocal music, *Cognition* 81(1): B11–B20.
Birnholz, J. & Benacerraf, B. (1983). The development of human fetal hearing, *Science* 222(4623): 516–518.
Björklund, A. & Dunnett, S. (2007). Dopamine neuron systems in the brain: An update, *Trends in Neurosciences* 30(5): 194–202.
Bleaney, B. I.& Bleaney, B. (1976). *Electricity and Magnetism* 3rd ed. Oxford: Oxford University Press.
Block, N. (2005). Two neural correlates of consciousness, *Trends in Cognitive Sciences* 9(2): 46–52.
Blood, A. J., Zatorre, R., Bermudez, P. & Evans, A. C. (1999). Emotional responses to pleasant and unpleasant music correlate with activity in paralimbic brain regions, *Nature Neuroscience* 2(4): 382–387.
Blood, A. & Zatorre, R. (2001). Intensely pleasurable responses to music correlate with activity in brain regions implicated in reward and emotion, *Proceedings of the National Academy of Sciences* 98(20): 11818–11823.
Boehm, S. & Paller, K. (2006). Do I know you? Insights into memory for faces from brain potentials, *Clinical EEG and Neuroscience* 37(4): 322.
Bonnel, A. M., Faita, F., Peretz, I. & Besson, M. (2001). Divided attention between lyrics and tunes of operatic songs: Evidence for independent processing, *Perception and Psychophysics* 63(7): 1201–1213.
Bornkessel-Schlesewsky, I. & Schlesewsky, M. (2008). An alternative perspective on semantic P600 effects in language comprehension, *Brain Research Reviews* 59(1): 55–73.
Botvinick, M., Braver, T., Barch, D., Carter, C. & Cohen, J. (2001). Conflict monitoring and cognitive control, *Psychological Review* 108(3); 624–652.
Brandão, M., Tomaz, C., Leão Borges, P., Coimbra, N. & Bagri, A. (1988). Defense reaction induced by microinjections of bicuculline into the inferior colliculus, *Physiology and Behavior* 44(3): 361–365.
Brattico, E., Tervaniemi, M., Näätänen, R. & Peretz, I. (2006). Musical scale properties are automatically processed in the human auditory cortex, *Brain Research* 1117(1): 162–174.
Bregman, A. (1994). *Auditory Scene Analysis: The Perceptual Organization of Sound*, The MIT Press.
Bremner, J. (1999). Does stress damage the brain? *Biological Psychiatry* 45(7): 797–805.

Broadbent, D. (1957). A mechanical model for human attention and immediate memory, *Psychological Review* 64(3): 205–215.
Broadbent, D. E. (1958). *Perception and Communication*, New York, Pergamon Press.
Brown, H., Butler, D. & Jones, M. (1994). Musical and temporal influences on key discovery, *Music Perception* 11: 371–407.
Brown, S., Martinez, M. & Parsons, L. (2004). Passive music listening spontaneously engages limbic and paralimbic systems, *NeuroReport* 15(13): 2033–2037.
Brown, S. & Volgsten, U. (2006). *Music and manipulation: On the social uses and social control of music*, Berghahn Books, Oxford.
Budd, M. (1996). *Values of Art*, Penguin Books.
Burns, D. (2001). The effect of the Bonny method of guided imagery and music on the mood and life quality of cancer patients, *Journal of Music Therapy* 38(1): 51–65.
Buxton, R. (2002). *Introduction to Functional Magnetic Resonance Imaging: Principles and Techniques*, Cambridge University Press.
Cacioppo, J. & Hawkley, L. (2003). Social isolation and health, with an emphasis on underlying mechanisms, *Perspectives in Biology and Medicine* 46(3): S39–S52.
Callan, D., Tsytsarev, V., Hanakawa, T., et al. (2006). Song and speech: Brain regions involved with perception and covert production, *Neuroimage* 31(3): 1327–1342.
Caplin, W. (2004). The classical cadence: Conceptions and misconceptions, *Journal of American Musicological Society* 57(l): 51–118.
Carlyon, R. (2004). How the brain separates sounds, *Trends in Cognitive Sciences* 8(10): 465–471.
Carral, V., Huotilainen, M., Ruusuvirta, T., et al. (2005). A kind of auditory 'primitive intelligence' already present at birth, *European Journal of Neuroscience* 21(11): 3201–3204.
Carrion, R. & Bly, B. (2008). The effects of learning on event-related potential correlates of musical expectancy, *Psychophysiology* 45(5): 759–775.
Celesia, G. & Puletti, F. (1971). Auditory input to the human cortex during states of drowsiness and surgical anesthesia, *Electroencephalography and Clinical Neurophysiology* 31(6): 603–609.
Cepeda, M., Carr, D., Lau, J. & Alvarez, H. (2006). Music for pain relief, *Cochrane Database of Systematic Reviews (Online)* 2: CD 004843.
Ceponiene, R., Kushnerenko, E., Fellman, V., et al. (2002). Event-related potential features indexing central auditory discrimination by newborns, *Cognitive Brain Research* 13(1): 101–114.
Cheour, M., Ceponiene, R., Leppanen, P., et al. (2002a). The auditory sensory memory trace decays rapidly in newborns, *Scandinavian Journal of Psychology* 43(1): 33–39.
Cheour, M., Kushnerenko, E., Ceponiene, R., Fellman, V. & Näätänen, R. (2002b). Electric brain responses obtained from newborn infants to changes in duration in complex harmonic tones, *Developmental Neuropsychology* 22(2): 471–479.
Cheour, M., Leppänen, H. T. & Kraus, N. (2000). Mismatch negativity (MMN) as a tool for investigating auditory discrimination and sensory memory in infants and children, *Clinical Neurophysiology* 111(1): 4–16.
Chi, J., Dooling, E. & Gilles, F. (1977). Left-right asymmetries of the temporal speech areas of the human fetus, *Archives of Neurology* 34(6): 346.
Chwilla, D., Brown, C. & Hagoort, P. (1995). The N400 as a function of the level of processing, *Psychophysiology* 32(3): 274–285.
Clynes, M. (1969). Dynamics of vertex evoked potentials: The R-M brain function., in E. Dornchin and D. Lindsley (eds), *Average Evoked Potentials: Methods, Results and Evaluations*, Washington: U. S. Government Printing Office, pp. 363–374.
Cole, M., Yeung, N., Freiwald, W. & Botvinick, M. (2009). Cingulate cortex: Diverging data from hu-

mans and monkeys, *Trends in Neurosciences* 32(11): 566–574.
Cook, N. (1987). The perception of large-scale tonal closure, *Music Perception* 5: 197–205.
Cook, N. (1992). Music, *Imagination, and Culture*, Oxford University Press.
Cook, P. (ed.) (2001). *Music, Cognition, and Computerized Sound. An Introduction to Psychoacoustics*, Cambridge, MA: MIT Press.
Conard N., Malina M. & Mtinzel S. (2009). New flutes document the earliest musical tradition in south western Germany, *Nature* 460(7256): 737–740.
Coulson, S., King, J. & Kutas, M. (1998). Expect the unexpected: Event-related brain response to morphosyntactic violations, *Language and Cognitive Processes* 13: 21–58.
Courchesne, E., Hillyard, S. & Galambos, R. (1975). Stimulus novelty, task relevance and the visual evoked potential in man, *Electroencephalography and Clinical Neurophysiology* 39(4): 131–143.
Craig, A. (2009). How do you feel-now? The anterior insula and human awareness, *Nat Rev Neurosci* 10: 59–70.
Crapse, T. & Sommer, M. (2008). Corollary discharge circuits in the primate brain, *Current Opinion in Neurobiology* 18(6): 552–557.
Critchley, H. (2005). Neural mechanisms of autonomic, affective, and cognitive integration, *The Journal of Comparative Neurology* 493(1): 154–166.
Critchley, H., Cor:field, D., Chandler, M., Mathias, C. & Dolan, R. (2000). Cerebral correlates of autonomic cardiovascular arousal: A functional neuroimaging investigation in humans, *The Journal of Physiology* 523(1): 259–270.
Critchley, H., Wiens, S., Rotshtein, P., Ohman, A. & Dolan, R. (2004). Neural systems supporting interoceptive awareness, *Nature Neuroscience* 7(2): 189–195.
Cross, I. (2008a). The evolutionary nature of musical meaning, *Musicae Scientiae* 13: 179–200.
Cross, I. (2008b). Musicality and the human capacity for culture, *Musicae Scientiae* 12(1 suppl): 147–167.
Cross, I. (2011). The meanings of musical meanings (Comment), *Physics of Life Reviews* 8(2): 116–119.
Cross, I. & Morley, I. (2008). The evolution of music: Theories, definitions and the nature of the evidence, in S. Malloch and C. Trevarthen (eds), *Communicative Musicality: Exploring the Basis of Human Companionship*, Oxford: Oxford University Press, pp. 61–82.
Cumming, N. (1994). Metaphor in Roger Scmton's aesthetics of music, in A. Pople (ed.), *Theory, Analysis and Meaning in Music*, Cambridge: Cambridge University Press, pp. 3–28.
Cummings, A., Ceponiene, R., Koyama, A., et al. (2006). Auditory semantic networks for words and natural sounds, *Brain Research* 1115(1): 92–107.
Cycowicz, Y. M. & Friedman, D. (1998). Effect of sound familiarity on the event-related potentials elicited by novel environmental sounds, *Brain and Cognition* 36(1): 30–51.
Dahlhaus, C. (ed.) (1980). *Neues Handbuch der Musikwissenschaft*, Wiesbaden: Laaber.
Dal1lhaus, C. & Eggebrecht, H. (eds) (1979). *Brockhaus-Riemann-Musiklexikon*, Vol. 2, Wiesbaden: Laaber.
Dalgleish, T. (2004). The emotional brain, *Nature Reviews Neuroscience* 5(7): 583–589.
Daltrozzo, J. & Schön, D. (2009a). Is conceptual processing in music automatic? An electrophysiological approach, *Brain Research* 1270: 88–94.
Daltrozzo, J. & Schön, D. (2009b). Conceptual processing in music as revealed by N400 effects on words and musical targets, *Journal of Cognitive Neuroscience* 21(10): 1882–1892.
Darwin, C. (1872). *The expression of emotions in man and animals*, London: Murray.
Darwin, C. (1874). *The Descent of Man*, London: Murray.
Darwin, C. (1997). Auditory grouping, *Trends in Cognitive Sciences* 1(9): 327–333.
Darwin, C. (2008). Listening to speech in the presence of other sounds, *Philosophical Transactions of*

*the Royal Society B: Biological Sciences* 363(1493): 1011 1021.
Davies, J. (1978). *The Psychology of Music*, Stanford University Press.
Davies, S. (1994). *Musical Meaning and Expression*, Cornell University Press . .
Davis, M. & Whalen, P. (2001). The amygdala: Vigilance and emotion, *Molecular Psychiatry* 6(1): 13–34.
De Sanctis, P., Ritter, W., Molholm, S., Kelly, S. & Foxe, J. (2008). Auditory scene analysis: The interaction of stimulation rate and frequency separation on pre-attentive grouping, *European Journal of Neuroscience* 27(5): 1271–1276.
Debruille, J., Pineda, J. & Renault, B. (1996). N400-like potentials elicited by faces and knowledge inhibition, *Cognitive Brain Research* 4(2): 133–144.
Deouell, L. (2007). The frontal generator of the mismatch negativity revisited, *Journal of Psychophysiology* 21(3/4): 188–203.
Desmurget, M. & Grafton, S. (2000). Forward modeling allows feedback control for fast reaching movements, *Trends in Cognitive Sciences* 4(11): 423–431.
Desmurget, M. & Sirigu, A. (2009). A parietal-premotor network for movement intention and motor awareness, *Trends in Cognitive Sciences* 13(10): 411–419.
Deutsch, D. (ed.) (1982). *The Psychology of Music*, New York: Academic Press.
Deutsch, J. & Deutsch, D. (1963). Attention: Some theoretical considerations, *Psychological Review* 70(1): 80–90.
Di Pietro, M., Laganaro, M., Leemann, B. & Schnider, A. (2004). Receptive amusia: Temporal auditory processing deficit in a professional musician following a left temporo-parietal lesion, *Neuropsychologia* 42(7): 868–877.
Dick, F., Lee, H. L., Nusbaum, H. & Price, C. J. (2011). Auditory-motor expertise alters "speech selectivity" in professional musicians and actors, *Cerebral Cortex* 21(4): 938–948.
Diedrichsen, J., Shadmehr, R. & Ivry, R. (2010). The coordination of movement: Optimal feedback control and beyond, *Trends in Cognitive Sciences* 14(1): 31–39.
Donchin, E. & Coles, M. (1988). Is the P300 component a manifestation of context updating? *Behavioral and Brain Sciences* 11: 357–374.
Donchin, E. & Coles, M. G. H. (1998). Context updating and the P300, *Behavioral and Brain Sciences* 21(1): 152–154.
Donchin, E., Ritter, W. & McCallum, W. C. (1978). Cognitive psychology: The endogenous components of the ERP, in E. Callaway, P. Tueting and S. H. Koslow (eds), *Event-Related Brain Potentials in Man*, New York: Academic Press, pp. 349–411.
Donkers, F., Nieuwenhuis, S. & van Boxtel, G. (2005). Mediofrontal negativities in the absence of responding, *Cognitive Brain Research* 25(3): 777–787.
Draganova, R., Eswaran, H., Murphy, P., et al. (2005). Sound frequency change detection in fetuses and newborns, a magnetoencephalographic study, *Neuroimage* 28(2): 354–361.
Drevets, W., Price, J., Bardgett, M., et al. (2002). Glucose metabolism in the amygdala in depression: Relationship to diagnostic subtype and plasma cortisol levels, *Pharmacology Biochemistry and Behavior* 71(3): 431–447.
Drost, U., Rieger, M., Brass, M., Gunter, T. C. & Prinz, W. (2005a). Action-effect coupling in pianists, *Psychological Research* 69(4): 233–241.
Drost, U., Rieger, M., Brass, M., Gunter, T. C. & Prinz, W. (2005b). When hearing turns into playing: Movement induction by auditory stimuli in pianists, *The Quarterly Journal of Experimental Psychology Section A* 58(8): 1376–1389.
Duncan, J. (1980). The locus of interference in the perception of simultaneous stimuli, *Psychological Review* 87(3): 272–300.

文 献

Eggebrecht, H. H. (ed.) (1967). *Riemann Musik Lexikon (Sachteil)*, Wiesbaden: Schott's Söhne.
Eggebrecht, H. H. (ed.) (1972). *Handwörterbuch der Musikalischen Terminologie*, Wiesbaden: Steiner.
Ekman, P. (1999). Basic emotions, in T. Dalgleish and M. Power (eds), *Handbook of Cognition and Emotion*, Wiley Online Library, pp. 45–60.
Elbert, T. (1998). Neuromagnetism, in W. Andra and H. Nowak (eds), *Magnetism in Medicine*, Berlin: Wiley-VCR.
Eldar, E., Ganor, O., Admon, R., Bleich, A. & Hendler, T. (2007). Feeling the real world: Limbic response to music depends on related content, *Cerebral Cortex* 17(12): 2828–2840.
Ellis, C. J. (1965). Pre-instrumental scales, *Ethnomusicology* 9: 126–144.
Ericsson, K. & Lehmann, A. (1996). Expert and exceptional performance: Evidence of maximal adaption to task constraints, *Annual Review of Psychology* 47(l): 273–305.
Escher, J., Hoehmann, U., Anthenien, L., et al. (1993). Music during gastroscopy, *Schweizerische Medizinische Wochenschrift* 123(26): 1354–1358.
Ethofer, T., Kreifelts, B., Wiethoff, S., et al. (2009). Differential influences of emotion, task, and novelty on brain regions underlying the processing of speech melody, *Journal of Cognitive Neuroscience* 21(7): 1255–1268.
Evarts, E. (1974). Precentral and postcentral cortical activity in association with visually triggered movement, *Journal of Neurophysiology* 37(2): 373–381.
Evers, S. & Suhr, B. (2000). Changes of the neurotransmitter serotonin but not of hormones during short time music perception, *European Archives of Psychiatry and Clinical Neuroscience* 250(3): 144–147.
Falkenstein, M., Hohnsbein, J., Hoormann, J. & Blanke, L. (1990). Effects of errors in choice reaction tasks on the ERP under focused and divided attention, in C. Brunia, A. Gaillard and A. Kok (eds), *Psychophysiological Brain Research*, Tilburg: Tilburg University Press, pp. 192–195.
Faro, S . & Mohamed, F. (2006). *Functional MRI: Basic Principles and Clinical Applications*, Springer Verlag.
Fazio, P., Cantagallo, A., Craighero, L., et al. (2009). Encoding of human action in Broca's area, *Brain* 132(7): 1980–1988.
Fechner, G. T. (1873). *Einige Ideen zur Schöpfungsund Entwicklungsgeschichte der Organismen*, Leipzig: Breitkopf und Härtel.
Fedorenko, E., Patel, A., Casasanto, D., Winawer, J. & Gibson, E. (2009). Structural integration in language and music: Evidence for a shared system, *Memory and Cognition* 37(1): 1–19.
Ferdinand, N., Mecklinger, A. & Kray, J. (2008). Error and deviance processing in implicit and explicit sequence learning, *Journal of Cognitive Neuroscience* 20(4): 629–642.
Fernald, A. (1989). Intonation and communicative intent in mothers' speech to infants: Is the melody the message? *Child Development* 60: 1497–1510.
Fettiplace, R. & Hackney, C. (2006). The sensory and motor roles of auditory hair cells, *Nature Reviews Neuroscience* 7(1): 19–29.
Fiebach, C. & Schubotz, R. I. (2006). Dynamic anticipatory processing of hierarchical sequential events: A common role for Broca's area and ventral premotor cortex across domains? *Cortex* 42(4): 499–502.
Finney, S . (1997). Auditory feedback and musical keyboard performance, *Music Perception* 15(2): 153–174.
Finney, S . & Palmer, C. (2003). Auditory feedback and memory for music performance: Sound evidence for an encoding effect, *Memory and Cognition* 31(1): 51–64.
Fischler, I., Bloom, P. A., Childers, D. G., Roucos, S . E. & Perry, N. W. (1983). Brain potentials related to stages of sentence verification, *Psychophysiology* 20: 400–409.

Fischler, I., Childers, D. G., Achariyapaopan & Perry, N. W. (1985). Brain potentials during sentence verification: Automatic aspects of comprehension, *Biological Psychology* 21: 83–106.

Fishman, Y., Reser, D., Arezzo, J. & Steinschneider, M. (2001). Neural correlates of auditory stream segregation in primary auditory cortex of the awake monkey, *Hearing Research* 151(1–2): 167–187.

Fitch, W. (2005). The evolution of music in comparative perspective, *Annals of the New York Academy of Sciences* 1060(1): 29–49.

Fitch, W. (2006). The biology and evolution of music: A comparative perspective, *Cognition* 100(1): 173–215.

Fitch, W. & Gingras, B. (2011). Multiple varieties of musical meaning (Comment), *Physics of Life Reviews* 8(2): 108–109.

Fitch, W. & Hauser, M. (2004). Computational constraints on syntactic processing in a nonhuman primate, *Science* 303(5656): 377–380.

Flores-Gutierrez, E., Díaz, J., Barrios, F., et al. (2007). Metabolic and electric brain patterns during pleasant and unpleasant emotions induced by music masterpieces, International *Journal of Psychophysiology* 65(1): 69–84.

Flynn, F., Benson, D. & Ardila, A. (1999). Anatomy of the insula functional and clinical correlates, *Aphasiology* 13(1): 55–78.

Fodor, J., Mann, V. & Samuel, A. (1991). Panel discussion: The modularity of speech and language, *in Modularity and the Motor Theory of Speech Perception: Proceedings of a Conference to Honor Alvin M. Liberman*, Lawrence Erlbaum, p. 359.

Folstein, J. & Van Petten, C. (2008). Influence of cognitive control and mismatch on the N2 component of the ERP: A review, *Psychophysiology* 45(1): 152–170.

Frey, A., Marie, C., Prod'Homme, L., Timsit-Berthier, M., Schön, D. & Besson, M. (2009). Temporal semiotic units as minimal meaningful units in music? An electrophysiological approach, *Music Perception* 23: 247–256.

Friederici, A. D. (1982). Syntactic and semantic processes in aphasic deficits: The availability of prepositions, *Brain and Language* 15(2): 249–258.

Friederici, A. D. (1999). *Language Comprehension: A Biological Perspective*, Springer.

Friederici, A. D. (2002). Towards a neural basis of auditory sentence processing, *Trends in Cognitive Sciences* 6(2): 78–84.

Friederici, A. D. (2004). Event-related brain potential studies in language, *Current Neurology and Neuroscience Reports* 4(6): 466–470.

Friederici, A. D. (2005). Neurophysiological markers of early language acquisition: From syllables to sentences, *Trends in Cognitive Sciences* 9(10): 481–488.

Friederici, A. D. (2009). Pathways to language: Fiber tracts in the human brain, *Trends in Cognitive Sciences* 13(4): 175–181.

Friederici, A. D., Bahlmann, J., Heim, S., Schubotz, R. I.& Anwander, A. (2006). The brain differentiates human and nonhuman grammars: Functional localization and structural connectivity, *Proceedings of the National Academy of Sciences* 103(7): 2458–2463.

Friederici, A. D., Friedrich, M. &Weber, C. (2002a.). Neural manifestation of cognitive and precognitive mismatch detection in early infancy, *NeuroReport* 13(10): 1251–1254.

Friederici, A. D., Hahne, A. & Mecklinger, A. (1996). Temporal structure of syntactic parsing: Early and late event-related brain potential effects elicited by syntactic anomalies, *Journal of Experimental Psychology: Learning, Memory, and Cognition* 22: 1219–1248.

Friederici, A. D., Pfeifer, E. & Hahne, A. (1993). Event-related brain potentials during natural speech processing: Effects of semantic, morphological and syntactic violations, *Cognitive Brain Research* 1: 183–192.

Friederici, A. D., Steinhauer, K. & Pfeifer, E. (2002b). Brain signatures of artificial language processing: Evidence challenging the critical period hypothesis, *Proceedings of the National Academy of Sciences* 99(1): 529–534.

Friederici, A. D., Wang, Y., Herrmann, C. S., Maess, B. & Oertel, U. (2000). Localisation of early syntactic processes in frontal and temporal cortical areas: An MEG study, *Human Brain Mapping* 11: 1–11.

Friederici, A. D. & Wartenburger, I. (2010). Language and brain, *Wiley Interdisciplinary Reviews: Cognitive Science* 1(2): 150–159.

Friederici, A. D. & Weissenborn, J. (2007). Mapping sentence form onto meaning: The syntax-semantic interface, *Brain Research* 1146: 50–58.

Friedrich, M. & Friederici, A. D. (2006). Early N400 development and later language acquisition, *Psychophysiology* 43(1): 1–12.

Friedrich, R. & Friederici, A. D. (2009). Mathematical logic in the human brain: Syntax, *PLoS ONE* 4(5): e5599.

Friston, K., Buechel, C., Fink, G., Morris, J., Rolls, E. & Dolan, R. (1997). Psychophysiological and modulatory interactions in neuroimaging, *Neuroimage* 6(3): 218–229.

Friston, K., Harrison, L. & Penny, W. (2003). Dynamic causal modelling, *Neuroimage* 19(4): 1273–1302.

Fritz, T., Jentschke, S., Gosselin, N., et al. (2009). Universal recognition of three basic emotions in music, *Current Biology* 19(7): 573–576.

Fritz, T. & Koelsch, S. (2005). Initial response to pleasant and unpleasant music: Ah fMRI study, *Neuroimage* 26(16): 2005.

Fritz, T. & Koelsch, S. (2008). The role of semantic association and emotional contagion for the induction of emotion with music (Comment), *Behavioral and Brain Sciences* 31(05): 579–580.

Fujioka, T., Trainor, L., Ross, B., Kakigi, R. & Pantev, C. (2004). Musical training enhances automatic encoding of melodic contour and interval structure, *Journal of Cognitive Neuroscience* 16(6): 1010–1021.

Fujioka, T., Trainor, L., Ross, B., Kakigi, R. & Pantev, C. (2005). Automatic encoding of polyphonic melodies in musicians and nonmusicians, *Journal of Cognitive Neuroscience* 17(10): 1578–1592.

Gaab, N., Gabrieli, J. & Glover, G. (2007). Assessing the influence of scanner background noise on auditory processing. I. An fMRI study comparing three experimental designs with varying degrees of scanner noise, *Human Brain Mapping* 28(8): 703–720.

Gaab, N., Gaser, C., Zaehle, T., Jäncke, L. & Schlaug, G. (2003). Functional anatomy of pitch memory—an fMRI study with sparse temporal sampling, *Neuroimage* 19(4): 1417–1426.

Gabrielson, A. & Juslin, P. (2003). Emotional expression in music, in Davidson, R. J. (ed.), *Hand book of Affective Sciences*, New York: Oxford University Press, pp. 503–534.

Galaburda, A. & Sanides, F. (1980). Cytoarchitectonic organization of the human auditory cortex, *The Journal of Comparative Neurology* 190: 597–610.

Galbraith, G., Threadgill, M., Hemsley, J., et al. (2000). Putative measure of peripheral and brainstem frequency-following in humans, *Neuroscience Letters* 292(2): 123–127.

Garcia-Cairasco, N. (2002). A critical review on the participation of inferior colliculus in acoustic-motor and acoustic-limbic networks involved in the expression of acute and kindled audiogenic seizures, *Hearing Research* 168(1–2): 208–222.

Garrido, M., Kilner, J., Stephan, K. & Friston, K. (2009). The mismatch negativity: A review of underlying mechanisms, *Clinical Neurophysiology* 120(3): 453–463.

Gebauer, G. (in press). Wie können wir über emotionen sprechen? *in* G. Gebauer, M. Holodinski, S. Koelsch, C. Moll and C. von Schewe (eds), *Emotion und Sprache*, Weilerswist-Metternich: Velbrück.

Geisler, C. (1998). *From Sound to Synapse: Physiology of the Mammalian Ear*, Oxford University Press, USA.

Gerdner, L. & Swanson, E. (1993). Effects of individualized music on confused and agitated elderly patients, *Archives of Psychiatric Nursing* 7(5): 284–291.

Gerra, G., Zaimovic, A., Franchini, D., et al. (1998). Neuroendocrine responses of healthy volunteers to techno-music: Relationships with personality traits and emotional state, *International Journal of Psychophysiology* 28(1): 99–111.

Giard, M., Perrin, F. & Pernier, J. (1990). Brain generators implicated in processing of auditory stimulus deviance. A topographic ERP study, *Psychophysiology* 27: 627–640.

Goebel, R., Roebroeck, A., Kim, D. & Formisano, E. (2003). Investigating directed cortical interactions in time-resolved fMRI data using vector autoregressive modeling and Granger causality mapping, *Magnetic Resonance Imaging* 21(10): 1251–1261.

Goerlich, K., Witteman, J., Aleman, A. & Martens, S. (2011). Hearing feelings: Affective categorization of music and speech in alexithymia, an ERP study, *PloS One* 6(5): e19501.

Goldstein, A. (1980). Thrills in response to music and other stimuli, *Physiological Psychology* 8: 126–129.

Gomes, H., Molholm, S., Ritter, W., et al. (2000). Mismatch negativity in children and adults, and effects of an attended task, *Psychophysiology* 37(06): 807–816.

Gordon, R., Schön, D., Magne, C., Astesano, C. & Besson, M. (2010). Words and melody are intertwined in perception of sung words: EEG and behavioral evidence, *PLoS-One* 5(3): e9889.

Gosselin, N., Peretz, I., Noulhiane, M., et al. (2005). Impaired recognition of scary music following unilateral temporal lobe excision, *Brain* 128(3): 628 610.

Gosselin, N., Samson, S., Adolphs, R., et al. (2006). Emotional responses to unpleasant music correlates with damage to the parahippocampal cortex, *Brain* 129(10): 2585–2592.

Grahn, J. (2009). The role of the basal ganglia in beat perception, *Annals of the New York Academy of Sciences* 1169(1): 35–45.

Grahn, J. & Brett, M. (2007). Rhythm and beat perception in motor areas of the brain, *Journal of Cognitive Neuroscience* 19(5): 893–906.

Grahn, J. & Rowe, J. (2009). Feeling the beat: Premotor and striatal interactions in musicians and nonmusicians during beat perception, *The Journal of Neuroscience* 29(23): 7540–7548.

Green, A., Brentsen, K., St0dkilde-J0rgensen, H., et al. (2008). Music in minor activates limbic structures: A relationship with dissonance? *Neuroreport* 19(7): 711–715.

Grewe, O., Nagel, F., Kopiez, R. & Altenmüller, E. (2007a). Emotions over time: Synchronicity and development of subjective, physiological, and facial affective reactions of music, *Emotion* 7(4): 774–788.

Grewe, O., Nagel, F., Kopiez, R. & Altenmüller, E. (2007b). Listening to music as a re-creative process: Physiological, psychological, and psychoacoustical correlates of chills and strong emotions, *Music Perception* 24(3): 297–314.

Grieser-Painter, J. & Koelsch, S. (2011). Can out-of-context musical sounds convey meaning? An ERP study on the processing of meaning in music, *Psychophysiology* 48(5): 645–655.

Griffiths, T. & Warren, J. (2002). The planum temporale as a computational hub, *Trends in Neurosciences* 25(7): 348–353.

Griffiths, T. & Warren, J. (2004). What is an auditory object? *Nature Reviews Neuroscience* 5(11): 887–892.

Griffiths, T., Warren, J., Dean, J. & Howard, D. (2004). "When the feeling's gone": A selective loss of musical emotion, *Journal of Neurobiology, Neurosurgery and Psychiatry* 75(2): 341–345.

Grigor, J., Van Toller, S., Behan, J. & Richardson, A. (1999). The effect of odour priming on long latency visual evoked potentials of matching and mismatching objects, *Chemical Senses* 24(2): 137–144.

Grimm, S. & Schtoger, E. (2005). Pre-attentive and attentive processing of temporal and frequency characteristics within long sounds, *Cognitive Brain Research* 25(3): 711–721.

Grodzinsky, Y. & Friederici, A. D. (2006). Neuroimaging of syntax and syntactic processing, *Current Opinion in Neurobiology* 16(2): 240–246.

Groussard, M., Viader, F., Hubert, V., et al. (2010). Musical and verbal semantic memory: Two distinct neural networks? *Neuroimage* 49(3): 2764–2773.

Gunter, T. C. & Bach, P. (2004). Communicating hands: ERPs elicited by meaningful symbolic hand postures, *Neuroscience Letters* 372(1–2): 52–56.

Gunter, T. C. & Friederici, A. D. (1999). Concerning the automaticity of syntactic processing, *Psychophysiology* 36: 126–137.

Gunter, T. C., Friederici, A. D. & Schriefers, H. (2000). Syntactic gender and semantic expectancy: ERPs reveal early autonomy and late interaction, *Journal of Cognitive Neuroscience* 12(4): 556–568.

Gunter, T. C., Stowe, L. & Mulder, G. (1997). When syntax meets semantics, *Psychophysiology* 34: 660–676.

Gutschalk, A., Oxenham, A., Micheyl, C., Wilson, E. & Melcher, J. (2007). Human cortical activity during streaming without spectral cues suggests a general neural substrate for auditory stream segregation, *Journal of Neuroscience* 27(48): 13074–13081.

Hackett, T. A. & Kaas, J. (2004). Auditory cortex in primates: Functional subdivisions and processing streams, in M. S. Gazzaniga (ed.), *The Cognitive Neurosciences*, Cambridge, MA: MIT Press, pp. 215–232.

Hackley, S. (1993). An evaluation of the automaticity of sensory processing using event-related potentials and brain-stem reflexes, *Psychophysiology* 30(5): 415–428.

Háden, G., Stefanics, G., Vestergaard, M., et al. (2009). Timbre-independent extraction of pitch in newborn infants, *Psychophysiology* 46(1): 69–74.

Hagoort, P., Brown, C. & Groothusen, J. (1993). The syntactic positive shift (SPS) as an ERP measure of syntactic processing, *Language and Cognitive Processes* 8(4): 439–483.

Hahne, A. (1999). *Charakteristika Syntaktischer und Semantischer: Prazesse Bei der Auditiven Sprachverarbeitung*, Leipzig: MPI Series.

Hajcak, G., Holroyd, C., Moser, J. & Simons, R. (2005). Brain potentials associated with expected and unexpected good and bad outcomes, *Psychophysiology* 42(2): 161–170.

Hajcak, G., McDonald, N. & Simons, R. (2003). To err is autonomic: Error-related brain potentials, ANS activity, and post-error compensatory behavior, *Psychophysiology* 40(6): 895–903.

Hajcak, G., Moser, J., Holroyd, C. & Simons, R. (2007). It's worse than you thought: The feedback negativity and violations of reward prediction in gambling tasks, *Psychophysiology* 44(6): 905–912.

Hald, L., Steenbeek-Planting, E. & Hagoort, P. (2007). The interaction of discourse context and world knowledge in online sentence comprehension. Evidence from the N400, *Brain Research* 1146: 210–218.

Hall, D., Haggard, M., Akeroyd, M., et al. (1999). "Sparse" temporal sampling in auditory fMRI, *Human Brain Mapping* 7(3): 213–223.

Hall, J. (1979). Auditory brainstem frequency following responses to waveform envelope periodicity, *Science* 205: 1297–1299.

Hämäläinen, M., Hari, R., Ilmoniemi, R. J., Knuutila, J. & Lounasmaa, O. (1993). Magnetoencephalography-theory, instrumentation, and applications to noninvasive studies of the working human brain, *Reviews of Modern Physics* 65(2): 413–497.

Hamm, J., Johnson, B. & Kirk, I.(2002). Comparison of the N300 and N400 ERPs to picture stimuli in congruent and incongruent contexts, *Clinical Neurophysiology* 113(8): 1339–1350.

Hanslick, E. (1854). *Vom Musikalisch-Schönen: Ein Beitrag zur Revision der Ästhetik der Tonkunst*, Leipzig: Weigel.

Harlow, H. (1958). The nature of love, *American Psychologist* 13: 673–685.

Haslinger, B., Erhard, P., Altenmüller, E., et al. (2005). Transmodal sensorimotor networks during action observation in professional pianists, *Journal of Cognitive Neuroscience* 17(2):282–293.

Hasting, A. & Kotz, S. (2008). Speeding up syntax: On the relative timing and automaticity of local phrase structure and morphosyntactic processing as reflected in event-related brain potentials, *Journal of Cognitive Neuroscience* 20(7); 1207–1219.

Hasting, A., Kotz, S. & Friederici, A. D. (2007). Setting the stage for automatic syntax processing: The mismatch negativity as an indicator of syntactic priming, *Journal of Cognitive Neuroscience* 19(3): 386–400.

Hatfield, E., Cacioppo, J. & Rapson, R. (1993). Emotional contagion, *Current Directions in Psychological Science* 2(3): 96–100.

Hatfield, E., Rapson, R. & Le, Y. (2009). Emotional contagion and empathy, in J. Decety and W. Ickes (eds), *The Social Neuroscience of Empathy*, Cambridge: MIT Press, pp. 19–30.

Hatsopoulos, N., Xu, Q. & Amit, Y. (2007). Encoding of movement fragments in the motor cortex, *The Journal of Neuroscience* 27(19): 5105–5114.

Haueisen, J. & Knösche, T. (2001). Involuntary motor activity in pianists evoked by music perception, *Journal of Cognitive Neuroscience* 13(6): 786–792.

Hauptmann, M. (1873). *Die Natur der Harmonik und der Metrik: Zur Theorie der Musik*, Leipzig: Breitkopf und Hartel.

Hayashi, R., Imaizumi, S., Mori, K., et al. (2001). Elicitation of N400m in sentence comprehension due to lexical prosody incongruity, *NeuroReport* 12(8): 1753–1756.

Haynes, J. & Rees, G. (2005). Predicting the orientation of invisible stimuli from activity in human primary visual cortex, *Nature Neuroscience* 8(5): 686–691.

Heim, S. & Alter, K. (2006). Prosodic pitch accents in language comprehension and production: ERP data and acoustic analyses, *Acta Neurobiologiae Experimentalis* 66(1): 55–68.

Heim, S., Eickhoff, S., Opitz, B. & Friederici, A. D. (2006). RA 44 in Broca's area supports syntactic gender decisions in language production, *NeuroReport* 17(11): 1097–1101.

Heinke, W., Kenntner, R., Gunter, T., et al. (2004). Differential effects of increasing propofol sedation on frontal and temporal cortices: An ERP study, *Anesthesiology* 100: 617–625.

Heinke, W. & Koelsch, S. (2005). The effects of anesthetics on brain activity and cognitive function, *Current Opinion in Anesthesiology* 18(6): 625–631.

Hepper, P. & Shahidullah, S. (1994). The development of fetal hearing, *Fetal and Maternal Medicine Review* 6(03): 167–179.

Herbert, C., Ethofer, T., Anders, S., et al. (2009). Amygdala activation during reading of emotional adjectives—an advantage for pleasant content, *Social Cognitive and Affective Neuroscience* 4(1): 35–49.

Herholz, S., Lappe, C., Knief, A. & Pantev, C. (2008). Neural basis of music imagery and the effect of musical expertise, *European Journal of Neuroscience* 28(11): 2352–2360.

Herrmann, B., Maess, B., Hasting, A. & Friederici, A. D. (2009). Localization of the syntactic mismatch negativity in the temporal cortex: An MEG study, *Neuroimage* 48(3): 590–600.

Herrojo-Ruiz, M., Jabusch, H. & Altenmüller, E. (2009a). Detecting wrong notes in advance: Neuronal correlates of error monitoring in pianists, *Cerebral Cortex* 19(11): 2625–2639.

Herrojo-Ruiz, M., Koelsch, S. & Bhattacharya, J. (2009b). Decrease in early right alpha band phase synchronization and late gamma band oscillations in processing syntax in music, *Human Brain Mapping* 30(4): 1207–1225.

Herrojo-Ruiz, M., Striibing, F., Jabusch, H. C. & Altenmüller, E. (2010). EEG oscillatory patterns are associated with error prediction during music performance and are altered in musician's dystonia, *Neuroimage* 55: 1791–1803.

Hevner, K. (1936). Experimental studies of the elements of expression in music, *American Journal of Psychology* 48: 246–268.

Hickok, G., Buchsbaum, B., Humphries, C. & Muftuler, T. (2003). Auditory-motor interaction revealed by fMRI: Speech, music, and working memory in are Spt, *Journal of Cognitive Neuroscience* 15(5): 673–682.

Hickok, G. & Poeppel, D. (2007). The cortical organization of speech processing, *Nature Reviews Neuroscience* 8(5): 393–402.

Hillecke, T., Nickel, A. & Bolay H. (2005). Scientific perspectives on music therapy, *Annals of the New York Academy of Sciences* 1060 (The Neurosciences and Music II: From Perception to Performance): 271–282.

Hillecke, T., Wormit, A., Bardenheuer, H. & Bolay, H. (2004). Schmerz, *Musik-, Tanzund Kunsttherapie* 15(2): 92–94.

Hockett, C. F. (1960). Logical considerations in the study of animal communication, in W. Lanyon and W. Tavolga (eds), *Animal Sounds and Communication*, Washington, DC: American Institute of Biological Sciences, pp. 392–430.

Holcomb, P. J. & McPherson, W. B. (1994). Event-related brain potentials reflect semantic priming in an object decision task, *Brain and Cognition* 24: 259–276.

Holcomb, P. J. & Neville, H. J. (1990). Semantic priming in visual and auditory lexical decision: A between modality comparison, *Language and Cognitive Processes* 5: 281–312.

Holdefer, R. & Miller, L. (2002). Primary motor cortical neurons encode functional muscle synergies, *Experimental Brain Research* 146(2): 233–243.

Holle, H. & Gunter, T. C. (2007). The role of iconic gestures in speech disambiguation: ERP evidence, *Journal of Cognitive Neuroscience* 19(7): 1175–1192.

Holle, H., Gunter, T. C., Rüschemeyer, S., Hennenlotter, A. & Iacoboni, M. (2008). Neural correlates of the processing of co-speech gestures, *Neuroimage* 39(4): 2010–2024.

Hommel, B., Müsseler, J., Aschersleben, G. & Prinz, W. (2001). The theory of event coding (TEC): A framework for perception and action planning, *Behavioral and Brain Sciences* 24(05): 849–878.

Hoormann, J., Falkenstein, M., Hohnsbein, J. & Blanke, L. (1992). The human frequency-following response (FFR): Normal variability and relation to the click-evoked brainstem response, *Hearing Research* 59(2): 179–188.

Hoover, J. & Strick, P. (1999). The organization of cerebellar and basal ganglia outputs to primary motor cortex as revealed by retrograde transneuronal transport of herpes simplex virus type 1, *The Journal of Neuroscience* 19(4): 1446–146.

House, J., Landis, K. & Umberson, D. (1988). Social relationships and health, *Science* 241(4865): 540–545.

Hucklebridge, F., Lambert, S., Clow, A., et al. (2000). Modulation of secretory immunoglobulin A in saliva: Response to manipulation of mood, *Biological Psychology* 53(1): 25–35.

Huotilainen, M., Kujala, A., Hotakainen, M., et al. (2005). Short-term memory functions of the human fetus recorded with magnetoencephalography, *NeuroReport* 16(1): 81–84.

Huron, D. (2001). Is music an evolutionary adaptation? in R. J. Zatorre & I. Peretz (eds), *The Biological Foundations of Music*, Vol. 930, Annals of the New York Academy of Sciences, pp. 43–61.

Huron, D. (2006). *Sweet Anticipation: Music and the Psychology of Expectation*, The MIT Press.

Huron, D. & Parncutt, R. (1993). An improved model of tonality perception incorporating pitch salience and echoic memory, *Psychomusicology* 12: 154–171.

Hyde, K., Peretz, I. & Zatorre, R. (2008). Evidence for the role of the right auditory cortex in fine pitch resolution, *Neuropsychologia* 46(2 ): 632–639.

Indefrey, P. (2004). Hirnaktivierungen bei syntaktischer sprachverarbeitung: Eine meta-analyse, in H. Mueller and S. Rickheit (eds), *Neurokognition der Sprache*, Vol.1, Tübingen: Stauffenburg Verlag, pp. 31–50.

Indefrey, P. & Levelt, W. (2004). The spatial and temporal signatures of word production components, *Cognition* 92(1–2): 101–144.

Istók, E., Brattico, E., Jacobsen, T., et al. (2009). Aesthetic responses to music: A questionnaire study, *Musicae Scientiae* 13(2): 183–206.

Jackson, N. (2003). A survey of music therapy methods and their role in the treatment of early elementary school children with ADHD *Journal of Music Therapy* 40(4): 302–323.

Jacobsen, T., Schröger, E., Horenkamp, T. & Winkler, I. (2003). Mismatch negativity to pitch change: Varied stimulus proportions in controlling effects of neural refractoriness on human auditory event-related brain potentials, *Neuroscience Letters* 344(2): 79–82.

Jacobsen, T., Schubotz, R. I., Hofel, L. & Cramon, D. Y. (2006). Brain correlates of aesthetic judgment of beauty, *Neuroimage* 29(1): 276–285.

Jakobson, R. (1960) Closing statement: Linguistics and poetics, in T. A. Sebeok (ed), *Style in Language*, New York: Wiley.

James, C., Britz, J., Vuilleumier, P., Hauert, C. & Michel, C. (2008). Early neuronal responsesin right limbic structures mediate harmony incongruity processing in musical experts, *Neuroimage* 42(4): 1597–1608.

James, W. (1890). *The Principles of Psychology*, New York: Holt.

Janata, P. (1995). ERP measures assay the degree of expectancy violation of harmonic contexts in music, *Journal of Cognitive Neuroscience* 7(2): 153–164.

Janata, P. (2001). Brain electrical activity evoked by mental formation of auditory expectations and images, *Brain Topography* 13(3): 169–193.

Janata, P. (2007). Navigating tonal space, *Tonal Theory for the Digital Age (Computing in Musicology)* 15: 39–50.

Janata, P. (2009). The neural architecture of music-evoked autobiographical memories, *Cerebral Cortex* 19(11): 2579–2594.

Janata, P., Birk, J., Van Horn, J., et al. (2002a). The cortical topography of tonal structures underlying Western music, *Science* 298(5601): 2167–2170.

Janata, P., Tillmann, B. & Bharucha, J. (2002b). Listening to polyphonic music recruits domain-general attention and working memory circuits, *Cognitive, Affective, & Behavioral Neuroscience* 2(2): 121–140.

Jasper, H. H. (1958). The ten-twenty electrode system of the international federation, *Electroencephalography and Clinical Neuropsychology* 10: 371–375.

Jemel, B., George, N., Olivares, E., Fiori, N. & Renault, B. (1999). Event-related potentials to structural familiar face incongruity processing, *Psychophysiology* 36(4): 437–452.

Jentschke, S. (2007). *Neural correlates of processing syntax in music and language -Influences of development, musical training, and language impairment*, PhD thesis, University of Leipzig.

Jentschke, S. & Koelsch, S. (2009). Musical training modulates the development of syntax processing in children, *Neuroimage* 47(2): 735–744.

Jentschke, S., Koelsch, S., SallaL, S. & Friederid, A. D. (2008). Children with specific language impairment also show impairment of music-syntactic processing, *Journal of Cognitive Neuroscience*

20(11):J940–1951.
Johnson, K., Nicol, T. & Kraus, N. (2005). Brain stem response to speech: A biological marker of auditory processing, *Ear and Hearing* 26(5): 424–434.
Johnson, K., Nicol, T., Zecker, S. & Kraus, N. (2008). Developmental plasticity in the human auditory brainstem, *Journal of Neuroscience* 28(15): 4000–4007.
Johnsrude, I., Penhune, V. & Zatorre, R. (2000). Functional specificity in the right human auditory cortex for perceiving pitch direction, *Brain* 123(1): 155–163.
Jonaitis, E. & Saffran, J. (2009). Learning harmony: The role of serial statistics, *Cognitive Science* 33(5): 951–968.
Jones, M. (1981). Music as stimulus for psychological motion: Part I. some determinants of expectancies, *Psychomusicology* 1: 34–51.
Jones, M. (1982). Music as stimulus for psychological motion: Part II. an expectancy model, *Psychomusicology* 2: 1–13.
Jurgens, U. (2002). Neural pathways underlying vocal control, *Neuroscience and Biobehavioral Reviews* 26: 235–258.
Juslin, P. & Laukka, P. (2003). Communication of emotions in vocal expression and music performance: Different channels, same code? Psychological Bulletin 129(5): 770–814.
Juslin, P., Liljestrom, S., Laukka, P., Vastfjall, D. & Lundqvist, L. (2011). Emotional reactions to music in a nationally representative sample of Swedish adults, *Musicae Scientiae* 15(2): 174–207.
Juslin, P. & Västfjäll, D. (2008). Emotional responses to music: The need to consider underlying mechanisms, *Behavioral and Brain Sciences* 31(05): 559–575.
Kaan, E., Harris, A., Gibson, E. & Holcomb, P. (2000). The P600 as an index of syntactic integration difficulty, *Language and Cognitive Processes* 15(2): 159–201.
Kaas, J. & Hackett, T. (2000). Subdivisions of auditory cortex and processing streams in primates, *Proceedings of the National Academy of Sciences of the United States of America* 97(22); 11793–11799.
Kahneman, D. (1973). *Attention and Effort*, Prentice Hall.
Kandel, E. R., Schwartz, J. H. & Jessell, T. M. (2000). *Principles of Neural Science*, Connecticut: Appleton and Lange.
Kanske, P. & Kotz, S. (2007). Concreteness in emotional words: ERP evidence from a hemifield study, *Brain Research* 1148: 138–148.
Karbusicky, V. (1986). *Grundriβ der musikalischen Semantik*, Wissenschaftliche Buchgesellschaft, Darmstadt.
Karg-Elert, S. (1931). *Polaristische Klang-und Tonalitatslehre (Harmonologik)*, FEC Leuckart.
Katahira, K., Abla, D., Masuda, S. & Okanoya, K. (2008). Feedback-based error monitoring processes during musical performance: An ERP study, *Neuroscience Research* 61(1): 120–128.
Kellenbach, M., Wijers, A. & Mulder, G. (2000). Visual semantic features are activated during the processing of concrete words: Event-related potential evidence for perceptual semantic priming, *Cognitive Brain Research* 10(1–2): 67–75.
Khalfa, S., Guye, M., Peretz, I., et al. (2008). Evidence of lateralized anteromedial temporal structures involvement in musical emotion processing, *Neuropsychologia* 46(10): 2485–2493.
Khalfa, S., Isabelle, P., Jean-Pierre, B. & Manon, R. (2002). Event-related skin conductance responses to musical emotions in humans, *Neuroscience Letters* 328(2): 145–149.
Khalfa, S., Schön, D., Anton, J. & Liegeois-Chauvel, C. (2005). Brain regions involved in the recognition of happiness and sadness in music, *Neuroreport* 16(18): 1981–1984.
Kilpatrick, L. & Cahill, L. (2003). Amygdala modulation of parahippocampal and frontal regions during emotionally influenced memory storage, *Neuroimage* 20(4): 2091–2099.

Kimble, D., Rogers, L. & Hendrickson, C. (1967). Hippocampal lesions disrupt maternal, not sexual, behavior in the albino rat, *Journal of Comparative and Physiological Psychology* 60: 401–407.

Kirschner, S. & Tomasello, M. (2009). Joint drumming: Social context facilitates synchronization in preschool children, *Journal of Experimental Child Psychology* 102(3); 299–314.

Kivy, P. (1991). *Music alone: Philosophical reflections on the purely musical experience*, Cornell University Press.

Kivy, P. (1999). Feeling the musical emotions, *British Journal of Aesthetics* 39(1): 1–13.

Klassen, J., Liang, Y., Tjosvold, L., Klassen, T. & Hartling, L. (2008). Music for pain and anxiety in children undergoing medical procedures: A systematic review of randomized controlled trials, *Ambulatory Pediatrics* 8(2): 117–128.

Kluender, R. & Kutas, M. (1993). Subjacency as a processing phenomenon, *Language and Cognitive Processes* 8: 573–633.

Knight, R. T. (1990). Electrophysiology in behavioral neurology, in M. Marsel (ed.), *Principles of Behavioral Neurology*, Phiadelphia: F. A. Davis Co., pp. 327–346.

Knösche, T., Neuhaus, C., Haueisen, J., et al. (2005). Perception of phrase structure in music, *Human Brain Mapping* 24(4): 259–273.

Knösche, T. R. (1997). *Solutions of the Neuroelectromagnetic Inverse Problem*, PhD thesis, University of Enschede, Netherlands.

Koch, M., Lingenhohl, K. & Pilz, P. (1992). Loss of the acoustic startle response following neurotoxic lesions of the caudal pontine reticular formation: Possible role of giant neurons, *Neuroscience* 49(3): 617–625.

Koechlin, E. & Jubault, T. (2006). Broca's area and the hierarchical organization of human behavior, *Neuron* 50(6): 963–974.

Koelsch, S. (2005). Neural substrates of processing syntax and semantics in music, *Current Opinion in Neurobiology* 15(2): 207–212.

Koelsch, S. (2006). Significance of Broca's area and ventral premotor cortex for music-syntactic processing, *Cortex* 42(4): 518–520.

Koelsch, S. (2009). Music-syntactic processing and auditory memory: Similarities and differences between ERAN and MMN, *Psychophysiology* 46(1): 179–190.

Koelsch, S. (2010). Towards a neural basis of music-evoked emotions, *Trends in Cognitive Sciences* 14(3): 131–137.

Koelsch, S. & Friederici, A. D. (2003). Towards the neural basis of processing structure in music: Comparative results of different neurophysiological investigation methods (EEG, MEG, fMRI), *Annals of the New York Academy of Sciences* 999: 15–27.

Koelsch, S., Fritz, T., Cramon, D. Y., Muller, K. & Friederici, A. D. (2006a). Investigating emotion with music: An fMRI study, *Human Brain Mapping* 27(3): 239–250.

Koelsch, S., Fritz, T. & Schlaug, G. (2008a). Amygdala activity can be modulated by unexpected chord functions during music listening, *NeuroReport* 19(18): 1815–1819.

Koelsch, S., Fritz, T., Schulze, K., Alsop, D. & Schlaug, G. (2005a). Adults and children processing music: An fMRI study, *Neuroimage* 25(4): 1068–1076.

Koelsch, S., Fuermetz, J., Sack, U., et al. (2011). Effects of music listening on cortisol levels and propofol consumption during spinal anesthesia, *Frontiers in Psychology* 2(58): 1–9.

Koelsch, S., Grossmann, T., Gunter, T. C., Hahne, A., Schröger, E. & Friederici, A. D. (2003a). Children processing music: Electric brain responses reveal musical competence and gender differences, *Journal of Cognitive Neuroscience* 15(5): 683–693.

Koelsch, S., Gunter, T. C., Friederici, A. D. & Schröger, E. (2000). Brain Indices of Music Processing: "Non-musicians" are musical, *Journal of Cognitive Neuroscience* 12(3): 520–541.

Koelsch, S., Gunter, T. C., Schröger, E., et al. (2001). Differentiating ERAN and MMN: An ERP-study, *NeuroReport* 12(7): 1385–1389.

Koelsch, S., Gunter, T. C., von Cramon, D. Y., et al. (2002a). Bach speaks: A cortical "languagenetwork" serves the processing of music, *Neuroimage* 17: 956–966.

Koelsch, S., Gunter, T. C., Wittfoth, M. & Sammler, D. (2005b). Interaction between syntax processing in language and in music: An ERP study, *Journal of Cognitive Neuroscience* 17(10): 1565–1577.

Koelsch, S., Gunter, T., Schröger, E. & Friederici, A. D. (2003b). Processing tonal modulations: An ERP study, *Journal of Cognitive Neuroscience* 15(8): 1149–1159.

Koelsch, S., Heinke, W., Sammler, D. & Olthoff, D. (2006b). Auditory processing during deep propofol sedation and recovery from unconsciousness *Clinical Neurophysiology* 117(8): 1746–1759.

Koelsch, S. & Jentschke, S. (2008). Short-term effects of processing musical syntax: An ERP study, *Brain Research* 1212: 55–62.

Koelsch, S. & Jentschke, S. (2010). Differences in electric brain responses to melodies and chords, *Journal of Cognitive Neuroscience* 22(10): 2251–2262.

Koelsch, S., Jentschke, S., Sammler, D. & Mietchen, D. (2007a). Untangling syntactic and sensory processing: An ERP study of music perception, *Psychophysiology* 44(3): 476–490.

Koelsch, S., Kasper, E., Sammler, D., et al. (2004a). Music, language, and meaning: Brain signatures of semantic processing, *Nature Neuroscience* 7(3): 302–307.

Koelsch, S., Kilches, S., Steinbeis, N. & Schelinski, S. (2008b). Effects of unexpected chords and of performer's expression on brain responses and electrodermal activity, *PLoS One* 3(7): e2631.

Koelsch, S., Maess, B., Grossmann, T. & Friederici, A. D. (2002b). Sex difference in music-syntactic processing, *NeuroReport* 14: 709–712.

Koelsch, S., Maess, B., Grossmann, T. & Friederici, A. D. (2003c). Electric brain responses reveal gender differences in music processing, *NeuroReport* 14(5): 709–713.

Koelsch, S. & Mulder, J. (2002). Electric brain responses to inappropriate harmonies during listening to expressive music, *Clinical Neurophysiology* 113(6): 862–869.

Koelsch, S., Offermanns, K & Franzke, P. (2010a). Music in the treatment of affective disorders: An exploratory investigation of a new method for music-therapeutic research, *Music Perception* 27(4): 307–316.

Koelsch, S., Remppis, A., Sammler, D., et al. (2007b). A cardiac signature of emotionality, *European Journal of Neuroscience* 26(11): 3328–3338.

Koelsch, S. & Sammler, D. (2008). Cognitive components of regularity processing in the auditory domam, *PLoS One* ;3(7): e2650.

Koelsch, S., Schmidt, B. H. & Kansok, J. (2002d). Influences of musical expertise on the ERAN: An ERP-study, *Psychophysiology* 39: 657–663.

Koelsch, S., Schmidt, B. & Kansok, J. (2002c). Effects of musical expertise on the early right anterior negativity: An event-related brain potential study, *Psychophysiology* 39(05): 657–663.

Koelsch, S., Schröger, E. & Gunter, T. C. (2002e). Music matters: Preattentive musicality of the human brain, *Psychophysiology* 39: 1–11.

Koelsch, S., Schröger, E. & Tervaniemi, M. (1999). Superior pre-attentive auditory processing in musicians, *NeuroReport* 10(6): 1309–1313.

Koelsch, S., Schulze, K, Sammler, D., et al. (2009). Functional architecture of verbal and tonal working memory: An FMRI study, *Human Brain Mapping* 30(3): 859–873.

Koelsch, S. & Siebel, W. (2005). Towards a neural basis of music perception, *Trends in Cognitive Sciences* 9(12): 578–584.

Koelsch, S., Siebel, W. A. & Fritz, T. (2010b). Functional neuroimaging, in P. Juslin and J. Sloboda (eds), *Handbook of Music and Emotion: Theory, Research, Applications, 2nd ed.*, Oxford: Oxford University Press, pp. 313–346.

Koelsch, S. & Stegemann, T. (in press). The brain and positive biological effects in healthy and clinical populations, in R. MacDonald, D. Kreutz and L. Mitchell (eds), *Music, Health and Well-Being*, Oxford: Oxford University Press.

Koelsch, S., Wittfoth, M., Wolf, A., Muller, J. & Hahne, A. (2004b). Music perception in cochlear implant users: An ERP study, *Clinical Neurophysiology* 115(4): 966–972.

Kohler, E., Keysers, C., Umilta, M., et al. (2002). Hearing sounds, understanding actions: Action representation in mirror neurons, *Science* 297(5582): 846–848.

Konečni, V. (2003). Review of music and emotion: Theory and research, *Music Perception* 20(3): 332–341.

Koopman, C. & Davies, S. (2001). Musical meaning in a broader perspective, *Journal of Aesthetics and Art Criticism* 59(3): 261–273.

Kopp, B. & Wolff, M. (2000). Brain mechanisms of selective learning: Event-related potentials provide evidence. for error driven learning in humans, *Biological Psychology* 51(2–3): 223–246.

Korzyukov, O., Winkler, I., Gumenyuk, V. & Alho, K. (2003). Processing abstract auditory features in the human auditory cortex, *Neuroimage* 20(4): 2245–2258.

Kotz, S., Schwartze, M. & Schmidt-Kassow, M. (2009). Non-motor basal ganglia functions: A review and proposal for a model of sensory predictability in auditory language perception, *Cortex* 45(8): 982–990.

Kraus, N. & Nicol, T. (2005). Brainstem origins for cortical "what" and "where" pathways in the auditory system, *Trends in Neurosciences* 28(4): 176–181.

Kreutz, G., Bongard, S., Rohrmann, S., Hodapp, V. & Grebe, D. (2004). Effects of choir singing or listening on secretory immunoglobulin A, cortisol, and emotional state, *Journal of Behavioral Medicine* 27(6): 623–635.

Kriegstein, K., Kleinschmidt, A., Sterzer, P. & Giraud, A. (2005). Interaction of face and voice areas during speaker recognition, *Journal of Cognitive Neuroscience* 17(3): 367–376.

Krumhansl, C. L. (1979). The Psychological representation of musical pitch in a tonal context, *Cognitive Psychology* 11: 346–374.

Krumhansl, C. L. (1990). *Cognitive Foundations of Musical Pitch*, Oxford University Press, USA.

Krumhansl, C. L. (1996). A perceptual analysis of Mozart's Piano Sonata K. 282: Segmentation, tension, and musical ideas, *Music Perception* 13: 401–432.

Krumhansl, C. L. (1997). An exploratory study of musical emotions and psychophysiology, *Canadian Journal of Experimental Psychology* 51(4): 336–353.

Krumhansl, C. L., Bharucha, J. & Castellano, M. (1982a). Key distance effects on perceived harmonic structure in music, *Perception and Psychophysics* 32(2): 96–108.

Krumhansl, C. L., Bharucha, J. & Kessler, E. (1982b). Perceived harmonic structure of chords in three related musical keys *Journal of Experimental Psychology: Human Perception and Performance* 8(1): 24–36.

Krumhansl, C. L. & Cuddy, L. (2010). A theory of tonal hierarchies in music, *Music Perception* 51–87.

Krumhansl, C. L. & Kessler, E. (1982). Tracing the dynamic. changes in perceived tonal organization in a spatial representation of musical keys, *Psychological Review* 89(4): 334–368.

Krumhansl, C. L. & Shepard, R. (1979). Quantification of the hierarchy of tonal functions within a diatonic context, *Experimental Psychology: Human Perception and Performance* 5(4): 579–594.

Kujala, A., Huotilainen, M., Hotakainen, M., et al. (2004). Speech-sound discrimination in neonates as measured with MEG, *NeuroReport* 15(13): 2089–2092.

Kushnerenko, E., Winkler, I., Horvath, J., et al. (2007). Processing acoustic change and novelty in newborn infants, *European Journal of Neuroscience* 26(1): 265–274.

Kutas, M. & Federmeier, K. (2000). Electrophysiology reveals semantic memory use in language comprehension, *Trends in Cognitive Sciences* 4(12): 463–470.

Kutas, M.. & Hillyard, S. (1980). Reading senseless sentences: Brain potentials reflect semantic incongruity, *Science* 207: 203–205.

Kutas, M. & Hillyard, S. (1983). Event-related brain potentials to grammatical errors and semantic anomalies, *Memory and Cognition* 11(5): 539–550.

Kutas, M., Lindamond, T. & Hillyard, S. (1984). Word expectancy and event-related brain potentials during sentence processing, in S. Kornblum and J. Requin (eds), *Preparatory States and Processes*, New Jersey: Erlbaum, pp. 217–238.

Kuwada, S., Yin, T. & Wickesberg, R. (1979). Response of cat inferior colliculus neurons to binaural beat stimuli: Possible mechanisms for sound localization, *Science* 206(4418): 586–588.

La Vaque, T. (1999). The History of EEG Hans Berger, Journal of Neurotherapy 3(2): 1–9.

Lahav, A., Saltzman, E. & Schlaug, G. (2007). Action representation of sound: Audiomotor recognition network while listening to newly acquired actions, *Journal of Neuroscience* 27(2): 308–314.

Lamont, A. & Cross, I. (1994). Children's cognitive representations of musical pitch, *Music Perception*12: 27–55.

Langer, S. (1942). *Philosophy in a New Key*, Cambridge, MA: Harvard University Press.

Langer, S. (1953). *Feeling and Form*, New York: Scribner's.

Langner, G., Albert, M. & Briede, T. (2002). Temporal and spatial coding of periodicity information in the inferior colliculus of awake chinchilla (Chinchilla laniger), *Hearing Research* 168(1–2): 110–130.

Lau, E., Phillips, C. & Poeppel, D. (2008). A cortical network for semantics: (De)constructing the N400, *Nature Reviews Neuroscience* 9(12): 920–933.

Lauritzen, M. (2008). On the neural basis of fMRI signals, *Clinical Neurophysiology* 119: 729–730.

Leardi, S., Pietroletti, R., Angeloni, G., et al. (2007). Randomized clinical trial examining the effect of music therapy in stress response to day surgery, *British Journal of Surgery* 94(8): 943–947.

LeDoux, J. (2000). Emotion circuits in the brain, *Ann Rev Neurosci* 23: 155–184.

LeDoux, J. (2007). The amygdala, *Current Biology* 17(20): R868–R874.

LeDoux, J., Farb, C. & Ruggiero, D. (1990). Topographic organization of neurons in the acoustic thalamus that project to the amygdala, *Journal of Neuroscience* 10(4): 1043–1054.

Leino, S., Brattico, E., Tervaniemi, M. & Vuust, P. (2007). Representation of harmony rules in the human brain: Further evidence from event-related potentials, *Brain Research* 1142: 169–177.

Leman, M. (2000). An auditory model of the role of short-term memory in probe-tone ratings, *Music Perception* 481–509.

Lerdahl, F. (2001a). The sounds of poetry viewed as music, in R. J. Zatorre and I. Peretz (eds), *The Biological Foundations of Music*, Vol. 930, New York: The New York Academy of Sciences, 337–354.

Lerdahl, F. (2001b). *Tonal Pitch Space*, Oxford University Press.

Lerdahl, F. (2009). Genesis and architecture of the GTTM project, *Music Perception* pp. 187–194.

Lerdahl, F. & Jackendoff, R. (1999). *A Generative Theory of Music*, Cambridge: MIT.

Lerdahl, F. & Krumhansl, C. (2007). Modeling tonal tension, *Music Perception* 24(4): 329–366.

Lerner, Y., Papo, D., Zhdanov, A., Belozersky, L. & Hendler, T. (2009). Eyes wide shut: Amygdala mediates eyes-closed effect on emotional experience with music, *PLoS One* 4(7): e6230.

Leuthold, H. & Jentzsch, I. (2002). Spatiotemporal source localisation reveals involvement of medial premotor areas in movement reprogramming, *Experimental Brain Research* 144(2): 178–188.

Levinson, J. (1990). *Music and Negative Emotion*, Ithaca, NY: Cornell University Press.

Levinson, J. (2004). Musical chills and other delights of music, in J. Davidson (ed.), *The Music Practitioner: Research For the Music Performer, Teacher, and Listener*, Ashgate Pub Ltd, pp. 335–352.

Levitt, P. & Moore, R. (1979). Origin and organization of brainstem catecholamine innervation in the rat, *The Journal of Comparative Neurology* 186(4): 505–528.

Li, W. & Yang, Y. (2009). Perception of prosodic hierarchical boundaries in Mandarin Chinese sentences, *Neuroscience* 158(4): 1416–1425.

Liberman, A. & Mattingly, I. (1985). The motor theory of speech perception revised, *Cognition* 21(1): 1–36.

Liebenthal, E., Ellingson, M., Spanaki, M., et al. (2003). Simultaneous ERP and fMRI of the auditory cortex in a passive oddball paradigm, *Neuroimage* 19(4): 1395–1404.

Liegeois-Chauvel, C., Peretz, I., Babaie, M., Laguitton, V. & Chauvel, P. (1998). Contribution of different cortical areas in the temporal lobes to music processing, *Brain* 121(10): 1853–1867.

Logan, G. (1992). Attention and preattention in theories of automaticity, *The American Journal of Psychology* 105(2): 317–339.

Lohmann, G., Erfurth, K., Muller, K. & Turner, R. (2012). Critical comments on dynamic causal modelling, *Neuroimage* 59(3): 2322–2329.

Lohmann, G., Margulies, D., Horstmann, A., et al. (2010). Eigenvector centrality mapping for analyzing connectivity patterns in fMRI data of the human brain, *PLoS-One* 5(4): el0232.

Lotze, H. (1852). *Medicinische Psychologie Oder Physiologie der Seele*, Leipzig: Weidmann.

Loui, P., Grent-'t Jong, T., Torpey, D. & Woldorff, M. (2005). Effects of attention on the neural processing of harmonic syntax in Western music, Cognitive *Brain Research* 25(3): 678–687.

Loui, P., Wu, E., Wessel, D. & Knight, R. (2009). A generalized mechanism for perception of pitch patterns, *The Journal of Neuroscience* 29(2): 454–459.

Lundqvist, L., Carlsson, F., Hilmersson, P. & Juslin, P. (2009). Emotional responses to music: Experience, expression, and physiology, *Psychology of Music* 37(1): 61–90.

MacLean, P. (1990). *The Triune Brain in Evolution: Role in Paleocerebral Functions*, New York: Plenum Press.

Maess, B., Jacobsen, T., Schröger, E. & Friederici, A. D. (2007). Localizing pre-attentive auditory memory-based comparison: Magnetic mismatch negativity to pitch change, *Neuroimage* 37(2): 561–571.

Maess, B., Koelsch, S., Gunter, T. C. & Friederici, A. D. (2001). Musical syntax is processed in the area of Broca: An MEG-study, *Nature Neuroscience* 4(5): 540–545.

Magne, C., Schön, D. & Besson, M. (2006). Musician children detect pitch violations in both music and language better than nonmusician children: Behavioral and electrophysiological approaches, *Journal of Cognitive Neuroscience* 18(2): 199–211.

Maidhof, C. & Koelsch, S. (2011). Effects of selective attention on syntax processing in music and language, *Journal of Cognitive Neuroscience* (in press).

Maidhof, C., Rieger, M., Prinz, W. & Koelsch, S. (2009). Nobody is perfect: ERP effects prior to performance errors in musicians indicate fast monitoring processes, *PLoS One* 4(4): e5032.

Maidhof, C., Vavatzanidis, N., Prinz, W., Rieger, M. & Koelsch, S. (2010). Processing expectancy violations during music performance and perception: An ERP study, *Journal of Cognitive Neuroscience* 22(10): 2401–2413.

Maratos, A., Gold, C., Wang, X. & Crawford, M. (2008). Music therapy for depression, *Cochrane Database of Systemati Reviews* 1(4): 1–16.

Marteniuk, R., MacKenzie, C. & Baba, D. (1984). Bimanual movement control: Information processing and interaction effects, *The Quarterly Journal of Experimental Psychology A: Human Experimental Psychology* 36(2): 335–365.

Mauhews, B., Chang, C,, De May, M., Engstrom, J. & Miller, B. (2009). Pleasurable emotional response to music: A case of neurodegenerative generalized auditory agnosia, *Neurocase* 15(3): 248–259.

Mattout, J., Phillips, C., Penny, W., Rugg, M. & Friston, K. (2006). MEG source localization under mul-

tiple constraints: An extended Bayesian framework, *Neuroimage* 30(3): 753–767.
Maurer, U., Bucher, K., Brem, S. & Brandeis, D. (2003). Development of the automatic mismatch response: From frontal positivity in kindergarten children to the mismatch negativity, *Clinical Neurophysiology* 114(5): 808–817.
McAlpine, D., Jiang, D., Shackleton, T. & Palmer, A. (2000). Responses of neurons in the inferior colliculus to dynamic interaural phase cues: Evidence for a mechanism of binaural adaptation, *Journal of Neurophysiology* 83(3): 1356–1365.
McCarthy, G. & Donchin, E. (1981). A metric for thought: A comparison of P300 latency and reaction time, *Science* 211(4477): 77–80.
McCraty, R., Atkinson, M., Rein, G. & Watkins, A. (1996). Music enhances the effect of positive emotional states on salivary IgA, *Stress Medicine* 167–175.
McKinney, C., Antoni, M., Kumar, M., Tims, F. & McCabe, P. (1997). Effects of guided imagery and music (GIM) therapy on mood and cortisol in healthy adults, *Health Psychology* 16(4): 390–400.
McKinnon, R. & Osterhout, L. (1996). Constraints on movement phenomena in sentence processing: Evidence from event-related brain potentials, *Language and Cognitive Processes* 11: 495–523.
Mcintosh, A. & Gonzalez-Lima, F. (1994). Structural equation modeling and its application to network analysis in functional brain imaging, *Human Brain Mapping* 2(1–2): 2–22.
McPherson, W. & Holcomb, P. (1999). An electrophysiological investigation of semantic priming with pictures of real objects, *Psychophysiology* 36: 53–65.
Mecklinger, A. (1998). On the modularity of recognition memory for object and spatial location-topographic ERP analysis, *Neuropsychologia* 36(5): 441–460.
Mecklinger, A., Schriefers, H., Steinhaner, K. & Friederici, A. D. (1995). Processing relative clauses varying on syntactic and semantic dimensions: An analysis with event-related potentials, *Memory and Cognition* 23: 477–494.
Mega, M. S., Cummings, J. L., Salloway, S. & Malloy, P. (1997). The limbic system: An anatomic, phylogenetic, and clinical perspective, in S. Salloway, P. Malloy and J. L. Cummings (eds), *The Neuropsychiatry of Limbic and Subcortical Disorders*, American Psychiatric Press, pp. 3–18.
Menning, H., Roberts, L. & Pantev, C. (2000). Plastic changes in the auditory cortex induced by intensive frequency discrimination training, *Neuroreport* 11(4): 817–822.
Menon, V. & Levitin, D. (2005). The rewards of music listening: Response and physiological connectivity of the mesolimbic system, *Neuroimage* 28(1): 175–184.
Messner, B., Jipson, A., Becker, P. & Byers, B. (2007). The hardest hate: A sociological analysis of country hate music, *Popular Music and Society* 30(4): 513–531.
Meyer, L. (1956). *Emotion and Meaning in Music*, Chicago: University of Chicago Press.
Meyer, M., Alter, K., Friederici, A. D., Lohmann, G. & von Cramon, D. Y. (2002). FMRI reveals brain regions mediating slow prosodic modulations in spoken sentences, *Human Brain Mapping* 17(2): 73–88.
Meyer, M., Steinhauer, K., Alter, K., Friederici, A. D. & von Cramon, D. Y. (2004). Brain activity varies with modulation of dynamic pitch variances in sentence melody, *Brain and Language* 89: 277–289.
Miall, R. & Wolpert, D. (1996). Forward models for physiological motor control, *Neural Networks* 9(8): 1265–1279.
Middleton, F. & Strick, P. (2000). Basal ganglia and cerebellar loops: Motor and cognitive circuits, *Brain Research Reviews* 31(2–3): 236–250.
Miltner, W., Braun, C. & Coles, M. (1997). Event-related brain potentials following incorrect feedback in a time-estimation task: Evidence for a "generic" neural system for error detection, *Journal of Cognitive Neuroscience* 9(6): 788–798.
Miluk-Kolasa, B., Obminski, Z., Stupnicki, R. & Golec, L. (1994). Effects uf music treatment on sali-

vary cortisol in patients exposed to pre-surgical stress, *Experimental and Clinical Endocrinology and Diabetes* 102(2): 118–120.

Miranda, R. & Ullman, M. (2007). Double dissociation between rules and memory in music: An event-related potential study, *Neuroimage* 38(2): 331–345.

Mithen, S. (2006). *The Singing Neanderthals: The Origins of Music, Language, Mind, and Body*, Harvard University Press.

Mitterschiffthaler, M. T., Fu, C. H., Dalton, J. A., Andrew, C. M. & Williams, S. C. (2007). A functional MRI study of happy and sad affective states evoked by classical music, *Human Brain Mapping* 28: 1150–1162.

Mizuno, T. & Sugishita, M. (2007). Neural correlates underlying perception of tonality-related emotional contents, *Neuroreport* 18(16): 1651–1655.

Molholm, S., Martinez, A., Ritter, W., Javitt, D. & Foxe, J. (2005). The neural circuitry of preattentive auditory change-detection: An fMRI study of pitch and duration mismatch negativity generators, *Cerebral Cortex* 15(5): 545–551.

Moon, C., Cooper, R. & Fifer, W. (1993). Two-day-olds prefer their native language, *Infant Behavior and Development* 16(4): 495–500.

Moore, B. (2008). *An Introduction to the Psychology of Hearing*, 5 ed, Bingley, UK: Emerald.

Moors, A. & De Houwer, J. (2006). Automaticity: A theoretical and conceptual analysis, *Psychological Bulletin* 132(2): 297–326.

Moors, A. & Kuppens, P. (2008). Distinguishing between two types of musical emotions and reconsidering the role of appraisal, *Behavioral and Brain Sciences* 31: 588–589.

Moreno, S. & Besson, M. (2006). Musical training and language-related brain electrical activity in children, *Psychophysiology* 43(3): 287–291.

Morosan, P., Rademacher, J., Palomero-Gallagher, N. & Zilles, K. (2005). Anatomical organization of the human auditory cortex: Cytoarchitecture and transmitter receptors, in P. Heil, F. König & E. Budinger (eds), *Auditory Cortex: Towards a synthesis of Human and Animal Research. Mahwah*, NJ: Lawrence Erlbaum.

Morosan, P., Radmacher, J., Schleicher, A., et al. (2001). Human primary auditory cortex: Cytoarchitectonic subdivisions and mapping into a spatial reference system, *Neuroimage* 13(4): 684–701.

Moscovitch, M., Nadel, L., Winocur, G., Gilboa, A. & Rosenbaum, R. (2006). The cognitive neuroscience of remote episodic, semantic and spatial memory, *Current Opinion in Neurobiology* 16(2): 179–190.

Müller, M., Höfel, L., Brattico, E. & Jacobsen, T. (2010). Aesthetic judgments of music in experts and laypersons—An ERP study, *International Journal of Psychophysiology* 76(1): 40–51.

Münte, T. F., Matzke, M. & Johannes, S. (1997). Brain activity associated with incongruities in words and pseudowords, *Journal of Cognitive Neuroscience* 9: 318–329.

Murcia, C., Kreutz, G., Clift, S. & Bongard, S. (2010). Shall we dance? an exploration of the perceived benefits of dancing on well-being, *Arts and Health* 2(2): 149–163.

Murray, E. (2007). The amygdala, reward and emotion, *Trends in Cognitive Sciences* 11(11): 489–497.

Musacchia, G., Sams, M., Skoe, E. & Kraus, N. (2007). Musicians have enhanced subcortical auditory and audiovisual processing of speech and music, *Proceedings of the National Academy of Sciences* 104(40): 15894–15898.

Mutschler, I., Schulze-Bonhage, A., Glauche, V., et al. (2007). A rapid sound-action association effect in human insular cortex, *PLoS One* 2(2): e259.

Mutschler, I., Wieckhorst, B., Kowalevski, S., et al. (2009). Functional organization of the human anterior insular cortex, *Neuroscience Letters* 457(2): 66–70.

Näätänen, R. (1990). The role of attention in auditory information processing as revealed by eventrelated potentials and other brain measures of cognitive function, *Behavioral and Brain Sciences* 13: 201–288.

Näätänen, R. (1992). *Attention and Brain Function*, Hillsdale, NJ: Erlbaum.

Näätänen, R., Astikainen, P., Ruusuvirta, T. & Huotilainen, M. (2010). Automatic auditory intelligence: An expression of the sensory-cognitive core of cognitive processes, *Brain Research Reviews* 64(1): 123–136.

Näätänen, R. & Gaillard, A. (1983). The N2 deflection of ERP and the orienting reflex, in A. Gaillard and W. Ritter (eds), *EEG Correlates of Information Processing: Theoretical Issues*, Amsterdam: North Holland, pp. 119–141.

Näätänen, R., Jacobsen, T. & Winkler, I. (2005). Memory-based or afferent processes in mismatch negativity (MMN): A review of the evidence, *Psychophysiology* 42(1): 25–32.

Näätänen, R., Lehtokoski, A., Lennes, M., et al. (1997). Language-specific phoneme representations revealed by magnetic brain responses, *Nature* 385(6615): 432–434.

Näätänen, R., Lehtokoski, A., Lennes, M., et al. (1997). Language-specific phoneme representations revealed by electric and magnetic brain responses, *European Heart Journal* 385: 432–434.

Näätänen, R., Paavilainen, P., Alho, K., Reinikainen, K. &Sams, M. (1987). The mismatch negativity to intensity changes in an auditory stimulus sequence, *Electroencephalography and Clinical Neurophysiology* 40: 125–131.

Näätänen, R., Paavilainen, P. & Reinikainen, K. (1989). Do event-related potentials to infrequent decrements in duration of auditory stimuli demonstrate a memory trace in man? *Neuroscience Letters* 107: 347–352.

Näätänen, R., Paavilainen, P., Rinne, T. & Alho, K. (2007). The mismatch negativity (MMN) in basic research of central auditory processing: A review, *Clinical Neurophysiology* 118(12): 2544–2590.

Näätänen, R. & Picton, T. (1987). The N1 wave of the human electric and magnetic response to sound: A review and an analysis of the component structure, *Psychophysiology* 24: 375–425.

Näätänen, R., Simpson, M. & Loveless, N. (1982). Stimulus deviance and evoked potentials, *Biological Psychology* 14: 53–98.

Nachev, P., Kennard, C. & Husain, M. (2008). Functional role of the supplementary and presupplementary motor areas, *Nat Rev Neurosci* 9(11): 856–869.

Nadel, L. (2008). Hippocampus and context revisited, in S. Mizumori (ed.), *Hippocampal Place Fields: Relevance to Learning and Memory*, New York: Oxford University Press, pp. 3–15.

Nan, Y., Knösche, T. & Friederici, A. D. (2006). The perception of musical phrase structure: A cross-cultural ERP study, *Brain Research* 1094(1): 179–191.

Nattiez, J. (1990). *Music and Discourse: Toward a Semiology of Music*, Princeton University Press.

Nelken, I. (2004). Processing of complex stimuli and natural scenes in the auditory cortex, *Current Opinion in Neurobiology* 14(4): 474–480.

Nelson, A., Hartl, W., Jauch, K., et al. (2008). The impact of music on hypermetabolism in critical illness, *Current Opinion in Clinical Nutrition and Metabolic Care* 11(6): 790–794.

Neuert, V., Verhey, J. & Winter, I. (2005). Temporal representation of the delay of iterated rippled noise in the dorsal cochlear nucleus, *Journal of Neurophysiology* 93(5): 2766–2776.

Neuhaus, C., Knösche, T. & Friederici, A. D. (2006). Effects of musical expertise and boundary markers on phrase perception in music, *Journal of Cognitive Neuroscience* 18(3): 472–493.

Neville, H., Nicol, J., Barss, A., Forster, K. & Garrett, M. (1991). Syntactically based sentence processing classes: Evidence from event-related brain potentials, *Journal of Cognitive Neuroscience* 3: 151–165.

Nicola, S. (2007). The nucleus accumbens as part of a basal ganglia action selection circuit, *Psychopharmacology* 191(3): 521–550.

Niedermeyer, E. & Da Silva, F. (2005). *Electroencephalography: Basic Principles, Clinical Applications, and Related Fields*, Lippincott Williams and Wilkins.

Nieuwenhuis, S., Holroyd, C., Mol, N. & Coles, M. (2004). Reinforcement-related brain potentials from medial frontal cortex: Origins and functional significance, *Neuroscience and Biobehavioral Reviews* 28(4): 441–448.

Nieuwenhuis, S., Ridderinkhof, K., Blom, J., Band, G. & Kok, A. (2001). Error-related brain potentials are differentially related to awareness of response errors: Evidence from an antisaccade task, *Psychophysiology* 38(5): 752–760.

Nieuwenhuys, R., Voogd, J. & Huijzen, C. V. (2008). *The Human Central Nervous System*, Berlin: Springer.

Nieuwland, M. & Kuperberg, G. (2008). When the truth is not too hard to handle, *Psychological Science* 19(12): 1213–1218.

Nilsson, U. (2009). The effect of music intervention in stress response to cardiac surgery in a randomized clinical trial, *Heart and Lung: The Journal of Acute and Critical Care* 38(3): 201–207.

Nilsson, U., Unosson, M. & Rawal, N. (2005). Stress reduction and analgesia in patients exposed to calming music postoperatively: A randomized controlled trial, *European Journal of Anaesthesiology* 22(02): 96–102.

Nittono, H. (2006). Voluntary stimulus production enhances deviance processing in the brain, *International Journal of Psychophysiology* 59(1): 15–21.

Nobre, A., Coull, J., Frith, C. & Mesulam, M. (1999). Orbitofrontal cortex is activated during breaches of expectation in tasks of visual attention, *Nature Neuroscience* 2: 11–12.

Norton, A., Zipse, L., Marchina, S. & Schlaug, G. (2009). Melodic intonation therapy, *Annals of the New York Academy of Sciences* 1169(1): 431–436.

Nouvian, R., Beutner, D., Parsons, T. & Moser, T. (2006). Structure and function of the hair cell ribbon synapse, *Journal of Membrane Biology* 209(2): 153–165.

Novitski, N., Huotilainen, M., Tervaniemi, M., Näätänen, R. & Fellman, V. (2007). Neonatal frequency discrimination in 250–4000 Hz range: Electrophysiological evidence, *Clinical Neurophysiology* 118(2): 412–419.

Noy, P. (1993). How music conveys emotion, in S. Feder, R. Karmel and G. Pollock (eds), *Psychoanalytic Explorations in Music*, International Universities Press, pp. 125–149.

Nunez, P. L. (1981). *Electric Fields of the Brain*, Oxford: Oxford University Press.

Obermeier, C., Holle, H. & Gunter, T. C. (2011). What iconic gesture fragments reveal about gesture-speech integration: When synchrony is lost, memory can help, *Journal of Cognitive Neuroscience* 23(7): 1648–1663.

Obleser, J. & Eisner, F. (2009). Pre-lexical abstraction of speech in the auditory cortex, *Trends in Cognitive Sciences* 13(1): 14–19.

Obleser, J., Meyer, L. & Friederici, A. D. (2011). Dynamic assignment of neural resources in auditory comprehension of complex sentences, *Neuroimage* 56(4): 2310–2320.

Okamoto, H., Stracke, H., Stoll, W. & Pantev, C. (2010). Listening to tailor-made notched music reduces tinnitus loudness and tinnitus-related auditory cortex activity, *Proceedings of the National Academy of Sciences* 107(3): 1207–1210.

Oliveira, F., McDonald, J. & Goodman, D. (2007). Performance monitoring in the anterior cingulate is not all error related: Expectancy deviation and the representation of action-outcome associations, *Journal of Cognitive Neuroscience* 19(12): 1994–2004.

Öngür, D. & Price, J. L. (2000). The organization of networks within the orbital and medial prefrontal cortex of rats, monkeys and humans, *Cerebral Cortex* 10(3): 206–219.

Opitz, B. & Friederici, A. D. (2007). Neural basis of processing sequential and hierarchical syntactic

structures, *Human Brain Mapping* 28(7): 585–592.
Opitz, B. & Kotz, S. (2011). Ventral Premotor Cortex Lesions disrupt learning of sequential grammatical structures, *Cortex* (in press).
Opitz, B., Mecklinger, A., Friederici, A. D. & von Cramon, D. Y. (1999a). The functional neuroanatomy of novelty processing: Integrating ERP and fMRI results, *Cerebral Cortex* 9(4): 379–391.
Opitz, B., Mecklinger, A., von Cramon, D. Y. & Kruggel, F. (1999b). Combining electrophysiological and hemodynamic measures of the auditory oddball, *Psychophysiology* 36(1): 142–147.
Opitz, B., Rinne, T., Mecklinger, A., von Cramon, D. Y. & Schröger, E. (2002). Differential contribution of frontal and temporal cortices to auditory change detection: fMRI and ERP results, *Neuroimage* 15: 167–174.
Orgs, G., Lange, K., Dombrowski, J. & Heil, M. (2006). Conceptual priming for environmental sounds and words: An ERP study, *Brain and Cognition* 62(3): 267–272.
Orgs, G., Lange, K., Dombrowski, J. & Heil, M. (2007). Is conceptual priming for environmental sounds obligatory? *International Journal of Psychophysiology* 65(2): 162–166.
Orini, M., Bailon, R., Enk, R., et al. (2010). A method for continuously assessing the autonomic response to music-induced emotions through HRV analysis, *Medical and Biological Engineering and Computing* 48(5): 423–433.
Osterhout, L. (1999). A superficial resemblance does not necessarily mean yon are part of the family: Counterarguments to Coulson, King and Kutas (1998) in the P600/SPS-P300 debate, *Language and Cognitive Processes* 14(1): 1–14.
Osterhout, L.& Holcomb, P. (1995). ERPs and language comprehension, in M. Rugg and M. Coles (eds), *Electrophysiology of Mind. Event-Related Potentials and Cognition*, Oxford: Oxford University Press, pp. 192–208.
Osterhout, L. & Holcomb, P. J. (1992). Event-related potentials and syntactic anomaly, *Journal of Memory and Language* 31: 785–804.
Osterhout, L. & Holcomb, P. J. (1993). Event-related potentials and syntactic anomaly: Evidence of anomaly-detection during the perception of continuous speech, *Language and Cognitive Processes* 8: 413–437.
Osterhout, L., Holcomb, P. J. & Swinney, D. (1994). Brain potentials elicited by garden-path sentences: Evidence of the application of verb information during parsing, *Journal of Experimental Psychology: Learning, Memory, and Cognition* 20: 786–803.
Osterhout, L. & Mobley, L. A. (1995). Event-related brain potentials elicited by failure to agree, *Journal of Memory and Language* 34: 739–773.
Overy, K. & Molnar-Szakacs, I. (2009). Being together in time: Musical experience and the mirror neuron system, *Music Perception* 26(5): 489–504.
Owings, D. & Morton, E. (1998). *Animal Vocal Communication: A New Approach*, Cambridge University Press.
Paavilainen, P., Arajarvi, P. & Takegata, R. (2007). Preattentive detection of nonsalient contingencies between auditory features, *Neuroreport* 18(2): 159–163.
Paavilainen, P., Degerman, A., Takegata, R. & Winkler, I. (2003). Spectral and temporal stimulus characteristics in the processing of abstract auditory features, *Neuroreport* 14(5): 715–718.
Paavilainen, P., Jaramillo, M. & Näätänen, R. (1998). Binaural information can converge in abstract memory traces, *Psychophysiology* 35(5): 483–487.
Paavilainen, P., Karlsson, M. L., Reinikainen, K. & Näätänen, R. (1989). The mismatch negativity to change: in spatial location of an auditory stimulus, *Electroencephalography and Clinical Neurophysiology* 73: 129–141.
Paavilainen, P., Simola, J., Jaramillo, M., Näätänen, R. &Winkler, I. (2001). Preattentive extraction of

abstract feature conjunctions from auditory stimulation as reflected by the mismatch negativity (MMN), *Psychophysiology* 38(02): 359–365.

Paller, K. A., McCarthy, G. & Wood, C. C. (1992). Event-related potentials elicited by deviant endings to melodies, *Psychophysiology* 29(2 ): 202–206.

Palmer, C. (1997). Music performance, *Annual Review of Psychology* 48: 115–38.

Panksepp, J. (1995). The emotional sources of "chills" induced by music, *Music Perception* 13: 171–207.

Panksepp, J. (1998). *Affective Neuroscience: The Foundations of Human and Animal Emotions*, Oxford University Press, USA.

Panksepp, J. & Bernatzky, G. (2002). Emotional sounds and the brain: The neuro-affective foundations of musical appreciation, *Behavioural Processes* 60(2): 133–155.

Pannekamp, A., Toepel, U., Alter, K., Hahne, A. & Friederici, A. (2005). Prosody-driven sentence processing: An event-related brain potential study, *Journal of Cognitive Neuroscience* 17(3): 407–421.

Pantev, C., Roberts, L. E., Schulz, M., Engelien, A. & Ross, B. (2001). Timbre-specific enhancement of auditory cortical representation in musicians, *NeuroReport* 12(1): 169–174.

Papez, J. (1937). A proposed mechanism of emotion, *Archives of Neurology and Psychiatry* 38(4): 725–743.

Papousek, H. (1996). Musicality in infancy research, in J. Sloboda and I. Deliege (eds), *Musical Beginnings*, Oxford: Oxford University Press, pp. 37–55.

Parncutt, R. (1989). *Harmony: A Psychoacoustical Approach*, Berlin: Springer.

Parncutt, R. (2006). Commrntary on Keith Mahinter's 'Calculating sensory dissonance: Some discrepancies arising from the models of Kameoka and Kuriyagawa, and Hutchinson and Knopoff', *Empirical Musicology Review* 1: 1–5.

Patel, A. (1998). Syntactic processing in language and music: Different cognitive operations, similar neural resources? *Music Perception* 16(1): 27–42.

Patel, A. (2003). Language, music, syntax and the brain, *Nature Neuroscience* 6(7): 674–681.

Patel, A. (2006). Musical rhythm, linguistic rhythm, and human evolution, *Music Perception* 24(1): 99–103.

Patel, A. (2008). *Music, Language, and the Brain*, Oxford University Press.

Patel, A. & Balaban, E. (2001). Human pitch perception is reflected in the timing of stimulus-related cortical activity, *Nature Neuroscience* 4(8): 839–844.

Patel, A., Gibson, E., Ratner, J., Besson, M. & Holcomb, P. (1998). Processing syntactic relations in language and music: An event-related potential study, *Journal of Cognitive Neuroscience* 10(6): 717–733.

Patel, A., Iversen, J., Bregman, M. & Schulz, I. (2009). Experimental evidence for synchronization to a musical beat in a nonhuman animal, *Current Biology* 19(10): 827–830.

Patel, A., Iversen, J., Wassenaar, M. & Hagoort, P. (2008). Musical syntactic processing in agrammatic Broca's aphasia, *Aphasiology* 22(7): 776–789.

Patel, S. & Azzaro, P. (2005). Characterization of N200 and P300: Selected studies of the event-related potential, *International Journal of Medical Sciences* 2(4): 147–154.

Patterson, R. & Moore, B. (1986). Auditory filters and excitation patterns as representations of frequency resolution, in B. Moore (ed.), *Frequency Selectivity in Hearing*, London: Academic, pp. 123–177.

Patterson, R., Uppenkamp, S., Johnsrude, I. & Griffiths, T. (2002). The processing of temporal pitch and melody information in auditory cortex, *Neuron* 36(4): 767–776.

Peirce, C. (1931/1958). *The Collected Papers of Charles Sanders Peirce*, Cambridge, MA: Harvard University Press.

Perani, D., Saccuman, M., Scifo, P., et al. (2010). Functional specializations for music processing in the

human newborn brain, *Proceedings of the National Academy of Sciences* 107(10): 4758–4763.
Peretz, I., Brattico, E., Jarvenpaa, M. & Tervaniemi, M. (2009). The amusic brain: Intune, out of key, and unaware, *Brain* 132(5): 1277–1286.
Peretz, I. & Coltheart, M. (2003). Modularity of music processing, *Nature Neuroscience* 6(7): 688–691.
Peretz, I. & Zatorre, R. (2005). Brain organization for music processing, *Annual Reviews in Psychology* 56: 89–114.
Perlovsky, L. (2007). Neural dynamic logic of consciousness: The knowledge instinct, *Neurodynamics of Cognition and Consciousness* 2: 73–108.
Perruchet, P. & Vinter, A. (1998). PARSER: A model for word segmentation, *Journal of Memory and Language* 39(2): 246–263.
Petkov, C., Kayser, C., Augath, M. & Logothetis, N. (2006). Functional imaging reveals numerous fields in the monkey auditory cortex, *PLoS Biol* 4(7): e215.
Petkov, C., Kayser, C., Steudel, T., et al. (2008). A voice region in the monkey brain, *Nature Neuroscience* 11(3): 367–374.
Pfordresher, P. (2003). Auditory feedback in music performance: Evidence for a dissociation of sequencing and timing, *Journal of Experimental Psychology* 29(4): 949–964.
Pfordresher, P. (2005). Auditory feedback in music performance: The role of melodic structure and musical skill, *Journal of Experimental Psychology* 31(6): 1331–1345.
Pfordresher, P. (2006). Coordination of perception and action in music performance, Advances in *Cognitive Psychology* 2(2): 183–198.
Phelps, M. (2006). *PET: Physics, Instrumentation, and Scanners*, Springer Verlag.
Pickles, J. (2008). *An Introduction to the Physiology of Hearing*, 3rd ed, Bingley, UK: Emerald.
Picton, T., Durieux-Smith, A. & Moran, L. (1994). Recording auditory brainstem responses from infants, *International Journal of Pediatric Otorhinolaryngology* 28(2–3): 93–110.
Picton, T. W. (1980). The use of human event-related potentials in psychology, in O. Martin and P. Venables (eds), *Techniques in Psychophysiology*, New York: Willy, pp. 357–395.
Plack, C. (2005). *The Sense of Hearing*, New York: Lawrence Erlbaum.
Platel, H., Baron, J., Desgranges, B., Bernard, F. & Eustache, F. (2003). Semantic and episodik memory of music are subserved by distinct neural networks, *Neuroimage* 20: 244–256.
Plomp, R. & Levelt, W. (1965). Tonal consonance and critical bandwidth, *The Journal of the Acoustical Society of America* 38: 548–560.
Plomp, R. & Steeneken, H. J. M. (1968). Interference between two simple tones, *The Journal of the Acoustical Society of America* 43: 883–884.
Porter, R. & Lewis, M. (1975). Relationship of neuronal discharges in the precentral gyms of monkeys to the performance of arm movements, *Brain Research* 98(1): 21–36.
Poulet, J. & Hedwig, B. (2007). New insights into corollary discharges mediated by identified neural pathways, *Trends in Neurosciences* 30(1): 14–21.
Poulin-Charronnat, B., Bigand, E. & Koelsch, S. (2006). Processing of musical syntax tonic versus subdominant: An event-related potential study, *Journal of Cognitive Neuroscience* 18(9): 1545–1554.
Poulin-Charronnat, B., Bigand, E., Madurell, F. & Peereman, R. (2005). Musical structure modulates semantic priming in vocal music, *Cognition* 94(3): B67–B78.
Price, J. (2005). Free will versus survival: Brain systems that underlie intrinsic constraints on behavior, *The Journal of Comparative Neurology* 493(1): 132–139.
Prinz, W. (1990). A common coding approach to perception and action, in O. Neumann and W. Prinz (eds), *Relationships Between Perception and Action*, Springer, pp. 167–201.
Prinz, W. (2005). An ideomotor approach to imitation, in S. Hurley and N. Chater (eds), *Perspectives on Imitation: Mechanisms of imitation and imitation in animals*, Cambridge, MA: MIT Press, pp.

141–156.

Pritchard, W. (1981). Psychophysiology of P300: A Review, *Psychological Bulletin* 89: 506–540.

Pulvermüller, F. (2005). Brain mechanisms linking language and action, *Nature Reviews Neuroscience* 6(7): 576–582.

Pulvermüller, F. & Fadiga, L. (2010). Active perception: Sensorimotor circuits as a cortical basis for language, *Nature Reviews Neuroscience* 11(5): 351–360.

Pulvermüller, F. & Shtyrov, Y. (2006). Language outside the focus of attention: The mismatch negativity as a tool for studying higher cognitive processes, *Progress in Neurobiology* 79(1): 49–71.

Pulvermüller, F., Shtyrov, Y., Hasting, A. & Carlyon, R. (2008). Syntax as a reflex: Neurophysiological evidence for early automaticity of grammatical processing, *Brain and Language* 104(3): 244–253.

Purwins, H., Blankertz, B. & Obermayer, K. (2007). Toroidal models in tonal theory and pitch-class analysis, *Computing in Musicology* 15: 73–98.

Quiroga Murcia, C., Bongard, S. & Kreutz, G. (2009). Emotional and neurohumoral responses to dancing tango argentino, *Music and Medicine* 1(1): 14–21.

Rameau, J.-P. (1722). Traite dé l'Harmonie Reduite a ses Principes Naturels, Paris.

Rammsayer, T. & Altenmüller, E. (2006). Temporal information processing in musicians and nonmusicians, *Music Perception* 24(1): 37–48.

Rauschecker, J. & Scott, S. (2009). Maps and streams in the auditory cortex: Nonhuman primates illuminate human speech processing, *Nature Neuroscience* 12(6): 718–724.

Regel, S., Gunter, T. C. & Friederici, A. D. (2011). Isn't it ironic? an electrophysiological exploration of figurative language processing, *Journal of Cognitive Neuroscience* 23(2 ): 277–293.

Regnault, P., Bigand, E. & Besson, M. (2001). Different brain mechanisms mediate sensitivity to sensory consonance and harmonic context: Evidence from auditory event-related brain potentials, *Journal of Cognitive Neuroscience* 13(2): 241–255.

Reich, U. (2011). The meanings of semantics (Comment), *Physics of Life Reviews* 8(2): 120–121.

Ridderinkhof, K., Ullsperger, M., Crone, E. & Nicuwcnhuis, S.. (2004). The role of the medial frontal cortex in cognitive control, *Science* 306(5695): 443.

Riemann, H. (1877/1971). *Musikalische Syntaxis: Grundriss einer harmonischen Satzbildungslehre*, Niederwalluf: Sandig.

Rilling, J., Gutman, D., Zeh, T., et al. (2002). A neural basis for social cooperation, *Neuron* 35(2): 395–405.

Rinne, T., Antila, S. & Winkler, I. (2001). Mismatch negativity is unaffected by top-down predictive information, *NeuroReport* 12(10): 2209–2213.

Rinne, T., Degerman, A. & Alho, K. (2005). Superior temporal and inferior frontal cortices are activated by infrequent sound duration decrements: An fMRI study, *Neuroimage* 26(1): 66–72.

Ritter, W. & Ruchkin, D. S. (1992). A review of event-related potential components discovered in the context of studying P3, *Annual Report of the New York Academy of Science* 658: 1–32.

Rizzolatti, G. & Craighero, L. (2004). The mirrorneuron system, *Annual Reviews of Neuroscience* 27: 169–192.

Rizzolatti, G. & Sinigaglia, C. (2010). The functional role of the parieto-frontal mirror circuit: Interpretations and misinterpretations, *Nat Rev Neurosci* 11(4): 264–274.

Rohrmeier, M. (2005). *Towards modelling movement in music: Analysing properties and dynamic aspects of pc set sequences in Bach's chorales*, Master's thesis, University of Cambridge.

Rohrmeier, M. (2007). A generative grammar approach to diatonic harmonic structure, *in Proceedings of the 4th Sound and Music Computing Conference*, pp. 97–100, Lefkada, Greece.

Rohrmeier, M. (2011). Towards a generative syntax of tonal harmony, *Journal of Mathematics and Music* 5(1): 35–53.

Rohrmeier, M. & Cross, I.(2008). Statistical properties of tonal harmony in Bach's chorales, *in Proc 10th Intl Conjon Music Perception and Cognition,* Hokkaido Univeristy, Sapporo (Japan).

Rolls, E. & Grabenhorst, F. (2008). The orbitofrontal cortex and beyond: From affect to decision-making, *Progress in Neurobiology* 86(3): 216–244.

Rösler, F., Friederici, A. D., Putz, P. & Hahne, A. (1993). Event-related brain potentials while encountering semantic and syntactic constraint violations, *Journal of Cognitive Neuroscience* 5: 345–362.

Ross, B, Borgmann, C,, Draganova, R., Roberts, L. & Pantev, C. (2000). A high-precision magnetoencephalographic study of human auditory steady-state responses to amplitude-modulated tones, *The Journal of the Acoustical Society of America* 108: 679–691.

Ross, D., Choi, J. & Purves, D. (2007). Musical intervals in speech, *Proceedings of the National Academy of Sciences* 104(23): 9852–9857.

Rowe, M. (1981). The brainstem auditory evoked response in neurological disease: A review, *Ear and Hearing* 2(1): 41–51.

Rozin, P. & Schiller, D. (1980). The nature and acquisition of a preference for chili pepper by hu-mans, *Motivation and Emotion* 4(1): 77–101.

Rugg, M. & Coles, M. (1995). *Electrophysiology of Mind. Event-Related Brain Potentials and Cognition,* Oxford: Oxford University Press.

Rugg, M. & Yonelinas, A. (2003). Human recognition memory: A cognitive neuroscience perspective, *Trends in Cognitive Sciences* 7(7): 313–319.

Rüschemeyer, S., Fiebach, C., Kempe, V. & Friederici, A. (2005). Processing lexical semantic and syntactic information in first and second language: fMRI evidence from German and Russian, *Human Brain Mapping* 25(2): 266–286.

Rüsseler, J., Altenmüller, E., Nager, W., Kohlmetz, C. & Münte, T. (2001). Event-related brain potentials to sound omissions differ in musicians and non-musicians, *Neuroscience Letters* 308(1): 33–36.

Ruusuvirta, T., Huotilainen, M., Fellman, V. & Näätänen, R. (2004). Newborn human brain identifies repeated auditory feature conjunctions oflow sequential probability, *European Journal of Neuroscience* 20(10): 2819–2821.

Ruusuvirta, T., Huotilainen, M., Fellman, V., et al. (2003). The newborn human brain binds sound features together, *NeuroReport* 14(16): 2117–2119.

Saarinen, J., Paavilainen, P., Schröger, E., Tervaniemi, M. & Näätänen, R. (1992). Representation of abstract attributes of auditory stimuli in the human brain, *Neuroreport* 3(12): 1149–1151.

Salimpoor, V., Benovoy, M., Larcher, K., Dagher, A. & Zatorre, R. (2011). Anatomically distinct dopamint release during anticipation and experience of peak emotion to music, *Nature Neuroscience* 14(2): 257–262.

Sambeth, A., Huotilainen, M., Kushnerenko, E., Fellman, V. & Pihko, E. (2006). Newborns discriminate novel from harmonic sounds: A study using magnetoencephalography, *Clinical Neurophysiology* 117(3): 496–503.

Sammler, D. (2008). *The Neuroanatomical Overlap of Syntax Processing in Music and Language Evidence from Lesion and Intracranial ERP Studies.* PhD thesis, University of Leipzig.

Sammler, D., Grigutsch, M., Fritz, T. & Koelsch, S. (2007). Music and emotion: Electrophysiological correlates of the processing of pleasant and unpleasant music, *Psychophysiology* 44(2): 293–304.

Sammler, D., Koelsch, S. & Friederici, A. D. (2011). Are left fronto-temporal brain areas a prerequisite for normal music-syntactic processing? *Cortex* 47: 659–673.

Sams, M., Paavilainen, P., Alho, K. & Näätänen, R. (1985). Auditory frequency discrimination and event-related potentials, *Electroencephalography and Clinical Neurophysiology* 62: 437–448.

Särkämö, T., Pihko, E., Laitinen, S., et al. (2010). Music and speech listening enhance the recovery of early sensory processing after stroke, *Journal of Cognitive Neuroscience* 22(12): 2716–2727.

Särkämö, T., Tervaniemi, M., Laitinen, S., et al. (2008). Music listening enhances cognitive recovery and mood after middle cerebral artery stroke, *Brain* 131(3): 866–876.

Schellenberg, E. (2006). Long-term positive associations between music lessons and IQ, *Journal of Educational Psychology* 98(2): 457–468.

Schellenberg, E., Bigand, E., Poulin-Charronnat, B., Garnier, C. & Stevens, C. (2005). Children's implicit knowledge of harmony in Western music, *Developmental Science* 8(6): 551–566.

Schenker, H. (1956). *Neue musikalische Theorien und Phantasien: Der Freie Satz*, 2nd ed, Wien.

Scherer, K. (2001). Appraisal considered as a process of multilevel sequential checking, in K. Scherer, A. Schorr and T. Johnstone (eds), *Appraisal Processes in Emotion: Theory, Methods, Research*, NY: Oxford University Press, pp. 120–144.

Scherer, K. (2004). Which emotions can be evoked by music? What are the underlying mechanisms And how can we measure them? *Journal of New Music Research* 33: 239–251.

Scherer, K. R. (1995). Expression of emotion in voice. and music, *Journal of Voice* 9(3): 235–248.

Scherer, K. R. (2000). Emotions as episodes of subsystem synchronization driven by nonlinear appraisal processes, in M. Lewis and I. Granic (eds), *Emotion, Development, and Self-organization: Dynamic Systems Approaches to Emotional Development*, Cambridge University Press, pp. 70–99.

Scherer, K. & Zentner, M. (2001). Emotional effects of music: Production rules, in P. Juslin and J. Sloboda (eds), *Music and Emotion: Theory and Research*, Oxford: Oxford University Press, pp. 361–392.

Scherer, K. & Zentner, M. (2008). Music evoked emotions are different -more often aesthetic than utilitarian (Comment), *Behavioral and Brain Sciences* 31(05): 595–596.

Scherg, M. (1990). Fundamentals of dipole source potential analysis, in M. Grandori (ed.), *Auditory Evoked Magnetic Fields and Electric Potentials*. Advances in Audiology, Basel: Karger, pp. 40–69.

Scherg, M. & Picton, T. W. (1991). Separation and identification of event-related potential components by brain electric source analysis, in C. Brunia, G. Mulder and M. Verbaten (eds), *EventRelated Brain Research, (Electroencephalography and Clinical Neurophysiology, Suppl.42)*, Amsterdam: Elsevier, pp. 24–37.

Scherg, M., Vajsar, J. & Picton, T. W. (1989). A source analysis of the late human auditory evoked potentials, *Journal of Cognitive Neuroscience* 1: 336–355.

Schirmer, A. & Kotz, S. (2006). Beyond the right hemisphere: Brain mechanisms mediating vocal emotional processing, *Trends in Cognitive Sciences* 10(1): 24–30.

Schlaug, G., Marchina, S. & Norton, A. (2009). Evidence for plasticity in white-matter tracts of patients with chronic broca's aphasia undergoing intense intonation-based speech therapy, Annals of the New Tork. *Academy of Sciernes* 1169(1): 385–394.

Schmidt-Kassow, M. & Kotz, S. (2009). Event-related brain potentials suggest a late interaction of meter and symax in the P600, *Journal of Cognitive Neuroscience* 21(9): 1693–1708.

Schmidt, L. & Trainor, L.(2001). Frontal brain electrical activity (EEG) distinguishes valence and intensity of musical emotions, *Cognition and Emotion* 15(4): 487–500.

Schneider, N., Schedlowski, M., Schürmeyer, T. & Becker, H. (2001). Stress reduction through music in patients undergoing cerebral angiography, *Neuroradiology* 43(6): 472–476.

Schneider, S., Munte, T., Rodriguez-Fornells, A., Sailer, M. & Altenmüller, E. (2010). Musicsupported training is more efficient than functional motor training for recovery of fine motor skills in stroke patients, *Music Perception* 27(4): 271–280.

Schneider, W. & Shiffrin, R. (1977). Controlled and automatic human information processing: I. Detection, search, and attention, *Psychological Review* 84(1): 1–66.

Schoenberg, A. (1978). *Theory of Harmony*, University of California Press.

Schön, D. & Besson, M. (2005). Visually induced auditory expectancy in music reading: A behavioral and electrophysiological study, *Journal of Cognitive Neuroscience* 17(4): 694–705.

Schön, D., Magne, C. & Besson, M. (2004). The music of speech: Music training facilitates pitch processing in both music and language, *Psychophysiology* 41(3): 341–349.

Schön, D., Ystad, S., Kronland-Martinet, R. & Besson, M. (2010). The evocative power of sounds: Conceptual priming between words and nonverbal sounds, *Journal of Cognitive Neuroscience* 22(5): 1026–1035.

Schönberg, A. (1969). *Structural Functions of Harmony*, rev. edn, New York: Norton.

Schönwiesner, M., Novitski, N ., Pakarinen, S., et al. (2007). Heschl's gyms, posterior superior temporal gyms, and mid-ventrolateral prefrontal cortex have different roles in the detection of acoustic changes, *Journal of Neurophysiology* 97(3): 2075–2082.

Schouten, J., Ritsma, R. & Cardozo, B. (1962). Pitch of the residue, *The Journal of the Acoustical Society of America* :34(9, Pt. 11): 1418–1424.

Schröger, E. (2007). Mismatch negativity: A microphone into auditory memory, *Journal of Psychophysiology* 21(3–4): 138–146.

Schröger, E., Bendixen, A., Trujillo-Barreto, N. & Roeber, U. (2007). Processing of abstract rule violations in audition, *PLoS One* 2(11): ell31.

Schröger, E. & Wolff, C. (1998). Attentional orienting and reorienting is indicated by human event-related brain potentials, *NeuroReport* 9(15): 3355–3358.

Schubotz, R. I. (2007). Prediction of external events with our motor system: Towards a new framework, *Trends in Cognitive Sciences* 11(5): 211–218.

Schulze, K., Mueller, K. & Koelsch, S. (201la). Neural correlates of strategy use during auditory working memory in musicians and non-musicians, *European Journal of Neuroscience* 33: 189–196.

Schulze, K., Zysset, S., Mueller, K., Friederici, A. D. & Koelsch, S. (2011b). Neuroarchitecture of verbal and tonal working memory in nonmusicians and musicians, *Human Brain Mapping* 32(5): 771–783.

Schwartze, M., Keller, P., Patel, A. & Kotz, S. (2010). The impact of basal ganglia lesions on sensorimotor synchronization; spontaneous motor tempo; and the detection of tempo changes, *Behavioural Brain Research* 216(2): 685–691.

Schwarzbauer, C., Davis, M., Rodd, J. & Johnsrude, I. (2006). Interleaved silent steady state (ISSS) imaging: A new sparse imaging method applied to auditory fMRI, *Neuroimage* 29(3): 774–782.

Scott, S. (2005). Auditory processing—speech, space and auditory objects, *Current Opinion in Neurobiology* 15(2): 197–201.

Scruton, R. (1983). *The Aesthetic Understanding: Essays inthe Philosophy of Art and Culture*, Routledge Kegan and Paul.

Scruton, R. (1999). *The Aesthetics of Music*, Oxford University Press, USA.

Seifert, U. (2011). Signification and significance: Music, brain, and culture (Comment), *Physics of Life Reviews* 8(2): 122–124.

Servan-Schreiber, E. & Anderson, J. (1990). Learning artificial grammars with competitive chunking, *Journal of Experimental Psychology: Learning Memory and Cognition* 16(4): 592–608.

Sharbrough, F. (1991). American electroencephalographic society guidelines for standard electrode postion nomenclature, *Journal of Clinical Neurophysiology* 8: 200–202.

Shepard, R. (1982a). Geometrical approximations to the structure of musical pitch, *Psychological Review* 89: 305–333.

Shepard, R. N. (1982b). Structural representations of musical pitch, in D. Deutsch (ed.), *Psychology of Music*, New York: Academic Press, pp. 343–390.

Shepard, R. N. (1999). Pitch perception and measurement, in P. R. Cook (ed.), *Music, Cognition, and Computerized Sound. An Introduction to Psychoacoustics*, Cambridge, MA: MIT Press, pp. 149–165.

Shibasaki, H. (2008). Human brain mapping: Hemodynamic response and electrophysiology, *Clinical*

*Neurophysiology* 119(4): 731–743.
Shiffrin, R. & Schneider, W. (1977). Controlled and automatic human information processing: II. Perceptual learning, automatic attending and a general theory, *Psychological Review* 84(2): 127–190.
Shinn-Cunningham, B. (2008). Object-based auditory and visual attention, *Trends in Cognitive Sciences* 12(5): 182–186.
Siebel, W. A. (2009). Thalamic balance can be misunderstood as happiness, *Interdis—Journal for Interdisciplinary Research* 3: 48–50.
Siebel, W. A., Winkler, T. & Seitz-Bernhard, B. (1990). *Noosomatik I: Theoretische Grundlegung*, Langwedel: Glaser u. Wohlschlegel.
Siebel, W. & Winkler, T. (1996). *Noosomatik V. Noologie, Neurologie, Kardiologie*, 2nd ed. Wiesbaden: Glaser.
Simmons-Stem, N., Budson, A. & Ally, B. (2010). Music as a memory enhancer in patients with alzheimer's disease, *Neuropsychologia* 48(10): 3164–3167.
Singer, T., Critchley, H. & Preuschoff, K. (2009). A common role of insula in feelings, empathy and uncertainty, *Trends in Cognitive Sciences* 13(8): 334–340.
Singer, T. & Lamm, C. (2009). The social neuroscience of empathy, *Annals of the New York Academy of Sciences* 1156(1): 81–96.
Skoe, E. & Kraus, N. (2010). Auditory brain stem response to complex sounds: A tutorial, *Ear and Hearing* 31(3): 302–324.
Slevc, L. & Patel, A. (2011). Meaning in music and language Three key differences (Comment), *Physics of Life Reviews* 8(2): 110–111.
Slevc, L., Rosenberg, J. & Patel, A. (2009). Making psycholinguistics musical: Self-paced reading time evidence . for shared processing of linguistic and musical syntax, *Psychonomic Bulletin and Review* 16(2): 374–381.
Sloboda, J. (2000). Individual differences in music performance, *Trends in Cognitive Sciences* 4(10): 397–403.
Sloboda, J. A. (1991). Music structure and emotional response: Some empirical findings, *Psychology of Music* 19: 110–120.
Smith, J., Marsh, J. & Brown, W. (1975). Far-field recorded frequency-following responses: Evidence for the locus of brainstem sources, *Electroencephalography and Clinical Neurophysiology* 39(5): 465–472.
Snyder, J. & Alain, C. (2007). Toward a neurophysiological theory of auditory stream segregation, *Psychological Bulletin* 133(5): 780–799.
Song, J., Skoe, E., Wong, P. & Kraus, N. (2008). Plasticity in the adult human auditory brainstem following short-term linguistic training, *Journal of Cognitive Neuroscience* 20(10): 1892–1902.
Spencer, K. M., Dien, J. & Donchin, E. (1999). A componential analysis of the ERP elicited by novel events using a dense electrode array, *Psychophysiology* 36(3): 409–414.
Spijkers, W., Heuer, H., Kleinsorge, T. & van der Loo, H. (1997). Preparation of bimanual movements with same and different amplitudes: Specification interference as revealed by reaction time, *Acta Psychologica* 96(3): 207–227.
Spintge, R. (2000). Music and anesthesia in pain therapy, *Anästhesiologie, Intensivmedizin, Notfallmedizin, Schmerztherapie* 35(4): 254–261.
Squires, N. K., Squires, K. C. & Hillyard, S. A. (1975). Two varieties of long-latency positive waves evoked by unpredictable auditory stimuli in man, *Electroencephalography and Clinical Neurophysiology* 38(4): 387–440.
Steel, K. & Kros, C. (2001). A genetic approach to understanding auditory function, *Nature Genetics* 27(2): 143–149.

Stefanics, G., Háden, G., Huotilainen, M., et al. (2007). Auditory temporal grouping in newborn infants, *Psychophysiology* 44(5): 697–702.
Stefanics, G., Háden, G., Sziller, I., et al. (2009). Newborn infants process pitch intervals, *Clinical Neurophysiology* 120(2): 304–308.
Stein, M., Koverola, C., Hanna, C., Torchia, M. & McClarty, B. (1997). Hippocampal volume in women victimized by childhood sexual abuse, *Psychological Medicine* 27(04): 951–959.
Stein, M., Simmons, A., Feinstein, J. & Paulus, M. (2007). Increased amygdala and insula activation during emotion processing in anxiety-prone subjects, *American Journal of Psychiatry* 164(2): 318–327.
Steinbeis, N. (2008). *Investigating the Meaning of Music using EEG and fMRI*, Leipzig: Risse.
Steinbeis, N. & Koelsch, S. (2008a). Comparing the processing of music and language meaning using EEG and FMRI provides evidence for similar and distinct neural representations, *PLoS One* 3(5): e2226.
Steinbeis, N. & Koelsch, S. (2008b). Shared neural resources between music and language indicate semantic processing of musical tension-resolution patterns, *Cerebral Cortex* 18(5): 1169–1178.
Steinbeis, N. & Koelsch, S. (2008c). Understanding the intentions behind man-made products elicits neural activity in areas dedicated to mental state attribution, *Cerebral Cortex* 19(3): 619–623.
Steinbeis, N. & Koelsch, S. (2011). Affective priming effects of musical sounds on the processing of word meaning, *Journal of Cognitive Neuroscience* 23: 604–621.
Steinbeis, N., Koelsch, S. & Sloboda, J. (2006). The role of harmonic expectancy violations in musical emotions: Evidence from subjective, physiological, and neural responses, *Journal of Cognitive Neuroscience* 18(8): 1380–1393.
Steinhauer, K., Alter, K. & Friederici, A. D. (1999). Brain potentials indicate immediate use of prosodic cues in natural speech processing, *Nature Neuroscience* 2(2): 191–196.
Stern, T. (1957). Drum and whistle "languages": An analysis of speech snrrogates, *American Anthropologist* 59(3): 487–506.
Stevens, S. S., Volkmann, J. & Newman, E. B. (1937). A scale of measurement of the psychological magnitllde of pitch, *The Journal of the Acoustical Society of America* 35: 2346–2353.
Stewart, L., Von Kriegstein, K., Warren, J. & Griffiths, T. (2006). Music and the brain: Disorders of musical listening, *Brain* 129(10): 2533–2553.
Steyvers, M., Etoh, S., Sauner, D., et al. (2003). High-frequency transcranial magnetic stimulation of the supplementary motor area reduces bimanual coupling during anti-phase but not in-phase movements, *Experimental Brain Research* 151(3): 309–317.
Sturt, P., Pickering, M. & Crocker, M. (1999). Structural change and reanalysis difficulty in language comprehension, *Journal of Memory and Language* 40(1): 136–150.
Sussman, E. (2007). A new view on the MMN and attention debate: The role of context in processing auditory events, *Journal of Psychophysiology* 21(3): 164–175.
Sussman, E., Kujala, T., Halmetoja, J., et al. (2004). Automatic and controlled processing of acoustic and phonetic contrasts, *Hearing Research* 190(1–2): 128–140.
Suzuki, M., Okamura, N., Kawachi, Y., et al. (2008). Discrete cortical regions associated with the musical beauty of major and minor chords, *Cognitive, Affective and Behavioral Neuroscience* 8(2): 126–131.
Swinnen, S. & Wenderoth, N. (2004). Two hands, one brain: Cognitive neuroscience of bimanual skill, *Trends in Cognitive Sciences* 8(1): 18–25.
Tallal, P. & Gaab, N. (2006). Dynamic auditory processing, musical experience and language development, *Trends in Neurosciences* 29(7): 382–390.
Ter Haar, S., Mietchen, D., Fritz, T. & Koelsch, S. (2007). Auditory perception of acoustic roughness

and frequency sweeps, *in Evolution of Emotional Communication: From Sounds in Nonhuman Mammals to Speech and Music in Man*, Hannover: Germany.
Terhardt, E. (1974). On the perception of periodic sound fluctuations (roughness), *Acustica* 30(4): 201–213.
Terhardt, E. (1976). Ein psychoakustisch begründetes Konzept der musikalischen Konso-nanz, *Acustica* 36: 121–137.
Terhardt, E. (1978). Psychoacoustic evaluation of musical sounds, *Attention, Perception, & Psychophysics* 23(6): 483–492.
Terhardt, E. (1984). The concept of musical consonance: A link between music and psychoacoustics, *Music Perception* 1(3): 276–295.
Tervaniemi, M. (2009). Musicians—same or different? *Annals of the New York Academy of Sciences* 1169(The Neurosciences and Music III Disorders and Plasticity): 151–156.
Tervaniemi, M. & Huotilainen, M. (2003). The promises of change-related brain potentials in cognitive neuroscience of music, *Annals of the New York Academy of Sciences* 999 (The Neurosciences and Music): 29–39.
Tervaniemi, M., Ilvonen, T., Karma, K., Alho, K. & Näätänen, R. (1997a). The musical brain: Brain waves reveal the neurophysiological basis of musicality in human subjects, *Neuroscience Letters* 226(1): 1–4.
Tervaniemi, M., Just, V., Koelsch, S., Widmann, A. & Schröger, E. (2005). Pitch discrimination accuracy in musicians vs nonmusicians: An event-related potential and behavioral study, *Experimental Brain Research* 161(1): 1–10.
Tervaniemi, M., Kruck, S., De Baene, W., et al. (2009). Top-down modulation of auditory processing: Effects of sound context, musical expertise and attentional focus, *European Journal of Neuroscience* 30(8): 1636–1642.
Tervaniemi, M., Kujala, A., Alho, K., et al. (1999). Functional specialization of the human auditory cortex in processing phonetic and musical sounds: A magnetoencephalographic (MEG) study, *Neuroimage* 9(3): 330–336.
Tervaniemi, M., Medvedev, S., Alho, K., Pakhomov, S., Roudas, M., von Zuijen, T. & Näätänen, R. (2000). Lateralized automatic auditory processing of phonetic versus musical information: A PET study, *Human Brain Mapping* 10(2): 74–79.
Tervaniemi, M., Rytkönen, M., Schröger, E., 11-moniemi, R. & Näätänen, R. (2001). Superior formation of cortical memory traces for melodic patterns in musicians, *Learning and Memory* 8(5): 295–300.
Tervaniemi, M., Castaneda, A., Knoll, M. & Uther, M. (2006a). Sound processing in amateur musicians and nonmusicians: Event-related potential and behavioral indices, *Neuroreport* 17(11): 1225–1228.
Tervaniemi, M., Szameitat, A., Kruck, S., et al. (2006b). From air oscillations to music and speech: Functional magnetic resonance imaging evidence for fine-tuned neural networks in audition, *Journal of Neuroscience* 26(34): 8647–8652.
Tervaniemi, M., Winkler, I. & Näätänen, R. (1997a). Pre-attentive categorization of sounds by timbre as revealed by event-related potentials, *NeuroReport* 8(11): 2571–2574.
Tettamanti, M., Buccino, G., Saccuman, M., et al. (2005). Listening to action-related sentences activates fronto-parietal motor circuits, *Journal of Cognitive Neuroscience* 17(2): 273–281.
Tettamanti, M. & Weniger, D. (2006). Broca's area: A supramodal hierarchical processor? *Cortex* 42(4): 491–494.
Thach, W. (1978). Correlation of neural discharge with pattern and force of muscular activity, joint position, and direction of intended next movement in motor cortex and cerebellum, *Journal of Neurophysiology* 41(3): 654–676.
Thaut, M. (2003). Neural basis of rhythmic timing networks in the human brain, *Annals of the New York*

*Academy of Sciences* 999(1): 364–373.

Thaut, M. & Abiru, M. (2010). Rhythmic auditory stimulation in rehabilitation of movement disorders: A review of current research, *Music Perception* 27(4): 263–269.

Thaut, M., Peterson, D. & Mcintosh, G. (2005). Temporal Entrainment of Cognitive Functions, *Annals of the New York Academy of Sciences* 1060(1): 243–254.

Tillmann, B. (2005). Implicit investigations of tonal knowledge in nonmusician listeners, *Annals of the New York Academy of Sciences* 1060(1): 100–110.

Tillmann, B. (2009). Music cognition: Learning, perception, expectations, *Computer Music Modeling and Retrieval. Sense of Sounds*: 4th International Symposium, CMMR 2007, Copenhagen, Denmark, pp. 11–33.

Tillmann, B., Bharucha, J. & Bigand, E. (2000). Implicit learning of tonality: A self-organized approach, *Psychological Review* 107(4): 885–913.

Tillmann, B., Janata, P. & Bharndia, J. (2003) Activation of the inferior frontal cortex in musical priming, *Cognitive Brain Research* 16(2): 145–161.

Tillmann, B., Koelsch, S., Escoffier, N., et al. (2006). Cognitive priming in sung and instrumental music: Activation of inferior frontal cortex, *Neuroimage* 31(4): 1771–1782.

Toiviainen, P. & Krumhansl, C. (2003). Measuring and modeling real-time responses to music: The dynamics of tonality induction, *Perception* 32(6): 741–766.

Tomasello, M., Carpenter, M., Call, J ., Behne, T. & Moll, H. (2005). Understanding and sharing intentions: The origins of cultural cognition, *Behavioral and Brain Sciences* 28(05): 675–691.

Tomic, S. & Janata, P. (2008). Beyond the beat: Modeling metric structure in music and performance, *The Journal of the Acoustical Society of America* 124: 4024–4041.

Townsend, D. & Bever, T. (2001). *Sentence comprehension: The integration of habits and rules*, Cambridge, MA: MIT Press.

Trainor, L. & Trehub, S. (1994). Key membership and implied harmony in Western tonal music: Developmental perspectives, *Perception and Psychophysics* 56(2): 125–132.

Tramo, M. J., Cariani, P. A., Delgutte, B. & Braida, L. D. (2001). Neurobiological foundations for the theory of harmony in western tonal music, in R. J. Zatorre and I. Peretz (eds), *The Biological Foundations of Music*, Vol. 930, New York: The New York Academy of Sciences.

Tramo, M., Lense, M., Van Ness, C., et al. (2011). Effects of music on physiological and behavioral indices of acute pain and stress in premature infants, *Music and Medicine* 3(2): 72–83.

Tramo, M., Shah, G. & Braida, L. (2002). Functional role of auditory cortex in frequency processing and pitch perception, *Journal of Neurophysiology* 87(1): 122–139.

Trehub, S. (2003). The developmental origins of musicality, *Nature Neuroscience* 6(7): 669–673.

Treisman, A. (1964). Selective attention in man, *British Medical Bulletin* 20(1): 12–16.

Tzur, G. & Berger, A. (2007). When things look wrong: An ERP study of perceived erroneous information, *Neuropsychologia* 45: 3122–3126.

Tzur, G. & Berger, A. (2009). Fast and slow brain rhythms in rule/expectation violation tasks: Focusing on evaluation processes by excluding motor action, *Behavioural Brain Research* 198(2): 420–428.

Uedo, N., Ishikawa, H., Morimoto, K., et a!. (2004). Reduction in salivary cortisol level by music therapy during colonoscopic examination, *Hepatogastroenterology* 51(56): 451–453.

Van Berkum, J., van den Brink, D., Tesink, C., Kos, M. & Hagoort, P. (2008). The neural integration of speaker and message, *Journal of Cognitive Neuroscience* 20(4): 580–591.

Van Den Brink, D., Brown, C. & Hagoort, P. (2001). Electrophysiological evidence for early contextual influences during spoken-word recognition: N200 versus N400 effects, *Journal of Cognitive Neuroscience* 13(7): 967–985.

Van Herten, M., Kolk, H. & Chwilla, D. (2005). An erp study of p600 effects elicited by semantic anom-

alies, *Cognitive Brain Research* 22(2): 241–255.
Van Petten, C. & Kutas, M. (1990). Interactions between sentence context and word frequency in event-related brain potentials, *Memory and Cognition* 18(4): 380–393.
Van Petten, C. & Rheinfelder, H. (1995). Conceptual relationships between spoken words and environmental sounds: Event-related brain potential measures, *Neuropsychologia* 33(4): 485–508.
Van Veen, V. & Carter, C. (2002). The timing of action-monitoring processes in the anterior cingulate cortex, *Journal of Cognitive Neuroscience* 14(4): 593–602.
Van Veen, V. & Carter, C. (2006). Error detection, correction, and prevention in the brain: A brief review of data and theories, *Clinical EEG and Neuroscience* 37(4): 330–335.
Van Veen, V., Holroyd, C., Cohen, J., Stenger, V. & Carter, C. (2004). Errors without conflict: Implications for performance monitoring theories of anterior cingulate cortex, *Brain and Cognition* 56(2): 267–276.
VanderArk, S. & Ely, D. (1992). Biochemical and galvanic skin responses to music stimuli by college students in biology and music, *Perceptual and Motor Skills* 74(3c): 1079–1090.
Verleger, R. (1990). P3-evoking wrong notes: Unexpected, awaited, or arousing? *International Journal of Neuroscience* 55(2–4): 171–179.
Videbech, P. & Ravnkilde, B. (2004). Hippocampal volume and depression: A meta–analysis of MRI studies, *American Journal of Psychiatry* 161(11): 1957–1966.
Villarreal, E., Brattico, E., Leino, S., 0stergaard, L. & Vuust, P. (2011). Distinct neural responses to chord violations: A multiple source analysis study, *Brain Research* 1389: 103–114.
Võ, M., Conrad, M., Kuchinke, L., et al. (2009). The Berlin Affective Word List Reloaded (BAWL-R), *Behavior Research Methods* 41 (2): 534–538.
von Helmholtz, H. (1870). *Die Lehre von den Tonempfindungen als physiologische Grundlage für die Theorie der Musik*, F. Vieweg und sohn.
von Kriegstein, K., Eger, E., Kleinschmidt, A. & Giraud, A. (2003). Modulation of neural responses to speech by directing attention to voices or verbal content, *Cognitive Brain Research* 17(1): 48–55.
von Kriegstein, K., Smith, D., Patterson, R., Ives, D. & Griffiths, T. (2007). Neural representation of auditory size in the human voice and in sounds from other resonant sources, *Current Biology* 17(13): 1123–1128.
von Zuijen, T., Sussman, E., Winkler, I., Näätänen, R. & Tervaniemi, M. (2004). Grouping of sequential sounds—an event-related potential study comparing musicians and nonmusicians, *Journal of Cognitive Neuroscience* 16(2): 331–338.
von Zuijen, T., Sussman, E., Winkler, I., Näätänen, R. & Tervaniemi, M. (2005). Auditory organization of sound sequences by a temporal or numerical regularity—a mismatch negativity study comparing musicians and non-musicians, *Cognitive Brain Research* 23(2–3): 270–276.
Vrba, J. & Robinson, S. (2001). Signal processing in magnetoencephalography, *Methods* 25(2): 249–271.
Wambacq, I. & Jerger, J. (2004). Processing of affective prosody and lexical-semantics in spoken utterances as differentiated by event-related potentials, *Cognitive Brain Research* 20(3): 427–437.
Warner-Schmidt, J. & Duman, R. (2006). Hippocampal neurogenesis: Opposing effects of stress and antidepressant treatment, *Hippocampus* 16(3): 239–249.
Warren, J. D., Uppenkamp, S., Patterson, R. D. & Grifliths:i T. D. (2003). Separating. pitch chroma and pitch height in the human brain, *PNAS* 100(17): 10038–10042.
Warren, J., Sauter, D., Eisner, F., et al. (2006). Positive emotions preferentially engage an auditorymotor 'mirror' system, *Journal of Neuroscience* 26(50): 13067–13075.
Warren, J., Wise, R. & Warren, J. (2005). Sounds do-able: Auditory-motor transformations and the posterior temporal plane, *Trends in Neurosciences* 28(12): 636–643.
Warren, R., McLellarn, R. & Ponzoha, C. (1988). Rational-emotive therapy vs general cognitive-behavior

therapy in the treatment of low self-esteem and related emotional disturbances, *Cognitive Therapy and Research* 12(1): 21–37.
Wassenaar, M. & Hagoort, P. (2007). Thematic role assignment in patients with broca's aphasia: Sentence-picture matching electrified, *Neuropsychologia* 45(4): 716–740.
Waszak, F. & Herwig, A. (2007). Effect anticipation modulates deviance processing in the brain, *Brain Research* 1183: 74–82.
Weber, G. (1817). *Versuch einer geordneten Theorie der Tonsetzkunst*, 2 vols. Mainz: B. Schott.
Wernicke, C. (1874). *Der aphasische Symptomencomplex*, Breslau: Cohn and Weigert.
West, J., Otte, C., Geher, K., Johnson, J. & Mohr, D. (2004). Effects of hatha yoga and african dance on perceived stress, affect, and salivary cortisol, *Annals of Behavioral Medicine* 28(2): 114–118.
Whitfield, I. (1980). Auditory cortex and the pitch of complex tones, *The Journal of the Acoustical Society of America* 67(2): 644–647.
Widmann, A., Kujala, T., Tervaniemi, M., Kujala, A. & Schröger, E. (2004). From symbols to sounds: Visual symbolic information activates sound representations, *Psychophysiology* 41(5): 709–715.
Willems, R., Ozyurek, A. & Hagoort, P. (2008). Seeing and hearing meaning: ERP and fMRI evidence of word versus picture inLegraLio11 into a sentence context, *Journal of Cognitive Neuroscience* 20(7): 1235–1249.
Williamson, V., Baddeley, A. & Hitch, G. (2010a). Musicians' and nonmusicians' short-term memory for verbal and musical sequences: Comparing phonological similarity and pitch proximity, *Memory & Cognition* 38(2): 163–175.
Williamson, V., Mitchell, T., Hitch, G. & Baddeley, A. (2010b). Musicians' memory for verbal and tonal materials under conditions of irrelevant sound, *Psychology of Music* 38(3): 331–350.
Wiltermuth, S. & Heath, C. (2009). Synchrony and cooperation, *Psychological Science* 20(1): 1–5.
Winkler, I. (2007). Interpreting the mismatch negativity, *Journal of Psychophysiology* 21(3–4): 147–163.
Winkler, I., Denham, S. & Nelken, I. (2009a). Modeling the auditory scene: Predictive regularity representations and perceptual objects, Trendsin *Cognitive Sciences* 13(12): 532–540.
Winkler, I., Háden, G., Ladinig, O., Sziller, I. & Honing, H. (2009b). Newborn infants detect the beat in music, *Proceedings of the National Academy of Sciences* 106(7): 2468–2471.
Winkler, I., Kujala, T., Tiitinen, H., et al. (1999). Brain responses reveal the learning of foreign language phonemes, *Psychophysiology* 36: 638–642.
Winkler, I., Kushnerenko, E., Horvath, J., et al. (2003). Newborn infants can organize the auditory world, *Proceedings of the National Academy of Sciences of the United States of America* 100(20): 11812–11815.
Wittfoth, M., Schroder, C., Schardt, D., et al. (2010). On emotional conflict: Interference resolution of happy and angry prosody reveals valencespecific effects, *Cerebral Cortex* 20(2 ): 383–392.
Wittgenstein, L. (1984). Philosophische Untersuchungen, Frankfurt: Suhrkamp.
Woldorff, M., Hansen, J. & Hillyard, S. (1987). Evidence for effects of selective attention in the mid-latency range of the human auditory event-related potential, *Electroencephalogr Clin Neurophysiol Suppl* 40: 146–154.
Wolpert, D. & Ghahramani, Z. (2000). Computational principles of movement neuroscience, *Nature Neuroscience* 3: 1212–1217.
Wolpert, D., Ghahramani, Z. & Jordan, M. (1995). An internal model for sensorimotor integration, *Science* 269(5232): 1880–1882.
Wolpert, D., Miall, R. & Kawato, M. (1998). Internal models in the cerebellum, *Trends in Cognitive Sciences* 2(9): 338–347.
Wong, P., Skoe, E., Russo, N., Dees, T. & Kraus, N. (2007). Musical experience shapes human brainstem encoding of linguistic pitch patterns, *Nature Neuroscience* 10(4): 420–422.

Woolhouse, M. & Cross, I. (2006). An interval cycle-based model of pitch attraction, *in Proceedings of the 9th International Conference on Music Perception and Cognition*, University of Bologna, pp. 763–771.

Yeung, N., Botvinick, M. & Cohen, J. (2004). The neural basis of error detection: Conflict monitoring and the error-related negativity, *Psychological Review* 111(4): 931–959.

Ylinen, S., Shestakova, A., Huotilainen, M., Alku, P. & Näätänen, R. (2006). Mismatch negativity (MMN) elicited by changes in phoneme length: A cross-linguistic study, *Brain Research* 1072(1): 175–185.

Zajonc, R. (2001). Mere exposure: A gateway to the subliminal, Current Directions in *Psychological Science* 10(6): 224–228.

Zatorre, R. (1988). Pitch perception of complex tones and human temporal-lobe function, *Journal of the Acoustic Society of America* 84: 566–572.

Zatorre, R. (2001). Neural specializations for tonal processing, *Annals of the New York Academy of Sciences* 930 (The Biological Foundations of Music): 193–210.

Zatorre, R., Belin, P. & Penhune, V. (2002). Structure and function of auditory cortex: Music and speech, *Trends in Cognitive Sciences* 6(1): 37–46.

Zatorre, R., Evans, A. & Meyer, E. (1994). Neural mechanisms underlying melodic perception and memory for pitch, *Journal of Neuroscience* 14(4): 1908–1919.

Zbikowski, L. (1998). Metaphor and music theory: Reflections from cognitive science, *Music Theory Online* 4(1): 1–8.

Zentner, M. & Eerola, T. (2010). Rhythmic engagement with music in infancy, *Proceedings of the National Academy of Sciences* 107(13): 5768–5773.

Zentner, M., Grandjean, D. & Scherer, K. (2008). Emotions evoked by the sound of music: Characterization, classification, and measurement, *Emotion* 8(4): 494–521.

Zwicker, E. (1961). Subdivision of the audible frequency range into critical bands (Frequenzgruppen), *Acoustical Society of America Journal* 33(2): 248–249.

Zwicker, E. & Terhardt, E. (1980). Analytical expressions for critical-band rate and critical bandwidth as a function of frequency, *The Journal of the Acoustical Society of America* 68: 1523–1525.

# 人名索引

## ●A
Altenmüller, E. 243

## ●B
Ball, T. 231, 232
Bangert, M. 198
Baumgartner, T. 232, 243
Besson, M. 71, 72, 75
Bharucha, J. 29, 32, 33
Bigand, E. 34
Blood, A. 229, 230, 231, 241

## ●C
Cross, I. 166, 168, 259

## ●D
Darwin, C. 167, 239
Davies, S. 166
Dick, F. 197

## ●E
Eldar, E. 233

## ●F
Faita, F. 72
Fischler, I. 61
Fitch, W. 256, 259
Fritz, T. 9, 167

## ●G
Goerlich, K. 176

## ●H
Hackett, T. 10
Hanslick, E. 191

Haueisen, J. 197
Heim, S. 147
Herrojo-Ruiz, M. 131
Hillyard, S. 60
Huron, D. 230
Hyde, K. 13

## ●J
Janata, P. 75
Jentschke, S. 130
Juslin, P. 167, 215, 217, 223

## ●K
Kaas, J. 10
Katahira, K. 208
Kessler, E. 26, 28
Knösche, T. 78, 197
Koelsch, S. 90, 97, 112, 126, 130, 143, 144, 147, 174, 175, 176, 180, 219, 244
Kohler, E. 197
Krumhansl, C. L. 23, 26, 28, 29, 32, 191, 244
Kutas, M. 60, 62

## ●L
Lahav, A. 197
Laukka, P. 167
Leino, S. 115
Leman, M. 106
Lerdahl, F. 101

## ●M
Macar, F. 71
Maidhof, C. 147, 200, 202, 205, 208
Miranda, R. 78

## ●N
Näätänen, R. 56, 135

## ●O
Orini, M. 244

## ●P
Pantev, C. 52
Patel, A. 75
Poulin-Charronnat, B. 129
Purwins, H. 25

## ●R
Regnault, P. 129
Rizzolatti, G. 196
Rohrmeier, M. 101

## ●S
Salimpoor, V. 244
Sammler, D. 243, 244
Schenker, H. 100
Scherer, K. 214
Schön, D. 75
Schröger, E. 136
Scruton, R. 192
Siebel, W. A. 90

Sinigaglia, C. 196
Steinbeis, N. 97, 128, 144, 175, 176, 180, 219, 227
Stoeckig, K. 33

## ●T
Terhardt, E. 8
Tramo, M. J. 8, 11

## ●U
Ullman, M. 78

## ●V
Van Petten, C. 62
Västfjäll, D. 215, 217, 223
Verleger, R. 72

## ●W
Warren, J. D. 13
Winkler, I. 136
Wittgenstein, L. 187
Wong, P. 53

## ●Z
Zatorre, R. 12, 13, 230, 231
Zentner, M. 214

# 索引

## 事項索引

### ●あ
アブミ骨 2
アルツハイマー病（AD） 247
安定性についての階層 106, 182

### ●い
ERP 171
EBM 276
一次運動皮質（M1） 203
一次聴覚皮質（PAC） 10
一次聴覚野（AI） 10, 52
逸脱後に作られる構造 182
逸脱後の構造 266
逸脱刺激 105
意味 163, 253
意味連関 253

### ●う
右前部初期陰性電位（ERAN） ii, 66, 93, 110, 112, 179, 263
右前部側頭葉陰性電位（RATN） 66, 76, 93, 129
うなり 8
運動効果の知覚 267
運動前皮質（PMC） 198, 203
運動命令 266

### ●え
エコイックメモリー 11, 91
SMA → 補足運動野
N500 63
N2b 59
N5 63, 178
N400 60, 170
N1 52

エピソード記憶 217
エラー関連陰性電位 267
エラーによって生じる陰性電位 79
遠心性コピー 203, 266

### ●お
オキシトシン 240
オクターブ 16
オドボール 54
音圧レベル（SPL） 4
音画 166
音階で構造化された離散的なピッチ 257
音楽知覚 263
音楽的な期待の形成 204, 264
音楽と言語の連続性 256
音楽と言語の連続体 iv
音楽による身震い 95
音楽の意味 164
音楽の意味論 164
音楽の記号論 164
音楽文脈 24
音楽由来 164
音楽由来な（/の）意味 iii, 96
音響的逸脱 ii
オンセット間隔（IOI） 201
音素 9, 253
音素の同定 253
音程 16
音脈分凝 11

### ●か
「ガーデン・パス」効果 94
外音楽 164
外音楽的 96
外音楽的意味 iii

解決　266
概念運動原理　210
海馬　237
海馬傍回　241
快／不快　229
外有毛細胞　2
下丘　5
過誤関連陰性成分　205
過誤関連陰性電位（ERN）　207
過誤前陰性電位　202
過誤前緩徐化　201
下前頭回弁蓋部　133
下属和音　18
活性化効果　263
下頭頂小葉　94
感覚的協和・不協和　8
感覚的（な）不協和　8, 118
間隔の分析　253, 254, 264
感覚プライミング　34
間欠定常（ISSS）撮像法　81, 86
γ-アミノ酪酸（GABA）　39

●き
擬音語　166
基底膜（BM）　2
キヌタ骨　2
機能結合解析　84
機能的磁気共鳴画像法（fMRI）　42, 80, 168
基本周波数（F0）　53
「基本」情動　215
基本的聴覚分析　253
境界要素モデル　48
共感　219
共通符号化説　210
局所脳血流　81
緊張のアーチ　228

●く
後期陽性成分（LPC）　67

グルーピング　263, 264
群化　92, 105

●け
形象的　164
形成　264
形態統語的な処理　255
ゲシュタルト形成　263
ゲシュタルト法則　105
血液酸素化レベル依存（BOLD）　80
血中酸素濃度の変化（BOLD effect）　156

●こ
コア領域　10
語彙素　108, 147
交感神経皮膚反応（SCR）　227
後期陽性成分（LPCs）　72, 128
後シナプス性活動電位（EPSP）　39
構造構築　204
構造再分析　205
構造的逸脱　266
構造の構築　182
構造の程度　266
構築　266
行動適応仮説　205
行動目標　266
国際 10–20 方式　42
コクラン・データベース・レビュー　248
心の理論（TOM）　168, 219
鼓室階　2
個人的な音楽由来の意味　266
個人の外的世界　260
個人の内的世界　260
5 度圏　18
語の形態の同定　253
固有ベクトル中心性マッピング（ECM）　85
コルチ器　2
コルチゾール　95

索 引

●さ
再配向陰性電位（RON） 181
再分析 253
境目における陽性への電位移動（CPS） 78
左前部陰性電位（LAN） 63, 139, 180
左前部初期陰性電位（ELAN） 63, 112

●し
シード領域 84
次元 98, 261
指示的 164
指示的信号 267
事象関連電位（ERP(s)） ii, 41, 44, 51, 112
自動的処理 148
自閉症スペクトラム障害（ASD） 219
社会的機能 267
社会的共感 267
社会的認知 267
周波数追従反応（FFR(s)） 53, 90
主辞性 94, 103
純粋な統語陽性シフト（SPS） 67
上オリーブ核 5
上側頭回（STG） 10
象徴的 164, 268
情動 273
情動的な音楽由来の意味 265
情動伝染 184, 224, 268
情動の原理 269
上部側頭溝（STS） 176
初期陰性電位 132
初期前方陰性電位 132, 271
初期の過誤関連陽性電位 202
知りたいという本能 275
新規 P3 59
信号対雑音比（S/N 比） 44
身体的な音楽由来の意味 265
振幅包絡 9
深部脳波 40
心理生理相互作用解析（PPI） 84

●す
随伴陰性変動（CNV） 181
スペクトル包絡 9

●せ
生成性 256
生成文法モデル（GSM） 101
生得的な意義内容 166
生物学的（な）サブシステムの同期 242, 275
生来の学習能力 257
セカンダリードミナント 20
接触 267
前運動皮質（PMC） 138, 199
先験的な音楽の意味 187, 265
先行モデル 266
前注意的処理 148
前庭階 2
前部上側頭回 133
前補足運動野（pre-SMA） 203

●そ
想像 268
側坐核 221, 236
属七の和音 19
属和音 18
疎時間計測法 86
疎時間測定法 81

●た
大規模な構造化 265
大規模な構造関係 183
台形体 5
帯状皮質前部（ACC） 242
第 VIII 脳神経 5
多感覚統合 12
多次元尺度構成法（MDS） 23
ダブルドミナント 20
多様式感覚の統合 i

断片化モデル　107

●ち
置換可能性　257
遅発性陽性成分　263
注意　269
注意欠陥性多動性障害（ADHD）　246
中央階　2
抽象的な特徴による MMN（afMMN）　56
中潜時反応　52
中側頭回（MTG）　176
聴覚オドボールパラダイム　54
聴覚音脈分凝　92
聴覚感覚記憶　91
聴覚ゲシュタルト　13, 58
聴覚情景分析　92
聴覚特徴（の）抽出　90, 105
聴覚の感覚記憶　105
聴覚風景の分析　254
聴神経　5
調性音楽の生成理論（GTTM）　100
聴性脳幹反応（ABRs）　41, 51, 90
調性ピッチ空間理論　33
超電導量子干渉装置（SQUIDs）　46
調内距離　30
調内非対称性　31
調内メンバーシップ　30
超文節音韻情報　68

●つ
ツチ骨　2

●て
テトラコード　17
伝達的　190
転調　28

●と
島　242

等価矩形帯域幅（ERB）　7
等価電流双極子（ECD）　46
統計的パラメトリックマップ（SPM）　84
統語処理　264
統語的構造構築　253
統語的再分析と再訂正　263
統語的な要素の抽出　104
統語等価性仮説　ii, 135, 146, 272
統語統合資源共有仮説（SSIRH）　147, 255
動作　199, 266, 273
動作効果原理　210
等時性　257
島皮質　242
特異的言語障害（SLI）　152, 276
特徴周波数　4
特徴抽出　253
Tonal Pitch Space 理論（TPS）　101
トノトピー　6
トノトピック　6

●な
内音楽　164
内音楽的　96
内音楽的意味　iii, 24
内側膝状体（MGB）　5
内有毛細胞　2
7つのCs　218
ナポリの6度　19, 110

●に
認知プライミング　34

●ね
音色　9

●の
脳磁図（MEG）　46, 77, 133
脳波（EEG）　40

索 引

● は
パーキンソン病　199
背側蝸牛神経核　7
拍　104
発火間間隔（ISI）　8
パラベルト領域　10

● ひ
P3a　59
P2　52
P600　66
微細な間隔の分析　92
皮質脳波（ECoG）　40
尾側橋網様体　5
ピッチクロマ　22
ピッチハイト　22
美的経験　269
皮膚電気反応　127
表現的　190

● ふ
フィードバック誤差関連陰性電位　206
不応期効果　55
腹外側前運動野　133
複雑性　256
腹側蝸牛神経核　5
普遍性　257
フレーズ構造処理　255
ブローカ失語　146, 248
ブローカ野　134
ブロードマン　90, 92, 95, 133
　―――― 52 野（BA52）　90
　―――― 37 野（BA37）　181
　―――― 7 野（BA 7）　95
　―――― 21 野（BA21）　181
　―――― 22 野（BA 22a）　93
　―――― 22 野（BA 22p）　93, 97
　―――― 41 野（BA41）　90
　―――― 45 野（BA45）　92
　―――― 42 野（BA42）　90
　―――― 44 野（BA44）　92, 133, 198
　―――― 44 野（BA 44v）　93
　―――― 6 野（BA6）　92, 93
　―――― 6 野の外側　138
文化的伝達性　256
文化的に制定　168
吻側側頭野（RT）　10
吻側野（R）　10
文法統合　264
文脈帰属性　32
文脈性距離　31
文脈性非対称性　32

● へ
ヘシュル横回（横側頭回）　10
ベルト領域　10
辺縁系／傍辺縁系　87
弁蓋部　133, 154

● ほ
報酬回路　222
報酬ネットワーク　221
ボクセル　82
補足運動野（SMA）　199
補足眼野　203

● ま
Multiple Sparse Prior（MSP）アルゴリズム　133

● み
ミスマッチ陰性電位（MMN）　11, 54, 91
ミスマッチ反応（MMN）　77
ミッシングファンダメンタル現象　7
ミラーニューロン　196

● め
命題の意味論　165, 257, 259

メロディック・イントネーション・セラピー
　　　（MIT）　248
免疫グロブリンA（IgA）　96

●も
網様体　5

●や
ややこしい文章　94, 144

●ゆ
有限要素モデル　48
有効結合解析　84
誘発電位（EPs）　51

●よ
陽性への電位変化（CPS）　110
要素抽出　264
陽電子放出断層撮影法（PET）　42, 77, 81
抑制性の活動電位（IPSP）　39

抑揚の切れ目に生じる陽性変化（CPS）　68
抑揚のフレーズ境界（IPh）　68
予備知識を必要としない構造化　182, 264

●ら
ラフネス　8

●り
理解　269
律動脳波　53
領域　98, 261

●れ
レジデューピッチ　7

●わ
ワーキング・メモリー（WM）　269
和声　8
和声の安定性の階層　264

## 編訳者あとがき

　19世紀半ば，パリの外科医 Paul Broca は脳の損傷により発話ができなくなった症例を剖検記録とともに発表した．失語症の最初の報告である．認知神経科学は，この Broca の報告に始まったとされる．その数年後には，脳の損傷により音楽能力も障害を受けることが報告された．以後150年，言語の脳内メカニズムについては多くが明らかになったが，音楽のそれはまだ暗中模索の状態である．それには以下の理由が考えられる：第一に，通常の発達を遂げれば一定の能力の獲得が保証されている言語に比し，音楽能力の個人差が非常に大きいこと．第二に，障害についての検査法が音楽では確立されていないこと．第三に，動詞や名詞のない言語は存在しないにも関わらず，地域によってはリズムやハーモニーのない音楽は存在するなど，様式が多様であること．しかし，20年来の主に画像診断技術とコンピュータの進歩により，音楽の脳内メカニズムについても次第に明らかになってきた．本書の原著者 Stefan Koelsch は，音楽認知の領域で世界をリードする研究者の一人である．

　本書は二部構成になっている．第一部は，聴覚と音楽知覚の基本的なメカニズムと，電気生理学と神経機能画像の基礎的手法の解説がなされている．読者はここで，音楽の脳内メカニズムのこれまでの主な研究を概観できる．第二部は，Koelsch が自身を含む多くの研究成果をもとに，音楽の脳内メカニズムを理解するための枠組みを提案している．拠って立つ基盤は主に電気生理の所見であり，内容は音楽の知覚，創作，意味，演奏，情動などを含む．理論的背景の補強として視覚や言語，発達などの知見もふんだんに取り入れられており，著者の広い学識には驚くばかりである．読者が音楽認知のある事項について知りたいと思ったとき，第二部は最近の電気生理学的知見を理解する最良の文献になりえる．

　しかし，Koelsch の人並みはずれた知識と研究能力をもってしても，音楽の脳内メカニズムの全体像を解明し尽くしたとはいえない．Koelsch 自身も言っているように，将来の研究の道筋を示すためのフレームワークの一例を挙げたに過ぎない．大胆でチャレンジングな提案である分，ときに難解な内容となっているのも否めない．音楽のもつ複雑さ，多面性を考えるとそれも当然のことといえる．少なくともこれからの研究者は，Koelsch の示した提案を手がかりとして自らの研究設計がで

きる。

　本書は，Koelsch の"Brain and Music"の全訳である。橘が第 1・3・7・11 章，田部井が第 2・12 章，小野が第 4・6・9 章，森が第 5・8・10 章，そして佐藤が序章と第 13 章を担当した。それぞれが訳したものを互いにチェックしあった後に，佐藤が全体を調整した。数度の会議を経て専門用語については統一を図り，何箇所かについては直接 Koelsch に確認した。原書のもつ格調高い文体のいくらかでも再現できておれば幸いである。

　翻訳を担当した四氏は，本邦での音楽認知研究で将来を嘱望されるホープである。彼らは国際的に活躍し，独創性溢れる多くの論文を国際誌に発表し続けている。このような研究者が多くいることは，本邦の学界において大変頼もしい。数十年後には彼らの中から，Koelsch に続く"Brain and Music Ⅱ"を執筆する者が出てくると期待している。

　本書は，企画の段階から出版まで，北大路書房の薄木敏之氏に大変お世話になった。薄木氏の出版に向けての的確なスケジュール管理と絶え間ない励まし，suggestion がなければ，本書は現在の形を成すに至らなかった。この場を借りて深くお礼申し上げたい。

　本書が，音楽認知研究に携わり，またこれから挑もうとする研究者の道標のひとつになれば訳者としてこれ以上の喜びはない。今後のこの領域のさらなる発展を祈って，筆をおくこととする。

平成 27 年冬

三重大学の研究室にて
編訳者　佐藤正之

■訳者一覧（*は編訳者）

| 訳者 | 所属 | 担当章 |
|---|---|---|
| 佐藤正之* | 東京都立産業技術大学院大学認知症・神経心理学講座 | 序文，第13章 |
| 橘　亮輔 | 東京大学大学院総合文化研究科 | 第1章，第3章，第7章，第11章 |
| 田部井賢一 | 東京都立産業技術大学院大学産業技術研究科 | 第2章，第12章 |
| 小野健太郎 | 広島大学脳・こころ・感性科学研究センター | 第4章，第6章，第9章 |
| 森　数馬 | 国立研究開発法人情報通信研究機構・脳情報通信融合研究センター | 第5章，第8章，第10章 |

■編訳者紹介

## 佐藤正之（さとう・まさゆき）

1963 年　大阪府に生まれる
1986 年　相愛大学音楽学部器楽科卒業
1994 年　三重大学医学部卒業
2010 年　三重大学大学院医学系研究科認知症医療学講座准教授（医学博士）
現　在　東京都立産業技術大学院大学認知症・神経心理学講座特任教授

【主著・論文】

"Music and the brain: From listening to playing." *Behavioural Neurology*, Special issue, （Lead Guest Editor）. 2014 年

Musical anhedonia and visual hypoemotionality: Selective loss of emotional experience in music and vision. In Ritsner M. S. (eds.), *Anhedonia: A comprehensive handbook*, volume I., Chapter 5, pp. 81–93.（共著）Springer: Dordrecht, German. 2014 年

など，国内外の専門誌に学術論文を 120 編余り発表している。

■訳者紹介

## 橘　亮輔（たちばな・りょうすけ）

2011 年　同志社大学大学院生命医科学研究科博士課程修了　博士（工学）
現　在　東京大学大学院総合文化研究科進化認知科学研究センター　助教

【主著・論文】

"Variability in the temporal parameters in the song of the Bengalese finch (Lonchura striata var. domestica)." *Journal of comparative physiology*, A, 201(12): 1157-1168.　2015 年

"Novel approach for understanding the neural mechanisms of auditory-motor control: pitch regulation by finger force." *Neuroscience letters*, 482(3): 198-202.　2010 年

さえずりを学ぶ，さえずりから学ぶ：鳴禽の歌学習の進化と神経基盤（共著）現代思想，224-235.　2012 年

鳥の発声学習（共著）*Clinical Neuroscience*, 33(8): 882-884.　2015 年

## 田部井賢一（たべい・けんいち）

2019 年　三重大学大学院医学系研究科博士課程修了　博士（医学）
現　在　東京都立産業技術大学院大学産業技術研究科　助教

【主著・論文】

"Physical Exercise with Music Reduces Gray and White Matter Loss in the Frontal Cortex of Elderly People: The Mihama-Kiho Scan Project." *Frontiers Aging Neuroscience*, in press.　2017 年

"Improved Neural Processing Efficiency in a Chronic Aphasia Patient Following Melodic Intonation Therapy: A Neuropsychological and Functional MRI Study." *Frontiers in Neurology*, 7: 148.　2016 年

音楽と脳（分担執筆）音楽心理学入門　誠信書房　185-210.　2015 年

医療関係者のための脳機能研究入門：神経心理学と脳賦活化実験（編著）　北大路書房　2020 年

小野健太郎（おの・けんたろう）

2006 年　新潟大学大学院医歯学総合研究科博士課程修了　博士（医学）
現　　在　広島大学脳・こころ・感性科学研究センター　助教

【主著・論文】

"Motion-induced disturbance of auditory-motor synchronization and its modulation by transcranial direct current stimulation." *European Journal of Neuroscience*, 43: 509-515.　2016 年

"Keeping an eye on the conductor: neural correlates of visuo-motor synchronization and musical experience." *Frontiers in Human Neuroscience*, 9: 154.　2015 年

"Neural correlates of perceptual grouping effects in the processing of sound omission by musicians and nonmusicians." *Hearing Research*, 319: 25-31.　2015 年


森　数馬（もり・かずま）

2013 年　広島大学大学院総合科学研究科博士課程修了　博士（学術）
現　　在　国立研究開発法人情報通信研究機構・脳情報通信融合研究センター　研究員

【主著・論文】

音楽と生理反応（分担執筆）　生理心理学と精神生理学　第Ⅱ巻　応用　北大路書房　印刷中

音楽による強烈な情動として生じる鳥肌感の研究動向と展望　心理学研究，85(5)．495-509.　2014 年

"Resting physiological arousal is associated with the experience of music-induced chills." *International Journal of Psychophysiology*, 93(2), 220-226.　2014 年

Pleasure generated by sadness: Effect of sad lyrics on the emotions induced by happy music. *Psychology of Music*, 42(5), 643-652.　2014 年

## 音楽と脳科学
―音楽の脳内過程の理解をめざして―

| | |
|---|---|
| 2016年4月20日　初版第1刷発行 | 定価はカバーに表示 |
| 2021年5月20日　初版第3刷発行 | してあります。 |

著　者　S. ケルシュ
編訳者　佐藤　正之
発行所　㈱北大路書房
〒603-8303　京都市北区紫野十二坊町12-8
電　話　(075) 431-0361(代)
ＦＡＸ　(075) 431-9393
振　替　01050-4-2083

印刷・製本／太洋社
©2016
検印省略　落丁・乱丁本はお取り替えいたします。
　　　　　ISBN978-4-7628-2929-1　Printed in Japan

・ JCOPY 〈㈳出版者著作権管理機構 委託出版物〉
本書の無断複写は著作権法上での例外を除き禁じられています。
複写される場合は，そのつど事前に，㈳出版者著作権管理機構
（電話 03-5244-5088,FAX 03-5244-5089,e-mail: info@jcopy.or.jp）
の許諾を得てください。